№ 9. Deutsche Reichsgesetzgebung. № 9.
Text-Ausgaben mit Anmerkungen.

Sammlung
Kleinerer Reichsgesetze.

Ergänzungsband

zu den im J. Guttentag'schen Verlage erschienenen Einzel-Ausgaben Deutscher Reichsgesetze.

Text-Ausgabe mit Sachregister.

Ursprünglich zusammengestellt von F. Litthauer, Rechtsanwalt.

Vierte vermehrte Auflage

bearbeitet

von

M. Werner,
Gerichtsassessor.

Berlin und Leipzig.
Verlag von J. Guttentag
(D. Collin).
1885.

Vorbemerkung.

In die Sammlung „kleinerer Reichsgesetze" sind ihrer auf dem Titelblatte angegebenen Bestimmung gemäß diejenigen Deutschen Reichsgesetze nicht aufgenommen worden, von denen im J. Guttentag'schen Verlage Einzelausgaben erschienen sind. Auch von den übrigen reichsgesetzlichen Vorschriften ist nur eine Auswahl getroffen. Insbesondere sind die das Finanz-, Militär- und Marinewesen betreffenden Reichsgesetze unberücksichtigt geblieben. Nur so konnte in einem noch handlichen Bändchen eine Zusammenstellung der praktisch wichtigsten reichsgesetzlichen Bestimmungen geboten werden.

Die Anordnung ist eine chronologische. Von den nicht abgedruckten Reichsgesetzen sind die Ueberschriften angegeben und die Seite des Gesetzblattes, wo sie zu finden sind.

Inhaltsverzeichniß.

Seite

Seite

Verfassung des Norddeutschen Bundes vom 26. Juli 1867. 67 Juli
(B.G.Bl. S. 1.)

(Ersetzt durch das Ges., betr. die Verfassung des Deutschen Reichs, vom 16. April 1871.)

Verordnung, betreffend die Einführung des Bundesgesetzblattes für den Norddeutschen Bund.

Vom 26. Juli 1867.

(B.G.Bl. S. 24; ausgeg. am 2. August 1867.)

Wir Wilhelm, von Gottes Gnaden König von Preußen ꝛc. verordnen zur Ausführung der Artikel 2. und 17. der Verfassungsurkunde des Norddeutschen Bundes im Namen des Bundes, was folgt:

§ 1. Für das ganze Gebiet des Norddeutschen Bundes wird in Berlin ein „Bundesgesetzblatt des Norddeutschen Bundes"*) erscheinen, durch welches

---

*) Das Blatt nahm mit der Nummer 4 des Jahrgangs 1871 (ausgegeben am 27. Januar) die Bezeichnung „Bundesgesetzblatt des Deutschen Bundes" und mit der Nummer 19 des Jahrgangs 1871 (ausgegeben am 8. Mai) die Bezeichnung „Reichs-Gesetzblatt" an. — Anordnungen der Reichsorgane, welche der Verkündung durch das Reichsgesetzblatt nicht bedürfen, werden seit 1873 in dem „Centralblatt für das Deutsche Reich" veröffentlicht.

67 Aug. sämmtliche Bundesgesetze (Artikel 2. der Verfassungs-urkunde des Norddeutschen Bundes) und Anordnungen und Verfügungen des Bundespräsidiums (Artikel 17.) verkündet werden sollen.

§ 2. Der Tag der Ausgabe des Bundesgesetzblattes in Berlin (Artikel 2. der Verfassungsurkunde des Norddeutschen Bundes) ist auf dem Blatte anzugeben.*)

§ 3. Die Herausgabe des Bundesgesetzblattes erfolgt im Büreau des Bundeskanzlers.**)

Urkundlich rc.

Gegeben Bad Ems, den 26. Juli 1867.

Allerh. Präsidial-Erlaß, betr. die Errichtung des Bundeskanzler-Amtes.

Vom 12. August 1867.

(B.G.Bl. S. 29.)

Auf Ihren Bericht vom 10. d. M. genehmige Ich die Errichtung einer Behörde für die dem Bundeskanzler obliegende Verwaltung und Beaufsichtigung der,

---

*) Sofern nicht in dem publizirten Gesetze ein anderer Anfangstermin seiner verbindlichen Kraft bestimmt ist, beginnt die letztere mit dem vierzehnten Tage nach dem Ablauf desjenigen Tages, an welchem das betreffende Stück des R.G.Bl. in Berlin ausgegeben worden ist. (Art. 2 der Reichs-Verfassung.)

In den Konsulargerichtsbezirken erlangen neue Gesetze, soweit nicht reichsgesetzlich etwas Anderes bestimmt wird, nach Ablauf von vier Monaten von dem Tage an gerechnet, an welchem dieselben durch das R.G.Bl. verkündet worden sind, verbindliche Kraft. (§ 47 des Gesetzes über die Konsulargerichtsbarkeit, vom 10. Juli 1879.)

**) Jetzt im Reichsamt des Innern.

durch die Verfassung des Norddeutschen Bundes zu Gegenständen der Bundesverwaltung gewordenen, beziehungsweise unter die Aufsicht des Bundes-Präsidiums gestellten Angelegenheiten, sowie für die Ihnen, als Bundeskanzler, zustehende Bearbeitung der übrigen Bundes-Angelegenheiten. Diese Behörde soll den Namen „Bundeskanzler-Amt" führen und unter Ihrer unmittelbaren Leitung stehen.*) . . .

67 Okt.

Bad Ems, den 12. August 1867.

An den Kanzler des Norddeutschen Bundes.

Gesetz über das Paßwesen.

Vom 12. Oktober 1867.

(B.G.Bl. S. 33.)

Das Gesetz gilt im ganzen Reich, mit Ausschluß von Elsaß-Lothringen.

§ 1. Bundesangehörige bedürfen zum Ausgange aus dem Bundesgebiete, zur Rückkehr in dasselbe, sowie zum Aufenthalte und zu Reisen innerhalb desselben keines Reisepapiers.

Doch sollen ihnen auf ihren Antrag Pässe oder sonstige Reisepapiere ertheilt werden, wenn ihrer Befugniß zur Reise gesetzliche Hindernisse nicht entgegenstehen.

§ 2. Auch von Ausländern soll weder beim Eintritt, noch beim Austritt über die Grenze des Bundesgebietes, noch während ihres Aufenthalts oder ihrer

---

*) Vgl. unten den Allerh. Erl. vom 12. Mai 1871 und den vom 24. Dezember 1879.

67 Okt. Reisen innerhalb desselben ein Reisepapier gefordert werden.

§ 3. Bundesangehörige wie Ausländer bleiben jedoch verpflichtet, sich auf amtliches Erfordern über ihre Person genügend auszuweisen.

§ 4. Pässe oder sonstige Reisepapiere, sowie andere Legitimations-Urkunden, welche von der zuständigen Behörde eines Bundesstaates ausgestellt sind, haben, wenn sie nicht eine ausdrückliche Beschränkung in dieser Beziehung enthalten, Gültigkeit für das ganze Bundesgebiet.

§ 5. Eine Verpflichtung zur Vorlegung der Reisepapiere Behufs der Visirung findet nicht statt.

§ 6. Zur Ertheilung von Pässen an Bundesangehörige zum Eintritt in das Bundesgebiet sind befugt:

1) die Bundesgesandten und Bundeskonsuln;
2) die Gesandten jedes Bundesstaates jedoch für Angehörige anderer Bundesstaaten nur in soweit, als die letzteren in ihrem Bezirke nicht vertreten sind;
3) so lange solche noch vorhanden sind (Art. 56. der Bundesverfassung), die Konsuln jedes Bundesstaates, soweit ihnen nach den in demselben geltenden Bestimmungen diese Befugniß zusteht.

Zur Ertheilung von Auslandspässen und sonstigen Reisepapieren sind diejenigen Behörden befugt, welche nach den in den einzelnen Bundesstaaten geltenden Bestimmungen diese Befugniß haben, oder welchen dieselbe von Bundeswegen oder von den Regierungen der einzelnen Bundesstaaten fernerhin beigelegt wird.

§ 7. Zu Pässen und sonstigen Reisepapieren sind übereinstimmende Formulare einzuführen und zu benutzen. 67 Okt.

§ 8. Für Pässe und sonstige Reisepapiere darf an Stempelabgaben und Ausfertigungsgebühren zusammen nicht mehr als höchstens Ein Thaler erhoben werden.

Die Gesandten und Konsuln sind befugt, Pässe stempel- und kostenfrei auszustellen. In welchen Fällen dies außerdem statthaft ist, bleibt der Bestimmung der einzelnen Regierungen vorbehalten.

§ 9. Wenn die Sicherheit des Bundes oder eines einzelnen Bundesstaates, oder die öffentliche Ordnung durch Krieg, innere Unruhen oder sonstige Ereignisse bedroht erscheint, kann die Paßpflichtigkeit überhaupt oder für einen bestimmten Bezirk, oder zu Reisen aus und nach bestimmten Staaten des Auslandes, durch Anordnung des Bundespräsidiums vorübergehend eingeführt werden.*)

§ 10. Das gegenwärtige Gesetz tritt mit dem 1. Januar 1868. in Wirksamkeit.

Alle Vorschriften, welche demselben entgegenstehen, treten außer Kraft.

Dies berührt jedoch nicht die Bestimmungen über Zwangspässe und Reiserouten, sowie über die Kontrole neu anziehender Personen und der Fremden an ihrem Aufenthaltsorte.

Zu letzterem Zwecke dürfen indessen Aufenthalts-

*) Vgl. unten Verordnung, betr. die vorübergehende Einführung der Paß-Pflichtigkeit für Berlin, vom 26. Juni 1878.

67 Okt. karten weder eingeführt, noch, wo sie bestehen, beibehalten werden.

Urkundlich rc.

Gegeben Baden-Baden, den 12. Oktober 1867.

Gesetz, betreffend die Erhebung einer Abgabe von Salz. Vom 12. Oktober 1867.

(B.G.Bl. S. 41.)

Gesetz, betreffend die Nationalität der Kauffahrteischiffe und ihre Befugniß zur Führung der Bundesflagge. Vom 25. Oktober 1867.*)

(B.G.Bl. S. 35.)

Verordnung, betreffend die Bundesflagge für Kauffahrteischiffe. Vom 25. Oktober 1867.*)

(B.G.Bl. S. 39.)

Gesetz über die Freizügigkeit. Vom 1. November 1867.)**

(B.G.Bl. S. 55.)

Gesetz über das Postwesen des Norddeutschen Bundes. Vom 2. November 1867.

(B.G.Bl. S. 61.)

(Ersetzt durch das Gesetz über das Postwesen des Deutschen Reichs, vom 28. Oktober 1871.)

Gesetz über das Posttaxwesen im Gebiete des Norddeutschen Bundes. Vom 4. November 1867.

(B.G.Bl. S. 75.)

(Ersetzt durch das Gesetz über das Posttaxwesen im Gebiete des Deutschen Reichs, vom 28. Oktober 1871.)

---

*) Einz.-Ausg. Bd. 19 (Seegesetzgebung) S. 4 resp. S. 13 und Bd. 21 (Konsulargesetzgebung) S. 205 resp. S. 215.

**) Einz.-Ausg. Bd. 8 (Gesetz über den Unterstützungswohnsitz rc.) S. 185.

Verordnung, betreffend die Einführung Preußischer Militairgesetze im ganzen Bundesgebiete. Vom 7. November 1867. 67 Nov.

(B.G.Bl. S. 125.)

Gesetz, betreffend die Organisation der Bundeskonsulate, sowie die Amtsrechte und Pflichten der Bundeskonsuln. Vom 8. November 1867.*)

(B.G.Bl. S. 137.)

Gesetz, betreffend die Verpflichtung zum Kriegsdienste. Vom 9. November 1867.

(B.G.Bl. S. 131.)

Gesetz, betreffend den außerordentlichen Geldbedarf des Norddeutschen Bundes zum Zwecke der Erweiterung der Bundes-Kriegsmarine und der Herstellung der Küstenvertheidigung. Vom 9. November 1867.

(B.G.Bl. S. 157.)

Gesetz, betreffend die vertragsmäßigen Zinsen. Vom 14. November 1867.)**

(B.G.Bl. S. 159.)

Verordnung, betreffend den Diensteid der unmittelbaren Bundesbeamten. Vom 3. Dezember 1867.

(B.G.Bl. S. 327.)

(Ersetzt durch die Verordnung, betr. den Diensteid der unmittelbaren Reichsbeamten, vom 29. Juni 1871.)***)

Allerhöchster Präsidial-Erlaß vom 18. Dezember 1867., betreffend die Verwaltung des Post- und Telegraphenwesens des Norddeutschen Bundes vom 1. Januar 1868. ab.

(B.G.Bl. S. 328.)

---

*) Einz.-Ausg. Bd. 21 (Konsulargesetzbung) S. 2.

**) Einz.-Ausg. Bd. 4 (Handelsgesetzbuch rc.) S. 375.

***) Vgl. unten.

68 Dez. **Verordnung, die Einführung des Preußischen Militair-Strafrechts im ganzen Bundesgebiete betreffend.**
Vom 29. Dezember 1867.
(B.G.Bl. S. 185.)

(Der erste Theil dieses Gesetzes, das materielle Strafrecht, ist aufgehoben und ersetzt durch das Militär-Strafgesetzbuch für das Deutsche Reich, vom 20. Juni 1872.)*)

Gesetz über die Aufhebung der polizeilichen Beschränkungen der Eheschließung.

Vom 4. Mai 1868.

(B.G.Bl. S. 149.)

Das für den Norddeutschen Bund gegebene Gesetz gilt auch in Süd-Hessen, Baden und Württemberg, nicht in Bayern und Elsaß-Lothringen.

§ 1. Bundesangehörige bedürfen zur Eingehung einer Ehe oder zu der damit verbundenen Gründung eines eigenen Haushaltes weder des Besitzes, noch des Erwerbes einer Gemeindeangehörigkeit (Gemeindemitgliedschaft) oder des Einwohnerrechtes, noch der Genehmigung der Gemeinde (Gutsherrschaft) oder des Armenverbandes, noch einer obrigkeitlichen Erlaubniß.

Insbesondere darf die Befugniß zur Verehelichung nicht beschränkt werden wegen Mangels eines bestimmten, die Großjährigkeit übersteigenden Alters oder des Nach-

---

*) Einz.-Ausg. Bd. 3, in welchem auch die Militär-Strafgerichts-Ordnung vom 3. April 1845 enthalten ist, die zur Zeit noch gilt in den Staaten des ehemaligen Norddeutschen Bundes, in Baden, im Großherzogthum Hessen und in Elsaß-Lothringen, während Bayern und Württemberg jedes die eigene Militär-Strafgerichts-Ordnung beibehalten haben.

weises einer Wohnung, eines hinreichenden Vermögens 68
oder Erwerbes, wegen erlittener Bestrafung, bösen Rufes, Mai
vorhandener oder zu befürchtender Verarmung, bezogener Unterstützung oder aus anderen polizeilichen Gründen. Auch darf von der ortsfremden Braut ein Zuzugsgeld oder eine sonstige Abgabe nicht erhoben werden.

§ 2. Die polizeilichen Beschränkungen der Befugniß zur Eheschließung, welche in Ansehung der Ehen zwischen Juden und für die Angehörigen einzelner bürgerlichen Berufsstände bestehen, werden aufgehoben.

Die Bestimmungen über die Genehmigung der Eheschließung der Militairpersonen, Beamten, Geistlichen und Lehrer durch die Vorgesetzten werden hiervon nicht betroffen.

§ 3. Die für Geistliche und Civilstandsbeamte bestehenden Verbote, bei der Schließung einer Ehe ohne vorherige Beibringung einer obrigkeitlichen Bescheinigung amtlich mitzuwirken, bleiben in Beziehung auf Bundesangehörige nur soweit in Kraft, als diese Bescheinigung das Vorhandensein der durch dieses Gesetz nicht berührten Voraussetzungen der Eheschließung oder die im §. 2. Alinea 2. erwähnten Bestimmungen zum Gegenstande hat.

§ 4. Die Vorschriften der Landesgesetze über die Zulassung von Ausländern zur Eingehung einer Ehe finden auf Bundesangehörige keine Anwendung.

§ 5. Die Bestimmungen des bürgerlichen Eherechtes werden durch dieses Gesetz nicht berührt.

§ 6. Dies Gesetz tritt am 1. Juli d. J. in Kraft.

Urkundlich 2c.

Gegeben Berlin, den 4. Mai 1868.

68 Mai **Gesetz, betreffend die Erhebung einer Abgabe von der Branntweinbereitung in den Hohenzollernschen Landen. Vom 4. Mai 1868.**

(B.G.Bl. S. 151.)

(Theilweise abgeändert durch Gesetz vom 15. November 1874.)

Gesetz, die Besteuerung des Tabacks betreffend. Vom 26. Mai 1868.

(B.G.Bl. S. 319.)

(Ersetzt durch das Gesetz, betr. die Besteuerung des Tabacks, vom 16. Juli 1879 und durch die Bestimmungen des Regulativs, betr. die Gewährung der Zoll- und Steuervergütung für Taback und Tabackfabrikate vom 28. Mai 1881.)

Gesetz, betreffend die Aufhebung der Schuldhaft. Vom 29. Mai 1868.

(B.G.Bl. S. 237; ausgeg. am 31. Mai 1868.)

Das Gesetz gilt im ganzen Reich mit Ausschluß von Elsaß-Lothringen.

§ 1. Der Personalarrest ist als Exekutionsmittel in bürgerlichen Rechtssachen insoweit nicht mehr statthaft, als dadurch die Zahlung einer Geldsumme oder die Leistung einer Quantität vertretbarer Sachen oder Werthpapiere erzwungen werden soll.

§ 2.*) (Durch § 13 Nr. 1 des Einf.-Ges. zur C.Pr.O. aufgehoben und durch § 798 der C.Pr.O. ersetzt.)

§ 3. Die Bestimmung des §. 1. findet auch auf die vor Erlassung dieses Gesetzes entstandenen Verbindlichkeiten Anwendung, selbst wenn auf Personalarrest rechtskräftig erkannt oder mit dessen Vollstreckung begonnen ist.

§ 4. Alle diesem Gesetze entgegenstehenden Vorschriften treten außer Kraft.

§ 5. Das Gesetz tritt in Kraft an dem Tage, an welchem es durch das Bundes-Gesetzblatt verkündet wird. 68 Juni

Urkundlich 2c.

Gegeben Berlin, den 29. Mai 1868.

Gesetz, betreffend die Bewilligung von lebenslänglichen Pensionen und Unterstützungen an Offiziere und obere Militairbeamte der vormaligen Schleswig-Holsteinischen Armee, sowie an deren Wittwen und Waisen. Vom 14. Juni 1868.*)

(B.G.Bl. S. 335.)

Gesetz, betreffend die Quartierleistung für die bewaffnete Macht während des Friedenszustandes. Vom 25. Juni 1868.)**

(B.G.Bl. S. 523.)

Gesetz,
betreffend die Schließung und Beschränkung der öffentlichen Spielbanken.

Vom 1. Juli 1868.

(B.G.Bl. S. 367.)

Das Gesetz ist in Baden und Elsaß-Lothringen nicht eingeführt.

§ 1. Oeffentliche Spielbanken dürfen weder konzessionirt noch geduldet werden.***)

---

*) Einz.-Ausg. Bd. 10 (Reichsbeamtengesetz 2c.) S. 105.

**) Vgl. dazu Gesetz vom 3. August 1878. — Das korrespondirende Gesetz über die Naturalleistungen 2c. ist vom 13. Februar 1875.

***) Für Baden und Elsaß-Lothringen folgt die Unzulässigkeit öffentlicher Spielbanken aus den §§ 284, 285 und 360 Nr. 14 des Reichsstrafgesetzbuchs.

68 Juli § 2. Die gegenwärtig konzessionirten Spielbanken werden, soweit ihre Schließung in Gemäßheit der Landesgesetze nicht früher eintritt, mit Ablauf der Zeit, für welche die Konzession ertheilt ist, spätestens aber am 31. Dezember 1872., geschlossen. Eine frühere Schließung kann durch Verordnung des Bundespräsidiums entweder allgemein oder in Beziehung auf einzelne Spielbanken ausgesprochen werden.

Bei allen Banken ist das Spiel an Sonn- und Feiertagen mit dem Tage verboten, an welchem dieses Gesetz in Geltung tritt.

§ 3. Mit dem Tage der Schließung sind die bestehenden Spielpachtverträge und Konzessionen aufgehoben; Entschädigungsansprüche wegen des in Folge der Schließung einer Spielbank oder in Folge der Beschränkung des Spiels entgehenden Gewinns finden nicht statt.

Urkundlich 2c.

Gegeben Schloß Babelsberg, den 1. Juli 1868.

Gesetz wegen Besteuerung des Braumalzes in verschiedenen zum Norddeutschen Bunde gehörenden Staaten und Gebietstheilen. Vom 4. Juli 1868.

(B.G.Bl. S. 375.)

(Ersetzt durch das Gesetz wegen Erhebung der Brausteuer. Vom 31. Mai 1872.)

Gesetz,

betreffend die privatrechtliche Stellung der Erwerbs- und Wirthschafts-Genossenschaften. 68 Juli

Vom 4. Juli 1868.*)

(B.G.Bl. S. 415.)

Das Gesetz gilt im ganzen Deutschen Reich.**)

Abschnitt I.

Von Errichtung der Genossenschaften.

§ 1. Gesellschaften von nicht geschlossener Mitgliederzahl, welche die Förderung des Kredits, des Erwerbes oder der Wirthschaft ihrer Mitglieder ***) mittelst gemeinschaftlichen Geschäftsbetriebes bezwecken (Genossenschaften), namentlich:

1) Vorschuß- und Kreditvereine,
2) Rohstoff- und Magazinvereine,
3) Vereine zur Anfertigung von Gegenständen und zum Verkauf der gefertigten Gegenstände auf gemeinschaftliche Rechnung (Produktivgenossenschaften),
4) Vereine zum gemeinschaftlichen Einkauf von Lebensbedürfnissen im Großen und Ablaß in kleineren Partien an ihre Mitglieder (Konsumvereine),
5) Vereine zur Herstellung von Wohnungen für ihre Mitglieder,

---

*) Ein ausführlicher Kommentar zu diesem Gesetze erschien von L. Parisius. 1876. Berlin, Verlag von J. Guttentag.

**) Vgl. unten Ges. v. 23. Juni 1873, betr. die Einführung des obigen Gesetzes in Bayern.

***) Vgl. unten Ges. v. 19. Mai 1871, betr. die Deklaration des § 1.

68 Juli erwerben die im gegenwärtigen Gesetze bezeichneten Rechte einer „eingetragenen Genossenschaft“ unter den nachstehend angegebenen Bedingungen.

§ 2. Zur Gründung der Genossenschaft bedarf es:

1) der schriftlichen Abfassung des Gesellschaftsvertrages (Statuts);
2) der Annahme einer gemeinschaftlichen Firma.

Die Firma der Genossenschaft muß vom Gegenstande der Unternehmung entlehnt sein und die zusätzliche Bezeichnung „eingetragene Genossenschaft“ enthalten.

Der Name von Mitgliedern (Genossenschaftern) oder anderen Personen darf in die Firma nicht aufgenommen werden. Jede neue Firma muß sich von allen an demselben Orte oder in derselben Gemeinde bereits bestehenden Firmen eingetragener Genossenschaften deutlich unterscheiden.

Zum Beitritt der einzelnen Genossenschafter genügt die schriftliche Erklärung.

§ 3. Der Gesellschaftsvertrag muß enthalten:

1) die Firma und den Sitz der Genossenschaft;
2) den Gegenstand des Unternehmens;
3) die Zeitdauer der Genossenschaft, im Falle dieselbe auf eine bestimmte Zeit beschränkt sein soll;
4) die Bedingungen des Ein- und Austritts der Genossenschafter;
5) den Betrag der Geschäftsantheile der einzelnen Genossenschafter und die Art der Bildung dieser Antheile;

6) die Grundsätze, nach welchen die Bilanz aufzunehmen und der Gewinn zu berechnen ist, und die Art und Weise, wie die Prüfung der Bilanz erfolgt; 08 Juli

7) die Art der Wahl und Zusammensetzung des Vorstandes und die Formen für die Legitimation der Mitglieder des Vorstandes und der Stellvertreter derselben;

8) die Form, in welcher die Zusammenberufung der Genossenschafter geschieht;

9) die Bedingungen des Stimmrechts der Genossenschafter und die Form, in welcher dasselbe ausgeübt wird;

10) die Gegenstände, über welche nicht schon durch einfache Stimmenmehrheit der auf Zusammenberufung erschienenen Genossenschafter, sondern nur durch eine größere Stimmenmehrheit oder nach anderen Erfordernissen Beschluß gefaßt werden kann;

11) die Form, in welcher die von der Genossenschaft ausgehenden Bekanntmachungen erfolgen, sowie die öffentlichen Blätter, in welche dieselben aufzunehmen sind;

12) die Bestimmung, daß alle Genossenschafter für die Verbindlichkeiten der Genossenschaft solidarisch und mit ihrem ganzen Vermögen haften.

§ 4. Der Gesellschaftsvertrag muß bei dem Handelsgerichte,*) in dessen Bezirk die Genossenschaft ihren Sitz

*) Jetzt Amtsgericht.

68 Juli hat, nebst dem Mitgliederverzeichnisse durch den Vorstand eingereicht, vom Gerichte in das Genossenschaftsregister, welches, wo ein Handelsregister existirt, einen Theil von diesem bildet, eingetragen und im Auszuge veröffentlicht werden.

Der Auszug muß enthalten:

1) das Datum des Gesellschaftsvertrages;
2) die Firma und den Sitz der Genossenschaft;
3) den Gegenstand des Unternehmens;
4) die Zeitdauer der Genossenschaft, im Falle dieselbe auf eine bestimmte Zeit beschränkt sein soll;
5) die Namen und den Wohnort der zeitigen Vorstandsmitglieder;
6) die Form, in welcher die von der Genossenschaft ausgehenden Bekanntmachungen erfolgen, sowie die öffentlichen Blätter, in welche dieselben aufzunehmen sind.

Zugleich ist bekannt zu machen, daß das Verzeichniß der Genossenschafter jeder Zeit bei dem Handelsgerichte eingesehen werden könne.

Ist in dem Gesellschaftsvertrage eine Form bestimmt, in welcher der Vorstand seine Willenserklärungen kund giebt und für die Genossenschaft zeichnet, so ist auch diese Bestimmung zu veröffentlichen.

§ 5. Vor erfolgter Eintragung in das Genossenschaftsregister hat die Genossenschaft die Rechte einer eingetragenen Genossenschaft nicht.

§ 6. Jede Abänderung des Gesellschaftsvertrages muß schriftlich erfolgen und dem Handelsgerichte unter

Ueberreichung zweier Abschriften des Genossenschafts-Beschlusses angemeldet werden. 68 Juli

Mit dem Abänderungsbeschlusse wird in gleicher Weise wie mit dem ursprünglichen Vertrage verfahren. Eine Veröffentlichung desselben findet nur insoweit statt, als sich dadurch die in den früheren Bekanntmachungen enthaltenen Punkte ändern.

Der Beschluß hat keine rechtliche Wirkung, bevor derselbe bei dem Handelsgerichte, in dessen Bezirk die Genossenschaft ihren Sitz hat, in das Genossenschafts-register eingetragen worden ist.

§ 7. Bei jedem Handelsgerichte, in dessen Bezirk die Genossenschaft eine Zweigniederlassung hat, muß diese Behufs der Eintragung in das Genossenschafts-Register angemeldet werden, und ist dabei Alles zu beobachten, was die §§. 4. bis 6. für das Hauptgeschäft vorschreiben.

§ 8. Das Genossenschaftsregister ist öffentlich, und gelten hierbei die im Allgemeinen Deutschen Handelsgesetzbuch in Bezug auf das Handelsregister gegebenen Bestimmungen.

Abschnitt II.

Von den Rechtsverhältnissen der Genossenschafter unter einander, sowie den Rechtsverhältnissen derselben und der Genossenschaft gegen Dritte.

§ 9. Das Rechtsverhältniß der Genossenschafter unter einander richtet sich zunächst nach dem Gesell-

68 Juli schaftsvertrage. Letzterer darf von den Bestimmungen der nachfolgenden Paragraphen nur in denjenigen Punkten abweichen, bei welchen dies ausdrücklich für zulässig erklärt ist.

In Ermangelung einer anderen Bestimmung des Gesellschaftsvertrages wird der Gewinn unter die Genossenschafter nach Höhe von deren Geschäftsantheilen vertheilt, ebenso der Verlust, soweit diese Antheile zusammen zu dessen Deckung ausreichen, wogegen ein nach Erschöpfung des Genossenschaftsvermögens noch zu deckender Rest gleichmäßig nach Köpfen von sämmtlichen Genossenschaftern aufgebracht wird.

Genossenschafter, welche auf ihre Geschäftsantheile die ihnen statutenmäßig obliegenden Einzahlungen geleistet haben, können von anderen Genossenschaftern nicht aus dem Grunde, weil letztere auf ihre Antheile mehr eingezahlt haben, im Wege des Rückgriffs in Anspruch genommen werden, sofern nicht der Gesellschaftsvertrag ein Anderes festsetzt.

§ 10. Die Rechte, welche den Genossenschaftern in Angelegenheiten der Genossenschaft, insbesondere in Beziehung auf die Führung der Geschäfte, die Einsicht und Prüfung der Bilanz und die Bestimmung der Gewinnvertheilung zustehen, werden von der Gesammtheit der Genossenschafter in der Generalversammlung ausgeübt.

Jeder Genossenschafter hat hierbei Eine Stimme, wenn nicht der Gesellschaftsvertrag ein Anderes festsetzt.

§ 11. Die eingetragene Genossenschaft kann unter ihrer Firma Rechte erwerben und Verbindlichkeiten eingehen, Eigenthum und andere dingliche Rechte an Grundstücken erwerben, vor Gericht klagen und verklagt werden. 68 Juli

Ihr ordentlicher Gerichtsstand ist bei dem Gerichte, in dessen Bezirk sie ihren Sitz hat.

Genossenschaften gelten als Kaufleute im Sinne des Allgemeinen Deutschen Handelsgesetzbuches, soweit dieses Gesetz keine abweichenden Vorschriften enthält.

§ 12. Insoweit die Genossenschaftsgläubiger aus dem Genossenschaftsvermögen nicht befriedigt werden können, haften ihnen alle Genossenschafter, ohne daß diesen die Einrede der Theilung zusteht, für die Ausfälle solidarisch und mit ihrem ganzen Vermögen. Diese Solidarhaft kann von einem Genossenschaftsgläubiger nur geltend gemacht werden, wenn im Falle des Konkurses die Voraussetzungen des §. 51.*) vorliegen, oder wenn die Eröffnung des Konkurses nicht erfolgen kann.

Wer in eine bestehende Genossenschaft eintritt, haftet gleich den anderen Genossenschaftern für alle von der Genossenschaft auch vor seinem Eintritte eingegangenen Verbindlichkeiten.

Ein entgegenstehender Vertrag ist gegen Dritte ohne rechtliche Wirkung.

Die einer Genossenschaft beigetretenen Frauenspersonen können in Betreff der dadurch eingegangenen Verpflichtungen auf die in den einzelnen Staaten geltenden Rechtswohlthaten der Frauen sich nicht berufen.

*) Jetzt die Voraussetzungen des § 197 der Reichs-Konkurs-Ordnung (Einz.-Ausg. Bd. 13).

68 Juli § 13. Die Privatgläubiger eines Genossenschafters sind nicht befugt, die zum Genossenschaftsvermögen gehörigen Sachen, Forderungen oder Rechte, oder einen Antheil an denselben zum Behufe ihrer Befriedigung oder Sicherstellung in Anspruch zu nehmen. Gegenstand der Exekution, des Arrestes oder der Beschlagnahme kann für sie nur dasjenige sein, was der Genossenschafter selbst an Zinsen und an Gewinnantheilen zu fordern berechtigt ist und was ihm im Falle der Auflösung der Genossenschaft oder des Ausscheidens aus derselben bei der Auseinandersetzung zukommt.

§ 14. Die Bestimmung des vorigen Paragraphen gilt auch in Betreff der Privatgläubiger, zu deren Gunsten eine Hypothek oder ein Pfandrecht an dem Vermögen eines Genossenschafters kraft des Gesetzes oder aus einem anderen Rechtsgrunde besteht. Ihre Hypothek oder ihr Pfandrecht erstreckt sich nicht auf die zum Genossenschaftsvermögen gehörigen Sachen, Forderungen und Rechte, oder auf einen Antheil an denselben, sondern nur auf dasjenige, was in dem letzten Satze des vorigen Paragraphen bezeichnet ist.

Jedoch werden die Rechte, welche an dem von einem Genossenschafter in das Vermögen der Genossenschaft eingebrachten Gegenstande bereits zur Zeit des Einbringens bestanden, durch die vorstehenden Bestimmungen nicht berührt.

§ 15. Eine Kompensation zwischen Forderungen der Genossenschaft und Privatforderungen des Genossenschaftsschuldners gegen einen Genossenschafter findet während der Dauer der Genossenschaft weder ganz noch theilweise statt. Nach Auflösung der Genossenschaft ist sie zulässig, wenn und soweit die Genossenschaftsforderung dem Genossenschafter bei der Auseinandersetzung überwiesen ist. 68 Juli

§ 16. Hat ein Privatgläubiger eines Genossenschafters nach fruchtlos vollstreckter Exekution in dessen Privatvermögen die Exekution in das demselben bei der demnächstigen Auseinandersetzung zukommende Guthaben erwirkt, so ist er berechtigt, die Genossenschaft mag auf bestimmte oder unbestimmte Zeit eingegangen sein, Behufs seiner Befriedigung, nach vorher von ihm geschehener Aufkündigung, das Ausscheiden jenes Genossenschafters zu verlangen.

Die Aufkündigung muß mindestens sechs Monate vor Ablauf des Geschäftsjahres der Genossenschaft geschehen.

Abschnitt III.

Von dem Vorstande, dem Aufsichtsrathe und der Generalversammlung.

§ 17. Jede Genossenschaft muß einen aus der Zahl der Genossenschafter zu wählenden Vorstand haben. Sie wird durch denselben gerichtlich und außergerichtlich vertreten.

Der Vorstand kann aus einem oder mehreren Mitgliedern bestehen, diese können besoldet oder unbesoldet sein. Ihre Stellung ist zu jeder Zeit widerruflich, unbeschadet der Entschädigungsansprüche aus bestehenden Verträgen.

68 Juli § 18. Die jeweiligen Mitglieder des Vorstandes müssen alsbald nach ihrer Bestellung zur Eintragung in das Genossenschaftsregister angemeldet werden. Die Anmeldung ist durch den Vorstand unter Beifügung seiner Legitimation entweder in Person zu bewirken, oder in beglaubigter Form einzureichen. Zugleich haben die Mitglieder des Vorstandes ihre Unterschrift vor dem Handelsgerichte zu zeichnen oder die Zeichnung ebenfalls in beglaubigter Form einzureichen.

§ 19. Der Vorstand hat in der durch den Gesellschaftsvertrag bestimmten Form seine Willenserklärungen kund zu geben und für die Genossenschaft zu zeichnen. Ist nichts darüber bestimmt, so ist die Zeichnung durch sämmtliche Mitglieder des Vorstandes erforderlich. Die Zeichnung geschieht in der Weise, daß die Zeichnenden zu der Firma der Genossenschaft oder zu der Benennung des Vorstandes ihre Unterschrift hinzufügen.

§ 20. Die Genossenschaft wird durch die vom Vorstande in ihrem Namen geschlossenen Rechtsgeschäfte berechtigt und verpflichtet. Es ist gleichgültig, ob das Geschäft ausdrücklich im Namen der Genossenschaft geschlossen worden ist, oder ob die Umstände ergeben, daß es nach dem Willen der Kontrahenten für die Genossenschaft geschlossen werden sollte.

Die Befugniß des Vorstandes zur Vertretung der Genossenschaft erstreckt sich auch auf diejenigen Geschäfte und Rechtshandlungen, für welche nach den Gesetzen eine Spezialvollmacht erforderlich ist. Zur Legitimation des Vorstandes bei allen, das Hypothekenbuch betreffenden Geschäften und Anträgen genügt ein Attest des Handelsgerichts, daß die darin zu bezeichnenden Personen als Mitglieder des Vorstandes in das Genossenschafts-register eingetragen sind.

68 Juli

§ 21. Der Vorstand ist der Genossenschaft gegen-über verpflichtet, die Beschränkungen einzuhalten, welche in dem Gesellschaftsvertrage oder durch Beschlüsse der Generalversammlung für den Umfang seiner Befugniß, die Genossenschaft zu vertreten, festgesetzt sind. Gegen dritte Personen hat jedoch eine Beschränkung des Vor-standes, die Genossenschaft zu vertreten, keine rechtliche Wirkung. Dies gilt insbesondere für den Fall, daß die Vertretung sich nur auf gewisse Arten von Geschäften erstrecken oder nur unter gewissen Umständen oder für eine gewisse Zeit oder an einzelnen Orten stattfinden soll, oder daß die Zustimmung der Generalversamm-lung, eines Aufsichtsrathes oder eines anderen Organs der Genossenschafter für einzelne Geschäfte erfordert ist.

§ 22. Eide Namens der Genossenschaft werden durch den Vorstand geleistet.

§ 23. Jede ganze oder theilweise Aenderung im Personal des Vorstandes muß von dem ganz oder theil-weise erneuten Vorstande gemeinschaftlich in Person oder in beglaubigter Form dem Handelsgerichte zur Eintragung in das Genossenschafts-Register und öffent-lichen Bekanntmachung angemeldet und dabei wegen Einreichung der Legitimation und Zeichnung Seitens der neu Eintretenden das in §. 18. Verordnete beobachtet werden.

68 Juli Dasselbe gilt für den Fall, daß interimistische Stellvertreter eines oder mehrerer Vorstandsmitglieder gewählt werden.

Dritten Personen kann die Aenderung nur insofern entgegengesetzt werden, als in Betreff dieser Aenderung die in Artikel 46. des Allgemeinen Deutschen Handelsgesetzbuches in Betreff des Erlöschens der Prokura bezeichneten Voraussetzungen vorhanden sind.

§ 24. Zur Behändigung von Vorladungen und anderen Zustellungen an die Genossenschaft genügt es, wenn dieselbe an ein Mitglied des Vorstandes, welches zu zeichnen oder mitzuzeichnen befugt ist, geschieht.

§ 25. Der Vorstand ist verbunden, dem Handelsgerichte am Schlusse jedes Quartals über den Eintritt und Austritt von Genossenschaftern schriftlich Anzeige zu machen und alljährlich im Monat Januar ein vollständiges, alphabetisch geordnetes Verzeichniß der Genossenschafter einzureichen.

Das Handelsgericht berichtigt und vervollständigt danach die Liste der Genossenschafter.

§ 26. Der Vorstand ist verpflichtet, Sorge zu tragen, daß die erforderlichen Bücher der Genossenschaft geführt werden. Er muß spätestens in den ersten sechs Monaten jedes Geschäftsjahres eine Bilanz des verflossenen Geschäftsjahres, die Zahl der seit der vorjährigen Bekanntmachung aufgenommenen oder ausgeschiedenen, sowie die Zahl der zur Zeit der Genossenschaft angehörigen Genossenschafter veröffentlichen.

§ **27.** Mitglieder des Vorstandes, welche in dieser ihrer Eigenschaft außer den Grenzen ihres Auftrages oder den Vorschriften dieses Gesetzes oder des Gesellschaftsvertrages entgegen handeln, haften persönlich und solidarisch für den dadurch entstandenen Schaden. 68 Juli

Sie haben, wenn ihre Handlungen auf andere, als die in dem gegenwärtigen Gesetze (§. 1.) erwähnten geschäftlichen Zwecke gerichtet sind, oder wenn sie in der Generalversammlung die Erörterung von Anträgen gestatten oder nicht hindern, welche auf öffentliche Angelegenheiten gerichtet sind, deren Erörterung unter die Landesgesetze über das Versammlungs- und Vereinsrecht fällt, eine Geldbuße bis zu 200 Thalern verwirkt.

§ **28.** Der Gesellschaftsvertrag kann dem Vorstande einen Aufsichtsrath (Verwaltungsrath, Ausschuß) an die Seite setzen, welcher von den Genossenschaftern aus ihrer Mitte, jedoch mit Ausschluß der Vorstandsmitglieder, gewählt wird.

Ist ein Aufsichtsrath bestellt, so überwacht derselbe die Geschäftsführung der Genossenschaft in allen Zweigen der Verwaltung. Er kann sich von dem Gange der Angelegenheiten der Genossenschaft unterrichten, die Bücher und Schriften derselben jederzeit einsehen, den Bestand der Genossenschaftskasse untersuchen und Generalversammlungen berufen. Er kann, sobald es ihm nothwendig erscheint, Vorstandsmitglieder und Beamte vorläufig, und zwar bis zur Entscheidung der demnächst zu berufenden Generalversammlung, von ihren Befug-

68 nissen entbinden und wegen einstweiliger Fortführung
Juli der Geschäfte die nöthigen Anstalten treffen.

Er hat die Jahresrechnungen, die Bilanzen und die Vorschläge zur Gewinnvertheilung zu prüfen und darüber alljährlich der Generalversammlung Bericht zu erstatten.

Er hat eine Generalversammlung zu berufen, wenn dies im Interesse der Genossenschaft erforderlich ist.

§ **29.** Der Aufsichtsrath ist ermächtigt, gegen die Vorstandsmitglieder die Prozesse zu führen, welche die Generalversammlung beschließt, und die Genossenschaft bei Abschließung von Verträgen mit dem Vorstande zu vertreten. Wegen der Form der Legitimationsführung hat der Gesellschaftsvertrag das Erforderliche zu bestimmen.

Wenn die Genossenschaft gegen die Mitglieder des Aufsichtsrathes einen Prozeß zu führen hat, so wird sie durch Bevollmächtigte vertreten, welche in der Generalversammlung gewählt werden. Jeder Genossenschafter ist befugt, als Intervenient in einen solchen Prozeß auf seine Kosten einzutreten.

§ **30.** Der Betrieb von Geschäften der Genossenschaft, sowie die Vertretung der Genossenschaft in Beziehung auf diese Geschäftsführung, kann auch sonstigen Bevollmächtigten oder Beamten der Genossenschaft zugewiesen werden. In diesem Falle bestimmt sich die Befugniß derselben nach der ihnen ertheilten Vollmacht, sie erstreckt sich im Zweifel auf alle Rechtshandlungen, welche die Ausführung derartiger Geschäfte gewöhnlich mit sich bringt.

§ 31. Die Generalversammlung der Genossenschafter 68
wird durch den Vorstand berufen, soweit nicht nach dem Juli
Gesellschaftsvertrage oder diesem Gesetze auch andere Personen dazu befugt sind.

Eine Generalversammlung der Genossenschafter ist außer den im Gesellschaftsvertrage ausdrücklich bestimmten Fällen zu berufen, wenn dies im Interesse der Genossenschaft erforderlich erscheint.

Die Generalversammlung muß sofort berufen werden, wenn mindestens der zehnte Theil der Genossenschafter in einer von ihnen zu unterzeichnenden Eingabe an den Vorstand unter Anführung des Zweckes und der Gründe darauf anträgt. Ist in dem Gesellschaftsvertrage das Recht der Berufung einer Generalversammlung einem größeren oder geringeren Theile der Genossenschafter beigelegt, so hat es hierbei sein Bewenden.

§ 32. Die Berufung der Generalversammlung hat in der durch den Gesellschaftsvertrag bestimmten Weise zu erfolgen.

Der Zweck der Generalversammlung muß jederzeit bei der Berufung bekannt gemacht werden. Ueber Gegenstände, deren Verhandlung nicht in dieser Weise angekündigt ist, können Beschlüsse nicht gefaßt werden; jedoch die Beschlüsse über Leitung der Versammlung, sowie über Anträge auf Berufung einer außerordentlichen Generalversammlung ausgenommen.

Zur Stellung von Anträgen und zu Verhandlungen ohne Beschlußfassung bedarf es der Ankündigung nicht.

68 Juli § 33. Der Vorstand ist zur Beobachtung und Ausführung aller Bestimmungen des Gesellschaftsvertrages und der in Gemäßheit desselben von der Generalversammlung gültig gefaßten Beschlüsse verpflichtet und dafür der Genossenschaft verantwortlich.

Die Beschlüsse der Generalversammlung sind in ein Protokollbuch einzutragen, dessen Einsicht jedem Genossenschafter und der Staatsbehörde gestattet werden muß.

Abschnitt IV.

Von der Auflösung der Genossenschaft und dem Ausscheiden einzelner Genossenschafter.

§ 34. Die Genossenschaft wird aufgelöst:

1) durch Ablauf der im Gesellschaftsvertrage bestimmten Zeit;
2) durch einen Beschluß der Genossenschaft;
3) durch Eröffnung des Konkurses (Falliments).

§ 35.*) Wenn eine Genossenschaft sich gesetzwidriger Handlungen oder Unterlassungen schuldig macht, durch welche das Gemeinwohl gefährdet wird, oder wenn sie andere, als die im gegenwärtigen Gesetze (§. 1.) bezeichneten geschäftlichen Zwecke verfolgt, so kann sie aufgelöst werden, ohne daß deshalb ein Anspruch auf Entschädigung stattfindet.

Die Auflösung kann in diesem Falle nur durch gerichtliches Erkenntniß auf Betreiben der höheren Ver-

*) Vgl. § 2 Abs. 1 des Gesetzes gegen die gemeingefährlichen Bestrebungen der Sozialdemokratie, v. 21. Oktober 1878.

waltungsbehörde erfolgen. Als das zuständige Gericht ist dasjenige anzusehen, bei welchem die Genossenschaft ihren ordentlichen Gerichtsstand hat. 68 Juli

Das Erkenntniß ist von dem zuständigen Gerichte demjenigen Gerichte, welches das Genossenschaftsregister führt, zur Eintragung und Veröffentlichung nach §. 36. mitzutheilen.

§ 36. Die Auflösung der Genossenschaft muß, wenn sie nicht eine Folge des eröffneten Konkurses ist, durch den Vorstand zur Eintragung in das Genossenschaftsregister angemeldet werden; sie muß zu drei verschiedenen Malen durch die für die Bekanntmachungen der Genossenschaft bestimmten Blätter bekannt gemacht werden.

Durch die Bekanntmachung müssen die Gläubiger zugleich aufgefordert werden, sich bei dem Vorstande der Genossenschaft zu melden.

§ 37. Die Konkurseröffnung ist vom Konkursgerichte von Amtswegen in das Genossenschaftsregister einzutragen. Die Bekanntmachung der Eintragung durch eine Anzeige in den im §. 4. Nr. 6. bestimmten Blättern unterbleibt. Wenn das Genossenschaftsregister nicht bei dem Konkursgerichte geführt wird, so ist die Konkurseröffnung von Seiten des Konkursgerichtes dem Handelsgerichte, bei welchem das Register geführt wird, zur Bewirkung der Eintragung unverzüglich anzuzeigen.

§ 38. Jeder Genossenschafter hat das Recht, aus der Genossenschaft auszutreten, auch wenn der Gesellschaftsvertrag auf bestimmte Zeit geschlossen ist.

68 Juli Ist über die Kündigungsfrist und den Zeitpunkt des Austritts im Gesellschaftsvertrage nichts festgesetzt, so findet der Austritt nur mit dem Schluß des Geschäftsjahres nach vorheriger, mindestens vierwöchentlicher Aufkündigung statt. Ferner erlischt die Mitgliedschaft durch den Tod, sofern der Gesellschaftsvertrag keine entgegengesetzten Bestimmungen enthält.

In jedem Falle kann die Genossenschaft einen Genossenschafter aus den im Gesellschaftsvertrage festgesetzten Gründen, sowie wegen des Verlustes der bürgerlichen Ehrenrechte, ausschließen.

§ 39. Die aus der Genossenschaft ausgetretenen oder ausgeschlossenen Genossenschafter, sowie die Erben verstorbener Genossenschafter bleiben den Gläubigern der Genossenschaft für alle bis zu ihrem Ausscheiden von der Genossenschaft eingegangenen Verbindlichkeiten bis zum Ablauf der Verjährung (§. 63.) verhaftet.

Wenn der Gesellschaftsvertrag nichts Anderes bestimmt, haben sie an den Reservefonds und an das sonst vorhandene Vermögen der Genossenschaft keinen Anspruch, sind vielmehr nur berechtigt zu verlangen, daß ihnen ihr Geschäftsantheil, wie er sich aus den Büchern ergiebt, binnen drei Monaten nach ihrem Ausscheiden ausgezahlt werde.

Gegen diese Verpflichtung kann sich die Genossenschaft nur dadurch schützen, daß sie ihre Auflösung beschließt und zur Liquidation schreitet.

Abschnitt V. 68 Juli

Von der Liquidation der Genossenschaft.

§ 40. Nach Auflösung der Genossenschaft außer dem Falle des Konkurses erfolgt die Liquidation durch den Vorstand, wenn nicht dieselbe durch den Gesellschaftsvertrag oder einen Beschluß der Genossenschaft an andere Personen übertragen wird. Die Bestellung der Liquidatoren ist jederzeit widerruflich.

§ 41. Die Liquidatoren sind von dem Vorstande beim Handelsgerichte zur Eintragung in das Genossenschaftsregister anzumelden; sie haben ihre Unterschrift persönlich vor dieser Behörde zu zeichnen oder die Zeichnungen in beglaubigter Form einzureichen.

Das Austreten eines Liquidators oder das Erlöschen der Vollmacht eines solchen ist gleichfalls zur Eintragung in das Genossenschaftsregister anzumelden.

§ 42. Dritten Personen kann die Ernennung von Liquidatoren, sowie das Austreten eines Liquidators oder das Erlöschen der Vollmacht eines solchen nur insofern entgegengesetzt werden, als hinsichtlich dieser Thatsachen die Voraussetzungen vorhanden sind, unter welchen nach Artikel 25. und 46. des Allgemeinen Deutschen Handelsgesetzbuches hinsichtlich einer Aenderung der Inhaber einer Firma oder des Erlöschens einer Prokura die Wirkung gegen Dritte eintritt.

Sind mehrere Liquidatoren vorhanden, so können sie die zur Liquidation gehörenden Handlungen mit rechtlicher Wirkung nur in Gemeinschaft vornehmen,

68 Juli sofern nicht ausdrücklich bestimmt ist, daß sie einzeln handeln können.

§ 43. Die Liquidatoren haben die laufenden Geschäfte zu beendigen, die Verpflichtungen der aufgelösten Genossenschaft zu erfüllen, die Forderungen derselben einzuziehen und das Vermögen der Genossenschaft zu versilbern; sie haben die Genossenschaft gerichtlich und außergerichtlich zu vertreten, sie können für dieselbe Vergleiche schließen und Kompromisse eingehen. Zur Beendigung schwebender Geschäfte können die Liquidatoren auch neue Geschäfte eingehen.

Die Veräußerung unbeweglicher Sachen kann durch die Liquidatoren, sofern nicht der Gesellschaftsvertrag oder ein Beschluß der Genossenschaft anders bestimmt, nur durch öffentliche Versteigerung bewirkt werden.

§ 44. Eine Beschränkung des Umfanges der Geschäftsbefugnisse der Liquidatoren (§. 42.) hat gegen dritte Personen keine rechtliche Wirkung.

§ 45. Die Liquidatoren haben ihre Unterschriften in der Weise abzugeben, daß sie der bisherigen, nunmehr als Liquidations-Firma zu bezeichnenden Firma ihren Namen beifügen.

§ 46. Die Liquidatoren haben der Genossenschaft gegenüber bei der Geschäftsführung den von der Generalversammlung gefaßten Beschlüssen Folge zu geben, widrigenfalls sie der Genossenschaft für den durch ihr Zuwiderhandeln erwachsenen Schaden persönlich und solidarisch haften.

§ 47. Die bei Auflösung der Genossenschaft vorhandenen und die während der Liquidation eingehenden Gelder werden, wie folgt, verwendet: 68 Juli

a) es werden zunächst die Gläubiger der Genossenschaft je nach der Fälligkeit ihrer Forderungen befriedigt und die zur Deckung noch nicht fälliger Forderungen nöthigen Summen zurückbehalten;

b) aus den alsdann verbleibenden Ueberschüssen werden die Geschäftsantheile an die Genossenschafter zurückgezahlt. Reicht der Bestand zur vollständigen Deckung nicht aus, so erfolgt die Vertheilung desselben nach Verhältniß der Höhe der einzelnen Guthaben, wenn der Gesellschaftsvertrag nicht anders bestimmt;

c) aus dem nach Deckung der Schulden der Genossenschaft, sowie der Geschäftsantheile der Genossenschafter (§. 39.), noch verbleibenden Bestande wird zunächst der Gewinn des letzten Rechnungsjahres an die Genossenschafter nach den Bestimmungen des Gesellschaftsvertrages gezahlt Die Vertheilung weiterer Ueberschüsse unter die Genossenschafter erfolgt in Ermangelung anderer Vertragsbestimmungen nach Köpfen.

§ 48. Die Liquidatoren haben sofort beim Beginn der Liquidation eine Bilanz aufzustellen. Ergiebt diese oder eine später aufgestellte Bilanz, daß das Vermögen der Genossenschaft (einschließlich des Reservefonds und der Geschäftsantheile der Genossenschafter) zur Deckung der Schulden der Genossenschaft nicht hinreicht, so haben

68 die Liquidatoren bei eigener Verantwortlichkeit sofort
Juli eine Generalversammlung zu berufen und hierauf, sofern nicht Genossenschafter binnen acht Tagen nach der abgehaltenen Generalversammlung den zur Deckung des Ausfalles erforderlichen Betrag baar einzahlen, [bei dem Handelsgerichte]*) die Eröffnung des Konkurses (Falliments) über das Vermögen der Genossenschaft zu beantragen.

§ **49.** Ungeachtet der Auflösung der Genossenschaft kommen bis zur Beendigung der Liquidation im Uebrigen in Bezug auf die Rechtsverhältnisse der bisherigen Genossenschafter untereinander, sowie zu dritten Personen, die Vorschriften des zweiten und dritten Abschnitts dieses Gesetzes zur Anwendung, soweit sich aus den Bestimmungen des gegenwärtigen Abschnitts und aus dem Wesen der Liquidation nicht ein Anderes ergiebt.

Der Gerichtsstand, welchen die Genossenschaft zur Zeit ihrer Auflösung hatte, bleibt bis zur Beendigung der Liquidation für die aufgelöste Genossenschaft bestehen. Zustellungen an die Genossenschaft geschehen mit rechtlicher Wirkung an einen der Liquidatoren.

§ **50.** Nach Beendigung der Liquidation werden die Bücher und Schriften der aufgelösten Genossenschaft einem der gewesenen Genossenschafter oder einem Dritten in Verwahrung gegeben. Der Genossenschafter oder der

*) Die Zuständigkeit des Handelsgerichts ist aufgehoben durch § 3 Nr. 1 des Einf.-Ges. zur Reichs-Konkurs-Ordnung. Jetzt ist das Amtsgericht des Sitzes der Genossenschaft zuständig. Vgl. § 64 R.K.O. (Einz.-Ausg. Bd. 13).

Dritte wird in Ermangelung einer gültigen Uebereinkunft durch das Handelsgericht bestimmt. 68 Juli

Die Genossenschafter und deren Rechtsnachfolger behalten das Recht auf Einsicht und Benutzung der Bücher und Papiere.

§ 51. (Aufgehoben durch § 3 Al. 1 des Einf.-Ges. zur Reichs-Konkurs-Ordnung, vom 10. Februar 1877.)*)

§ 52. Nachdem das Konkursverfahren (Falliment) so weit gediehen ist, daß der Schlußvertheilungsplan feststeht, liegt dem Vorstande ob, eine Berechnung (Vertheilungsplan) anzufertigen, aus welcher sich ergiebt, wie viel jeder Genossenschafter zur Befriedigung der

---

*) An die Stelle des § 51 sind getreten die §§ 195—197 R.K.O.:

§ 195. Ueber das Vermögen einer eingetragenen Genossenschaft findet das Konkursverfahren außer dem Falle der Zahlungsunfähigkeit in dem Falle des §. 48 des Gesetzes, betreffend die privatrechtliche Stellung der Erwerbs- und Wirthschafts-Genossenschaften, vom 4. Juli 1868 statt.

Die Vorschriften der §§. 193 Abs. 2, 194 finden entsprechende Anwendung.

§ 196. Die Genossenschaft wird durch den Vorstand oder die Liquidatoren vertreten.

Ein Zwangsvergleich findet nicht statt.

§ 197. Nach der Aufhebung des Konkursverfahrens sind die Konkursgläubiger, deren Forderungen festgestellt worden sind, berechtigt, wegen des in dem Verfahren erlittenen Ausfalls, einschließlich der Zinsen und Kosten, die einzelnen ihnen solidarisch haftenden Genossenschafter in Anspruch zu nehmen. Den letzteren stehen Einwendungen nur gegen solche Forderungen zu, welche von dem Vorstande oder den Liquidatoren im Prüfungstermine ausdrücklich bestritten worden sind.

68 Juli Gläubiger wegen der im Konkurs erlittenen Ausfälle beizutragen habe.

Wird die Zahlung der Beiträge verweigert oder verzögert, so ist der Vertheilungsplan von dem Vorstande dem Konkursgericht mit dem Antrage einzureichen: den Vertheilungsplan für vollstreckbar zu erklären. Dem Antrage ist eine Abschrift oder ein Abdruck des Gesellschaftsvertrages und ein Verzeichniß der Ausfälle der Gläubiger, sowie der nach dem Plane zu einem Beitrage verpflichteten Genossenschafter beizufügen.

§ 53. Bevor das Gericht über den Antrag Beschluß faßt, sind die Genossenschafter mit ihren etwanigen Erinnerungen gegen den Plan in einem Termine zu hören. [Mit Abhaltung des Termins wird, wenn das Konkursgericht ein Kollegialgericht ist, ein Mitglied des letzteren (Richterkommissar) beauftragt.]*) Bei der Vorladung der Genossenschafter ist eine Mittheilung des Planes nicht erforderlich; es genügt, daß derselbe drei Tage vor dem Termine zur Einsicht der Genossenschafter bei dem Gerichte offen liegt und daß dies denselben bei der Vorladung angezeigt wird. Von dem Termine ist auch der Vorstand in Kenntniß zu setzen. Die nochmalige Vorladung eines Betheiligten, welcher in dem Termine nicht erscheint, ist nicht erforderlich. Werden Erinnerungen erhoben, so ist das betreffende Sach- und Rechtsverhältniß in dem Termine thunlichst insoweit aufzuklären, als zur vorläufigen Beurtheilung der Erheblichkeit der Erinnerungen erforderlich ist.

*) Veraltet. Vgl. § 48 Anm.

§ 54. Nach Abschluß des im §. 53. bezeichneten Verfahrens unterzieht das Gericht auf Grundlage der beigebrachten Schriftstücke und der von dem Richter aufgenommenen Verhandlungen den Vertheilungsplan einer näheren Prüfung, berichtigt den Plan, soweit nöthig, und erläßt hierauf den Beschluß, durch welchen derselbe für vollstreckbar erklärt wird. Das Gericht kann vor Abfassung des Beschlusses von dem Vorstand jede nähere Aufklärung und die Beibringung der in dem Besitze desselben befindlichen, zur Erledigung von Zweifeln dienenden Urkunden fordern. 68 Juli

[Im Gebiete des Rheinischen Rechts wird der Beschluß in der Rathskammer auf den Vortrag eines Berichterstatters gefaßt.]

Gegen den Beschluß ist ein Rechtsmittel nicht zulässig.

§ 55. Eine Ausfertigung des Planes, sowie des Beschlusses, durch welchen derselbe für vollstreckbar erklärt ist, wird dem Vorstande mitgetheilt.

Die Urschrift oder eine zweite Ausfertigung ist bei dem Gerichte zur Einsicht der Genossenschafter offen zu legen; sämmtliche Genossenschafter sind hiervon in Kenntniß zu setzen.

Der Vorstand ist befugt und im Falle der Weigerung oder Zögerung verpflichtet, die Beiträge, welche nach dem für vollstreckbar erklärten Vertheilungsplane von den einzelnen Genossenschaftern zu zahlen sind, im Wege der Exekution beitreiben zu lassen.

§ 56. Jeder Genossenschafter ist befugt, den Vertheilungsplan im Wege der Klage anzufechten; die Klage

68 Juli ist gegen die übrigen betheiligten Genossenschafter zu richten; diese werden in dem Prozesse von dem Vorstande vertreten. Für die Klage ist das Gericht zuständig, bei welchem die Genossenschaft ihren allgemeinen Gerichtsstand hatte (§. 11.). Durch die Anstellung der Klage und die Einleitung des Prozesses wird die Exekution nicht gehemmt.

§ 57. Ist die Exekution gegen einzelne Genossenschafter fruchtlos, so hat der Vorstand den dadurch entstehenden Ausfall in einem anzufertigenden neuen Plane unter die übrigen Genossenschafter zu vertheilen. Das weitere Verfahren bestimmt sich nach den Vorschriften der §§. 52—56.

§ 58. Der Vorstand ist zur Erhebung der von den Genossenschaftern zu entrichtenden Beiträge berechtigt und zur bestimmungsmäßigen Verwendung derselben verpflichtet.

§ 59. Wenn das Vermögen der Genossenschaft zur Befriedigung der Gläubiger sich als unzureichend erweist, ohne daß die Eröffnung des Konkurses erfolgen kann (§. 12.), so kommen in Ansehung der Einziehung der zur Deckung der Ausfälle erforderlichen Beträge die Bestimmungen der §§. 52—58. in entsprechender Weise mit der Maaßgabe zur Anwendung, daß an Stelle des Konkursgerichts das Gericht tritt, bei welchem die Genossenschaft ihren allgemeinen Gerichtsstand hatte.

§ 60. Wenn der Vorstand die ihm nach den §§. 52—59. obliegenden Verpflichtungen zu erfüllen außer Stande ist, oder deren Erfüllung versäumt, so kann das

Gericht auf den Antrag eines betheiligten Genossenschafters einen oder mehrere Genossenschafter oder auch andere Personen mit den Verrichtungen des Vorstandes beauftragen. 68 Juli

§ 61. Sind an die Stelle des Vorstandes Liquidatoren getreten, so gelten die Bestimmungen der §§. 52—60., insoweit sie den Vorstand betreffen, für die Liquidatoren.

§ 62. Durch das in den §§. 52—61. angeordnete Verfahren wird an dem Rechte der Genossenschaftsgläubiger, wegen der an ihren Forderungen erlittenen Ausfälle die Genossenschafter solidarisch in Anspruch zu nehmen, nichts geändert.

Abschnitt VI.

Von der Verjährung der Klagen gegen die Genossenschafter.

§ 63. Die Klagen gegen einen Genossenschafter aus Ansprüchen gegen die Genossenschaft verjähren in zwei Jahren nach Auflösung der Genossenschaft oder nach seinem Ausscheiden oder seiner Ausschließung aus derselben, sofern nicht nach Beschaffenheit der Forderung eine kürzere Verjährungsfrist gesetzlich eintritt.

Die Verjährung beginnt mit dem Tage, an welchem die Auflösung der Genossenschaft in das Genossenschaftsregister eingetragen oder das Ausscheiden, beziehungsweise die Ausschließung des Genossenschafters dem Handelsgerichte angezeigt ist. Wird die Forderung erst nach diesem Zeitpunkte fällig, so beginnt die Verjährung mit

68 Juli dem Zeitpunkte der Fälligkeit. Bei kündbaren Forderungen tritt die Kündigungsfrist der Verjährungsfrist hinzu, ohne daß gekündigt zu sein braucht.

Ist noch ungetheiltes Genossenschaftsvermögen vorhanden, so kann dem Gläubiger die zweijährige Verjährung nicht entgegengesetzt werden, sofern er seine Befriedigung nur aus dem Genossenschaftsvermögen sucht.

§ 64. Die Verjährung zu Gunsten eines ausgeschiedenen oder ausgeschlossenen Genossenschafters wird nicht durch Rechtshandlungen gegen einen anderen Genossenschafter, wohl aber durch Rechtshandlungen gegen die fortbestehende Genossenschaft unterbrochen.

Die Verjährung zu Gunsten eines bei der Auflösung der Genossenschaft zu derselben gehörigen Genossenschafters wird nicht durch Rechtshandlungen gegen einen anderen Genossenschafter, wohl aber durch Rechtshandlungen gegen die Liquidatoren, beziehungsweise gegen die Konkursmasse, unterbrochen.

§ 65. Die Verjährung läuft auch gegen Minderjährige und bevormundete Personen, sowie gegen juristische Personen, denen gesetzlich die Rechte der Minderjährigen zustehen, ohne Zulassung der Wiedereinsetzung in den vorigen Stand, jedoch mit Vorbehalt des Regresses gegen die Vormünder und Verwalter.

Schlußbestimmungen.

§ 66. Das Handelsgericht hat den Vorstand der Genossenschaft, beziehungsweise die Liquidatoren, zur Befolgung der in den §§. 4. 6. 18. 23. 25. 26. Absatz 2.

§. 31. Absatz 3. §. 33. Absatz 2. §§. 36. 41. 48. 52—59. 61. enthaltenen Vorschriften von Amtswegen durch Ordnungsstrafen anzuhalten. 68 Juli

Das hierbei zu befolgende Verfahren ist von den Regierungen der einzelnen Bundesstaaten in den nach §. 72. zu erlassenden Ausführungs-Verordnungen zu bestimmen.

§ 67. Unrichtigkeiten in den nach den Vorschriften des gegenwärtigen Gesetzes dem Vorstande obliegenden Anzeigen oder sonstigen amtlichen Angaben werden gegen die Vorstandsmitglieder mit Geldbuße bis zu 20 Rthlr. geahndet.

§ 68. Durch die im §. 67. enthaltene Bestimmung wird die Anwendung härterer Strafen nicht ausgeschlossen, wenn dieselben nach sonstigen Gesetzen durch die Handlung begründet werden.

§ 69. Die Eintragungen in das Genossenschaftsregister erfolgen kostenfrei.

§ 70. Wo dieses Gesetz von dem Handelsgerichte spricht, tritt in Ermangelung eines besonderen Handelsgerichts das ordentliche Gericht an dessen Stelle.*)

§ 71. In dem Vermögensstande einer schon bestehenden Genossenschaft wird durch deren Eintragung in das Genossenschaftsregister nichts geändert.

Auf nicht eingetragene Genossenschaften kommen die Bestimmungen dieses Gesetzes nicht zur Anwendung.

---

*) Seit dem 1. Oktober 1879 haben die Handelsgerichte zu existiren aufgehört; an ihre Stelle ist das Amtsgericht getreten.

68 Juli § 72. Die näheren Bestimmungen Behufs Ausführung dieses Gesetzes werden von den Regierungen der einzelnen Bundesstaaten im Verordnungswege erlassen.

§ 73. Das gegenwärtige Gesetz tritt mit dem 1. Januar 1869. in Kraft.

Urkundlich rc.

Gegeben Schloß Babelsberg, den 4. Juli 1868.

Gesetz, betreffend die Besteuerung des Branntweins in verschiedenen zum Norddeutschen Bunde gehörenden Staaten und Gebietstheilen. Vom 8. Juli 1868.

(B.G.Bl. S. 384.)

Gesetz, betreffend die subsidiarische Haftung des Brauerei-Unternehmers für Zuwiderhandlungen gegen die Braumalzsteuergesetze durch Verwalter, Gewerbsgehülfen und Hausgenossen. Vom 8. Juli 1868.

(B.G.Bl. S. 403.)

(Ersetzt durch das Gesetz wegen Erhebung der Brausteuer, vom 31. Mai 1872.)

Gesetz, betreffend die subsidiarische Haftung des Brennerei-Unternehmers für Zuwiderhandlungen gegen die Branntwein-steuer-Gesetze durch Verwalter, Gewerbsgehülfen und Hausgenossen. Vom 8. Juli 1868.

(B.G.Bl. S. 404.)

Gesetz, betreffend den Betrieb der stehenden Gewerbe. Vom 8. Juli 1868.

(B.G.Bl. S. 406.)

(Aufgehoben durch § 156 der Gewerbeordnung vom 21. Juni 1869.

Maaß- und Gewichtsordnung für den Norddeutschen Bund.*) 68 Aug.

Vom 17. August 1868.

(B.G.Bl. S. 473.)

Das Gesetz gilt im ganzen Deutschen Reich.

Art. 1. Die Grundlage des Maaßes und Gewichtes ist das Meter oder der Stab, mit dezimaler Theilung und Vervielfachung.

Art. 2. Als Urmaaß gilt derjenige Platinstab, welcher im Besitze der Königlich Preußischen Regierung sich befindet, im Jahre 1863. durch eine von dieser und der Kaiserlich Französischen Regierung bestellte Kommission mit dem in dem Kaiserlichen Archive zu Paris aufbewahrten Mètre des Archives verglichen und bei der Temperatur des schmelzenden Eises gleich 1,00000301 Meter befunden worden ist.

Art. 3. Es gelten folgende Maaße:

A. Längenmaaße.

Die Einheit bildet das Meter oder der Stab.

Der hundertste Theil des Meters heißt das Zentimeter oder der Neu-Zoll.

Der tausendste Theil des Meters heißt das Millimeter oder der Strich.

Zehn Meter heißen das Dekameter oder die Kette.

Tausend Meter heißen das Kilometer.

---

*) Vgl. unten die Ges. vom 10. März 1870, 26. November 1871, 7. Dezember 1873 und 19. Dezember 1874.

68 Aug.

B. Flächenmaaße.

Die Einheit bildet das Quadratmeter oder der Quadratstab.

Hundert Quadratmeter heißen das Ar.

Zehntausend Quadratmeter heißen das Hektar.

C. Körpermaaße.

Die Grundlage bildet das Kubikmeter oder der Kubikstab.

Die Einheit ist der tausendste Theil des Kubikmeters und heißt das Liter oder die Kanne.

Das halbe Liter heißt der Schoppen.

Hundert Liter oder der zehnte Theil des Kubikmeters heißt das Hektoliter oder das Faß.

Funfzig Liter sind ein Scheffel.

Art. 4. (Aufgehoben durch Gesetz vom 7. Dezember 1873.)

Art. 5. Als Urgewicht gilt das im Besitze der Königlich Preußischen Regierung befindliche Platinkilogramm, welches mit Nr. 1. bezeichnet, im Jahre 1860. durch eine von der Königlich Preußischen und der Kaiserlich Französischen Regierung niedergesetzte Kommission mit dem in dem Kaiserlichen Archive zu Paris aufbewahrten Kilogramme prototype verglichen und gleich 0,999999842 Kilogramm befunden worden ist.

Art. 6. Die Einheit des Gewichts bildet das Kilogramm (gleich zwei Pfund). Es ist das Gewicht eines Liters destillirten Wassers bei + 4 Gr. des hunderttheiligen Thermometers.

Das Kilogramm wird in 1000 Gramme getheilt, mit dezimalen Unterabtheilungen. 68 Aug.

Zehn Gramme heißen das Dekagramm oder das Neu-Loth.

Der zehnte Theil eines Gramms heißt das Dezigramm, der hundertste das Zentigramm, der tausendste das Milligramm.

Ein halbes Kilogramm heißt das Pfund.

50 Kilogramm oder 100 Pfund heißen der Zentner.

1000 Kilogramm oder 2000 Pfund heißen die Tonne.

Art. 7. Ein von diesem Gewichte (Artikel 6.) abweichendes Medizinalgewicht findet nicht statt.

Art. 8. In Betreff des Münzgewichts verbleibt es bei den im Artikel 1. des Münzvertrages vom 24. Januar 1857. gegebenen Bestimmungen.

Art. 9. Nach beglaubigten Kopien des Urmaaßes (Artikel 2.) und des Urgewichts (Artikel 5.) werden die Normalmaaße und Normalgewichte hergestellt und richtig erhalten.

Art. 10. Zum Zumessen und Zuwägen im öffentlichen Verkehre dürfen nur in Gemäßheit dieser Maaß- und Gewichtsordnung gehörig gestempelte Maaße, Gewichte und Waagen angewendet werden.

Der Gebrauch unrichtiger Maaße, Gewichte und Waagen ist untersagt, auch wenn dieselben im Uebrigen den Bestimmungen dieser Maaß- und Gewichtsordnung entsprechen. Die näheren Bestimmungen über die äußersten Grenzen der im öffentlichen Verkehr noch zu duldenden Abweichungen von der absoluten Richtigkeit

68 Aug. erfolgen nach Vernehmung der im Artikel 18. bezeichneten technischen Behörde durch den Bundesrath. *)

Art. 11. Bei dem Verkaufe weingeistiger Flüssigkeiten nach Stärkegraden dürfen zur Ermittelung des Alkoholgehaltes nur gehörig gestempelte Alkoholometer und Thermometer angewendet werden.

Art. 12. Der in Fässern zum Verkauf kommende Wein darf dem Käufer nur in solchen Fässern, auf welchen die den Raumgehalt bildende Zahl der Liter durch Stempelung beglaubigt ist, überliefert werden.

Eine Ausnahme hiervon findet nur bezüglich desjenigen ausländischen Weines statt, welcher in den Originalgebinden weiter verkauft wird.

Art. 13. Gasmesser, nach welchen die Vergütung für den Verbrauch von Leuchtgas bestimmt wird, sollen gehörig gestempelt sein.

Art. 14. Zur Eichung und Stempelung sind nur diejenigen Maaße und Gewichte zuzulassen, welche den in Artikel 3. und 6. dieser Maaß- und Gewichtsordnung benannten Größen, oder ihrer Hälfte, sowie ihrem Zwei-, Fünf-, Zehn- und Zwanzigfachen entsprechen. Zulässig ist ferner die Eichung und Stempelung des Viertel-Hektoliter, sowie fortgesetzter Halbirungen des Liter.

Art. 15. Das Geschäft der Eichung und Stempelung wird ausschließlich durch Eichungsämter ausgeübt, deren Personal von der Obrigkeit bestellt wird. Diese Aemter werden mit den erforderlichen, nach den Normalmaaßen und Gewichten (Artikel 9.) hergestellten Eichungs-

*) Vgl. Bekanntmachung vom 6. Dezember 1869.

normalen, beziehungsweise mit den erforderlichen Nor- 68
malapparaten versehen. Die für die Eichung und Stem- Aug.
pelung zu erhebenden Gebühren werden durch eine allgemeine Taxe geregelt (Artikel 18.).

Art. 16. Die Errichtung der Eichungsämter (Artikel 15.) steht den Bundesregierungen zu und erfolgt nach den Landesgesetzen. Dieselben können auf einen einzelnen Zweig des Eichungsgeschäfts beschränkt sein, oder mehrere Zweige desselben umfassen.

Art. 17. Die Bundesregierungen haben, jede für sich oder mehrere gemeinschaftlich, zum Zweck der Aufsicht über die Geschäftsführung und die ordnungsmäßige Unterhaltung der Eichungsämter die erforderlichen Anordnungen zu treffen. In gleicher Weise liegt ihnen die Fürsorge für eine periodisch wiederkehrende Vergleichung der im Gebrauche der Eichungsämter befindlichen Eichungsnormale (Artikel 15.) mit den Normalmaaßen und Gewichten ob.

Art. 18. Es wird eine Normal-Eichungskommission vom Bunde bestellt und unterhalten. Dieselbe hat ihren Sitz in Berlin.*)

Die Normal-Eichungskommission hat darüber zu wachen, daß im gesammten Bundesgebiete das Eichungswesen nach übereinstimmenden Regeln und dem Interesse des Verkehrs entsprechend gehandhabt werde. Ihr liegt die Anfertigung und Verabfolgung der Normale (Artikel 9.), so weit nöthig auch der Eichungsnormale (Artikel 15.)

*) Vgl. Bekanntmachung, betr. die Errichtung derselben, vom 16. Februar 1869.

68 Aug. an die Eichungsstellen des Bundes ob, und ist sie daher mit den für ihren Geschäftsbetrieb nöthigen Instrumenten und Apparaten auszurüsten.

Die Normal-Eichungskommission hat die näheren Vorschriften über Material, Gestalt, Bezeichnung und sonstige Beschaffenheit der Maaße und Gewichte, ferner über die von Seiten der Eichungsstellen innezuhaltenden Fehlergrenzen zu erlassen. Sie bestimmt, welche Arten von Waagen im öffentlichen Verkehr oder nur zu besonderen gewerblichen Zwecken angewendet werden dürfen und setzt die Bedingungen ihrer Stempelfähigkeit fest. Sie hat ferner das Erforderliche über die Einrichtung der sonst in dieser Maaß- und Gewichtsordnung aufgestellten Meßwerkzeuge vorzuschreiben, sowie über die Zulassung anderweiter Geräthschaften zur Eichung und Stempelung zu entscheiden. Der Normal-Eichungskommission liegt es ob, das bei der Eichung und Stempelung zu beobachtende Verfahren und die Taxen für die von den Eichungsstellen zu erhebenden Gebühren (Artikel 15.) festzusetzen und überhaupt alle die technische Seite des Eichungswesens betreffenden Gegenstände zu regeln.

Art. 19. Sämmtliche Eichungsstellen des Bundesgebiets haben sich, neben dem jeder Stelle eigenthümlichen Zeichen, eines übereinstimmenden Stempelzeichens zur Beglaubigung der von ihnen geeichten Gegenstände zu bedienen.

Diese Stempelzeichen werden von der Normal-Eichungskommission bestimmt.

Art. 20. Maaße, Gewichte und Meßwerkzeuge, welche von einer Eichungsstelle des Bundesgebiets geeicht und mit dem vorschriftsmäßigen Stempelzeichen beglaubigt sind, dürfen im ganzen Umfange des Bundesgebiets im öffentlichen Verkehr angewendet werden. 68 Aug.

Art. 21. Diese Maaß- und Gewichtsordnung tritt mit dem 1. Januar 1872. in Kraft.

Die Landesregierungen haben die Verhältnißzahlen für die Umrechnung der bisherigen Landesmaaße und Gewichte in die neuen festzustellen und bekannt zu machen, und sonst alle Anordnungen zu treffen, welche, außer den nach Artikel 18. der technischen Bundes-Centralbehörde vorbehaltenen Vorschriften, zur Sicherung der Ein- und Durchführung der in dieser Maaß- und Gewichtsordnung, namentlich in Artikel 10., 11., 12. und 13. enthaltenen Bestimmungen erforderlich sind.

Art. 22. Die Anwendung der dieser Maaß- und Gewichtsordnung entsprechenden Maaße und Gewichte ist bereits vom 1. Januar 1870. an gestattet, insofern die Betheiligten hierüber einig sind.

Art. 23. Die Normal-Eichungskommission (Artikel 18.) tritt alsbald nach Verkündung der Maaß- und Gewichtsordnung in Thätigkeit, um die Eichungsbehörden bis zu dem im Artikel 22. angegebenen Zeitpunkt zur Eichung und Stempelung der ihnen vorgelegten Maaße und Gewichte in den Stand zu setzen.

Urkundlich ꝛc.

Gegeben Homburg v. d. Höhe, den 17. August 1868.

---

68 Dez. **Verordnung, betreffend die Einführung der in Preußen geltenden Vorschriften über die Heranziehung der Militairpersonen zu Kommunalauflagen im ganzen Bundesgebiet. Vom 22. Dezember 1868.***)

(B.G.Bl. S. 571.)

[Nur gültig in den Staaten des ehem. Norddeutschen Bundes.]

Bekanntmachung, betreffend die Errichtung einer Normal-Eichungs-Kommission in Berlin. Vom 16. Februar 1869.

(B.G.Bl. S. 46.)

Gesetz, Maaßregeln gegen die Rinderpest betreffend.

Vom 7. April 1869.**)

(B.G.Bl. S. 105; ausgeg. am 13. April 1869.)

Das Gesetz gilt im ganzen Deutschen Reich.***)

§ 1. Wenn die Rinderpest (Löserdürre) in einem Bundesstaate oder in einem an das Gebiet des Norddeutschen Bundes angrenzenden oder mit demselben im direkten Verkehre stehenden Lande ausbricht, so sind die zuständigen Verwaltungsbehörden der betreffenden Bundesstaaten verpflichtet und ermächtigt, alle Maaßregeln zu ergreifen, welche geeignet sind, die Einschleppung und beziehentlich die Weiterverbreitung der

---

*) Einz.-Ausg. Bd. 10 (Reichsbeamtengesetz) S. 99.

**) Dieses Gesetz kollidirt nicht mit dem Gesetz, betr. die Abwehr und Unterdrückung von Viehseuchen, vom 23. Juni 1880. — Vgl. unten § 1 Abs. 1 des genannten Gesetzes.

***) Vgl. die Einführungsgesetze für Bayern und Württemberg vom 2. November 1871 und für Elsaß-Lothringen vom 11. Dezember 1871.

Seuche zu verhüten und die im Lande selbst ausgebrochene Seuche zu unterdrücken. 69 Apr.

§ 2. Die Maaßregeln, auf welche sich die im §. 1. ausgesprochene Verpflichtung und Ermächtigung je nach den Umständen zu erstrecken hat, sind folgende:

1) Beschränkungen und Verbote der Einfuhr,*) des Transports und des Handels in Bezug auf lebendes oder todtes Rindvieh, Schaafe und Ziegen, Häute, Haare und sonstige thierische Rohstoffe in frischem oder trockenem Zustande, Rauchfutter, Streumaterialien, Lumpen, gebrauchte Kleider, Geschirre und Stallgeräthe; endlich Einführung einer Rindviehkontrole im Grenzbezirke;
2) Absperrung einzelner Gehöfte, Ortstheile, Orte, Bezirke gegen den Verkehr mit der Umgebung;
3) Tödtung selbst gesunder Thiere und Vernichtung von giftfangenden Sachen, ingleichen, wenn die Desinfektion nicht als ausreichend befunden wird, von Transportmitteln, Geräthschaften und dergl. im erforderlichen Umfange;
4) Desinfizirung der Gebäude, Transportmittel und sonstigen Gegenstände, sowie der Personen, welche mit seuchekranken oder verdächtigen Thieren in Berührung gekommen sind;
5) Enteignung des Grund und Bodens für die zum Verscharren getödteter Thiere und giftfangender Dinge nöthigen Gruben.

*) Vgl. unten Gesetz, betr. die Zuwiderhandlungen gegen die zur Abwehr der Rinderpest erlassenen Vieh-Einfuhrverbote, vom 21. Mai 1878.

69 Apr. § 3. Für die auf Anordnung der Behörde getödteten Thiere, vernichteten Sachen und enteigneten Plätze, sowie für die nach rechtzeitig erfolgter Anzeige des Besitzers gefallenen Thiere wird der durch unparteiische Taxatoren festzustellende gemeine Werth aus der Bundeskasse vergütet.

Diese Entschädigung wird jedoch nicht gewährt für solches Vieh, welches innerhalb zehn Tage nach erfolgter Einfuhr oder nach Eintrieb über die Bundesgrenze an der Seuche fällt.

§ 4. Jeder, der zuverlässige Kunde davon erlangt, daß ein Stück Vieh an der Rinderpest krank oder gefallen ist oder daß auch nur der Verdacht einer solchen Krankheit vorliegt, hat ohne Verzug der Ortspolizeibehörde Anzeige davon zu erstatten. Die Unterlassung schleunigster Anzeige hat für den Viehbesitzer selbst, welcher sich dieselbe zu Schulden kommen läßt, jedenfalls den Verlust des Anspruches auf Entschädigung für die ihm gefallenen oder getödteten Thiere zur Folge.

§ 5. Die Einwohner von der Rinderpest betroffener Orte sind verpflichtet, die Behörden bei Ausführung der polizeilichen Maaßregeln entweder selbst oder durch geeignete Personen zu unterstützen.

§ 6. (Aufgehoben durch § 6 des Gesetzes, betr. die Beseitigung von Ansteckungsstoffen bei Viehbeförderungen auf Eisenbahnen, vom 25. Februar 1876.) *)

§ 7. Die näheren Bestimmungen über die Ausführung der vorstehenden Vorschriften und deren Ueber=

*) Vgl. unten.

wachung durch die geeigneten Organe, über die Be- 69 Apr.
streitung der entstehenden Kosten und die Bestrafung der Zuwiderhandlungen*) sind von den Einzelstaaten zu treffen. Es ist jedoch von den deshalb erlassenen Verfügungen dem Bundespräsidium Mittheilung zu machen.

§ 8. Vom Bundespräsidium wird eine allgemeine Instruktion**) erlassen, welche über die Anwendung der im §. 2. unter Nr. 1. bis 4. aufgeführten Maaßregeln nähere Anweisung giebt und den nach §. 7. von den Einzelstaaten zu treffenden Bestimmungen zur Grundlage dient.

§ 9. Sobald die Regierung eines Bundesstaates in die Lage kommt, ein Einfuhrverbot zu erlassen, zu verändern oder aufzuheben, hat dieselbe dem Bundespräsidium und den Regierungen der benachbarten Bundesstaaten davon Mittheilung zu machen.

§ 10. Einfuhrbeschränkungen zwischen den einzelnen Bundesstaaten sind erst dann zulässig, wenn die Rinderpest innerhalb eines Bundesstaates ausbricht.

§ 11. Bricht die Rinderpest in einem Bundesstaate aus, so ist dem Bundespräsidium hiervon, sowie von den ergriffenen Maaßregeln Anzeige zu machen, dasselbe auch von dem weiteren Gange der Seuche in Kenntniß zu erhalten.

§ 12. Dem Bundeskanzler liegt ob, die Ausführung

---

*) Die Strafbestimmungen sind durch das Reichsgesetz vom 21. Mai 1878 (vgl. unten) getroffen worden.

**) Instruktion vom 26. Mai 1869 und revidirte Instruktion vom 9. Juni 1873.

69 Apr. dieses Gesetzes und der auf Grund desselben erlassenen Anordnungen zu überwachen. Erforderlichen Falls wird der Bundeskanzler selbstständig Anordnungen treffen oder einen Bundeskommissar bestellen, welcher die Behörden des betheiligten Einzelstaates unmittelbar mit Anweisung zu versehen hat. Tritt die Seuche in einer solchen Gegend des Bundesgebietes oder in solcher Ausdehnung auf, daß von den zu ergreifenden Maaßregeln nothwendig die Gebiete mehrerer Bundesstaaten betroffen werden müssen, so hat der Bundeskommissar für Herstellung und Erhaltung der Einheit in den Seitens der Landesbehörden zu treffenden oder getroffenen Maaßregeln zu sorgen und deshalb das Erforderliche anzuordnen.

§ 13. Die Behörden der verschiedenen Bundesstaaten sind verpflichtet, sich bei Ausführung der Maaßregeln gegen die Rinderpest auf Ansuchen gegenseitig zu unterstützen.

§ 14. Zur Durchführung der Absperrungsmaaßregeln ist militairische Hülfe zu requiriren. Die Kommandobehörden haben den desfallsigen Requisitionen der kompetenten Verwaltungsbehörden im erforderlichen Umfange zu entsprechen.

Sämmtliche Mehrkosten, welche durch die geleistete militairische Hülfe gegen die reglementsmäßigen Kosten des Unterhalts der requirirten Truppen in der Garnison entstehen, fallen der Bundeskasse zur Last.

Urkundlich ꝛc.

Gegeben Berlin, den 7. April 1869.

Gesetz, betreffend die Einführung von Telegraphen-Freimarken. Vom 16. Mai 1869.*) 69 Mai

(B.G.Bl. S. 377.)

Allerhöchster Erlaß vom 26. Mai 1869., betreffend die Genehmigung der Instruktion zur Ausführung des Bundesgesetzes vom 7. April 1869., Maaßregeln gegen die Rinderpest betreffend.

(B.G.Bl. S. 149.)

Wahlgesetz für den Reichstag des Norddeutschen Bundes. Vom 31. Mai 1869.)**

(B.G.Bl. S. 145.)

Gesetz, betreffend die Kautionen der Bundesbeamten. Vom 2. Juni 1869.*)**

(B.G.Bl. S. 161.)

---

*) Einz.=Ausg. Bd. 7 (Die Post= und Telegraphen=Gesetzgebung) S. 214.

**) Einz.=Ausg. Bd. 1 (Reichsverfassung ꝛc.) S. 78. — Dazu Wahlreglement vom 28. Mai 1870. (Vgl. unten Anmerkung zu demselben.)

***) Einz.=Ausg. Bd. 10 (Reichsbeamtengesetz ꝛc.) S. 123. — Auf Grund des obigen Gesetzes sind zahlreiche Verordnungen ergangen, von denen jetzt noch gelten:

Verordnung vom 29. Juni 1869, jedoch nur noch für die beim Eichungswesen angestellten Beamten,

Verordnung vom 27. Februar 1872 für die Beamten der Reichs=Eisenbahnen in Elsaß=Lothringen,

Verordnung vom 6. Juli 1874 für die Beamten des Auswärtigen Amts, des Reichs=Invalidenfonds und des Reichstagsbüreaus,

Verordnungen vom 23. Dezember 1875 und vom 31. März 1880 für die Reichsbankbeamten,

69 Juni

Gesetz, betreffend die Portofreiheiten im Gebiete des Norddeutschen Bundes. Vom 5. Juni 1869.*)

(B.G.Bl. S. 141.)

Gesetz, betreffend die Einführung der Allgemeinen Deutschen Wechsel-Ordnung, der Nürnberger Wechsel-Novellen und des Allgemeinen Deutschen Handelsgesetzbuches als Bundesgesetze. Vom 5. Juni 1869.**)

(B.G.Bl. S. 379.)

Gesetz, betreffend die Wechselstempelsteuer im Norddeutschen Bunde. Vom 10. Juni 1869.***)

(B.G.Bl. S. 193.)

(Abgeändert durch Gesetz vom 4. Juni 1879.)

Verordnungen vom 16. August 1876, vom 4. März 1879, vom 10. Mai 1881 und vom 30. März 1882 für die Beamten der Militär- und Marine-Verwaltung,

Verordnung vom 20. Juni 1879 für den Rendanten der Patentamts-Kasse,

Verordnung vom 2. Februar 1881 für den Rendanten der Büreaukasse beim Reichsamt des Innern,

Verordnung vom 18. April 1883 für die Beamten und Unterbeamten der Reichs-Post- und Telegraphenverwaltung und der Reichsdruckerei.

*) Einz.-Ausg. Bd. 7 (Postgesetzgebung) S. 98. — Das Gesetz ist eingeführt in Baden durch Art. 80 der vereinbarten Verfassung vom 15. November 1870, in Elsaß-Lothringen durch Gesetz vom 1. März 1872, in Bayern und Württemberg (mit Modifikationen) durch Gesetz vom 29. Mai 1872 und in Südhessen durch Gesetz vom 20. Dezember 1875.

**) Einz.-Ausg. Bd. 4 (Handelsgesetzbuch ꝛc.) S. 1. — Einführungsgesetz für Elsaß-Lothringen vom 19. Juni 1872, ebenda S. 5.

***) Einz.-Ausg. Bd. 5 (Wechselordnung ꝛc.) Theil 2.

Gesetz, betreffend die Errichtung eines obersten Gerichtshofes für Handelssachen. 69 Juni

Vom 12. Juni 1869.

(B.G.Bl. S. 201.)

[Das Reichs-Oberhandelsgericht hat mit dem 1. Oktober 1879 dem Reichsgericht Platz gemacht. (Ger.-Verfassungsges., neunter Titel, §§ 125—141.) Damit sind die Bestimmungen des Gesetzes vom 12. Juni 1869 bedeutungslos geworden, mit Ausnahme derjenigen über die Zuständigkeit (§§ 12—15), da nach § 8 des Einf.-Ges. zum Ger.Verf.Ges. solche bürgerliche Rechtsstreitigkeiten, welche zur Zuständigkeit des Reichs-Oberhandelsgerichts gehörten, dem Reichsgericht auch in denjenigen Bundesstaaten nicht entzogen werden können, welche ein besonderes oberstes Landesgericht beibehalten haben.]

§§ 1—11. (Veraltet.)

§ 12. Das Bundes-Oberhandelsgericht tritt in Handelssachen*) an die Stelle des für das Gebiet, in welchem die Sache in erster Instanz anhängig geworden ist, nach den Landesgesetzen bestehenden obersten Gerichtshofes mit derjenigen Zuständigkeit, welche nach diesen Landesgesetzen dem obersten Gerichtshofe gebührt.

Die Zuständigkeit des Bundes-Oberhandelsgerichts kann durch Aktenversendung an juristische Spruchkollegien und Fakultäten nicht ausgeschlossen werden.

§ 13. Handelssachen im Sinne dieses Gesetzes sind

---

*) Durch zahlreiche Spezial-Gesetze ist die Zuständigkeit des Reichs-Oberhandelsgerichts erweitert worden. Ein vollständiges Verzeichniß derselben findet sich in der Einz.-Ausg, Bd. 11 (Civilprozeßordnung ꝛc.) S. 5 Anm. 3.

69 Juni diejenigen bürgerlichen Rechtsstreitigkeiten, in welchen durch die Klage ein Anspruch

1) gegen einen Kaufmann (Art. 4. des Allgemeinen Deutschen Handelsgesetzbuchs) aus dessen Handelsgeschäften (Art. 271—276. des Allgemeinen Deutschen Handelsgesetzbuchs),

2) aus einem Wechsel im Sinne der Allgemeinen Deutschen Wechsel-Ordnung,

3) aus einem der nachstehend bezeichneten Rechtsverhältnisse geltend gemacht wird:

a) aus dem Rechtsverhältnisse zwischen den Mitgliedern einer Handelsgesellschaft, zwischen dem stillen Gesellschafter und dem Inhaber des Handelsgewerbes, sowie zwischen den Theilnehmern einer Vereinigung zu einzelnen Handelsgeschäften oder einer Vereinigung zum Handelsbetriebe (Art. 10. des Allgemeinen Deutschen Handelsgesetzbuchs), sowohl während des Bestehens, als nach Auflösung des geschäftlichen Verhältnisses, ingleichen aus dem Rechtsverhältnisse zwischen den Liquidatoren oder den Vorstehern einer Handelsgesellschaft, und der Gesellschaft oder den Mitgliedern derselben;

b) aus dem Rechtsverhältnisse, welches das Recht zum Gebrauche der Handelsfirma betrifft;

c) aus dem Rechtsverhältnisse, welches durch die Veräußerung eines bestehenden Handelsgeschäfts zwischen den Kontrahenten entsteht;

d) aus dem Rechtsverhältnisse zwischen dem Prokuristen, dem Handlungsbevollmächtigten oder dem Handlungsgehülfen und dem Eigenthümer der Handelsniederlassung, sowie aus dem Rechtsverhältnisse zwischen einer dritten Person und demjenigen, welcher ihr als Prokurist oder Handlungsbevollmächtigter aus einem Handelsgeschäfte haftet (Art. 55. des Allgemeinen Deutschen Handelsgesetzbuchs); 69 Juni

e) aus dem Rechtsverhältnisse, welches aus den Berufsgeschäften des Handelsmäklers im Sinne des Allgemeinen Deutschen Handelsgesetzbuchs zwischen diesem und den Parteien entsteht;

f) aus den Rechtsverhältnissen des Seerechts, insbesondere aus denjenigen, welche auf die Rhederei, die Rechte und Pflichten des Rheders, des Korrespondent-Rheders und der Schiffsbesatzung, auf die Bodmerei und die Haverei, auf den Schadensersatz im Falle des Zusammenstoßens von Schiffen, auf die Bergung und Hülfeleistung in Seenoth und auf die Ansprüche der Schiffsgläubiger sich beziehen.

Ist nach den Landesgesetzen die Klage noch in anderen, als den vorstehend unter Nr. 1. bis 3. bezeichneten bürgerlichen Rechtsstreitigkeiten vor das Handelsgericht erster Instanz gewiesen, so sind auch diese Rechtsstreitigkeiten als Handelssachen im Sinne dieses Gesetzes anzusehen.

§ 14. Ist in Folge einer Klagenhäufung über eine Handelssache und über eine andere Sache durch ein

69 Juni Erkenntniß zu entscheiden, so ist die Zuständigkeit des Oberhandelsgerichts nur dann begründet, wenn der Werth der Handelssache der höhere ist.

Dasselbe gilt, wenn in Folge einer Widerklage, welche mit der Klage in einem und demselben Rechtsstreite zu erledigen ist, Handelssachen und andere Sachen den Gegenstand der Entscheidung bilden.

§ 15. Wird in einem zur Zuständigkeit des Bundes-Oberhandelsgerichts gehörigen Rechtsstreite in Folge eines Sicherheitsarrestes oder einer Zwangsvollstreckung von einem Dritten Widerspruch erhoben, so ist für den aus einem solchen Widerspruche entstehenden Rechtsstreit das Bundes-Oberhandelsgericht nur dann zuständig, wenn dieser Rechtsstreit nach den Vorschriften des §. 13. ganz oder zum Theil zur Zuständigkeit des Bundes-Oberhandelsgerichts gehört.

Auch in Bezug auf Einwendungen, welche im Zwangsvollstreckungsverfahren von Seiten des Klägers oder des Beklagten erhoben werden, ist das Bundes-Oberhandelsgericht nur insofern zuständig, als der in Folge dieser Einwendungen entstandene Rechtsstreit nach den Bestimmungen des §. 13. ganz oder zum Theil zur Zuständigkeit des Bundes-Oberhandelsgerichts gehört.

§§ 16—27. (Veraltet.)

Gesetz, betreffend die Beschlagnahme des Arbeits- oder Dienstlohnes.

69 Juni

Vom 21. Juni 1869.

(B.G.Bl. S. 242.)

Das Gesetz gilt im ganzen Deutschen Reich, mit Ausnahme von Elsaß-Lothringen.

§ 1. Die Vergütung (Lohn, Gehalt, Honorar u. s. w.) für Arbeiten oder Dienste, welche auf Grund eines Arbeits- oder Dienstverhältnisses geleistet werden, darf, sofern dieses Verhältniß die Erwerbsthätigkeit des Vergütungsberechtigten vollständig oder hauptsächlich in Anspruch nimmt, zum Zwecke der Sicherstellung oder Befriedigung eines Gläubigers erst dann mit Beschlag belegt werden, nachdem die Leistung der Arbeiten oder Dienste erfolgt und nachdem der Tag, an welchem die Vergütung gesetzlich, vertrags- oder gewohnheitsmäßig zu entrichten war, abgelaufen ist, ohne daß der Vergütungsberechtigte dieselbe eingefordert hat.

§ 2. Die Bestimmungen des §. 1. können nicht mit rechtlicher Wirkung durch Vertrag ausgeschlossen oder beschränkt werden.

Soweit nach diesen Bestimmungen die Beschlagnahme unzulässig ist, ist auch jede Verfügung durch Cession, Anweisung, Verpfändung oder durch ein anderes Rechtsgeschäft ohne rechtliche Wirkung.

§ 3. Als Vergütung ist jeder dem Berechtigten gebührende Vermögensantheil anzusehen. Auch macht

69 Juni es keinen Unterschied, ob dieselbe nach Zeit oder Stück berechnet wird.

Ist die Vergütung mit dem Preise oder Werth für Material oder mit dem Ersatz anderer Auslagen in ungetrennter Summe bedungen, so gilt als Vergütung im Sinne dieses Gesetzes der Betrag, welcher nach Abzug des Preises oder des Werthes der Materialien und nach Abzug der Auslagen übrig bleibt.

§ 4. Das gegenwärtige Gesetz findet keine Anwendung:

1) auf den Gehalt und die Dienstbezüge der öffentlichen Beamten;
2) auf die Beitreibung der direkten persönlichen Staatssteuern und Kommunalabgaben (die derartigen Abgaben an Kreis-, Kirchen-, Schul- und sonstige Kommunalverbände mit eingeschlossen), sofern diese Steuern und Abgaben nicht seit länger als drei Monaten fällig geworden sind;
3) auf die Beitreibung der auf gesetzlicher Vorschrift beruhenden Alimentationsansprüche der Familienglieder;*)

---

*) Die Bestimmungen des § 4 Ziff. 3 u. 4 sind durch § 749 C.Pr.O. Abs. 3 u. 4 dahin modifizirt, daß

1) der Gehalt und die Dienstbezüge der im Privatdienst dauernd angestellten Personen nur in soweit der Pfändung unterworfen sind, als der Gesammtbetrag die Summe von 1500 M. für das Jahr übersteigt;

2) die Pfändung ohne Rücksicht auf den Betrag zulässig ist, wenn sie zur Befriedigung der Ehefrau und der ehelichen Kinder des

4) auf den Gehalt und die Dienstbezüge der im Privatdienste dauernd angestellten Personen, soweit der Gesammtbetrag die Summe von vierhundert Thalern jährlich übersteigt. 69 Juni

Als dauernd in diesem Sinne gilt das Dienstverhältniß, wenn dasselbe gesetzlich, vertrags- oder gewohnheitsmäßig mindestens auf Ein Jahr bestimmt, oder bei unbestimmter Dauer für die Auflösung eine Kündigungsfrist von mindestens drei Monaten einzuhalten ist.

§ 5. Dieses Gesetz tritt am 1. August 1869. in Kraft.

Die bis dahin verfügten, mit den Vorschriften dieses Gesetzes nicht vereinbaren Beschlagnahmen sind auf Antrag des Schuldners aufzuheben oder einzuschränken.

Dagegen finden die Bestimmungen des zweiten Absatzes des §. 2. auf frühere Fälle keine Anwendung.

Urkundlich 2c.

Gegeben Berlin, den 21. Juni 1869.

Gewerbeordnung für den Norddeutschen Bund.
Vom 21. Juni 1869.
(B.G.Bl. S. 245.)
(Neu redigirt auf Grund des Art. 16 des Gesetzes vom 1. Juli 1883, betreffend Abänderung der Gewerbeordnung.)*)

Schuldners wegen solcher Alimente beantragt wird, welche für die Zeit nach Erhebung der Klage und für das diesem Zeitpunkte vorausgehende letzte Vierteljahr zu entrichten sind.

*) Einz.-Ausg. Bd. 6 (Gewerbeordnung 2c.)

69 Juni

Gesetz, betreffend die Gewährung der Rechtshülfe.*)

Vom 21. Juni 1869.

(B.G.Bl. S. 305; ausgeg. am 10. Juli 1869.)

Das Gesetz hat im ganzen Reich, einschließlich Elsaß-Lothringen,**) Geltung.

Erster Abschnitt.

Von der Rechtshülfe in bürgerlichen Rechtsstreitigkeiten.

§ 1. Die Gerichte des Bundesgebietes haben sich in bürgerlichen Rechtsstreitigkeiten gegenseitig Rechtshülfe zu leisten. Es macht keinen Unterschied, ob das ersuchende und das ersuchte Gericht demselben Bundesstaate, oder ob sie verschiedenen Bundesstaaten angehören.

Das ersuchte Gericht darf die Rechtshülfe selbst dann nicht verweigern, wenn es die Zuständigkeit des ersuchenden Gerichts nicht für begründet hält.

---

*) Das Gesetz vom 21. Juni 1869 findet keine Anwendung für Angelegenheiten der freiwilligen Gerichtsbarkeit, es behandelt nur die Rechtshülfe in bürgerlichen Rechtsstreitigkeiten und in Strafsachen (§§ 1, 20). Soweit diese jedoch vor die ordentlichen Gerichte gehören (ordentliche streitige Gerichtsbarkeit), greift seit 1. Oktober 1879 der 13. Titel (§§ 157—169) des Gerichtsverfassungsgesetzes vom 27. Januar 1877 Platz. Seitdem betrifft das obige Gesetz nur noch diejenige Rechtshülfe, um welche besondere (nicht-ordentliche) Gerichte in bürgerlichen Rechtsstreitigkeiten oder Strafsachen ersuchen resp. ersucht werden.

Eine Ausgabe des Gesetzes mit Erläuterungen erschien von Dr. W. Endemann. Berlin 1870. Verlag von J. Guttentag.

**) Vgl. Ausdehnungsgesetz vom 11. Dezember 1871.

§ 2. Die Rechtshülfe wird auf Requisition von Gericht zu Gericht geleistet, soweit nicht in den §§. 3. bis 6. ein Anderes bestimmt ist. 69 Juni

§ 3 Wenn nach dem Rechte des Orts, wo die erforderliche Prozeßhandlung vorzunehmen ist, diese zum Geschäftskreise besonderer Beamten (Gerichtsvollzieher, Gerichtsvögte u. s. w.) gehört oder von der betheiligten Partei bei dem Gerichte unmittelbar zu betreiben ist, so hat das ersuchte Gericht selbst oder die bei ihm bestehende Staatsanwaltschaft einen zuständigen Beamten mit der Vornahme der Prozeßhandlung zu beauftragen oder, soweit es erforderlich ist, die Sache einem Anwalte oder einer sonst geeigneten Person zur Betreibung zu übergeben.

§ 4. Durch die Vorschriften des §. 3. wird nicht ausgeschlossen, daß die betheiligte Partei unmittelbar einen zuständigen Beamten mit der Vornahme der Prozeßhandlung beauftragt oder die Sache bei dem Gerichte betreibt.

§ 5. Wird in einem anhängigen oder anhängig zu machenden Rechtsstreite eine Prozeßhandlung erforderlich, welche nach dem für das Prozeßgericht geltenden Rechte nicht von den Gerichten verfügt, sondern im Auftrage der Parteien durch besondere Beamte bewirkt wird, dagegen nach dem Rechte des Orts, wo die Handlung vorzunehmen ist, zu dem Geschäftskreise der Gerichte gehört, so hat das zuständige Gericht dieses Orts auf den von der Partei unter Vorlegung der zuzustellenden oder der

69 Juni sonst erforderlichen Schriftstücke gestellten Antrag die Prozeßhandlung anzuordnen.

§ 6. Requisitionen und Parteianträge, welche durch Vermittelung der Staatsanwaltschaft an die Gerichte gelangen, sind in derselben Weise zu erledigen, als wenn sie unmittelbar von dem Prozeßgerichte eingesendet oder von der Partei gestellt wären.

§ 7. Eine im Wege der Rechtshülfe zu bewirkende Zwangsvollstreckung (Exekution) erfolgt nach den am Orte der Vollstreckung geltenden Vorschriften.

§ 8. Ueber Einwendungen, welche die Zulässigkeit der Rechtshülfe (§. 37.), die Art und Weise der Vollstreckung oder das bei derselben zu beobachtende Verfahren betreffen, hat das Gericht des Vollstreckungsorts zu entscheiden.

Dasselbe gilt von Einwendungen, welche von dritten Personen wegen eines Anspruchs auf den Gegenstand der Vollstreckung erhoben werden.

Alle anderen Einwendungen gegen die Vollstreckung unterliegen der Entscheidung des Prozeßgerichts.

§ 9. Werden bei dem Vollstreckungsgerichte Einwendungen erhoben, über welche in Gemäßheit des §. 8. das Prozeßgericht zu entscheiden hat, so kann das erstere, wenn ihm die Einwendungen erheblich und in thatsächlicher Beziehung glaubhaft erscheinen, die Vollstreckung vorläufig einstellen.

Im Falle der Einstellung ist für die Beibringung der Anordnung des Prozeßgerichts eine Frist zu bestimmen, nach deren fruchtlosem Ablaufe die Vollstreckung fortgesetzt wird. 69 Juni

§ 10. Sollen die in einem Rechtsgebiete, in welchem die Zwangsvollstreckung zum Geschäftskreise besonderer Beamten gehört, erlassenen Erkenntnisse in einem Rechtsgebiete vollstreckt werden, in welchem die Zwangsvollstreckung von den Gerichten geleitet wird, so hat das zuständige Gericht die Zwangsvollstreckung auf Antrag der Partei anzuordnen. Zu diesem Zwecke ist eine mit dem gerichtlichen Zeugnisse der Vollstreckbarkeit versehene Ausfertigung des Erkenntnisses vorzulegen.

§ 11. Wenn nach dem für das Prozeßgericht geltenden Rechte die Vollstreckung durch Einlegung eines Rechtsmittels gehemmt werden kann, so ist in dem Zeugnisse der Vollstreckbarkeit (§. 10.) zu bemerken, welche Rechtsmittel die Vollstreckung hemmen, und binnen welcher Frist dieselben einzulegen sind.

Wird dem Vollstreckungsgerichte glaubhaft gemacht, daß ein Rechtsmittel, durch welches die Vollstreckung gehemmt wird, binnen der gesetzlichen Frist eingelegt ist, so hat dasselbe die Vollstreckung einzustellen.

Ein solches Rechtsmittel kann bei dem Vollstreckungsgerichte ohne Beobachtung einer besonderen Form eingelegt werden. Diese Einlegung wird jedoch wirkungslos, wenn sie nicht innerhalb der Nothfrist und spätestens binnen vierzehn Tagen seit dem Tage der Einlegung nach den am Orte des Prozeßgerichts geltenden Vorschriften wiederholt wird.

69 Juni Hat das Vollstreckungsgericht in Gemäßheit der Vorschriften dieses Paragraphen die Einstellung der Vollstreckung angeordnet, so kann die betreibende Partei die Fortsetzung der Vollstreckung nur dann verlangen, wenn sie ein die Fortsetzung anordnendes oder das eingelegte Rechtsmittel verwerfendes Erkenntniß des Prozeßgerichts beibringt.

Die Bestimmungen dieses Paragraphen finden keine Anwendung, wenn für das Prozeßgericht dasselbe Prozeßrecht gilt, wie für das Vollstreckungsgericht.

§ 12. Sollen in einem Rechtsgebiete, in welchem die Zwangsvollstreckung zum Geschäftskreise besonderer Beamten gehört, die in einem anderen Bundesstaate oder in einem Rechtsgebiete, in welchem die Zwangsvollstreckung von den Gerichten geleitet wird, erlassenen Erkenntnisse oder sonstigen richterlichen Verfügungen vollstreckt werden, so sind sie von der zuständigen gerichtlichen Behörde des Orts der Vollstreckung mit der Vollstreckungsklausel zu versehen. Zu diesem Zwecke ist der Behörde eine von dem Prozeßgerichte mit dem Zeugnisse der Vollstreckbarkeit versehene Ausfertigung des Erkenntnisses oder der Verfügung vorzulegen.

Die Vollstreckungsklausel wird ohne Prüfung der Gesetzmäßigkeit der Entscheidung oder Verfügung und ohne Anhörung der Parteien ertheilt.

§§ 13—18. (Aufgehoben durch § 3 Nr. 2 des Einführungsgesetz zur Konkursordnung vom 10. Februar 1877.)

§ 19. Ist eine bürgerliche Rechtsstreitigkeit in einem Bundesstaate rechtshängig geworden oder rechtskräftig

entschieden, so kann die Rechtshängigkeit oder die Rechts- 69
kraft vor jedem Gerichte desselben oder eines anderen Juni
Bundesstaates geltend gemacht werden.

Zweiter Abschnitt.

Von der Rechtshülfe in Strafsachen.

§ 20. Die Gerichte eines Bundesstaates haben in Strafsachen den Gerichten der anderen Bundesstaaten auf Requisition dieselbe Rechtshülfe zu leisten, wie den Gerichten des eigenen Staates, insoweit sich nicht aus den §§. 21. bis 33. ein Anderes ergiebt.

§ 21. Die Gerichte eines Bundesstaates sind verpflichtet, Personen, welche von den Gerichten eines anderen Bundesstaates wegen einer strafbaren Handlung verfolgt werden oder verurtheilt sind, diesen Gerichten auf Ersuchen auszuliefern, wenn die strafbare Handlung, wegen welcher die Auslieferung beantragt wird, in dem Gebiete des Bundesstaates verübt ist, welchem das ersuchende Gericht angehört.

Bei Anwendung dieser Vorschrift wird angenommen, daß eine mittelst der Presse verübte strafbare Handlung nur an dem Orte verübt sei, an welchem das Preßerzeugniß erschienen ist.

§ 22. Die Verpflichtung zur Auslieferung (§. 21.) erstreckt sich auf die Auslieferung der Theilnehmer, einschließlich der intellektuellen Urheber, der Gehülfen und derjenigen Begünstiger, welche die Begünstigung vor Verübung der That zugesagt haben, auch dann, wenn die denselben zur Last fallenden Handlungen nicht in

69 Juni dem Gebiete des Staates begangen sind, in welchem das ersuchende Gericht sich befindet.

§ 23. Die Bestimmungen der §§. 21. und 22. finden auch dann Anwendung, wenn die Person, deren Auslieferung verlangt wird, dem Staate angehört, dessen Gericht um die Auslieferung ersucht ist.

§ 24. Die Auslieferung findet nicht statt, wenn in Ansehung der strafbaren Handlung in dem Staate, welchem das ersuchte Gericht angehört, ein Gerichtsstand begründet und das Strafverfahren früher anhängig geworden ist, als in dem Staate, welchem das ersuchende Gericht angehört.

Befindet sich die Person, deren Auslieferung verlangt wird, in dem Staate, welchem das ersuchte Gericht angehört, wegen einer anderen strafbaren Handlung in Untersuchung oder in Strafhaft, so kann die Auslieferung bis nach Erledigung der Untersuchung oder der Strafhaft abgelehnt werden.

§§ 25—27. (Weggefallen mit dem 1. Januar 1871, dem Tage des Inkrafttretens des Strafgesetzbuchs vom 31. Mai 1870.)

§ 28. Dem Ersuchen um Auslieferung ist eine Ausfertigung des gegen den Auszuliefernden erlassenen gerichtlichen Verhaftbefehls oder des geg n ihn ergangenen rechtskräftigen Strafurtheils beizufügen.

In dem Verhaftsbefehle ist die Beschuldigung und das auf sie anzuwendende Strafgesetz genau zu bezeichnen, insbesondere Zeit und Ort der That anzugeben.

§ 29. In dringenden Fällen kann, unter Vorbehalt unverzüglicher Nachbringung eines vorschriftsmäßigen Auslieferungsantrages, die einstweilige Verhaftung des Auszuliefernden auf dem kürzesten, selbst auf telegraphischem Wege erwirkt werden. 69 Juni

§ 30. Die Sicherheitsbeamten eines Bundesstaates, insbesondere die Gendarmen sind ermächtigt, die einer strafbaren Handlung verdächtigen Personen unmittelbar nach verübter That, oder unmittelbar nachdem dieselben betroffen worden sind, im Wege der Nacheile bis in benachbarte Staatsgebiete zu verfolgen und daselbst festzunehmen. Der Festgenommene ist unverzüglich an die nächste Gerichts- oder Polizeibehörde des Bundesstaates, in welchem er ergriffen wurde, abzuliefern.

Zur selbstständigen Vornahme von Haussuchungen sind Sicherheitsbeamte des anderen Bundesstaates nicht befugt.

§ 31. Bei Auslieferung der Personen sind zugleich die zum Beweise der strafbaren Handlung dienlichen Gegenstände, vorbehaltlich der Rechte dritter Personen, zu übergeben.

§ 32. Jeder Bundesstaat ist verpflichtet, die Durchführung von Personen und Gegenständen durch sein Staatsgebiet zum Behuf der Ueberlieferung an einen anderen Bundesstaat zu gestatten.

§ 33. Zur Vollstreckung eines in einem Bundesstaate erlassenen Strafurtheils sind die Gerichte eines anderen Bundesstaates nur dann verpflichtet, wenn die strafbare Handlung, wegen welcher die Strafe erkannt ist, im Gebiete des Bundesstaates, in welchem sich das ersuchende Gericht befindet, verübt ist (§§. 21. 22.), und

69 Juni wenn außerdem die Strafe entweder nur in das Vermögen des Verurtheilten zu vollstrecken ist oder in einer Freiheitsstrafe besteht, welche die Dauer von sechs Wochen nicht übersteigt.

Ist die Verpflichtung zur Vollstreckung einer Freiheitsstrafe begründet, so findet die Auslieferung zum Zwecke der Strafvollstreckung nicht statt.

Dem Ersuchen um Vollstreckung ist eine Ausfertigung des rechtskräftigen Strafurtheils beizufügen.

§ **34.** Im Falle der Auslieferung darf die Untersuchung oder Strafvollstreckung auf andere Handlungen oder Strafen, als diejenigen, wegen welcher die Auslieferung erfolgt war, nicht erstreckt werden.

Die vorstehende Bestimmung findet auf die von dem Ausgelieferten nach der Auslieferung im Gebiete des Staates, welchem das ersuchende Gericht angehört, verübten strafbaren Handlungen keine Anwendung.

§ **35.** Ist gegen eine Person von den Gerichten eines Bundesstaates wegen einer in diesem Staate begangenen strafbaren Handlung die Untersuchung eingeleitet, so findet, sofern die Verpflichtung zur Auslieferung durch die Bestimmungen der §§. 24. bis 26. nicht ausgeschlossen war, gegen diese Person in einem anderen Staate wegen derselben strafbaren Handlung eine Untersuchung nicht statt.

§ **36.** Insoweit nach den Vorschriften der Landesgesetze die Requisitionen um Rechtshülfe in Strafsachen zu dem Geschäftskreise der Staatsanwaltschaft gehören, finden in Ansehung der von den Bundesstaaten gegenseitig zu gewährenden Rechshülfe die Vorschriften, welche für die von den Gerichten erlassenen oder an diese gerichteten Requisitionen gelten, auch auf die von der Staatsanwaltschaft erlassenen oder an dieselbe gerichteten Requisitionen Anwendung. Eine Verhaftung, Haussuchung, Beschlagnahme, Auslieferung oder Strafvollstreckung kann jedoch bei einem Gerichte nur auf Grund eines gerichtlichen Beschlusses verlangt werden und nur auf Grund eines solchen Beschlusses erfolgen. 69 Juni

Dritter Abschnitt.

Allgemeine Bestimmungen.

§ 37. Die Rechtshülfe findet nicht statt, wenn die Vornahme der beantragten Handlung nicht zu dem Geschäftskreise des ersuchten Gerichts gehört, oder wenn eine Handlung des Gerichts, einer Partei oder eines Dritten beantragt wird, deren Vornahme nach dem für dieses Gericht geltenden Rechte verboten ist.

§ 38. Ueber die Zulässigkeit der nach diesem Gesetze zu leistenden Rechtshülfe und über die Rechtmäßigkeit der Verweigerung derselben wird ausschließlich von den Gerichten des Staates, welchem das ersuchte Gericht angehört, im geordneten Instanzenzuge entschieden.

§ 39. Bei Anwendung der Civil- und Strafprozeßgesetze, welche Vorschriften zum Nachtheile der Ausländer enthalten, sowie der Gesetze, welche sich auf den Konkurs über das Vermögen der Ausländer beziehen, ist jeder Norddeutsche als Inländer anzusehen.

69 Juni Insoweit nach Vorschrift der Prozeßgesetze Zustellungen an Personen, welche im Auslande wohnen oder sich aufhalten, an die Staatsanwaltschaft mit derselben Wirkung, wie an diese Personen selbst, erfolgen, ist das Bundesgebiet als Ausland nicht anzusehen.

§ 40. Jeder Norddeutsche ist verpflichtet, auf Anordnung des Civil- oder Strafgerichts vor demselben zum Zwecke seiner Vernehmung als Zeuge zu erscheinen, auch wenn er einem anderen Bundesstaate angehört. Diese Vorschrift findet keine Anwendung auf Personen, welche nach dem am Wohnsitze derselben geltenden Rechte nicht verbunden sind, persönlich vor Gericht zu erscheinen oder in der betreffenden Sache Zeugniß abzulegen.

Gehört der Zeuge einem anderen Bundesstaate an, so ist seine Vorladung bei dem Gerichte seines Wohnsitzes zu beantragen. In diesem Falle ist der Zeuge befugt, die Zahlung der Entschädigung für Zeitversäumniß und Reisekosten nach der in dem einen oder dem anderen dieser Staaten geltenden Taxordnung zu fordern. Die Zahlung ist dem Zeugen auf Verlangen vorschußweise zu leisten.

§ 41. Die Injuriensachen, welche im Wege des Civilprozesses verhandelt werden, gelten in Ansehung der Gewährung der Rechtshülfe als bürgerliche Rechtsstreitigkeiten. Soweit jedoch eine Strafe zu vollstrecken ist, kommen die Vorschriften des §. 33. zur Anwendung.

§ 42. Ist von dem Strafrichter auf Civilentschädigung erkannt, so bestimmt sich die Gewährung der Rechts-

hülfe für die Vollstreckung des Erkenntnisses nach den 69
Vorschriften über die Vollstreckung der in bürgerlichen Juni
Rechtsstreitigkeiten erlassenen Erkenntnisse.

§ 43. Die Kosten der Rechtshülfe sind von der ersuchenden Behörde zu bezahlen.

Wenn eine zahlungspflichtige Partei nicht vorhanden, oder wenn die zahlungspflichtige Partei unvermögend ist, so wird die Rechtshülfe kosten- und gebührenfrei geleistet. Es sind jedoch die baaren Auslagen, welche durch eine Auslieferung oder durch eine Strafvollstreckung entstehen, der ersuchten Behörde zu erstatten.

§ 44. Wird ein Gesuch um Rechtshülfe an eine nicht zuständige Behörde gerichtet, so hat diese das Gesuch an die zuständige Behörde abzugeben.

§ 45. Die Bestimmungen dieses Gesetzes finden auch auf bereits anhängige Sachen unter folgenden Beschränkungen Anwendung:

1) die Vollstreckung eines Civil- oder Straferkenntnisses, welches in einem Bundesstaate vor dem Zeitpunkte, in welchem dieses Gesetz in Kraft tritt, im Wege des Kontumazialverfahrens ergangen ist, findet in einem anderen Bnndesstaate auf Grund dieses Gesetzes nicht statt;

2) die Bestimmungen der §§. 13. bis 18. finden keine Anwendung, wenn der Konkurs vor dem Zeitpunkte eröffnet ist, in welchem dieses Gesetz in Kraft tritt.

69 Juni § 46. Die zwischen einzelnen Bundesstaaten über Leistung der Rechtshülfe abgeschlossenen Verträge bleiben insoweit in Kraft, als sie mit gegenwärtigem Gesetze nicht im Widerspruche stehen.

Urkundlich 2c.

Gegeben Berlin, den 21. Juni 1869.

Gesetz, die Besteuerung des Zuckers betreffend. Vom 26. Juni 1869.

(B.G.Bl. S. 282.)

(Abgeändert durch Gesetz vom 7. Juli 1883 für die Zeit bis zum 1. August 1885.)

Verordnung, betreffend die Kautionen der bei den Verwaltungen der Post, der Telegraphen und des Eichungswesens angestellten Beamten. Vom 29. Juni 1869.*)

(B.G.Bl. S. 285.)

(Hinsichtlich der Post- und Telegraphen-Beamten ersetzt durch Verordnung vom 18. April 1883.)

Vereinszollgesetz. Vom 1. Juli 1869.

(B.G.Bl. S. 317.)

Gesetz, betreffend die Sicherung der Zollvereinsgrenze in den vom Zollgebiete ausgeschlossenen Hamburgischen Gebietstheilen. Vom 1. Juli 1869.**)

(B.G.Bl. S. 370.)

---

*) Einz.-Ausg. Bd. 10 (Reichsbeamtengesetz 2c.) S. 130.

**) Vgl. Gesetz bez. der Bremischen Gebietstheile vom 28. Juni 1879.

Gesetz, betreffend die Gleichberechtigung der Konfessionen in bürgerlicher und staatsbürgerlicher Beziehung. 69 Juli

Vom 3. Juli 1869.

(B.G.Bl. S. 292; ausgeg. am 9. Juli 1869.)

Das Gesetz gilt im ganzen Reich mit Ausschluß von Elsaß-Lothringen.

Einziger Artikel.

Alle noch bestehenden, aus der Verschiedenheit des religiösen Bekenntnisses hergeleiteten Beschränkungen der bürgerlichen und staatsbürgerlichen Rechte werden hierdurch aufgehoben. Insbesondere soll die Befähigung zur Theilnahme an der Gemeinde- und Landesvertretung und zur Bekleidung öffentlicher Aemter vom religiösen Bekenntniß unabhängig sein.

Urkundlich ꝛc.

Gegeben Schloß Babelsberg, den 3. Juli 1869.

Eichordnung für den Norddeutschen Bund. Vom 16. Juli 1869.

(B.G.Bl. 1869, Beilage zu Nr. 32 S. I.)

Bekanntmachung, betreffend die Prüfung der Aerzte, Zahnärzte, Thierärzte und Apotheker. Vom 25. September 1869.

(B.G.Bl. S. 635.)

(Nur gültig in Ansehung der Zahnärzte.)*)

Bekanntmachung, betreffend die Prüfung der Seeschiffer und Seesteuerleute auf Deutschen Kauffahrteischiffen. Vom 25. September 1869.)**

(B.G.Bl. S. 660.)

*) Ausführliches in der Einz.-Ausg. Bd. 6 (Gewerbeordnung) S. 28, Abs. 2.

**) Einz.-Ausg. Bd. 6 (Gewerbeordnung) S. 207 und Bd. 19 (Seegesetzgebung) S. 97.

69 Dez. **Bekanntmachung, betreffend die äußersten Grenzen der im öffentlichen Verkehr noch zu duldenden Abweichungen der Maaße, Gewichte und Wagen von der absoluten Richtigkeit. Vom 6. Dezember 1869.**

(B.G.Bl. S. 698.)

Bekanntmachung, betreffend die Entbindung von den im §. 29. der Gewerbe-Ordnung für den Norddeutschen Bund vorgeschriebenen ärztlichen Prüfungen. Vom 9. Dezember 1869.*)

(B.G.Bl. S. 687.)

Eichgebühren-Taxe für den Norddeutschen Bund. Vom 12. Dezember 1869.

(B.G.Bl. 1869, Beilage zu Nr. 40 S. I.)

Bekanntmachung zur Ausführung des Gesetzes, betreffend die Wechselstempelsteuer im Norddeutschen Bunde. Vom 13. Dezember 1869.

(B.G.Bl. S. 691.)

(Ersetzt durch die Bekanntmachung vom 23. Juni 1871.)

Bekanntmachung, betreffend den Debit der Bundes-Stempelmarken und gestempelten Blankets zur Entrichtung der Wechsel-Stempelsteuer, sowie das Verfahren bei Erstattung verdorbener Stempelmarken und Blankets. Vom 13. Dezember 1869.**)

(B.G.Bl. S. 695.)

Bekanntmachung, betreffend die vom 1. Januar 1872 ab innerhalb des Norddeutschen Bundes unzulässigen älteren Gewichte. Vom 23. Februar 1870.

(B.G.Bl. 1870, Beilage zu Nr. 29 S. I.)

---

*) Einz.-Ausg. Bd. 6 (Gewerbeordnung) S. 194.

**) Einz.-Ausg. Bd. 5 (Wechselordnung rc.) Theil 2 S. 21.

Gesetz, betreffend die Bewilligung von lebenslänglichen Pensionen und Unterstützungen an Militairpersonen der Unterklassen der vormaligen Schleswig-Holsteinschen Armee, sowie deren Wittwen und Waisen. Vom 3. März 1870.*) 70 März

(B.G.Bl. S. 39.)

Gesetz wegen Ergänzung der Maaß- und Gewichtsordnung für den Norddeutschen Bund vom 17. August 1868.

Vom 10. März 1870.

(B.G.Bl. S. 46; ausgeg. am 15. März 1870.)

Einziger Paragraph.

Der Bundesrath ist befugt, nach Vernehmung der Normal-Eichungskommission zu bestimmen, daß Maaße, Gewichte und Meßwerkzeuge, welche von der Eichungsstelle eines nicht zum Norddeutschen Bunde gehörenden Deutschen Staates, dessen Maaß- und Gewichtswesen in Uebereinstimmung mit demjenigen des Norddeutschen Bundes geordnet ist, geeicht und mit dem vorschriftsmäßigen Stempelzeichen beglaubigt worden sind, im Bundesgebiete im öffentlichen Verkehr angewendet werden dürfen.

Urkundlich ꝛc.

Gegeben Berlin, den 10. März 1870.

---

*) Einz.-Ausg. Bd. 10 (Reichsbeamtengesetz ꝛc.) S. 109.

70 März **Gesetz über die Ausgabe von Banknoten. Vom 27. März 1870.***)

(B.G.Bl. S. 51.)

[Die Wirksamkeit dieses Gesetzes sollte ursprünglich am 1. Juli 1872 erlöschen, sie wurde durch Gesetz vom 16. Juni 1872 (R.G.Bl. S. 169) bis zum 30. Juni 1873, durch Gesetz vom 30. Juni 1873 (R.G.Bl. S. 159) bis zum 31. Dez. 1874 und endlich durch das Gesetz, betreffend die Ausgabe von Banknoten, vom 21. Dezember 1874 (R.G.Bl. S. 193) bis zum 31. Dezember 1875 verlängert.]

Gesetz wegen Abänderung der Verordnung, die Besteuerung des im Inlande erzeugten Rübenzuckers betreffend. Vom 2. Mai 1870.

(B.G.Bl. S. 311.)

Gesetz, betreffend die Eheschließung und die Beurkundung des Personenstandes von Bundesangehörigen im Auslande. Vom 4. Mai 1870.**)

(B.G.Bl. S. 599.)

Gesetz wegen Beseitigung der Doppelbesteuerung.

Vom 13. Mai 1870.

(B.G.Bl. S. 119.)

Das Gesetz gilt im ganzen Deutschen Reich.

§ 1. Ein Norddeutscher darf vorbehaltlich der Bestimmungen in den §§. 3. und 4. zu den direkten

---

*) Vgl. unten Münzgesetz vom 9. Juli 1873 (Art. 18), das Gesetz, betreffend die Ausgabe von Banknoten, vom 21. Dezember 1874, das Bankgesetz vom 14. März 1875 und das Statut der Reichsbank vom 21. Mai 1875.

**) Einz.-Ausg. Bd. 21 (Konsulargesetzgebung) S. 157.

Staatssteuern nur in demjenigen Bundesstaate heran- gezogen werden, in welchem er seinen Wohnsitz hat. 70 Mai

Einen Wohnsitz im Sinne dieses Gesetzes hat ein Norddeutscher an dem Orte, an welchem er eine Wohnung unter Umständen inne hat, welche auf die Absicht der dauernden Beibehaltung einer solchen schließen lassen.

§ 2. Ein Norddeutscher, welcher in keinem Bundesstaate einen Wohnsitz hat, darf nur in demjenigen Staate, in welchem er sich aufhält, zu den direkten Staatssteuern herangezogen werden.

Hat ein Norddeutscher in seinem Heimathsstaate und außerdem in anderen Bundesstaaten einen Wohnsitz, so darf er nur in dem ersteren zu den direkten Staatssteuern herangezogen werden.

In Bundes- oder Staatsdiensten stehende Norddeutsche dürfen nur in demjenigen Bundesstaate besteuert werden, in welchem sie ihren dienstlichen Wohnsitz haben.

§ 3. Der Grundbesitz und der Betrieb eines Gewerbes, sowie das aus diesen Quellen herrührende Einkommen darf nur von demjenigen Bundesstaate besteuert werden, in welchem der Grundbesitz liegt oder das Gewerbe betrieben wird.

§ 4. Gehalt, Pension und Wartegeld, welche Norddeutsche Militairpersonen und Civilbeamte, sowie deren Hinterbliebene aus der Kasse eines Bundesstaates beziehen, sind nur in demjenigen Staate zu besteuern, welcher die Zahlung zu leisten hat.

70 Mai § 5. An den Wirkungen, welche der Wohnsitz oder Aufenthalt außerhalb des Bundesgebietes auf die Steuerpflichtigkeit eines Norddeutschen äußert, wird durch das gegenwärtige Gesetz nichts geändert.

§ 6. Gegenwärtiges Gesetz tritt mit dem 1. Januar 1871. in Wirksamkeit.

Urkundlich ꝛc.

Gegeben Berlin, den 13. Mai 1870.

Reglement zur Ausführung des Wahlgesetzes für den Reichstag des Norddeutschen Bundes vom 31. Mai 1869. (B.G.Bl. S. 145.). Vom 28. Mai 1870.*)

(B.G.Bl. S. 275.)

Bekanntmachung, betreffend die Prüfung der Seeschiffer und Seesteuerleute auf Deutschen Kauffahrteischiffen. Vom 30. Mai 1870.)**

(B.G.Bl. S. 314.)

Einführungs-Gesetz zum Strafgesetzbuch für den Norddeutschen Bund. Vom 31. Mai 1870.*)**

(B.G.Bl. S. 195.)

---

*) Zu dem Wahlreglement vom 28. Mai 1870 sind Nachträge ergangen für die Süddeutschen Staaten in der Bekanntmachung vom 27. Februar 1871, für Elsaß-Lothringen in der Bekanntmachung vom 1. Dezember 1873. Abänderungen sind getroffen durch Bekanntmachung vom 24. Januar 1872 und hinsichtlich einiger Reichstagswahlkreise durch Gesetz vom 20. Juni 1873 und vom 25. Dezember 1876.

**) Einz.-Ausg. Bd. 6 (Gewerbeordnung ꝛc.) S. 214 und Bd. 19 (Seegesetzgebung) S. 115.

***) Einz.-Ausg. Bd. 2 (Strafgesetzbuch ꝛc.).

Strafgesetzbuch für den Norddeutschen Bund. 70 Mai
Vom 31. Mai 1870.*)
(B.G.Bl. S. 197.)

Gesetz, betreffend die St. Gotthard-Eisenbahn.
Vom 31. Mai 1870.
(B.G.Bl. S. 312.)
(Ersetzt durch Gesetz, betreffend die St. Gotthard-Eisenbahn, vom 2. November 1871.)

Gesetz über die Abgaben von der Flößerei.

Vom 1. Juni 1870.

(B.G.Bl. S. 312; ausgeg. am 16. Juni 1870.)

Das Gesetz hat im ganzen Deutschen Reich mit Ausschluß von Elsaß-Lothringen Geltung.

§ 1. Auf den nur flößbaren Strecken derjenigen natürlichen Wasserstraßen, welche mehreren Bundesstaaten gemeinschaftlich sind, dürfen von der Flößerei mit verbundenen Hölzern Abgaben nur für die Benutzung besonderer zur Erleichterung des Verkehrs bestimmter Anstalten erhoben werden.

Das Bundespräsidium bestimmt für die einzelnen Flüsse Termine, an welchen die fernere Erhebung der nach der vorstehenden Bestimmung unzulässigen Abgaben aufhört.**)

§ 2. Für die Aufhebung der nach §. 1. unzulässigen Abgaben wird alsdann eine Entschädigung geleistet,

---

*) Einz.-Ausg. Bd. 2 (Strafgesetzbuch 2c.).

**) Vgl. unten die Verordnungen vom 1. Juni 1870, 19. Febr. 1871, 13. Februar 1874.

70 Juni wenn das Recht zur Erhebung der Abgabe auf einem lästigen Privatrechtstitel beruht und nicht einem Bundesstaate zusteht.

Die Leistung der Entschädigung erfolgt aus der Bundeskasse; die Entschädigung besteht in dem achtzehnfachen Betrage des durchschnittlichen Reinertrages der Abgabe aus den letzten drei Kalenderjahren vor dem Aufhören der Erhebung.*)

Der Antrag auf Entschädigung ist bei Vermeidung der Präklusion innerhalb sechs Monaten nach dem Tage, mit welchem die Erhebung der Abgabe aufgehört hat, an das Reichskanzleramt*) zu richten. Wenn dasselbe den Anspruch ganz oder theilweise zurückweist, so findet gegen diese Entscheidung der Rechtsweg statt. Die Klage muß binnen einer Frist von 90 Tagen, von dem Tage der zurückweisenden Entscheidung an gerechnet, erhoben werden; sie ist gegen den Bundesfiskus, vertreten durch das Bundeskanzler-Amt, zu richten, und bei dem Stadtgerichte**) zu Berlin als dem zuständigen Prozeßgerichte erster Instanz anzubringen. In letzter Instanz wird von dem Bundes-Oberhandelsgerichte***) entschieden.

§ 3. Abgaben, welche als Entschädigungen an Besitzer von Wasserwerken, insbesondere Wehren zu be-

*) Die Aenderungen der Abs. 2 und 3, welche durch gesperrte Schrift hervorgehoben sind, beruhen auf den Bestimmungen in §§ 8 und 12 des Gesetzes vom 22. April 1871, betreffend die Einführung Norddeutscher Bundesgesetze in Bayern. — Anstatt Reichskanzleramt muß es jetzt heißen Reichsamt des Innern.

) Jetzt Landgericht I. *) Jetzt Reichsgericht.

trachten sind, gehören nicht zu den nach der Bestimmung des §. 1. unzulässigen. Es dürfen jedoch vom 1. Januar 1872. an dergleichen Abgaben: 70 Juni

1) nur in Gelde nach Tarifen, welche von den Landesregierungen festgestellt worden, erhoben werden;
2) den Betrag, in welchem sie bisher erhoben sind, und das Maaß einer billigen Entschädigung für geleistete Dienste, Beschädigung der Wehre, oder gehinderten Betrieb nicht überschreiten;
3) bei neu angelegten Mühlen oder nicht mehr vorhandenen Wehren überall nicht erhoben werden.

Urkundlich ꝛc.

Gegeben Schloß Babelsberg, den 1. Juni 1870.

Verordnung, betreffend die Ausführung des Gesetzes vom 1. Juni 1870. über die Abgaben von der Flößerei.

Vom 1. Juni 1870.

(B.G.Bl. S. 341.)

Wir Wilhelm ꝛc. verordnen auf Grund des Gesetzes vom heutigen Tage über die Abgaben von der Flößerei, im Namen des Norddeutschen Bundes, was folgt:

Mit dem 1. Juli d. J. hört auf der Saale und der Werra die Erhebung der nach §. 1. des Gesetzes vom heutigen Tage über die Abgaben von der Flößerei unzulässigen Abgaben auf.

Urkundlich ꝛc.

Gegeben Schloß Babelsberg, den 1. Juni 1870.

70 Juni **Gesetz über die Erwerbung und den Verlust der Bundes- und Staatsangehörigkeit. Vom 1. Juni 1870.*)**
(B.G.Bl. S. 355.)

Bekanntmachung, betreffend das Bahnpolizei-Reglement für die Eisenbahnen im Norddeutschen Bunde. Vom 3. Juni 1870.
(B.G.Bl. S. 461.)
(Ersetzt durch das Bahnpolizei-Reglement für die Eisenbahnen Deutschlands vom 4. Januar 1875, nebst Abänderungen vom 12. Juni 1878 (Centralblatt S. 355), vom 17. Mai 1881 (Centralblatt S. 172) zufolge Bekanntmachungen des Reichskanzlers.)

Gesetz über den Unterstützungswohnsitz. Vom 6. Juni 1870.)**
(B.G.Bl. S. 360.)

Bekanntmachung, betreffend das Betriebs-Reglement für die Eisenbahnen im Norddeutschen Bunde. Vom 10. Juni 1870.
(B.G.Bl. S. 419.)
(Ersetzt durch das Betriebs-Reglement vom 11. Mai 1874.)

Gesetz,
betreffend das Urheberrecht an Schriftwerken, Abbildungen, musikalischen Kompositionen und dramatischen Werken.
Vom 11. Juni 1870.***)
(B.G.Bl. S. 339.)
Das Gesetz hat im ganzen Deutschen Reich Geltung.

I. Schriftstücke.

a. Ausschließliches Recht des Urhebers.

§ 1. Das Recht, ein Schriftwerk auf mechanischem Wege zu vervielfältigen, steht dem Urheber desselben ausschließlich zu.

*) Einz.-Ausg. Bd. 8 (Gesetz über den Unterstützungswohnsitz 2c.) S. 175. **) Ebendort S. 7.
***) Vgl. unten die analogen Gesetze vom 9., 10. und 11. Januar 1876.

§ 2. Dem Urheber wird in Beziehung auf den durch das gegenwärtige Gesetz gewährten Schutz der Herausgeber eines aus Beiträgen Mehrerer bestehenden Werkes gleich geachtet, wenn dieses ein einheitliches Ganzes bildet. 70 Juni

Das Urheberrecht an den einzelnen Beiträgen steht den Urhebern derselben zu.

§ 3. Das Recht des Urhebers geht auf dessen Erben über. Dieses Recht kann beschränkt oder unbeschränkt durch Vertrag oder durch Verfügung von Todeswegen auf Andere übertragen werden.

b. Verbot des Nachdrucks.

§ 4. Jede mechanische Vervielfältigung eines Schriftwerkes, welche ohne Genehmigung des Berechtigten (§§. 1. 2. 3.) hergestellt wird, heißt Nachdruck und ist verboten.

Hinsichtlich dieses Verbotes macht es keinen Unterschied, ob das Schriftwerk ganz oder nur theilweise vervielfältigt wird.

Als mechanische Vervielfältigung ist auch das Abschreiben anzusehen, wenn es dazu bestimmt ist, den Druck zu vertreten.

§ 5. Als Nachdruck (§. 4.) ist auch anzusehen:

a) der ohne Genehmigung des Urhebers erfolgte Abdruck von noch nicht veröffentlichten Schriftwerken (Manuskripten).

70 Juni Auch der rechtmäßige Besitzer eines Manuskriptes oder einer Abschrift desselben bedarf der Genehmigung des Urhebers zum Abdruck;

b) der ohne Genehmigung des Urhebers erfolgte Abdruck von Vorträgen, welche zum Zwecke der Erbauung, der Belehrung oder der Unterhaltung gehalten sind;

c) der neue Abdruck von Werken, welchen der Urheber oder der Verleger dem unter ihnen bestehenden Vertrage zuwider veranstaltet;

d) die Anfertigung einer größeren Anzahl von Exemplaren eines Werkes Seitens des Verlegers, als demselben vertragsmäßig oder gesetzlich gestattet ist.

§ 6. Uebersetzungen ohne Genehmigung des Urhebers des Originalwerkes gelten als Nachdruck:

a) wenn von einem, zuerst in einer todten Sprache erschienenen Werke eine Uebersetzung in einer lebenden Sprache herausgegeben wird;

b) wenn von einem gleichzeitig in verschiedenen Sprachen herausgegebenen Werke eine Uebersetzung in einer dieser Sprachen veranstaltet wird;

c) wenn der Urheber sich das Recht der Uebersetzung auf dem Titelblatte oder an der Spitze des Werkes vorbehalten hat, vorausgesetzt, daß die Veröffentlichung der vorbehaltenen Uebersetzung nach dem Erscheinen des Originalwerkes binnen einem Jahre begonnen und binnen drei Jahren

beendet wird. Das Kalenderjahr, in welchem das 70
Originalwerk erschienen ist, wird hierbei nicht Juni
mitgerechnet.

Bei Originalwerken, welche in mehreren Bänden oder Abtheilungen erscheinen, wird jeder Band oder jede Abtheilung im Sinne dieses Paragraphen als ein besonderes Werk angesehen, und muß der Vorbehalt der Uebersetzung auf jedem Bande oder jeder Abtheilung wiederholt werden.

Bei dramatischen Werken muß die Uebersetzung innerhalb sechs Monaten, vom Tage der Veröffentlichung des Originals an gerechnet, vollständig erschienen sein.

Der Beginn und beziehungsweise die Vollendung der Uebersetzung muß zugleich innerhalb der angegebenen Fristen zur Eintragung in die Eintragsrolle (§§. 39. ff.) angemeldet werden, widrigenfalls der Schutz gegen neue Uebersetzungen erlischt.

Die Uebersetzung eines noch ungedruckten gegen Nachdruck geschützten Schriftwerkes (§. 5. Littr. a. und b.) ist als Nachdruck anzusehen.

Uebersetzungen genießen gleich Originalwerken den Schutz dieses Gesetzes gegen Nachdruck.

c. Was nicht als Nachdruck anzusehen ist.

§ 7. Als Nachdruck ist nicht anzusehen:

a) das wörtliche Anführen einzelner Stellen oder kleinerer Theile eines bereits veröffentlichten Werkes oder die Aufnahme bereits veröffentlichter

70 Juni

Schriften von geringerem Umfang in ein größeres Ganzes, sobald dieses nach seinem Hauptinhalt ein selbstständiges wissenschaftliches Werk ist, sowie in Sammlungen, welche aus Werken mehrerer Schriftsteller zum Kirchen-, Schul- und Unterrichtsgebrauch oder zu einem eigenthümlichen literarischen Zwecke veranstaltet werden. Vorausgesetzt ist jedoch, daß der Urheber oder die benutzte Quelle angegeben ist;

b) der Abdruck einzelner Artikel aus Zeitschriften und anderen öffentlichen Blättern mit Ausnahme von novellistischen Erzeugnissen und wissenschaftlichen Ausarbeitungen, sowie von sonstigen größeren Mittheilungen, sofern an der Spitze der letzteren der Abdruck untersagt ist;

c) der Abdruck von Gesetzbüchern, Gesetzen, amtlichen Erlassen, öffentlichen Aktenstücken und Verhandlungen aller Art;

d) der Abdruck von Reden, welche bei den Verhandlungen der Gerichte, der politischen, kommunalen und kirchlichen Vertretungen, sowie der politischen und ähnlichen Versammlungen gehalten werden.

d. Dauer des ausschließlichen Rechtes des Urhebers.

§ 8. Der Schutz des gegenwärtigen Gesetzes gegen Nachdruck wird, vorbehaltlich der folgenden besonderen Bestimmungen, für die Lebensdauer des Urhebers (§§. 1.

und 2.) und dreißig Jahre nach dem Tode desselben gewährt. 70 Juni

§ 9. Bei einem von mehreren Personen als Miturhebern verfaßten Werke erstreckt sich die Schutzfrist auf die Dauer von dreißig Jahren nach dem Tode des Letztlebenden derselben.

Bei Werken, welche durch Beiträge mehrerer Mitarbeiter gebildet werden, richtet sich die Schutzfrist für die einzelnen Beiträge danach, ob die Urheber derselben genannt sind oder nicht (§§. 8. 11.).

§ 10. Einzelne Aufsätze, Abhandlungen ꝛc., welche in periodischen Werken, als: Zeitschriften, Taschenbüchern, Kalendern ꝛc., erschienen sind, darf der Urheber, falls nichts Anderes verabredet ist, auch ohne Einwilligung des Herausgebers oder Verlegers des Werkes, in welches dieselben aufgenommen sind, nach zwei Jahren vom Ablauf des Jahres des Erscheinens an gerechnet, anderweitig abdrucken.

§ 11. Bei Schriftwerken, welche bereits veröffentlicht sind, ist die im §. 8. vorgeschriebene Dauer des Schutzes an die Bedingung geknüpft, daß der wahre Name des Urhebers auf dem Titelblatte oder unter der Zueignung oder unter der Vorrede angegeben ist.

Bei Werken, welche durch Beiträge mehrerer Mitarbeiter gebildet werden, genügt es für den Schutz der Beiträge, wenn der Name des Urhebers an der Spitze oder am Schluß des Beitrags angegeben ist.

Ein Schriftwerk, welches entweder unter einem anderen, als dem wahren Namen des Urhebers ver-

70 Juni öffentlicht, oder bei welchem ein Urheber gar nicht angegeben ist, wird dreißig Jahre lang, von der ersten Herausgabe an gerechnet, gegen Nachdruck geschützt (§. 28.).

Wird innerhalb dreißig Jahre, von der ersten Herausgabe an gerechnet, der wahre Name des Urhebers von ihm selbst oder seinen hierzu legitimirten Rechtsnachfolgern zur Eintragung in die Eintragsrolle (§§. 39. ff.) angemeldet, so wird dadurch dem Werke die im §. 8. bestimmte längere Dauer des Schutzes erworben.

§ 12. Die erst nach dem Tode des Urhebers erschienenen Werke werden dreißig Jahre lang, vom Tode des Urhebers an gerechnet, gegen Nachdruck geschützt.

§ 13. Akademien, Universitäten, sonstige juristische Personen, öffentliche Unterrichtsanstalten, sowie gelehrte oder andere Gesellschaften, wenn sie als Herausgeber dem Urheber gleich zu achten sind (§. 2.), genießen für die von ihnen herausgegebenen Werke einen Schutz von dreißig Jahren nach deren Erscheinen.

§ 14. Bei Werken, die in mehreren Bänden oder Abtheilungen erscheinen, wird die Schutzfrist von dem ersten Erscheinen eines jeden Bandes oder einer jeden Abtheilung an berechnet.

Bei Werken jedoch, die in einem oder mehreren Bänden eine einzige Aufgabe behandeln und mithin als in sich zusammenhängend zu betrachten sind, beginnt die Schutzfrist erst nach dem Erscheinen des letzten Bandes oder der letzten Abtheilung.

Wenn indessen zwischen der Herausgabe einzelner Bände oder Abtheilungen ein Zeitraum von mehr als drei Jahren verflossen ist, so sind die vorher erschienenen Bände, Abtheilungen rc. als ein für sich bestehendes Werk und ebenso die nach Ablauf der drei Jahre erscheinenden weiteren Fortsetzungen als ein neues Werk zu behandeln. 70 Juni

§ 15. Das Verbot der Herausgabe von Uebersetzungen dauert in dem Falle des §. 6. Littr. b. fünf Jahre vom Erscheinen des Originalwerkes, in dem Falle des §. 6. Littr. c. fünf Jahre vom ersten Erscheinen der rechtmäßigen Uebersetzung ab gerechnet.

§ 16. In den Zeitraum der gesetzlichen Schutzfrist (§§. 8. ff.) wird das Todesjahr des Verfassers, beziehungsweise das Kalenderjahr des ersten Erscheinens des Werkes oder der Uebersetzung nicht eingerechnet.

§ 17. Ein Heimfallsrecht des Fiskus oder anderer zu herrenlosen Verlassenschaften berechtigter Personen findet auf das ausschließliche Recht des Urhebers und seiner Rechtsnachfolger nicht statt.

e. Entschädigung und Strafen.

§ 18. Wer vorsätzlich oder aus Fahrlässigkeit einen Nachdruck (§§. 4. ff.) in der Absicht, denselben innerhalb oder außerhalb des Norddeutschen Bundes zu verbreiten, veranstaltet, ist den Urheber oder dessen Rechtsnachfolger zu entschädigen verpflichtet und wird außerdem mit einer Geldstrafe bis zu Eintausend Thalern bestraft.

70 Die Bestrafung des Nachdrucks bleibt jedoch ausge-
Juni schlossen, wenn der Veranstalter desselben auf Grund entschuldbaren, thatsächlichen oder rechtlichen Irrthums in gutem Glauben gehandelt hat.

Kann die verwirkte Geldstrafe nicht beigetrieben werden, so wird dieselbe nach Maaßgabe der allgemeinen Strafgesetze in eine entsprechende Freiheitsstrafe bis zu sechs Monaten umgewandelt.

Statt jeder aus diesem Gesetze entspringenden Entschädigung kann auf Verlangen des Beschädigten neben der Strafe auf eine an den Beschädigten zu erlegende Geldbuße bis zum Betrage von zweitausend Thalern erkannt werden. Für diese Buße haften die zu derselben Verurtheilten als Gesammtschuldner.

Eine erkannte Buße schließt die Geltendmachung eines weiteren Entschädigungsanspruches aus.

Wenn den Veranstalter des Nachdrucks kein Verschulden trifft, so haftet er dem Urheber oder dessen Rechtsnachfolger für den entstandenen Schaden nur bis zur Höhe seiner Bereicherung.

§ 19. Darüber, ob ein Schaden entstanden ist, und wie hoch sich derselbe beläuft, desgleichen über den Bestand und die Höhe einer Bereicherung, entscheidet das Gericht unter Würdigung aller Umstände nach freier Ueberzeugung.

§ 20. Wer vorsätzlich oder aus Fahrlässigkeit einen Anderen zur Veranstaltung eines Nachdrucks veranlaßt, hat die im §. 18. festgesetzte Strafe verwirkt, und ist den Urheber oder dessen Rechtsnachfolger nach Maaßgabe der §§. 18. und 19. zu entschädigen verpflichtet, und zwar selbst dann, wenn der Veranstalter des Nachdrucks nach §. 18. nicht strafbar oder ersatzverbindlich sein sollte. 70 Juni

Wenn der Veranstalter des Nachdrucks ebenfalls vorsätzlich oder aus Fahrlässigkeit gehandelt hat, so haften Beide dem Berechtigten solidarisch.

Die Strafbarkeit und die Ersatzverbindlichkeit der übrigen Theilnehmer am Nachdruck richtet sich nach den allgemeinen gesetzlichen Vorschriften.

§ 21. Die vorräthigen Nachdrucks-Exemplare und die zur widerrechtlichen Vervielfältigung ausschließlich bestimmten Vorrichtungen, wie Formen, Platten, Steine, Stereotypabgüsse 2c., unterliegen der Einziehung. Dieselben sind, nachdem die Einziehung dem Eigenthümer gegenüber rechtskräftig erkannt ist, entweder zu vernichten oder ihrer gefährdenden Form zu entkleiden und alsdann dem Eigenthümer zurückzugeben.

Wenn nur ein Theil des Werkes als Nachdruck anzusehen ist, so erstreckt sich die Einziehung nur auf den als Nachdruck erkannten Theil des Werkes und die Vorrichtungen zu diesem Theile.

Die Einziehung erstreckt sich auf alle diejenigen Nachdrucks-Exemplare und Vorrichtungen, welche sich im Eigenthum des Veranstalters des Nachdrucks, des Druckers, der Sortimentsbuchhändler, der gewerbsmäßigen Verbreiter und desjenigen, welcher den Nachdruck veranlaßt hat (§. 20.), befinden.

70 Juni Die Einziehung tritt auch dann ein, wenn der Veranstalter oder Veranlasser des Nachdrucks weder vorsätzlich noch fahrlässig gehandelt hat (§. 18.). Sie erfolgt auch gegen die Erben desselben.

Es steht dem Beschädigten frei, die Nachdrucks-Exemplare und Vorrichtungen ganz oder theilweise gegen die Herstellungskosten zu übernehmen, insofern nicht die Rechte eines Dritten dadurch verletzt oder gefährdet werden.

§ **22**. Das Vergehen des Nachdrucks ist vollendet, sobald ein Nachdrucks-Exemplar eines Werkes den Vorschriften des gegenwärtigen Gesetzes zuwider, sei es im Gebiete des Norddeutschen Bundes, sei es außerhalb desselben, hergestellt worden ist.

Im Falle des bloßen Versuchs des Nachdrucks tritt weder eine Bestrafung noch eine Entschädigungsverbindlichkeit des Nachdruckers ein. Die Einziehung der Nachdrucksvorrichtungen (§. 21.) erfolgt auch in diesem Falle.

§ **23**. Wegen Rückfalls findet eine Erhöhung der Strafe über das höchste gesetzliche Maaß (§. 18.) nicht statt.

§ **24**. Wenn in den Fällen des §. 7. Littr. a. die Angabe der Quelle oder des Namens des Urhebers vorsätzlich oder aus Fahrlässigkeit unterlassen wird, so haben der Veranstalter und der Veranlasser des Abdrucks eine Geldstrafe bis zu zwanzig Thalern verwirkt.

Eine Umwandlung der Geldstrafe in Freiheitsstrafe findet nicht statt.

Eine Entschädigungspflicht tritt nicht ein.

§ 25. Wer vorsätzlich Exemplare eines Werkes, welche den Vorschriften des gegenwärtigen Gesetzes zuwider angefertigt worden sind, innerhalb oder außerhalb des Norddeutschen Bundes gewerbemäßig feilhält, verkauft oder in sonstiger Weise verbreitet, ist nach Maaßgabe des von ihm verursachten Schadens den Urheber oder dessen Rechtsnachfolger zu entschädigen verpflichtet und wird außerdem mit Geldstrafe nach §. 18. bestraft. 70 Juni

Die Einziehung der zur gewerbemäßigen Verbreitung bestimmten Nachdrucks-Exemplare nach Maaßgabe des §. 21. findet auch dann statt, wenn der Verbreiter nicht vorsätzlich gehandelt hat.

Der Entschädigungspflicht, sowie der Bestrafung wegen Verbreitung unterliegen auch der Veranstalter und Veranlasser des Nachdrucks, wenn sie nicht schon als solche entschädigungspflichtig und strafbar sind.

f. Verfahren.

§ 26. Sowohl die Entscheidung über den Entschädigungsanspruch, als auch die Verhängung der im gegenwärtigen Gesetze angedrohten Strafen und die Einziehung der Nachdrucks-Exemplare 2c. gehört zur Kompetenz der ordentlichen Gerichte.

Die Einziehung der Nachdrucks-Exemplare 2c. kann sowohl im Strafrechtswege beantragt, als im Civilrechtswege verfolgt werden.

§ 27. Das gerichtliche Strafverfahren ist nicht von Amtswegen, sondern nur auf den Antrag des Verletzten

70 Juni einzuleiten. Der Antrag auf Bestrafung kann bis zur Verkündung eines auf Strafe lautenden Erkenntnisses zurückgenommen werden.

§ 28. Die Verfolgung des Nachdrucks steht Jedem zu, dessen Urheber- oder Verlagsrechte durch die widerrechtliche Vervielfältigung beeinträchtigt oder gefährdet sind.

Bei Werken, welche bereits veröffentlicht sind, gilt bis zum Gegenbeweise derjenige als Urheber, welcher nach Maaßgabe des §. 11. Absatz 1. 2. auf dem Werke als Urheber angegeben ist.

Bei anonymen und pseudonymen Werken ist der Herausgeber, und wenn ein solcher nicht angegeben ist, der Verleger berechtigt, die dem Urheber zustehenden Rechte wahrzunehmen. Der auf dem Werke angegebene Verleger gilt ohne weiteren Nachweis als der Rechtsnachfolger des anonymen oder pseudonymen Urhebers.

§ 29. In den Rechtsstreitigkeiten wegen Nachdrucks, einschließlich der Klagen wegen Bereicherung aus dem Nachdruck, hat der Richter, ohne an positive Regeln über die Wirkung der Beweismittel gebunden zu sein, den Thatbestand nach seiner freien, aus dem Inbegriff der Verhandlungen geschöpften Ueberzeugung festzustellen.

Ebenso ist der Richter bei Entscheidung der Frage: ob der Nachdrucker oder der Veranlasser des Nachdrucks (§§ 18. 20.) fahrlässig gehandelt hat, an die in den Landesgesetzen vorgeschriebenen verschiedenen Grade der Fahrlässigkeit nicht gebunden.

§ 30. Sind technische Fragen, von welchen der Thatbestand des Nachdrucks oder der Betrag des Schadens oder der Bereicherung abhängt, zweifelhaft oder streitig, so ist der Richter befugt, das Gutachten Sachverständiger einzuholen. 70 Juni

§ 31. In allen Staaten des Norddeutschen Bundes sollen aus Gelehrten, Schriftstellern, Buchhändlern und anderen geeigneten Personen Sachverständigen-Vereine gebildet werden, welche, auf Erfordern des Richters, Gutachten über die an sie gerichteten Fragen abzugeben verpflichtet sind. Es bleibt den einzelnen Staaten überlassen, sich zu diesem Behufe an andere Staaten des Norddeutschen Bundes anzuschließen, oder auch mit denselben sich zur Bildung gemeinschaftlicher Sachverständigen-Vereine zu verbinden.

Die Sachverständigen-Vereine sind befugt, auf Anrufen der Betheiligten über streitige Entschädigungsansprüche und die Einziehung nach Maaßgabe der §§. 18. bis 21. als Schiedsrichter zu verhandeln und zu entscheiden.

Das Bundeskanzler-Amt erläßt die Instruktion*) über die Zusammensetzung und den Geschäftsbetrieb der Sachverständigen-Vereine.

§ 32, welcher die Zuständigkeit des Reichsoberhandelsgerichts betrifft, hat durch die neuen Prozeßgesetze seine Geltung verloren.

---

*) Vgl. unten Instruktion vom 12. Dezember 1870 über die Zusammensetzung und den Geschäftsbetrieb der Sachverständigen-Vereine.

70 Juni

g. Verjährung.

§ 33. Die Strafverfolgung des Nachdrucks und die Klage auf Entschädigung wegen Nachdrucks, einschließlich der Klage wegen Bereicherung (§. 18.), verjähren in drei Jahren.

Der Lauf der Verjährung beginnt mit dem Tage, an welchem die Verbreitung der Nachdrucks-Exemplare zuerst stattgefunden hat.

§ 34. Die Strafverfolgung der Verbreitung von Nachdrucks-Exemplaren und die Klage auf Entschädigung wegen dieser Verbreitung (§. 25.) verjähren ebenfalls in drei Jahren.

Der Lauf der Verjährung beginnt mit dem Tage, an welchem die Verbreitung zuletzt stattgefunden hat.

§ 35. Der Nachdruck und die Verbreitung von Nachdrucks-Exemplaren sollen straflos bleiben, wenn der zum Strafantrage Berechtigte den Antrag binnen drei Monaten nach erlangter Kenntniß von dem begangenen Vergehen und von der Person des Thäters zu machen unterläßt.

§ 36. Der Antrag auf Einziehung und Vernichtung der Nachdrucks-Exemplare, sowie der zur widerrechtlichen Vervielfältigung ausschließlich bestimmten Vorrichtungen (§. 21.), ist so lange zulässig, als solche Exemplare und Vorrichtungen vorhanden sind.

§ 37. Die Uebertretung, welche dadurch begangen wird, daß in den Fällen des §. 7. Littr. a. die Angabe der Quelle oder des Namens des Urhebers unterblieben ist, verjährt in drei Monaten.

Der Lauf der Verjährung beginnt mit dem Tage, an welchem der Abdruck zuerst verbreitet worden ist. 70 Juni

§ 38. Die allgemeinen gesetzlichen Vorschriften bestimmen, durch welche Handlungen die Verjährung unterbrochen wird.

Die Einleitung des Strafverfahrens unterbricht die Verjährung der Entschädigungsklage nicht, und eben so wenig unterbricht die Anstellung der Entschädigungsklage die Verjährung des Strafverfahrens.

h. Eintragsrolle.

§ 39. Die Eintragsrolle, in welche die in den §§. 6. und 11. vorgeschriebenen Eintragungen stattzufinden haben, wird bei dem Stadtrath zu Leipzig geführt.

§ 40. Der Stadtrath zu Leipzig ist verpflichtet, auf Antrag der Betheiligten die Eintragungen zu bewirken, ohne daß eine zuvorige Prüfung über die Berechtigung des Antragstellers oder über die Richtigkeit der zur Eintragung angemeldeten Thatsachen stattfindet.

§ 41. Das Bundeskanzler-Amt erläßt die Instruktion über die Führung der Eintragsrolle.*) Es ist Jedermann gestattet, von der Eintragsrolle Einsicht zu nehmen und sich beglaubigte Auszüge aus derselben ertheilen zu lassen. Die Eintragungen werden im Börsenblatt für den Deutschen Buchhandel und, falls dasselbe

---

*) Instruktion vom 7. Dezember 1870 (Centralblatt für das Deutsche Reich 1876 S. 120).

70 Juni zu erscheinen aufhören sollte, in einer anderen vom Bundeskanzler-Amte zu bestimmenden Zeitung öffentlich bekannt gemacht.

§ 42. Alle Eingaben, Verhandlungen, Atteste, Beglaubigungen, Zeugnisse, Auszüge u. s. w., welche die Eintragung in die Eintragsrolle betreffen, sind stempelfrei.

Dagegen wird für jede Eintragung, für jeden Eintragsschein, sowie für jeden sonstigen Auszug aus der Eintragsrolle eine Gebühr von je 15 Sgr. erhoben, und außerdem hat der Antragsteller die etwaigen Kosten für die öffentliche Bekanntmachung der Eintragung (§. 41.) zu entrichten.

II. Geographische, topographische, naturwissenschaftliche, architektonische, technische und ähnliche Abbildungen.

§ 43. Die Bestimmungen in den §§. 1—42. finden auch Anwendung auf geographische, topographische, naturwissenschaftliche, architektonische, technische und ähnliche Zeichnungen und Abbildungen, welche nach ihrem Hauptzwecke nicht als Kunstwerke zu betrachten sind.

§ 44. Als Nachdruck ist es nicht anzusehen, wenn einem Schriftwerke einzelne Abbildungen aus einem anderen Werke beigefügt werden, vorausgesetzt, daß das Schriftwerk als die Hauptsache erscheint und die Abbildungen nur zur Erläuterung des Textes u. s. w. dienen. Auch muß der Urheber oder die benutzte Quelle angegeben sein, widrigenfalls die Strafbestimmung im §. 24. Platz greift.

III. Musikalische Kompositionen.

70 Juni

§ 45. Die Bestimmungen in den §§. 1. bis 5., 8. bis 42. finden auch Anwendung auf das ausschließliche Recht des Urhebers zur Vervielfältigung musikalischer Kompositionen.

§ 46. Als Nachdruck sind alle ohne Genehmigung des Urhebers einer musikalischen Komposition herausgegebenen Bearbeitungen derselben anzusehen, welche nicht als eigenthümliche Kompositionen betrachtet werden können, insbesondere Auszüge aus einer musikalischen Komposition, Arrangements für einzelne oder mehrere Instrumente oder Stimmen, sowie der Abdruck von einzelnen Motiven oder Melodien eines und desselben Werkes, die nicht künstlerisch verarbeitet sind.

§ 47. Als Nachdruck ist nicht anzusehen: das Anführen einzelner Stellen eines bereits veröffentlichten Werkes der Tonkunst, die Aufnahme bereits veröffentlichter kleinerer Kompositionen in ein nach seinem Hauptinhalte selbstständiges wissenschaftliches Werk, sowie in Sammlungen von Werken verschiedener Komponisten zur Benutzung in Schulen, ausschließlich der Musikschulen. Vorausgesetzt ist jedoch, daß der Urheber oder die benutzte Quelle angegeben ist, widrigenfalls die Strafbestimmung des §. 24. Platz greift.

§ 48. Als Nachdruck ist nicht anzusehen: die Benutzung eines bereits veröffentlichten Schriftwerkes als Text zu musikalischen Kompositionen, sofern der Text in Verbindung mit der Komposition abgedruckt wird.

70 Juni Ausgenommen sind solche Texte, welche ihrem Wesen nach nur für den Zweck der Komposition Bedeutung haben, namentlich Texte zu Opern oder Oratorien. Texte dieser Art dürfen nur unter Genehmigung ihres Urhebers mit den musikalischen Kompositionen zusammen abgedruckt werden.

Zum Abdruck des Textes ohne Musik ist die Einwilligung des Urhebers oder seiner Rechtsnachfolgerer forderlich.

§ 49. Die Sachverständigen-Vereine, welche nach Maaßgabe des §. 31. Gutachten über den Nachdruck musikalischer Kompositionen abzugeben haben, sollen aus Komponisten, Musikverständigen und Musikalienhändlern bestehen.

IV. Oeffentliche Aufführung dramatischer, musikalischer oder dramatisch-musikalischer Werke.

§ 50. Das Recht, ein dramatisches, musikalisches oder dramatisch-musikalisches Werk öffentlich aufzuführen, steht dem Urheber und dessen Rechtsnachfolgern (§. 3.) ausschließlich zu.

In Betreff der dramatischen und dramatisch-musikalischen Werke ist es hierbei gleichgültig, ob das Werk bereits durch den Druck rc. veröffentlicht worden ist oder nicht. Musikalische Werke, welche durch Druck veröffentlicht worden sind, können ohne Genehmigung des Urhebers öffentlich aufgeführt werden, falls nicht der Urheber auf dem Titelblatt oder an der Spitze des Werkes sich das Recht der öffentlichen Aufführung vorbehalten hat.

Dem Urheber wird der Verfasser einer rechtmäßigen Uebersetzung des dramatischen Werkes in Beziehung auf das ausschließliche Recht zur öffentlichen Aufführung dieser Uebersetzung gleich geachtet. 70 Juni

Die öffentliche Aufführung einer rechtswidrigen Uebersetzung (§. 6.) oder einer rechtswidrigen Bearbeitung (§. 46.) des Originalwerks ist untersagt.

§ 51. Sind mehrere Urheber vorhanden, so ist zur Veranstaltung der öffentlichen Aufführung die Genehmigung jedes Urhebers erforderlich.

Bei musikalischen Werken, zu denen ein Text gehört, einschließlich der dramatisch-musikalischen Werke, genügt die Genehmigung des Komponisten allein.

§ 52. In Betreff der Dauer des ausschließlichen Rechts zur öffentlichen Aufführung kommen die §§. 8. bis 17. zur Anwendung.

Anonyme und pseudonyme Werke, welche zur Zeit ihrer ersten rechtmäßigen öffentlichen Aufführung noch nicht durch den Druck veröffentlicht sind, werden dreißig Jahre vom Tage der ersten rechtmäßigen Aufführung an, posthume Werke dreißig Jahre vom Tode des Urhebers an gegen unbefugte öffentliche Aufführung geschützt.

Wenn der Urheber des anonymen oder pseudonymen Werkes oder sein hierzu legitimirter Rechtsnachfolger innerhalb der Frist von dreißig Jahren den wahren Namen des Urhebers vermittelst Eintragung in die Eintragsrolle (§. 39.) bekannt macht, oder wenn der Urheber das Werk innerhalb derselben Frist unter seinem

70 Juni wahren Namen veröffentlicht, so gelangt die Bestimmung des §. 8. zur Anwendung.

§ **53.** Bei dramatischen, musikalischen und dramatisch-musikalischen Werken, welche noch nicht mechanisch vervielfältigt, aber öffentlich aufgeführt worden sind, gilt bis zum Gegenbeweise derjenige als Urheber, welcher bei der Ankündigung der Aufführung als solcher bezeichnet worden ist.

§ **54.** Wer vorsätzlich oder aus Fahrlässigkeit ein dramatisches, musikalisches oder dramatisch-musikalisches Werk vollständig oder mit unwesentlichen Aenderungen unbefugter Weise öffentlich aufführt, ist den Urheber oder dessen Rechtsnachfolger zu entschädigen verpflichtet und wird außerdem mit einer Geldstrafe nach Maaßgabe der §§. 18. und 23. bestraft.

Auf den Veranlasser der unbefugten Aufführung findet der §. 20. mit der Maaßgabe Anwendung, daß die Höhe der Entschädigung nach §. 55. zu bemessen ist.

§ **55.** Die Entschädigung, welche dem Berechtigten im Falle des §. 54. zu gewähren ist, besteht in dem ganzen Betrage der Einnahme von jeder Aufführung ohne Abzug der auf dieselbe verwendeten Kosten.

Ist das Werk in Verbindung mit anderen Werken aufgeführt worden, so ist, unter Berücksichtigung der Verhältnisse, ein entsprechender Theil der Einnahme als Entschädigung festzusetzen.

Wenn die Einnahme nicht zu ermitteln oder eine solche nicht vorhanden ist, so wird der Betrag der Entschädigung vom Richter nach freiem Ermessen festgestellt.

Trifft den Veranstalter der Aufführung kein Verschulden, so haftet er dem Berechtigten auf Höhe seiner Bereicherung. 70 Juni

§ 56. Die Bestimmungen in den §§. 26. bis 42. finden auch in Betreff der Aufführung von dramatischen, musikalischen und dramatisch-musikalischen Werken Anwendung.

V. Allgemeine Bestimmungen.

§ 57. Das gegenwärtige Gesetz tritt mit dem 1. Januar 1871. in Kraft. Alle früheren, in den einzelnen Staaten des Norddeutschen Bundes geltenden, rechtlichen Bestimmungen in Beziehung auf das Urheberrecht an Schriftwerken, Abbildungen, musikalischen Kompositionen und dramatischen Werken treten von demselben Tage ab außer Wirksamkeit.*)

§ 58. Das gegenwärtige Gesetz findet auf alle vor dem Inkrafttreten desselben erschienenen Schriftwerke, Abbildungen, musikalischen Kompositionen und dramatischen Werke Anwendung, selbst wenn dieselben nach den bisherigen Landesgesetzgebungen keinen Schutz gegen Nachdruck, Nachbildung oder öffentliche Aufführung genossen haben.

---

*) Für Bayern ist dieses Gesetz am 1. Januar 1872 in Wirksamkeit getreten, und zwar unbeschadet der fortdauernden Geltung des Artikels 68 des Bayerischen Gesetzes über den Schutz der Urheberrechte an literarischen Erzeugnissen und Werken der Kunst vom 28. Juni 1865 (§. 11. des Gesetzes, betreffend die Einführung Norddeutscher Bundesgesetze in Bayern, vom 22. April 1871).

70 Juni Die bei dem Inkrafttreten dieses Gesetzes vorhandenen Exemplare, deren Herstellung nach der bisherigen Gesetzgebung gestattet war, sollen auch fernerhin verbreitet werden dürfen, selbst wenn ihre Herstellung nach dem gegenwärtigen Gesetze untersagt ist.

Ebenso sollen die bei dem Inkrafttreten dieses Gesetzes vorhandenen, bisher rechtmäßig angefertigten Vorrichtungen, wie Formen, Platten, Steine, Stereotypabgüsse ꝛc., auch fernerhin zur Anfertigung von Exemplaren benutzt werden dürfen.

Auch dürfen die beim Inkrafttreten des Gesetzes bereits begonnenen, bisher gestatteten Vervielfältigungen noch vollendet werden.

Die Regierungen der Staaten des Norddeutschen Bundes werden ein Inventarium über die Vorrichtungen, deren fernere Benutzung hiernach gestattet ist, amtlich aufstellen und diese Vorrichtungen mit einem gleichförmigen Stempel bedrucken lassen. Ebenso sollen alle Exemplare von Schriftwerken, welche nach Maaßgabe dieses Paragraphen auch fernerhin verbreitet werden dürfen, mit einem Stempel versehen werden.

Nach Ablauf der für die Legalisirung angegebenen Frist unterliegen alle mit dem Stempel nicht versehenen Vorrichtungen und Exemplare der bezeichneten Werke, auf Antrag des Verletzten, der Einziehung. Die nähere Instruktion über das bei der Aufstellung des Inventariums und bei der Stempelung zu beobachtende Verfahren wird vom Bundeskanzler-Amte erlassen.*)

*) Vgl. Anm. zu § 41.

§ 59. Insofern nach den bisherigen Landesgesetzgebungen für den Vorbehalt des Uebersetzungsrechts andere Förmlichkeiten und für das Erscheinen der ersten Uebersetzung andere Fristen, als im §. 6. Littr. c. vorgeschrieben sind, hat es bei denselben in Betreff derjenigen Werke, welche vor dem Inkrafttreten des gegenwärtigen Gesetzes bereits erschienen sind, sein Bewenden. 70 Juni

§ 60. Die Ertheilung von Privilegien zum Schutze des Urheberrechts ist nicht mehr zulässig.

Dem Inhaber eines vor dem Inkrafttreten des gegenwärtigen Gesetzes von dem Deutschen Bunde oder den Regierungen einzelner, jetzt zum Norddeutschen Bunde gehörigen Staaten ertheilten Privilegiums steht es frei, ob er von diesem Privilegium Gebrauch machen oder den Schutz des gegenwärtigen Gesetzes anrufen will.

Der Privilegienschutz kann indeß nur für den Umfang derjenigen Staaten geltend gemacht werden, von welchen derselbe ertheilt worden ist.

Die Berufung auf den Privilegienschutz ist dadurch bedingt, daß das Privilegium entweder ganz oder dem wesentlichen Inhalte nach dem Werke vorgedruckt oder auf oder hinter dem Titelblatt desselben bemerkt ist. Wo dieses nach der Natur des Gegenstandes nicht stattfinden kann, oder bisher nicht geschehen ist, muß das Privilegium, bei Vermeidung des Erlöschens, binnen drei Monaten nach dem Inkrafttreten dieses Gesetzes zur Eintragung in die Eintragsrolle angemeldet und von dem Kuratorium derselben öffentlich bekannt gemacht werden.

70 Juni § 61. Das gegenwärtige Gesetz findet Anwendung auf alle Werke inländischer Urheber, gleichviel ob die Werke im Inlande oder Auslande erschienen oder überhaupt noch nicht veröffentlicht sind.

Wenn Werke ausländischer Urheber bei Verlegern erscheinen, die im Gebiete des Norddeutschen Bundes ihre Handelsniederlassung haben, so stehen diese Werke unter dem Schutze des gegenwärtigen Gesetzes.*)

§ 62. Diejenigen Werke ausländischer Urheber, welche in einem Orte erschienen sind, der zum ehemaligen Deutschen Bunde, nicht aber zum Norddeutschen Bunde, gehört, genießen den Schutz dieses Gesetzes unter der Voraussetzung, daß das Recht des betreffenden Staates den innerhalb des Norddeutschen Bundes erschienenen Werken einen den einheimischen Werken gleichen Schutz gewährt; jedoch dauert der Schutz nicht länger als in dem betreffenden Staate selbst. Dasselbe gilt von nicht veröffentlichten Werken solcher Urheber, welche zwar nicht im Norddeutschen Bunde, wohl aber im ehemaligen Deutschen Bundesgebiete staatsangehörig sind.

Urkundlich ꝛc.

Gegeben Berlin, den 11. Juni 1870.

---

*) Zum Schutze der im Auslande erschienenen Werke ausländischer Urheber sind auf Gegenseitigkeit beruhende Konventionen abgeschlossen mit Italien am 12. Mai 1869 (B.G.Bl. S. 293), mit der Schweiz am 13. Mai 1869 (B.G.Bl. S. 624), erneuert am 23. Mai 1881 (R.G.Bl. S. 171), und mit Frankreich am 19. April 1883 (R.G.Bl. S. 269).

Gesetz, betreffend die Kommanditgesellschaften auf Aktien und die Aktiengesellschaften. Vom 11. Juni 1870.*) 70 Juni

(B.G.Bl. S. 375.)

Gesetz wegen Aufhebung der Elbzölle. Vom 11. Juni 1870.

(B.G.Bl. S. 417.)

Gesetz
über die Ausgabe von Papiergeld.
Vom 16. Juni 1870.

(B.G.Bl. S. 507; ausgeg. den 5. August 1870.)

Das Gesetz gilt auch in den vier süddeutschen Staaten.

§ 1. Bis zur gesetzlichen Feststellung der Grundsätze über die Emission von Papiergeld (Art. 4. Nr. 3. der Bundes-Verfassung)**) darf von den Staaten des Norddeutschen Bundes nur auf Grund eines auf den Antrag der betheiligten Landesregierung erlassenen Bundesgesetzes Papiergeld ausgegeben oder dessen Ausgabe gestattet werden.

§ 2. Das zur Zeit umlaufende Papiergeld nach stattgefundener Einziehung durch neue Werthzeichen zu ersetzen, beziehungsweise dagegen umzutauschen, ist gestattet.

Hierbei darf jedoch Papiergeld von geringerem Nennwerthe an die Stelle von Papiergeld höheren Nennwerths nicht gesetzt werden.

Urkundlich 2c.

Gegeben Schloß Babelsberg, den 16. Juni 1870.

---

*) Einz.-Ausg. Bd. 4 (Handelsgesetzbuch 2c.) S. 377.

**) Vgl. unten Münzgesetz vom 9. Juli 1873 (Art. 18); ferner Gesetz, betreffend die Ausgabe von Reichskassenscheinen, vom 30. April 1874 (§ 8).

70 **Verordnung, betreffend die Ausführung des Gesetzes wegen**
Juni **Errichtung eines obersten Gerichtshofes für Handelssachen, vom 12. Juni 1869. Vom 22. Juni 1870.**

(B.G.Bl. S. 418.)

Gesetz, betreffend die zu Gunsten der Militairpersonen eintretende Einstellung des Civilprozeß-Verfahrens. Vom 21. Juli 1870.*)

(B.G.Bl. S. 493.)

Gesetz, betreffend die Wirksamkeit der §§. 17. und 20. des Gesetzes über die Erwerbung und den Verlust der Bundes- und Staatsangehörigkeit vom 1. Juni 1870. (Bundesgesetzbl. S. 355). Vom 21. Juli 1870.

(B.G.Bl. S. 498.)

Gesetz, betreffend die Gründung öffentlicher Darlehnskassen und die Ausgabe von Darlehnskassenscheinen. Vom 21. Juli 1870.

(B.G.Bl. S. 499.)

Bekanntmachung [des Kanzlers des Norddeutschen Bundes], betreffend die portopflichtige Korrespondenz zwischen Behörden verschiedener Bundesstaaten.

Vom 29. August 1870.**)

(B.G.Bl. S. 514.)

Für die Behandlung der portopflichtigen Korrespondenz zwischen Behörden verschiedener Bundesstaaten kommen

---

*) Vgl. Verordnung, betreffend die Aufhebung des Kriegszustandes, vom 12. März 1873.

**) Vgl. unten die Bekanntmachungen vom 17. April 1872, 8. Juli 1873 und 31. Oktober 1873.

im ganzen Gebiete des Norddeutschen Bundes, auf Grund der zwischen sämmtlichen Bundesregierungen getroffenen Verständigung, die nachstehenden Grundsätze zur Anwendung: 70 Aug.

1) Portopflichtige Sendungen sind stets von der absendenden Behörde zu frankiren.
2) Bei Korrespondenz zwischen Behörden in Parteisachen entrichtet die absendende Stelle das Porto auch in solchen Fällen, in welchen die Pflicht zur Portozahlung einer im Gebiete der empfangenden Stelle befindlichen Partei obliegt.
3) Die empfangende Stelle ist zwar befugt, den Portobetrag von der Partei einzuziehen, jedoch soll von einer Erstattung desselben an die absendende Behörde des anderen Staates bis auf Weiteres Abstand genommen werden.

Allerhöchster Erlaß vom 3. September 1870., betreffend die Abänderung des §. 15. der Instruktion zur Ausführung des Bundesgesetzes wegen der Quartierleistung für die bewaffnete Macht während des Friedenszustandes vom 25. Juni 1868.

(B.G.Bl. S. 514.)

Artikel 80. der zwischen dem Norddeutschen Bunde und den Großherzogthümern Baden und Hessen vereinbarten Verfassung des Deutschen Bundes. Vom 15. November 1870.*)

(B.G.Bl. S. 647.)

---

*) Einz.-Ausg. Bd. 1 (Reichsverfassung) S. 150.

70 Nov. **Protokoll, betreffend die Vereinbarung zwischen dem Norddeutschen Bunde, Baden und Hessen über Gründung des Deutschen Bundes und Annahme der Bundesverfassung. Vom 15. November 1870.*)**

(B.G.Bl. S. 650.)

Vertrag, betreffend den Beitritt Bayerns zur Verfassung des Deutschen Bundes. Vom 23. November 1870.; nebst Schlußprotokoll von demselben Tage.)**

(B.G.Bl. f. 1871 S. 9.)

Vertrag zwischen dem Norddeutschen Bunde, Baden und Hessen einerseits und Württemberg andererseits, betreffend den Beitritt Württembergs zur Verfassung des Deutschen Bundes, nebst dazu gehörigem Protokoll. Vom 25. November 1870.*)**

(B.G.Bl. S. 654.)

Instruktion
über die Zusammensetzung und den Geschäftsbetrieb der Sachverständigen-Vereine.

Vom 12. Dezember 1870.

(B.G.Bl. S. 621.)

In Gemäßheit der §§. 31. und 49. des Gesetzes vom 11. Juni 1870., betreffend das Urheberrecht an Schriftwerken u. s. w. (Bundesgesetzbl. S. 339.), welche lauten:

§ 31. „In allen Staaten des Norddeutschen Bundes sollen aus Gelehrten, Schriftstellern, Buchhändlern

---

*) Einz.-Ausg. Bd. 1 (Reichsverfassung) S. 150.

**) Ebenda S. 153, 164, 169, 181.

***) Ebenda S. 154, 163.

und anderen geeigneten Personen Sachverständigen=Vereine gebildet werden, welche, auf Erfordern des Richters, Gutachten über die an sie gerichteten Fragen abzugeben verpflichtet sind. Es bleibt den einzelnen Staaten überlassen, sich zu diesem Behufe an andere Staaten des Norddeutschen Bundes anzuschließen, oder auch mit denselben sich zur Bildung gemeinschaftlicher Sachverständigen=Vereine zu verbinden. 70 Dez.

Die Sachverständigen=Vereine sind befugt, auf Anrufen der Betheiligten über streitige Entschädigungsansprüche und die Einziehung nach Maaßgabe der §§. 18. bis 21. als Schiedsrichter zu verhandeln und zu entscheiden.

Das Bundeskanzler=Amt erläßt die Instruktion über die Zusammensetzung und den Geschäftsbetrieb der Sachverständigen=Vereine".

§ 49. „Die Sachverständigen=Vereine, welche nach Maaßgabe des §. 31. Gutachten über den Nachdruck musikalischer Kompositionen abzugeben haben, sollen aus Komponisten, Musikverständigen und Musikalienhändlern bestehen".

wird über die Zusammensetzung und den Geschäftsbetrieb der Sachverständigen=Vereine Folgendes bestimmt:

§ 1. Die Sachverständigen=Vereine sind entweder

a) literarische

oder

b) musikalische

70 Dez. Sachverständigen-Vereine. In keinem Staate des Norddeutschen Bundes darf mehr als ein literarischer und ein musikalischer Sachverständigen-Verein bestehen.

§ 2. Jeder Verein besteht aus sieben Mitgliedern, einschließlich des Vorsitzenden. Für den Fall der Verhinderung einzelner Mitglieder wird eine Anzahl Stellvertreter ernannt.

§ 3. Die Ernennung der Mitglieder und Stellvertreter erfolgt durch die zuständige Centralbehörde, welche auch den Vorsitzenden und dessen Stellvertreter aus der Zahl der Vereinsmitglieder bestimmt. Die Mitglieder und Stellvertreter werden als Sachverständige ein für alle Mal gerichtlich vereidet.

§ 4. Der literarische Sachverständigen-Verein ist berufen, auf Erfordern der Gerichte Gutachten über technische Fragen abzugeben, von welchen

a) der Thatbestand des Nachdrucks von Schriftwerken oder Abbildungen (§§. 1. ff., §§. 43. und 44. des Gesetzes vom 11. Juni 1870.)

oder

b) der Thatbestand der unerlaubten Aufführung eines dramatischen Werkes (§§. 50. ff. a. a. O.)

oder

c) der Betrag des durch den Nachdruck oder die unerlaubte Aufführung entstandenen Schadens, beziehungsweise der Bereicherung

abhängt.

Ein Mitglied des Vereins muß als Zeichner, Kupferstecher ꝛc. mit der Anfertigung der im §. 43. des Gesetzes vom 11. Juni 1870. erwähnten Zeichnungen und Abbildungen vertraut sein. 70 Dez.

§ 5. Der musikalische Sachverständigen-Verein ist berufen, auf Erfordern der Gerichte Gutachten über technische Fragen abzugeben, von welchen

a) der Thatbestand des Nachdrucks von musikalischen Kompositionen (§§. 45. ff. a. a. O.)

oder

b) der Thatbestand der unerlaubten Aufführung eines musikalischen oder dramatisch-musikalischen Werkes (§§. 50. ff. a. a. O.)

oder

c) der Betrag des durch den Nachdruck oder die unerlaubte Aufführung entstandenen Schadens, beziehungsweise der Bereicherung

abhängt.

§ 6. (Abgeändert durch Bekanntmachung des Reichskanzlers vom 16. Juli 1879 [Centralblatt S. 490].)*)

§ 7. (Abgeändert durch Bekanntmachung des Reichskanzlers vom 25. Oktober 1882 [Centralblatt S. 417].)*)

---

*) Danach lauten die beiden §§ fortan wie folgt:

§ 6. Das verlangte Gutachten hat der Verein nur dann abzugeben, wenn von dem ersuchenden Gerichte

1. in dem Ersuchungsschreiben die zu begutachtenden Fragen einzeln aufgeführt,
2. dem Vereine übersendet sind
   a) die gerichtlichen Akten,
   b) die zu vergleichenden Gegenstände, deren Identität durch Anhängung des Gerichtssiegels oder auf andere Art außer Zweifel gestellt und gegen Verwechselung gesichert ist.

§ 7. Sobald der Antrag auf Erstattung eines Gutachtens von Seiten des Vereins an den Vorsitzenden desselben gelangt ist, er-

70 Dez. § 8. Zur Fassung eines gültigen Beschlusses ist die Anwesenheit von wenigstens fünf Mitgliedern, einschließlich des Vorsitzenden und der etwa zugezogenen Stellvertreter, erforderlich. Mehr als sieben Mitglieder dürfen an dem Beschlusse nicht Theil nehmen.

§ 9. Nach Maaßgabe des gefaßten Beschlusses wird das Gutachten ausgefertigt, von den bei der Beschlußfassung anwesend gewesenen Mitgliedern des Vereins unterschrieben und mit dem dem Vereine zu überweisenden Siegel untersiegelt. Die etwaige Verwendung von Stempeln zu dem Gutachten richtet sich nach den Gesetzen der einzelnen Bundesstaaten.

§ 10. Der Verein ist befugt, an Gebühren für das Gutachten zehn bis Einhundert Thaler zu liquidiren, welche vom requirirenden Gerichte sofort nach Eingang des Gutachtens dem Vorsitzenden des Vereins kostenfrei übersandt werden.

§ 11. Wenn die betheiligten Parteien in Gemäßheit des §. 31. Absatz 2. des Gesetzes vom 11. Juni 1870. einen Sachverständigen-Verein als Schiedsrichter anzurufen beabsichtigen, so haben sie ihre desfallsigen Anträge in beglaubigter Form an den Verein gelangen zu lassen.

---

nennt der letztere nach seinem Ermessen ein oder zwei Mitglieder zu Referenten, welche ihre Meinung schriftlich abzugeben und in einer demnächst anzuberaumenden Sitzung des Vereins vorzutragen haben. Nach stattgehabter Berathung erfolgt durch Stimmenmehrheit der Beschluß. Bei Stimmengleichheit giebt die Stimme des Vorsitzenden den Ausschlag.

Die in den §§. 6. bis 10. enthaltenen Bestimmungen kommen auch in diesem Falle analog in Anwendung. 70 Dez.

Berlin, den 12. Dezember 1870.

Das Bundeskanzler-Amt.

Bekanntmachung [des Kanzlers des Norddeutschen Bundes], betreffend die Einführung der Wechselstempelsteuer in die Hohenzollernschen Lande. Vom 30. Dezember 1870.

(B.G.Bl. S. 666.)

Bekanntmachung, betreffend die Ausstellung von Legitimationsscheinen zum Gewerbebetrieb im Umherziehen für Ausländer und Angehörige solcher Bundesstaaten, in welchen die Bundes-Gewerbeordnung Gesetzeskraft noch nicht erlangt hat. Vom 17. Januar 1871.

(B.G.Bl. S. 27.)

(Ersetzt durch Bekanntmachung des Reichskanzlers vom 7. März 1877 [Centralblatt S. 142].)

Verordnung,
betreffend die Ausführung des Gesetzes vom 1. Juni 1870. über die Abgaben von der Flößerei.

Vom 19. Februar 1871.

(B.G.Bl. S. 31.)

Wir Wilhelm ꝛc. verordnen auf Grund des Gesetzes vom 1. Juni 1870. über die Abgaben von der Flößerei (Bundesgesetzblatt S. 312.), im Namen des Deutschen Reichs, was folgt:

19\. Febr. 71 Mit dem 1. März d. J. hört auf dem Neckar die Erhebung der nach §. 1. des Ges. v. 1. Juni 1870. über die Abgaben von der Flößerei unzulässigen Abgaben auf.

Urkundlich rc.

Gegeben Hauptquartier Versailles, d. 19. Febr. 1871.

Bekanntmachung der Nachträge zum Wahlreglement vom 28. Mai 1870. (Bundesgesetzbl. S. 275). Vom 27. Februar 1871.

(B.G.Bl. S. 35.)

Allerhöchster Erlaß vom 1. April 1871., betreffend das Rangverhältniß der Posträthe und Ober-Posträthe.

(B.G.Bl. S. 103.)

Gesetz, betreffend die Verfassung des Deutschen Reichs. Vom 16. April 1871.*)

(B.G.Bl. S. 63.)

Gesetz, betreffend die Einführung Norddeutscher Bundesgesetze in Bayern. Vom 22. April 1871.)**

(B.G.Bl. S. 87.)

Allerhöchster Erlaß vom 12. Mai 1871., betreffend die Abänderung der bisherigen Bezeichnung „Bundeskanzler-Amt" in „Reichskanzler-Amt".*)**

(R.G.Bl. S. 102.)

---

*) Einz.-Ausg. Bd. 1 (Reichsverfassung) S. 16.

**) Ebenda S. 155.

***) Vgl. unten den Allerhöchsten Erlaß vom 24. Dezember 1879.

Gesetz, betreffend die Redaktion des Strafgesetzbuchs für den Norddeutschen Bund als Strafgesetzbuch für das Deutsche Reich. Vom 15. Mai 1871.*) 71 Mai

(R.G.Bl. S. 127.)

Gesetz, betreffend die Deklaration des §. 1. des Gesetzes vom 4. Juli 1868. (Bundesgesetzblatt des Norddeutschen Bundes S. 415.)

Vom 19. Mai 1871.

(R.G.Bl. S. 101; ausgeg. am 25. Mai 1871.)

Einziger Paragraph. Die im §. 1. des Gesetzes vom 4. Juli 1868. (Bundesgesetzbl. S. 415.) bezeichneten Gesellschaften verlieren den Charakter von Genossenschaften im Sinne des gedachten Gesetzes dadurch nicht, daß ihnen die Ausdehnung ihres Geschäftsbetriebes auf Personen, welche nicht zu ihren Mitgliedern gehören, im Statute gestattet wird.

Urkundlich ꝛc.

Gegeben Berlin, den 19. Mai 1871.

Allerhöchster Erlaß vom 20. Mai 1871, betreffend die Stiftung einer Kriegsdenkmünze für die Feldzüge von 1870 und 1871.

(R.G.Bl. S. 111.)

Gesetz, betreffend die Kriegs-Denkmünze für die bewaffnete Macht des Reichs. Vom 24. Mai 1871.

(R.G.Bl. S. 103.)

---

*) Einz.-Ausg. Bd. 2 (Strafgesetzbuch ꝛc.) S. XIII.

71 Mai **Bekanntmachung, betreffend allgemeine polizeiliche Bestimmungen über die Anlegung von Dampfkesseln.**
Vom 29. Mai 1871.*)
(R.G.Bl. S. 122.)
(Abgeändert durch Bekanntmachung vom 18. Juli 1883.)

Bekanntmachung, betreffend die Reichs-Hauptkasse.

Vom 1. Juni 1871.

(R.G.Bl. S. 126.)

Die Generalkasse des Norddeutschen Bundes, welche gegenwärtig die Central-Kassengeschäfte für das Deutsche Reich wahrzunehmen hat, wird künftig die Benennung „Reichs-Hauptkasse“ führen.

Berlin, den 1. Juni 1871.

Der Reichskanzler.

Gesetz, betreffend die Verbindlichkeit zum Schadenersatz für die bei dem Betriebe von Eisenbahnen, Bergwerken rc. herbeigeführten Tödtungen und Körperverletzungen.
Vom 7. Juni 1871.)**
(R.G.Bl. S. 207.)

Gesetz, betreffend die Inhaberpapiere mit Prämien.
Vom 8. Juni 1871.*)**
(R.G.Bl. S. 210.)

*) Einz.-Ausg. Bd. 6 (Gewerbeordnung rc.) S. 171.

**) Einz.-Ausg. Bd. 4 (Handelsgesetzbuch rc.) S. 381. — Eine Ausgabe mit Erläuterungen und den Erkenntnissen des Reichs-Oberhandelsgerichts erschien von Endemann. 2. Aufl. Verlag von J. Guttentag, Berlin.

***) Einz.-Ausg. Bd. 4 (Handelsgesetzbuch rc.) S. 385.

Gesetz, betreffend die Vereinigung von Elsaß und Lothringen mit dem Deutschen Reiche. Vom 9. Juni 1871.*) 71 Juni

(R.G.Bl. S. 212.)

Gesetz, betreffend die Bestellung des Bundes-Oberhandelsgerichts zum obersten Gerichtshofe für Elsaß und Lothringen. Vom 14. Juni 1871.

(R.G.Bl. S. 315.)

(Dieses Gesetz hat durch die neueren Prozeßgesetze seine Bedeutung verloren.)

Allerhöchster Erlaß vom 15. Juni 1871, betreffend die Geschäftsführung der oberen Marinebehörde.

(R.G.Bl. S. 272.)

Bekanntmachung [des Reichskanzlers], betreffend die Vorschriften zur Ausführung des Reichsgesetzes vom 8. Juni 1871. über die Inhaberpapiere mit Prämien. Vom 19. Juni 1871.

(R.G.Bl. S. 255.)

(Ergänzt durch die Bekanntmachungen vom 1. Juli 1871 (mit Abänderung vom 4. Dezember 1871) und vom 10. Juli 1871.)

Gesetz, betreffend die Gewährung von Beihülfen an Angehörige der Reserve und Landwehr. Vom 22. Juni 1871.

(R.G.Bl. S. 271.)

Gesetz, betreffend die Verleihung von Dotationen in Anerkennung hervorragender im letzten Kriege erworbener Verdienste. Vom 22. Juni 1871.

(R.G.Bl. S. 307.)

---

*) Einz.-Ausg. Bd. 1 (Reichsverfassung 2c.) S. 17.

71 Juni **Bekanntmachung [des Reichskanzlers] zur Ausführung des Gesetzes, betreffend die Wechselstempelsteuer.*) Vom 23. Juni 1871.**

(R.G.Bl. S. 267.)

(Theilweise abgeändert durch Bekanntmachung vom 11. Juli 1873.)

Gesetz, betreffend die Pensionirung und Versorgung der Militairpersonen des Reichsheeres und der Kaiserlichen Marine, sowie die Bewilligungen für die Hinterbliebenen solcher Personen. Vom 27. Juni 1871.

(R.G.Bl. S. 275.)

(Ergänzt durch Gesetz vom 4. April 1874 und vom 30. März 1880.)

Verordnung, betreffend den Diensteid der unmittelbaren Reichsbeamten.

Vom 29. Juni 1871.

(R.G.Bl. S. 303.)

Der Diensteid aller Reichsbeamten, deren Anstellung vom Kaiser ausgeht, wird, sofern nicht durch Reichsgesetz eine andere Bestimmung**) getroffen ist, in nachstehender Form geleistet:

Ich N. N. schwöre zu Gott dem Allmächtigen und Allwissenden, daß, nachdem ich zum Beamten des

---

*) Einz.-Ausg. Bd. 5 (Wechselordnung 2c.) Theil 2 S. 15.

**) Ein besonderer Diensteid für die Konsuln des Deutschen Reichs ist normirt in der Allgemeinen Dienst-Instruktion vom 6. Juni 1871 zu § 4 [Einz.-Ausg. Bd. 21 (Konsulargesetzgebung) S. 29]; ferner für den Vorsitzenden und die Mitglieder der Verwaltung des Reichs-Invalidenfonds durch § 12 des Gesetzes vom 23. Mai 1873.

Deutschen Reichs bestellt worden bin, ich in dieser meiner Eigenschaft Seiner Majestät dem Deutschen Kaiser treu und gehorsam sein, die Reichsverfassung und die Gesetze des Reichs beobachten und alle mir vermöge meines Amtes obliegenden Pflichten nach meinem besten Wissen und Gewissen genau erfüllen will, so wahr mir Gott helfe u. s. w. 71 Juli

Urkundlich ꝛc.

Gegeben Berlin, den 29. Juni 1871.

Bekanntmachung [des Reichskanzlers], betreffend die Ergänzung der unterm 19. Juni d. J. erlassenen Vorschriften zur Ausführung des Reichsgesetzes vom 8. Juni d. J. über die Inhaberpapiere mit Prämien. (Reichsgesetzblatt S. 255.).

Vom 1. Juli 1871.

(R.G.Bl. S. 304.)

(Abgeändert durch die Bekanntmachung vom 4. Dezember 1871.)

Verordnung, betreffend die Kautionen der bei der Militair- und der Marineverwaltung angestellten Beamten.

Vom 5. Juli 1871.

(R.G.Bl. S. 308.)

(Aufgehoben durch Verordnung vom 16. August 1876.)

Bekanntmachung [des Reichskanzlers], betreffend die zweite Ergänzung der unterm 19. Juni c. erlassenen Vorschriften zur Ausführung des Reichsgesetzes vom 8. Juni c. über die Inhaberpapiere mit Prämien. (Reichsgesetzbl. S. 255.).

Vom 10. Juli 1871.

(R.G.Bl. S. 314.)

71 Juli **Verordnung, betreffend die Aenderung einiger in der Verordnung vom 29. Juni 1869. (Bundes-Gesetzbl. S. 285.) über die Kautionen der Postbeamten enthaltenen Bestimmungen. Vom 14. Juli 1871.*)**

(R.G.Bl. S. 316.)

(Ersetzt durch Verordnung vom 18. April 1883.)

Gesetz, betreffend die Einführung des Artikels 33. der Reichsverfassung in Elsaß-Lothringen. Vom 17. Juli 1871.

(R.G.Bl. S. 325.)

(Dazu Verordnungen vom 19. und 30. August 1871.)

Allerhöchster Erlaß vom 3. August 1871., betreffend die Bezeichnung der Behörden und Beamten des Deutschen Reichs, sowie die Feststellung des Kaiserlichen Wappens und der Kaiserlichen Standarte.

(R.G.Bl. S. 318.)

Auf Ihren Bericht vom 27. Juni d. J. genehmige Ich:

1) daß die nach Maßgabe der Verfassung und der Gesetze des Deutschen Reichs vom Kaiser ernannten Behörden und Beamten als Kaiserliche zu bezeichnen sind;

2) daß als Kaiserliches Wappen der schwarze, einköpfige, rechtssehende Adler mit rothem Schnabel, Zunge und Klauen, ohne Scepter und Reichsapfel, auf dem Brustschilde den mit dem Hohenzollern-Schilde belegten Preußischen Adler, über demselben die Krone in der Form der Krone

---

*) Einz.-Ausg. Bd. 10 (Reichsbeamtengesetz rc.) S. 131.

Karls des Großen, jedoch mit zwei sich kreuzenden Bügeln, in Anwendung gebracht werde; 71 Aug.

3) daß die Kaiserliche Standarte in gelbem Grunde das eiserne Kreuz, belegt mit dem Kaiserlichen, von der Kette des Schwarzen Adler-Ordens umgebenen Wappen im gelben Felde, und in den vier Eckfeldern des Fahnentuchs abwechselnd den Kaiserlichen Adler und die Kaiserliche Krone enthalten soll.

Coblenz, den 3. August 1871.

Verordnung, betreffend die Einführung des Artikels 33. der Reichsverfassung in Elsaß-Lothringen. Vom 19. August 1871.

(R.G.Bl. S. 326.)

Verordnung, betreffend die Einführung des Artikels 33. der Reichsverfassung in Elsaß-Lothringen. Vom 30. August 1871.

(R.G.Bl. S. 329.)

Verordnung, betreffend die Einführung des Abschnitts VIII. der Reichsverfassung in Elsaß-Lothringen. Vom 14. Oktober 1871.

(R.G.Bl. S. 443.)

Gesetz über das Postwesen des Deutschen Reichs. Vom 28. Oktober 1871.*)

(R.G.Bl. S. 347.)

*) Einz.-Ausg. Bd. 7 (Postgesetzgebung rc.) S. 25. — Vgl. dazu Gesetz vom 20. Dezember 1875, betreffend die Abänderung des § 4 des Gesetzes über das Postwesen rc.

71 Okt. **Gesetz über das Posttaxwesen im Gebiete des Deutschen Reichs. Vom 28. Oktober 1871.*)**

(R.G.Bl. S. 358.)

Gesetz über die Einführung des Norddeutschen Bundesgesetzes, Maßregeln gegen die Rinderpest betreffend, vom 7. April 1869. in Bayern und Württemberg. Vom 2. November 1871.

(R.G.Bl. S. 372.)

Gesetz, betreffend die St. Gotthard-Eisenbahn. Vom 2. November 1871.

(R.G.Bl. S. 375.)

Gesetz, betreffend die Einführung des Gesetzes des Norddeutschen Bundes vom 6. Juni 1870. über den Unterstützungswohnsitz in Württemberg und Baden. Vom 8. November 1871.

(R.G.Bl. S. 391.)

Gesetz, betreffend die Einführung der Gewerbe-Ordnung des Norddeutschen Bundes vom 21. Juni 1869. in Württemberg und Baden. Vom 10. November 1871.

(R.G.Bl. S. 392.)

Gesetz, betreffend die Bildung eines Reichskriegsschatzes.)** **Vom 11. November 1871.**

(R.G.Bl. S. 403.)

---

*) Einz.-Ausg. Bd. 7 (Postgesetzgebung) S. 85. — Vgl. dazu die abändernden Gesetze vom 17. Mai 1873 und vom 3. November 1874.

**) Dazu Verordnung vom 22. Januar 1874.

Gesetz, betreffend die Einführung des Gesetzes des Norddeutschen Bundes vom 8. April 1868. über die Unterstützung der bedürftigen Familien zum Dienste einberufener Mannschaften der Ersatzreserve in Baden. Vom 22. November 1871. 71 Nov.

(R.G.Bl. S. 399.)

Gesetz, betreffend die Einführung des Gesetzes des Norddeutschen Bundes über die Quartierleistung für die bewaffnete Macht während des Friedenszustandes, vom 25. Juni 1868. in Baden. Vom 22. November 1871.

(R.G.Bl. S. 400.)

Gesetz über die Einführung des Gesetzes des Norddeutschen Bundes, betreffend die Verpflichtung zum Kriegsdienste, vom 9. November 1867. in Bayern. Vom 24. November 1871.

(R.G.Bl. S. 398.)

Verordnung, betreffend die Einführung des preußischen Militair-Strafrechts in Baden. Vom 24. November 1871.*)

(R.G.Bl. S. 401.)

Gesetz, betreffend die Einführung der Maaß- und Gewichtsordnung für den Norddeutschen Bund vom 17. August 1868. in Bayern.

Vom 26. November 1871.

(R.G.Bl. S. 397.)

§ 1. Die Maaß- und Gewichtsordnung für den Norddeutschen Bund vom 17. August 1868. wird nach Maßgabe der in den nachfolgenden Paragraphen enthaltenen näheren Bestimmungen vom 1. Januar 1872. an als Reichsgesetz im Königreiche Bayern eingeführt.

*) Vgl. oben S. 8.

71 Nov. § 2. Die in Bayern bestehenden Feldmaaße können bis zum 1. Januar 1878. noch in Geltung bleiben.

§ 3. Die Artikel 15. bis 20. der Maaß- und Gewichtsordnung vom 17. August 1868. leiden auf Bayern keine Anwendung. Es bleiben daselbst die Artikel 11. und 12. des bayerischen Gesetzes, die Maaß- und Gewichtsordnung betreffend, vom 29. April 1869. in Kraft, welche folgendermaßen lauten:

Artikel 11. Die Eichung und Stempelung erfolgt ausschließlich durch obrigkeitlich bestellte Personen, welche mit den erforderlichen, nach den Normalmaaßen und Gewichten hergestellten Eichungsnormalen versehen sind.

Die Anfertigung der Eichungsnormale und deren periodisch wiederkehrende Vergleichung mit den Normalmaaßen und Gewichten fällt in den Geschäftskreis der Normal-Eichungskommission.

Artikel 12. Die Vorschriften über die innere Einrichtung und den Geschäftsbetrieb der Normal-Eichungskommission, sowie über die Bestellung, Unterhaltung und den Wirkungskreis der zur Ausführung dieses Gesetzes noch weiter erforderlichen technischen Organe;

die Vorschriften über Material, Gestalt, Bezeichnung und sonstige Beschaffenheit der Maaße und Gewichte und der übrigen Meßvorrichtungen, welche zu eichen und zu stempeln sind;

die Bestimmung darüber, welche Arten von Waagen im öffentlichen Verkehre oder nur zu besonderen gewerblichen Zwecken angewendet werden dürfen, sowie die Festsetzung der Bedingungen ihrer Stempelfähigkeit; 71 Nov.

die Vorschriften über das Verfahren bei der Eichung und Stempelung, über die hierbei inne zuhaltenden Fehlergrenzen, dann über die Stempel- und Eichzeichen, die Feststellung der Termine, in welchen die zum Messen und Wägen im öffentlichen Verkehre dienenden Maaße, Gewichte, Waagen und Meßvorrichtungen der wiederholten Eichung und Stempelung zu unterziehen sind;

die Bestimmung der Maaße, Gewichte, Waagen und Meßvorrichtungen, welche jeder Gewerbtreibende zum Betriebe seines Geschäfts haben muß;

die Vorschriften über die Visitationen der Maaße, Gewichte, Waagen und Meßvorrichtungen;

die Festsetzung der Eich- und Verifikationsgebühren

werden der Verordnung vorbehalten.

Es hat jedoch die bayerische Normal-Eichungskommission die von ihr anzuwendenden Normale von der Normal-Eichungskommission des Deutschen Reichs zu beziehen. Die Vorschriften über Material, Gestalt, Bezeichnung und sonstige Beschaffenheit der Maaße und Gewichte, über die Bedingungen der Stempelfähigkeit der Waagen, über die Einrichtung der sonstigen Meßwerkzeuge, sowie über die Zulassung anderweiter Geräthschaften zur Eichung und Stempelung gleichförmig

71 Dez. mit denen der Normal-Eichungskommission des Reichs zu erlassen und das bei der Eichung und Stempelung zu beobachtende Verfahren, sowie die von Seiten der Eichungsstellen inne zu haltenden Fehlergrenzen gleichmäßig zu bestimmen.

Urkundlich 2c.

Gegeben Berlin, den 26. November 1871.

Gesetz,
betreffend die Ausprägung von Reichsgoldmünzen.

Vom 4. Dezember 1871.*)

(R.G.Bl. S. 404; ausgeg. am 7. Dezember 1871.)

§ 1. Es wird eine Reichsgoldmünze ausgeprägt, von welcher aus Einem Pfunde feinen Goldes $139\frac{1}{2}$ Stück ausgebracht werden.

§ 2. Der zehnte Theil dieser Goldmünze wird Mark genannt und in hundert Pfennige eingetheilt.

§ 3. Außer der Reichsgoldmünze zu 10 Mark (§. 1.) sollen ferner ausgeprägt werden:

Reichsgoldmünzen zu 20 Mark, von welchen aus Einem Pfunde feinen Goldes $69\frac{3}{4}$ Stück ausgebracht werden.

§ 4. Das Mischungsverhältniß der Reichsgoldmünzen wird auf 900 Tausendtheile Gold und 100 Tausendtheile Kupfer festgestellt.

---

*) Vgl. unten die Gesetze vom 9. Juli 1873 und vom 15. November 1874 und Allerhöchsten Erlaß vom 17. Februar 1875.

Es werden demnach 71 Dez.

125,55 Zehn-Mark-Stücke,

62,775 Zwanzig-Mark-Stücke

je Ein Pfund wiegen.

§ 5. Die Reichsgoldmünzen tragen auf der einen Seite den Reichsadler mit der Inschrift „Deutsches Reich“ und mit der Angabe des Werthes in Mark, sowie mit der Jahreszahl der Ausprägung, auf der anderen Seite das Bildniß des Landesherrn, beziehungsweise das Hoheitszeichen der freien Städte, mit einer entsprechenden Umschrift und dem Münzzeichen. Durchmesser der Münzen, Beschaffenheit und Inschrift der Ränder derselben werden vom Bundesrathe festgestellt.

§ 6. Bis zum Erlaß eines Gesetzes über die Einziehung der groben Silbermünzen erfolgt die Ausprägung der Goldmünzen auf Kosten des Reichs für sämmtliche Bundesstaaten auf den Münzstätten derjenigen Bundesstaaten, welche sich dazu bereit erklärt haben.

Der Reichskanzler bestimmt unter Zustimmung des Bundesrathes die in Gold auszumünzenden Beträge, die Vertheilung dieser Beträge auf die einzelnen Münzgattungen und auf die einzelnen Münzstätten und die den letzteren für die Prägung jeder einzelnen Münzgattung gleichmäßig zu gewährende Vergütung. Er versieht die Münzstätten mit dem Golde, welches für die ihnen überwiesenen Ausprägungen erforderlich ist.

§ 7. Das Verfahren bei Ausprägung der Reichsgoldmünzen wird vom Bundesrathe festgestellt und unterliegt der Beaufsichtigung von Seiten des Reichs.

71 Dez. Dieses Verfahren soll die vollständige Genauigkeit der Münzen nach Gehalt und Gewicht sicherstellen. Soweit eine absolute Genauigkeit bei dem einzelnen Stücke nicht innegehalten werden kann, soll die Abweichung in Mehr oder Weniger im Gewicht nicht mehr als zwei und ein halb Tausendtheile seines Gewichts, im Feingehalt nicht mehr als zwei Tausendtheile betragen.

§ 8. Alle Zahlungen, welche gesetzlich in Silbermünzen der Thalerwährung, der süddeutschen Währung, der lübischen oder hamburgischen Kurantwährung oder in Thalern Gold bremer Rechnung zu leisten sind, oder geleistet werden dürfen, können in Reichsgoldmünzen (§§. 1. und 3.) dergestalt geleistet werden, daß gerechnet wird:

das Zehn-Mark-Stück zum Werthe von $3\frac{1}{3}$ Thalern oder 5 Fl. 50 Kr. süddeutscher Währung, 8 Mark $5\frac{1}{3}$ Schilling lübischer und hamburgischer Kurant-Währung, $3\frac{1}{93}$ Thaler Gold bremer Rechnung;

das Zwanzig-Mark-Stück zum Werthe von $6\frac{2}{3}$ Thalern oder 11 Fl. 40 Kr. süddeutscher Währung, 16 Mark $10\frac{2}{3}$ Schilling lübischer und hamburgischer Kurant-Währung, $6\frac{2}{93}$ Thaler Gold bremer Rechnung.

§ 9. Reichsgoldmünzen, deren Gewicht um nicht mehr als fünf Tausendtheile hinter dem Normalgewicht (§. 4.) zurückbleibt (Passirgewicht), und welche nicht durch gewaltsame oder gesetzwidrige Beschädigung am Gewicht verringert sind, sollen bei allen Zahlungen als vollwichtig gelten.

Reichsgoldmünzen, welche das vorgedachte Passirgewicht nicht erreichen und an Zahlungsstatt von den Reichs-, Staats-, Provinzial- oder Kommunalkassen, sowie von Geld- und Kreditanstalten und Banken angenommen worden sind, dürfen von den gedachten Kassen und Anstalten nicht wieder ausgegeben werden. 71 Dez.

Die Reichsgoldmünzen werden, wenn dieselben in Folge längerer Cirkulation und Abnutzung am Gewicht so viel eingebüßt haben, daß sie das Passirgewicht nicht mehr erreichen, für Rechnung des Reichs zum Einschmelzen eingezogen. Auch werden dergleichen abgenutzte Goldmünzen bei allen Kassen des Reichs und der Bundesstaaten stets voll zu demjenigen Werthe, zu welchem sie ausgegeben sind, angenommen werden.

§ 10. Eine Ausprägung von anderen, als den durch dieses Gesetz eingeführten Goldmünzen, sowie von groben Silbermünzen, [mit Ausnahme von Denkmünzen,]*) findet bis auf Weiteres nicht statt.

§ 11. Die zur Zeit umlaufenden Goldmünzen der deutschen Bundesstaaten sind von Reichs wegen und auf Kosten des Reichs nach Maßgabe der Ausprägung der neuen Goldmünzen (§. 6.) einzuziehen.

Der Reichskanzler wird ermächtigt, in gleicher Weise die Einziehung der bisherigen groben Silbermünzen der deutschen Bundesstaaten anzuordnen und die zu diesem Behufe erforderlichen Mittel aus den bereitesten Beständen der Reichskasse zu entnehmen.

---

*) Diese Ausnahme ist beseitigt durch Art. 11 des Münzgesetzes vom 9. Juli 1873.

71 Dez. Ueber die Ausführung der vorstehenden Bestimmungen ist dem Reichstage alljährlich in seiner ersten ordentlichen Session Rechenschaft zu geben.

§ 12. Es sollen Gewichtsstücke zur Eichung und Stempelung zugelassen werden, welche das Normalgewicht und das Passirgewicht der nach Maßgabe dieses Gesetzes auszumünzenden Goldmünzen, sowie eines Vielfachen derselben angeben. Für die Eichung und Stempelung dieser Gewichtsstücke sind die Bestimmungen der Artikel 10. und 18. der Maaß- und Gewichtsordnung vom 17. August 1868. (Bundesgesetzbl. S. 473.) maßgebend.

§ 13. Im Gebiet des Königreichs Bayern kann im Bedürfnißfall eine Untertheilung des Pfennigs in zwei Halb-Pfennige stattfinden.

Urkundlich 2c.

Gegeben Berlin, den 4. Dezember 1871.

Gesetz, betreffend den Ersatz der den bedürftigen Familien zum Dienste einberufener Reserve- und Landwehr-Mannschaften gewährten oder noch zu gewährenden gesetzlichen Unterstützungen. Vom 4. Dezember 1871.

(R.G.Bl. S. 407.)

Bekanntmachung, betreffend die Abänderung der unter dem 1. Juli d. J. zur Ausführung des Reichsgesetzes vom 8. Juni d. J. über die Inhaberpapiere mit Prämien erlassenen ergänzenden Vorschriften (Reichsgesetzbl. S. 304.). Vom 4. Dezember 1871.

(R.G.Bl. S. 408.)

Gesetz, betreffend die Friedenspräsenzstärke des Deutschen Heeres und die Ausgaben für die Verwaltung desselben für die Jahre 1872, 1873 und 1874. Vom 9 Dezember 1871.

(R.G.Bl. S. 411.)

(Verlängert durch § 1 des Reichs-Militärgesetzes vom 2. Mai 1874 bis zum 31. Dezember 1881.)

Allerhöchster Erlaß vom 9. Dezember 1871, betreffend die Einsetzung einer Behörde unter dem Namen „Kaiserliche General-Direktion der Eisenbahnen in Elsaß-Lothringen." 71 Dez.
(R.G.Bl. S. 480.)

Gesetz, betreffend die Ergänzung des Strafgesetzbuchs für das Deutsche Reich. Vom 10. Dezember 1871.*)
(R.G.Bl. S. 442.)

Gesetz, betreffend die Einführung des Abschnitts VII. der Reichsverfassung über das Eisenbahnwesen [in Elsaß-Lothringen]. Vom 11. Dezember 1871.
(R.G.Bl. S. 444.)

Gesetz, betreffend die Ausdehnung der Wirksamkeit des Gesetzes über die Gewährung der Rechtshülfe vom 21. Juni 1869 auf Elsaß-Lothringen. Vom 11. Dezember 1871.
(R.G.Bl. S. 445.)

Gesetz wegen Einführung des Reichsgesetzes vom 7. April 1869, Maßregeln gegen die Rinderpest betreffend, in Elsaß-Lothringen. Vom 11. Dezember 1871.
(R.G.Bl. S. 471.)

Gesetz, betreffend die Beschränkungen des Grundeigenthums in der Umgebung von Festungen.**)

Vom 21. Dezember 1871.

(R.G.Bl. S. 459; ausgeg. am 29. Dezember 1871.)

§ 1. Die Benutzung des Grundeigenthums in der nächsten Umgebung der bereits vorhandenen, sowie der in Zukunft anzulegenden permanenten Befestigungen

*) Einz.-Ausg. Bd. 2 (Strafgesetzbuch rc.) S. 59.

**) Durch Gesetz vom 21. Februar 1872 (R.G.Bl. S. 56) in Elsaß-Lothringen eingeführt.

71 Dez. unterliegt nach Maßgabe dieses Gesetzes dauernden Beschränkungen.

§ 2. Behufs Feststellung dieser Beschränkungen wird die nächste Umgebung der Festungen in Rayons getheilt, und je nach der Entfernung von der äußersten Vertheidigungslinie ab als erster, zweiter, dritter Rayon bezeichnet.

Wenn bei Festungen mehrere zusammenhängende Befestigungslinien vor einander liegen, so bildet der Raum zwischen denselben die Zwischen-Rayons.

Bei Festungen mit einer Citadelle heißt der Rayonbezirk vor den stadtwärts gewendeten Werken derselben Esplanade.

§. 3. Die Abmessung der Rayons erfolgt von den ausspringenden Winkeln des bedeckten Weges, und zwar von dem oberen Rande des Glacis oder in Ermangelung eines Glacis von dem äußeren Grabenrande, oder wenn auch ein Graben nicht vorhanden ist, von der Feuerlinie der Wallbrustwehren, beziehungsweise der äußeren Mauerflucht der krenelirten Mauern.

§ 4. Der erste Rayon umfaßt bei allen Festungen und neu zu erbauenden detachirten Forts das im Umkreise derselben von 600 Metern belegene Terrain, außerdem bei Festungen, welche an Gewässern belegen sind und besondere Kehlbefestigungen haben, das Terrain zwischen diesen und dem Ufer.

§ 5. Der zweite Rayon begreift das Terrain zwischen der äußeren Grenze des ersten Rayons und einer von dieser im Abstande von 375 Metern gezogenen Linie.

Detachirte Forts haben keinen zweiten Rayon; bei diesen unterliegt jedoch das Terrain von der Grenze des ersten Rayons bis zu einer Entfernung von 1650 Metern den für den dritten Rayon gegebenen Beschränkungen. 71 Dez.

§ 6. Der dritte Rayon umfaßt bei allen Festungen das Terrain von der äußeren Grenze des zweiten Rayons bis zu einer Entfernung von 1275 Metern.

§ 7. Die Zwischenrayons zerfallen in strenge und einfache.

Die ersteren enthalten das Terrain in einem Abstande von 75 Metern von der zurückliegenden oder inneren Befestigungslinie; darüber hinaus liegt der einfache Zwischenrayon.

§ 8. Bei Neu-Anlagen von Befestigungen werden die denselben zunächst gelegenen beiden Rayons, sowie etwaige Esplanaden und Zwischenrayons durch die Kommandanturen unter Mitwirkung der Polizeibehörden und Zuziehung der Ortsvorstände, sowie der Besitzer selbstständiger Gutsbezirke abgesteckt und durch feste Marken (Rayonsteine) bezeichnet.

Von diesem Zeitpunkte an treten die gesetzlichen Beschränkungen in der Benutzung des Grundeigenthums in Wirksamkeit.

§ 9. Unmittelbar nach der Absteckung der Rayonlinie hat die Kommandantur einen Rayonplan und ein Rayonkaster aufzustellen.

Der Rayonplan muß den allgemeinen Erfordernissen eines Situationsplanes entsprechen, insbesondere die Richtung und Entfernung der Rayonlinien von den

71 Dez. Festungswerken, Lage und Nummer der Grenzmarken enthalten, und die Lage und Benutzungsweise, sowie Beschaffenheit der einzelnen in den Rayons belegenen Grundstücke erkennen lassen.

Das Rayon-Kataster enthält unter Bezugnahme auf den Rayonplan:

1) die Namen der Besitzer der einzelnen Grundstücke,
2) die Beschreibung des Zustandes und Umfanges, sowie der Zeit der Entstehung aller innerhalb der ersten beiden und der Zwischenrayons vorhandenen Baulichkeiten und Anlagen,
3) Vermerke über Entschädigungsberechtigung bei etwa stattfindender Demolirung.

§ 10. Behufs Aufnahme des Rayonplans und Rayonkatasters sind alle Behörden verpflichtet, den Kommandanturen die in ihrem Besitze befindlichen Flurkarten, Risse, Pläne, Zeichnungen, Vermessungs- und Bonitirungsregister, Taxen, Kataster und dergleichen unentgeltlich zur Benutzung offen zu legen oder gegen Empfangsbescheinigung zuzustellen.

§. 11. Rayonplan und Rayonkataster sind in derjenigen Gemeinde, in deren Bezirk die aufgenommenen Grundstücke liegen, während 6 Wochen öffentlich auszulegen.

Der Beginn der Auslegung ist durch den Gemeindevorstand ortsüblich öffentlich bekannt zu machen.

Die öffentliche Bekanntmachung muß die Aufforderung zur Erhebung etwaiger Einwendungen unter An-

gabe der Frist zu deren Anbringung bei dem Gemeinde- 71
vorstande und die Verwarnung enthalten, daß nach Ab- Dez.
lauf dieser Frist mit Feststellung des Katasters verfahren wird.

Alle während dieser Frist eingehenden Beschwerden oder Anträge werden mit dem Vermerk des Eingangstages versehen, gesammelt und nach Ablauf der Anmeldefrist mit der Bescheinigung über die stattgefundene öffentliche Auslegung und die vorschriftsmäßige öffentliche Bekanntmachung der Kommandantur zugestellt.

Letztere prüft die Einwendungen und ertheilt den Bescheid.

Gegen diesen steht innerhalb einer Präklusivfrist von vier Wochen nach dem Empfange den Betheiligten der bei der Kommandantur einzulegende Rekurs an die Reichs-Rayonkommission zu.

Nach Verlauf der obigen Frist, beziehungsweise nach Eingang der Rekursbescheide, erfolgt die Feststellung des Katasters und des Planes durch die Kommandantur. Hiervon erhalten die betreffenden Gemeindevorstände Kenntniß und haben diese die Feststellung öffentlich bekannt zu machen.

§ **12**. Die Kommandantur hat dafür Sorge zu tragen, daß im Rayonplan und Rayonkataster alle Veränderungen in baulicher Beziehung, sowie im Besitz, in der Benutzung oder Bestimmung der Grundstücke nachgetragen werden.

71 Dez. § 13. Innerhalb sämmtlicher Rayons sind nicht ohne Genehmigung der Kommandantur zulässig, vorbehaltlich der Bestimmung im §. 30.:

1) jede dauernde Veränderung der Höhe der Terrainoberfläche, insbesondere die Anlage und der Betrieb von Lehm- und Sandgruben, Stein- und Kalkbrüchen, die Anlage von Plätzen zur Ablagerung von Ballast, sowie eine jede solche Ablagerung an nicht dazu bestimmten Plätzen;
2) alle Neuanlagen oder Veränderungen von Dämmen, Deichen, Gräben, sowie in den Vorfluthverhältnissen, Ent- und Bewässerungsanlagen und sonstigen Wasserbauten; desgleichen alle Neuanlagen oder Veränderungen von Chausseen, Wegen und Eisenbahnen;
3) die Anlage von größeren Parkanlagen, Baumschulen und Waldungen;
4) die Errichtung und Veränderung von Kirch- und Glockenthürmen, sowie alle thurmartigen Konstruktionen.

Die Genehmigung darf nicht versagt werden, wenn durch die bezeichneten Neuanlagen, beziehungsweise Veränderungen keine nachtheilige Deckung gegen die rasante Bestreichung der Werke, kein nachtheiliger Einfluß auf das Wasserspiel der Festungsgräben, auf Inundation des Vorterrains und auf die Tiefe der mit den Festungsanlagen in Beziehung stehenden Flußläufe entsteht, und keine vermehrte Einsicht in die Werke des Platzes gewonnen wird.

§ 14. Im dritten Rayon ist bei etwaiger Feststellung von Bebauungsplänen rücksichtlich der Breite und Richtung der Straßen die Genehmigung der Reichs-Rayonkommission (§. 31.) erforderlich. 71 Dez.

§ 15. Innerhalb des zweiten Rayons sind:

A. unzulässig:

1) alle Massivkonstruktionen von Gebäuden oder Gebäudetheilen mit Ausnahme massiver Feuerungsanlagen und solcher massiver Fundamente, die das umliegende Terrain nicht über 30 Centimeter überragen;

2) jede Art von Gewölbebauten, sowie Eindeckungen von Kelleranlagen mit steinerner und eiserner Konstruktion;

3) die Anlage von bleibenden Ziegel- und Kalköfen, sowie überhaupt massiver zu Fabrik- und sonstigen gewerblichen Zwecken bestimmter Oefen von größeren Abmessungen;

B. nicht ohne Genehmigung der Kommandantur zulässig:

1) die Anlage von Beerdigungsplätzen;

2) die Errichtung von Grabhügeln von mehr als 50 Centimetern Höhe, sowie von Denkmälern aus Stein oder Eisen, welche in den mehr als 50 Centimeter über der Erdoberfläche liegenden Theilen eine größere Stärke haben, als 15 Centimeter für Stein, bezüglich 2 Centimeter für Eisen;

71 Dez. 3) die Errichtung von Gebäuden, welche nicht schon nach den Bestimmungen von A. unzulässig sind; die Genehmigung darf bei Einhaltung nachstehender Bestimmungen nicht versagt werden:

a) die Gebäude dürfen nur von Holz, oder einer nach dem Urtheil der Militairbehörde leicht zerstörbaren Eisenkonstruktion, oder in ausgemauertem Fachwerk von nicht mehr als 15 Centimetern Stärke erbaut sein; doch dürfen sie eine Ziegelbedachung, massive Feuerungsanlagen, soweit solche nicht nach A. Nr. 3. unzulässig sind, und massive Fundamente haben, welche das umliegende Terrain nicht über 30 Centimeter überragen;

b) die Höhe des Gebäudes bis zur Dachfirst darf 13 Meter nicht übersteigen;

c) Keller dürfen nur hölzerne oder leichte eiserne Balken, mit gewöhnlichem Balkenzwischenraum und hölzernem Fußboden darüber, haben;

4) die Anlage massiver Dampfschornsteine; die Genehmigung darf nicht versagt werden, wenn die Höhe 20 Meter nicht übersteigt.

§ 16. Für den einfachen Zwischenrayon gelten die in §. 15. für den zweiten Rayon gegebenen Vorschriften, jedoch mit folgenden Abweichungen:

Zu A. Unter besonderen Verhältnissen kann die Herstellung massiver Bauten und gewölbter Anlagen gestattet werden.

Zu B. 3. b. Die Höhe des Gebäudes bis zur Dachfirst darf 8 Meter nicht übersteigen. 71 Dez.

§ 17. Im ersten Rayon ist

A. unzulässig:

1) Alles, was im zweiten Rayon unzulässig ist; massive Fundamente dürfen jedoch das umliegende Terrain nicht über 15 Centimeter überragen;
2) Wohngebäude jeder Art;
3) Baulichkeiten von anderen Materialien, als von Holz oder einer nach dem Urtheil der Militairbehörde leicht zerstörbaren Eisenkonstruktion; Keller- oder mit dem Grund und Boden fest zusammenhängende Feuerungsanlagen; Baulichkeiten von größerer Höhe, als 7 Meter bis zur Dachfirst; andere Bedachungsmaterialien, als Holz, Stroh, Rohr, Dachpappe, Dachfilz, Zink oder Schiefer;
4) die Aufstellung von Lokomobilen in fester Verbindung mit Baulichkeiten, oder auf Terrain, aus welchem dieselben nicht sofort entfernt werden können;
5) Denkmäler von Stein oder Eisen, welche in den mehr als 50 Centimeter über der Erdoberfläche liegenden Theilen eine größere Breite haben, als 30 Centimeter;
6) Einhegungen durch Neuanlage von lebendigen Hecken;

B. nicht ohne Genehmigung der Kommandantur zulässig:

71 Dez. 1) die Anlage von Beerdigungsplätzen;

2) die Errichtung von Grabhügeln von mehr als 50 Centimetern Höhe, sowie von Denkmälern aus Stein oder Eisen, welche in den mehr als 50 Centimeter über der Erdoberfläche liegenden Theilen eine größere Stärke haben, als 15 Centimeter für Stein, bezüglich 2 Centimeter für Eisen;

3) die Anlage hölzerner Windmühlen;

die Genehmigung darf nicht versagt werden, wenn die Entfernung von den Festungswerken 300 Meter oder mehr beträgt;

4) alle vorstehend nicht als unzulässig bezeichneten Baulichkeiten; bewegliche Feuerungsanlagen; hölzerne und eiserne Einfriedigungen, letztere, wenn sie ohne Schwierigkeit beseitigt werden können; Brunnen.

Die Genehmigung darf nur versagt werden, wenn es sich um wohnliche Einrichtungen irgend einer Art handelt. Jedoch darf bei nachgewiesener Nothwendigkeit der Anwesenheit eines Wächters die Aufstellung einer mit einem transportabeln eisernen Ofen versehenen Wächterhütte auf je einem Grundstück nicht verweigert werden, sofern dieselbe im Grundflächenmaß 20 Quadratmeter nicht überschreitet, mit anderen Baulichkeiten nicht in Verbindung gesetzt ist, und der Ofen mit blecherner Rauchröhre versehen ist.

§ 18. Das Alignement der im ersten und zweiten Rayon und einfachen Zwischenrayon zu errichtenden Gebäude in Beziehung auf die Festungswerke, insofern dasselbe nicht von der Richtung vorhandener öffentlicher Wege oder Straßen abhängig ist, unterliegt der Genehmigung der Kommandantur. 71 Bez.

§ 19. Innerhalb des strengen Zwischenrayons sind alle baulichen Anlagen unzulässig.

Auf Esplanaden sind nur solche Anlagen gestattet, welche nach dem Urtheil der Militairbehörde zu Vertheidigung dienen können.

Die Anlage von Hecken ist im strengen Zwischenrayon, wie auf Esplanaden unzulässig.

§ 20. Im ersten und zweiten Rayon und im einfachen Zwischenrayon ist die Einrichtung von Niederlagen und Plätzen, auf welchen Vorräthe zu gewerblichen Zwecken im Freien oder in Schuppen aufgestapelt werden, nicht ohne Genehmigung der Kommandantur zulässig.

Die Genehmigung darf nicht versagt werden, wenn die Entfernung von den Festungswerken 225 Meter beträgt.

Die Höhe der zulässigen Aufstapelung beträgt:

a) für unverbrennliche Materialien, für Stein- und Braunkohlen, Koaks und dergleichen: im ersten Rayon $1^1/_2$ Meter, im zweiten und einfachen Zwischenrayon 2 Meter,

b) für Torf- und Lohkuchen: 3 Meter,

71 Dez. c) für Bau- und Brennholz: im ersten Rayon 4 Meter, im zweiten und einfachen Zwischenrayon 5 Meter.

Eine höhere Aufstapelung bedarf der Genehmigung der Kommandantur.

Auf dem Terrain, welches bei Festungen, die an schiff- oder flößbaren Gewässern liegen und besondere Kehlbefestigungen haben, zwischen diesen und dem Ufer befindlich ist (§. 4.), ist die Lagerung derartiger Vorräthe, sowie die Anlage der zum Ein- und Ausladen nöthigen Anstalten ohne Genehmigung der Kommandantur zulässig. Jedoch steht es der Kommandantur zu, die einzuhaltende Entfernung von der Kehle, und die Zeit für die Wiederbeseitigung zu bestimmen.

§ 21. Bei vorübergehenden Veränderungen der Höhe der Terrainoberfläche, wie der Auflagerung von Baumaterialien während der Ausführung eines genehmigten Baues, der Benutzung der Grabenränder zur Auflagerung der bei der Grabenräumung ausgeworfenen Erde und dergleichen ähnlichen Benutzungen bedarf es im ersten und zweiten Rayon und einfachen Zwischenrayon nur einer vorgängigen Anzeige an die Kommandantur. Jedoch steht es derselben zu, die Zeit der Wiederbeseitigung der vorübergehenden Erhöhung des Terrains zu bestimmen.

Zur Anlage von Komposthaufen ist die Genehmigung der Kommandantur erforderlich.

§ 22. Die einmal vorhandenen Baulichkeiten und Anlagen, auf denen nicht die besondere Bedingung des

Eingehens durch Verfall, oder der künftigen Reduktion 71
auf eine leichtere Bauart schon haftet, sollen, unbeschadet Dez.
der Bestimmung des §. 43., erhalten bleiben, auch wenn sie den Vorschriften dieses Gesetzes nicht entsprechen. Dieselben können, wenn sie ganz oder theilweise zerstört oder baufällig geworden sind, nach vorgängiger Anzeige bei der Kommandantur in den alten Abmessungen und der bisherigen Bauart wieder hergestellt werden.

Ueberschreiten Wiederherstellungsbauten das vorbestimmte Maaß, so bedarf es der Genehmigung der Kommandantur.

§ 23. Ob und in wie weit aus örtlichen Rücksichten Einschränkung der räumlichen Ausdehnung der Rayons oder Ermäßigungen der gesetzlichen Beschränkungen zulässig seien, bestimmt die Reichs-Rayonkommission.

§ 24. Die bisherigen von diesen Bestimmungen abweichenden Rayons bestehender Befestigungen, insbesondere die der vorhandenen detachirten Forts, verbleiben bis zur Ausführung eines Neu- oder Verstärkungsbaues unverändert.

Die vorhandenen Esplanaden bleiben in ihrer bisherigen Ausdehnung unverändert; bei Neubau einer Citadelle wird über den Umfang der Esplanade in jedem Falle besondere Bestimmung durch die Reichs-Rayonkommission getroffen.

Ebenso verbleiben alle übrigen zur Zeit vorhandenen besonderen Rayons, wie die von verschanzten Lägern, Städtebefestigungen, inneren Abschnitten in und bei Festungen unverändert.

71 Dez. § 25. Bei den bestehenden Festungen bleibt die Anlegung eines Rayonplanes und Rayonkatasters der Kommandantur überlassen. Dieselbe muß nach Maßgabe der §§. 8—12. erfolgen, wenn in Folge eines Neu- oder Verstärkungsbaues die bisherigen Rayons verändert werden sollen.

Bis zur endgültigen Feststellung der Rayonkataster sind die bisher erforderlichen Reverse für die beabsichtigten Bauausführungen beizubehalten.

§ 26. Zu jeder Anlage, jeder Veränderung und Benutzung, die nach den §§. 13. ff. nicht ohne Genehmigung der Kommandantur zulässig ist, muß vor dem Beginn der Ausführung diese Genehmigung nachgesucht werden.

§ 27. Das Gesuch ist nebst zwei Exemplaren der etwa nöthigen Bauzeichnungen an die Ortspolizeibehörde zu richten. Findet diese gegen die Zulässigkeit nichts zu erinnern, so übersendet sie das Gesuch der Kommandantur, welche ihre Entscheidung, nebst einem Exemplar der Zeichnung, in welchem die im Festungs-Interesse nothwendigen Abänderungen einzutragen sind, an die Ortspolizeibehörde behufs Mittheilung an den Antragsteller zurückgelangen läßt.

§ 28. Die von der Kommandantur auszufertigende Genehmigung muß alle für den betreffenden Fall nach Maßgabe dieses Gesetzes festzustellenden speziellen Beschränkungen genau bestimmen, denen der Grundbesitzer, sowie alle Besitznachfolger bezüglich des Baues, der Niederlage von Materialien, der Anlage oder des Ge-

werbebetriebes sich zu unterwerfen haben. Insoweit 71 Dez.
nach Maßgabe dieses Gesetzes die Genehmigung nicht zu versagen ist, darf dieselbe auch nicht an Bedingungen geknüpft werden.

Sind seit der Aushändigung der Genehmigung zwei Jahre verflossen, ohne daß davon Gebrauch gemacht worden ist, so wird sie als erloschen betrachtet.

Wird die Genehmigung ganz oder theilweise versagt, so sind die Gründe der Ablehnung anzugeben.

§ **29.** Gegen die Entscheidung der Kommandantur, wie gegen alle Anordnungen derselben, ist in Rayon-Angelegenheiten binnen einer vierwöchentlichen Präklusivfrist von der Zustellung ab, der Rekurs zulässig. Die Entscheidung auf den Rekurs erfolgt endgültig durch die Reichs-Rayonkommission.

Nach Ablauf der Frist, eintretenden Falls nach der höheren Entscheidung, sind die Anordnungen vollstreckbar.

Ist durch eine Anordnung der Kommandantur eine Anlage untersagt, so darf diese erst dann begonnen oder fortgesetzt werden, wenn die Anordnung in der höheren Instanz aufgehoben ist.

§ **30.** Die Projekte größerer Anlagen (Chausseen, Deiche, Eisenbahnen u. s. w.) in den Rayons der Festungen und festen Plätze werden durch eine gemischte Kommission erörtert, deren Mitglieder von dem zuständigen Kriegsministerium im Verein mit den betreffenden höheren Verwaltungsbehörden berufen werden, und in welcher auch die von der Anlage betroffenen Gemeinden durch Deputirte vertreten werden.

71 Dez. Das hierüber aufzunehmende Protokoll wird der Reichs-Rayonkommission übersandt, welche in Gemeinschaft mit der betreffenden Centralverwaltungsbehörde die Entscheidung trifft oder erforderlichen Falls herbeiführt.

§ **31.** Die Reichs-Rayonkommission ist eine durch den Kaiser zu berufende ständige Militairkommission, in welcher die Staaten, in deren Gebieten Festungen liegen, vertreten sind.

§ **32.** Grundbesitzer, welche ohne die gesetzlich erforderliche Genehmigung, oder mit eigenmächtiger Abweichung von dem genehmigten Plane eine Anlage, einen Neu- oder Wiederherstellungsbau ausführen oder ausführen lassen, werden mit einer Geldbuße bis zu funfzig Thalern bestraft. Eine gleiche Strafe trifft denjenigen, welcher als Baumeister oder Bauhandwerker die Ausführung geleitet hat. Soweit nach dem Urtheil der Kommandantur die Anlagen unzulässig befunden werden, ist der Besitzer innerhalb der vom Kommandanten zu bestimmenden Frist zu deren Beseitigung verbunden; nöthigenfalls erfolgt letztere auf Antrag der Kommandantur durch die Polizeibehörde auf Kosten des Besitzers. Die Einlegung des Rekurses hemmt die Vollstreckung, vorbehaltlich der Bestimmung in §. 29.

Wer die in den §§. 21. 22. vorgeschriebene Anzeige unterläßt, wird mit einer Geldbuße bis zu fünf Thalern bestraft.

§ **33.** Behufs der Kontrole über alle Bauten, Anlagen und die Benutzung von Grundstücken in den

Rayons sind die Kommandanturen und Ortspolizei- 71
behörden und deren Organe befugt, in den Stunden Dez.
von 8 Uhr Morgens bis 4 Uhr Nachmittags den Zutritt zu allen Privat- und öffentlichen Grundstücken in den Rayons zu verlangen.

Die Organe der Kommandantur sind die Ingenieur-Offiziere vom Platz, Posten-Offiziere und Wallmeister.

Alljährlich einmal erfolgt eine allgemeine Revision der Bauten und Anlagen in allen Rayons durch die Kommandantur oder ihre Organe unter Zuziehung der Ortspolizeibehörde und des Gemeindevorstandes.

§ 34. Für die in Folge dieses Gesetzes eintretenden Beschränkungen in der Benutzung des innerhalb der Rayons belegenen Grundeigenthums leistet das Reich Entschädigung.

Entschädigung wird von Seiten des Reichs nicht gewährt:

1) für Beschränkungen jeder Art, welchen das Grundeigenthum innerhalb der bisherigen Rayons der bereits bestehenden Festungen nach der seitherigen Gesetzgebung unterworfen war, und auch nach dem gegenwärtigen Gesetz unterworfen bleibt;
2) für Beschränkungen der im Eigenthum des Reichs oder eines Bundesstaats befindlichen Grundstücke und für Beschränkungen in Betreff der Anlagen auf Beerdigungsplätzen;
3) für die Verpflichtung zur Duldung der Rayonsteine;

71 Dez. 4) für die auf besonderem Rechtstitel beruhenden Rayonbeschränkungen, wenn nicht durch dieselben eine Entschädigung ausdrücklich zugesichert ist.

§ 35. Die Entschädigung besteht im Ersatz derjenigen Verminderung des Werthes des Grundstücks, welche für den Besitzer dadurch entsteht, daß das Grundstück fortan Beschränkungen in der Benutzung unterliegt, denen es bisher nicht unterworfen war.

Bei der Feststellung des bisherigen Werthes darf die Zeit nach der im Reichsgesetzblatt erfolgten Bekanntmachung*) des Reichskanzlers, daß die Neubefestigung des Platzes oder die Erweiterung der schon bestehenden Festungsanlage oder deren Rayons in Aussicht genommen ist, nicht berücksichtigt werden.

Steht das von der Beschränkung betroffene Grundstück mit anderem Grundbesitz desselben Besitzers dergestalt in Zusammenhang, daß die Beschränkung des ersteren auch auf den Werth des letzteren Einfluß übt, so ist der verminderte Werth des gesammten Grundbesitzes der Berechnung zu Grunde zu legen.

§ 36. Die Entschädigung wird in Rente gewährt; falls jedoch die Werthverminderung mindestens ein Drittel des bisherigen Werthes beträgt, nach der Wahl des Besitzers entweder in Kapital, oder in Rente.

Wird die Entschädigung in Kapital geleistet, so besteht sie in Zahlung derjenigen Summe, um welche sich

*) Vgl. unten Bekanntmachungen, betreffend die Erweiterung von Festungsanlagen, vom 26. Februar 1872, vom 1. Februar 1873, vom 27. März 1873, vom 7. Juni 1876 und vom 8. Januar 1882.

der Werth des Grundstücks vermindert hat, nebst fünf Prozent Zinsen von dem Tage der Absteckung der Rayonlinien. 71 Dez.

Wird die Entschädigung in Rente gewährt, so beträgt die Rente jährlich sechs Prozent der vorgedachten Summe, wovon fünf Prozent als Verzinsung angesehen werden. Die Rente wird vom Tage der Absteckung der Rayonlinien auf die Dauer von 37 Jahren gewährt, erlischt jedoch, sobald das Grundstück aufhört, den Beschränkungen der ersten beiden Rayons oder der Zwischenrayons unterworfen zu sein.

Die Rente wird dem jeweiligen im Rayonkataster bezeichneten Besitzer des Grundstücks in vierteljährlichen Raten postnumerando aus der Festungskasse gezahlt.

Renten, welche jährlich weniger als Einen Thaler betragen, werden mit dem $16^2/_3$ fachen Betrage kapitalisirt, und sofort an die Besitzer ausgezahlt.

§ 37. Welche Rechte anderen Realberechtigten an der Entschädigung zustehen, bestimmt sich nach den Landesgesetzen.

§ 38. Für die gesetzlichen Beschränkungen im dritten Rayon wird Entschädigung nicht gewährt. Wenn jedoch die Genehmigung zu einer der im §. 13. gedachten Anlagen versagt wird, so gewährt das Reich Entschädigung. Bei Feststellung derselben ist die Zeit der Anbringung des Gesuchs bei der Kommandantur zu Grunde zu legen.

Im Uebrigen finden die Bestimmungen der §§. 35—37. Anwendung, mit der Maßgabe, daß die Zinsen

71 Dez. der Entschädigung in Kapital, beziehungsweise die Entschädigungsrente vom Tage des ablehnenden Bescheides der Kommandantur zu zahlen ist.

§ 39. Die Besitzer der Grundstücke, die sich durch die auferlegten Beschränkungen beeinträchtigt glauben, haben ihren Anspruch auf Entschädigung binnen einer sechswöchentlichen Präklusivfrist nach Feststellung des Rayonplans bei der Kommandantur geltend zu machen.

Beginn und Ablauf der Frist sind gleichzeitig mit der Feststellung des Rayonplanes öffentlich bekannt zu machen.

§ 40. Die Kommandantur theilt die Anmeldungen der höheren Civil-Verwaltungsbehörde mit, welche einen Kommissarius ernennt, der die Entschädigungsansprüche in Gegenwart der Entschädigungsberechtigten und eines Vertreters der Kommandantur erörtert und, falls die Parteien sich einigen, einen Rezeß aufnimmt, welcher die Kraft einer gerichtlichen oder notariellen Urkunde hat.

Wird eine Einigung nicht erzielt, so bleibt, wenn die Entschädigungspflicht von der Kommandantur bestritten wird, dem Besitzer des Grundstücks die Betretung des Rechtsweges unbenommen.

Ist dagegen nur das Vorhandensein oder die Höhe des Schadens streitig, so erfolgt die Ermittelung der Entschädigung durch Sachverständige.

Wenn beide Parteien sich nicht über Einen Sachverständigen vereinigen, so wählt jede Partei einen Sachverständigen, den dritten ernennt der Kommissarius.

Die Sachverständigen haben ihr Gutachten zu begründen und die Richtigkeit desselben zu beschwören oder auf den ein- für alle Mal geleisteten Sachverständigen-Eid zu versichern. 71 Dez.

Ist nach einem dieser Gutachten die Werthsverminderung so groß, daß der Entschädigungsberechtigte eine Entschädigung in Kapital zu verlangen berechtigt ist, so muß er auf die Aufforderung des Kommissarius binnen einer Präklusivfrist von vier Wochen erklären, daß er die Entschädigung in Kapital verlange, widrigenfalls er nur Entschädigung in Rente verlangen kann.

§ 41. Der Kommissarius überreicht die Abschätzungsverhandlungen mit seinem Gutachten der höheren Civil-Verwaltungsbehörde behufs Feststellung der Entschädigung durch Beschluß.

Dieselbe setzt den Entschädigungsbetrag nach ihrem aus der Verhandlung und den Umständen geschöpften pflichtmäßigen Ermessen fest. Das Gutachten der Sachverständigen dient jeder Behörde hierbei nur als Auskunft und Anhalt.

Gegen den Beschluß der Verwaltungsbehörde steht dem Entschädigungsberechtigten innerhalb einer Präklusivfrist von neunzig Tagen, vom Empfange des Beschlusses an gerechnet, der Rechtsweg offen.

Innerhalb derselben Präklusivfrist ist die Militairbehörde berechtigt, die Enteignung des Grundstücks zu verlangen. Macht sie von diesem Rechte Gebrauch, so ist der Besitzer die Ausdehnung der Enteignung auf alle diejenigen Theile des Grundstücks zu verlangen

71 Dez. berechtigt, deren fernere Benutzung in der bisherigen Weise nach dem Gutachten von Sachverständigen durch die Abtrennung des den Rayonbeschränkungen unterworfenen Theils wesentlich beeinträchtigt, erschwert oder verhindert werden würde. Die Erklärung der Militairbehörde an die höhere Verwaltungsbehörde, daß von dieser Befugniß Gebrauch gemacht wird, unterbricht den Lauf der im Absatz 3 bestimmten Frist und das gerichtliche Verfahren über die Höhe der Entschädigung.

Das Verfahren bei der Enteignung richtet sich nach den Landesgesetzen.

§ 42. Die nach den §§. 40. und 41. anzustellenden Klagen sind gegen den Reichsfiskus zu richten, welcher durch die Kommandantur vertreten wird.

Zuständig ist das Gericht, in dessen Bezirk das betreffende Grundstück belegen ist.

Das Gericht hat das Ergebniß der Beweisaufnahme nach freier Ueberzeugung zu würdigen.

§ 43. Wird die Armirung permanenter Befestigungen angeordnet, so sind die Besitzer der innerhalb der Rayons belegenen Grundstücke verpflichtet, der schriftlichen oder öffentlich bekannt gemachten Aufforderung der Kommandantur zur Niederlegung von baulichen und sonstigen Anlagen, Wegschaffung von Materialien-Vorräthen, Beseitigung von Pflanzungen und Einstellung des Gewerbebetriebes nachzukommen. Wird dieser Aufforderung nicht in der gestellten Frist genügt, so können die Besitzer der betreffenden Grundstücke durch administrative Zwangsmaßregeln hierzu angehalten werden.

§ 44. Wird im Falle einer Armirung die Freilegung der Festungs-Rayons von der Kommandantur angeordnet, so veranlaßt die letztere vor der Beseitigung der baulichen und sonstigen Anlagen, Pflanzungen und dergleichen eine Beschreibung und nähere Feststellung des Zustandes durch die Ortsobrigkeit unter Zuziehung des Besitzers, eines Vertreters der Kommandantur und zweier Sachverständigen, und ertheilt über die stattgefundene Zerstörung oder Entziehung ein Anerkenntniß. 71 Dez.

Die hierüber aufgenommene Verhandlung wird von der Ortsobrigkeit der höheren Civil-Verwaltungsbehörde überreicht, auch der Kommandantur und den Betheiligten in Abschrift mitgetheilt.

Die Entschädigungsermittelung erfolgt sobald als möglich, spätestens sofort nach Aufhebung des Armirungszustandes der Festung nach Vorschrift der §§. 39. ff.

Das Reich stellt Anerkenntnisse über die zu gewährende Entschädigung aus, welche bis zur Zahlung vom ersten Tage des auf die stattgefundene Zerstörung oder Entziehung folgenden Monates mit fünf Prozent jährlich verzinst wird.

Entschädigung wird nicht gewährt:

1) hinsichtlich derjenigen vor Eintritt der Geltung dieses Gesetzes vorhandenen Gebäude und Anlagen, welche nach der bisherigen Gesetzgebung, oder in Folge besonderer Rechtstitel, die Besitzer auf Befehl der Kommandantur unentgeltlich zu beseitigen verpflichtet waren;

71 Dez. 2) hinsichtlich derjenigen Gebäude und Anlagen, welche nach Eintritt der Geltung dieses Gesetzes

a) entweder im ersten oder zweiten Rayon, oder in einem Zwischen-Rayon einer neu angelegten Befestigung,

b) oder auf einem Terrain, welches in Folge des Neu- oder Verstärkungsbaues einer schon bestehenden Festung in einen strengeren Rayon fällt,

nach erfolgter Absteckung der Rayonlinien errichtet worden sind.

Die Kosten der Beseitigung der vorstehend unter 1. und 2. erwähnten Gebäude und Anlagen trägt der Besitzer, die Kosten der Beseitigung anderer Gebäude und Anlagen fallen dem Reich zur Last.

§ 45. Alle Zustellungen in Rayon-Angelegenheiten sind gültig, wenn sie nach den für bürgerliche Rechtsstreitigkeiten bestehenden Vorschriften geschehen.

Die vereideten Verwaltungsbeamten haben dabei den Glauben der Gerichtsbeamten.

§ 46. Alle administrativen Verhandlungen und Gesuche in Rayon-Angelegenheiten sind kosten- und stempelfrei.

§ 47. Alle den Vorschriften dieses Gesetzes zuwiderlaufenden Bestimmungen werden aufgehoben.

Die zur Ausführung dieses Gesetzes erforderlichen Anordnungen erfolgen durch besondere Verordnungen.

Urkundlich rc.

Gegeben Berlin, den 21. Dezember 1871.

Bekanntmachung [des Reichskanzlers], betreffend die Approbationen für Aerzte, Zahnärzte, Thierärzte und Apotheker aus Württemberg und Baden. Vom 21. Dezember 1871. 71 Dez.

(R.G.Bl. S. 472.)

Bekanntmachung, betreffend Abänderungen des Betriebs-Reglements für die Eisenbahnen Deutschlands. Vom 22. Dezember 1871.

(R.G.Bl. S. 473.)

(Erledigt durch das Betriebs-Reglement vom 11. Mai 1874.)

Verordnung zur Verhütung des Zusammenstoßens der Schiffe auf See. Vom 23. Dezember 1871.

(R.G.Bl. S. 475.)

(Aufgehoben durch die Verordnung vom 7. Januar 1880.)

Allerhöchster Erlaß, betreffend den Rang der Telegraphen-Direktoren. Vom 27. Dezember 1871.

(R.G.Bl. 1872 S. 7.)

Bekanntmachung, betreffend die Abänderung und Ausdehnung des Bahnpolizei-Reglements für die Eisenbahnen im Norddeutschen Bunde vom 3. Juni 1870. Vom 29. Dezember 1871.

(R.G.Bl. 1872 S. 34.)

(Beseitigt durch das Bahnpolizei-Reglement vom 4. Januar 1875 [Centralbl. S. 57].)

Bekanntmachung, betreffend die Ausstellung von Legitimationsscheinen zum Gewerbebetrieb im Umherziehen. Vom 31. Dezember 1871.

(R.G.Bl. 1872 S. 2.)

(Aufgehoben durch die Bekanntmachung vom 4. Februar 1873 [Centralbl. S. 2].)

1872 Jan. Allerhöchster Erlaß, betreffend die oberste Marinebehörde.
Vom 1. Januar 1872.
(R.G.Bl. S. 5.)

Gesetz, betreffend die Einführung von Bestimmungen über das Reichskriegswesen in Elsaß-Lothringen.
Vom 23. Januar 1872.
(R.G.Bl. S. 31.)

Bekanntmachung, betreffend eine Abänderung in Anlage D. des Wahlreglements vom 28. Mai 1870.
Vom 24. Januar 1872.
(R.G.Bl. S. 38.)

Gesetz wegen Einführung des Reichsgesetzes, betreffend Beschränkungen des Grundeigenthums in der Umgebung von Festungen, vom 21. Dezember 1871 in Elsaß-Lothringen.
Vom 21. Februar 1872.
(R.G.Bl. S. 56.)

Bekanntmachung, betreffend die Erweiterung der Festungen Metz und Straßburg.

Vom 26. Februar 1872.

(R.G.Bl. S. 56.)

Auf Grund des §. 35 des Reichsgesetzes, betreffend Beschränkungen des Grundeigenthums in der Umgebung von Festungen, vom 21. Dezember 1871 (Reichsgesetzbl. 1871 Nr. 51 S. 459; Gesetzbl. für Elsaß-Lothringen 1872 Nr. 8 S. 133) wird bekannt gemacht, daß die Erweiterung der Festungsanlagen von Metz und Straßburg in Elsaß-Lothringen beziehungsweise deren Rayons in Aussicht genommen ist. 72 Febr.

Berlin, den 26. Februar 1872.

Der Reichskanzler.

Verordnung, betreffend die Kautionen der bei der Verwaltung der Reichs-Eisenbahnen in Elsaß-Lothringen angestellten Beamten. Vom 27. Februar 1872.*)

(R.G.Bl. S. 59.)

Allerhöchster Erlaß, betreffend den Gebrauch des Kaiserlichen Adlers zur Bezeichnung von Waaren oder Etiketten.

Vom 16. März 1872.**)

(R.G.Bl. S. 90.)

Auf Ihren Bericht vom 9. dieses Monats will Ich allen deutschen Fabrikanten den Gebrauch und die Abbildung des Kaiserlichen Adlers in der durch Meinen Erlaß vom 3. August vorigen Jahres unter 2 festgesetzten Form zur Bezeichnung ihrer Waaren oder Etiketten hierdurch gestatten und beauftrage Sie, das Weitere hiernach zu veranlassen.

Berlin, den 16. März 1872.

An den Reichskanzler.

---

*) Einz.-Ausg. Bd. 10 (Reichsbeamtengesetz 2c.) S. 147.

**) Vgl. Bekanntmachung vom 11. April 1872.

72 März Verordnung, betreffend den Verkehr mit Apothekerwaaren.
Vom 25. März 1872.
(R.G.Bl. S. 85.)
(Ersetzt durch die Verordnung vom 4. Januar 1875.)

Bekanntmachung,
betreffend die Ausführung des Allerhöchsten Erlasses vom 16. März d. J. über den Gebrauch des Kaiserlichen Adlers zur Bezeichnung von Waaren oder Etiketten.

Vom 11. April 1872.
(R.G.Bl. S. 93.)

In Ausführung des Allerhöchsten Erlasses vom 16. März d. J. (Reichsgesetzbl. S. 90) wird hierdurch bestimmt, daß bei Gebrauch und bei Abbildung des Kaiserlichen Adlers zur Bezeichnung von Waaren oder Etiketten die Form eines Wappenschildes ausgeschlossen ist.

Berlin, den 11. April 1872.

Der Reichskanzler.

Bekanntmachung,
betreffend die portopflichtige Korrespondenz zwischen Behörden verschiedener Bundesstaaten.

Vom 17. April 1872.
(R.G.Bl. S. 108.)

Die in der Bekanntmachung vom 29. August 1870. (Bundesgesetzbl. 1870 S. 514) veröffentlichten Grundsätze für die Behandlung der portopflichtigen Korrespondenz zwischen den Behörden verschiedener Bundesstaaten im Gebiete des Norddeutschen Bundes kommen nunmehr auch für Südhessen, das Großherzogthum Baden und Elsaß-Lothringen zur Anwendung. 72 Mai

Berlin, den 17. April 1872.

Der Reichskanzler.

Bekanntmachung, betreffend die Approbationen für Thierärzte und die Prüfung der Kandidaten der Thierheilkunde und der Pharmazie aus Württemberg, sowie den Besuch der polytechnischen Schulen zu Stuttgart und Karlsruhe. Vom 17. Mai 1872.

(R.G.Bl. S. 151.)

Gesetz, betreffend die Einführung des Gesetzes über die Portofreiheiten vom 5. Juni 1869*) im Verkehr mit Bayern und Württemberg. Vom 29. Mai 1872.

(R.G.Bl. S. 167.)

Gesetz wegen Erhebung der Brausteuer. Vom 31. Mai 1872.)**

(R.G.Bl. S. 153.)

Bekanntmachung, betreffend die Pharmacopoea Germanica. Vom 1. Juni 1872.*)**

(R.G.Bl. S. 172.)

(Verändert gemäß Bekanntmachung vom 4. Juli 1873.)

---

*) Vgl. Bemerkung zu dem genannten Gesetz.

**) Vgl. Gesetz, betreffend die Abänderung des § 44 des Gesetzes vom 31. Mai 1872, vom 23. Dezember 1876 (R.G.Bl. S. 237).

***) An die Stelle der obigen Pharmacopoea ist mit dem 1. Januar 1883 das unter dem Titel: „Pharmacopoea Germanica. Editio altera“ erschienene Arzneibuch getreten. Bekanntmachung des Reichskanzlers vom 8. Juli 1882 (Centralbl. S. 333).

72 Juni **Gesetz, betreffend die Einführung der Gewerbeordnung des Norddeutschen Bundes vom 21. Juni 1869 in Bayern und die Abänderung einiger Strafbestimmungen der Gewerbeordnung. Vom 12. Juni 1872.**

(R.G.Bl. S. 170.)

(Aufgegangen in der Reichsgewerbeordnung in ihrer neuen Fassung vom 1. Juli 1883.)*)

Gesetz, betreffend die Verlängerung der Wirksamkeit des Gesetzes über die Ausgabe von Banknoten vom 27. März 1870 (Bundesgesetzbl. S. 51).)** **Vom 16. Juni 1872.**

(R.G.Bl. S. 169.)

Allerhöchster Erlaß, betreffend die Veränderung der Organisation der Marine-Intendantur. Vom 18. Juni 1872.

(R.G.Bl. S. 361.)

Einführungsgesetz zum Militär-Strafgesetzbuche für das Deutsche Reich. Vom 20. Juni 1872.***)**

(R.G.Bl. S. 173.)

Militär-Strafgesetzbuch für das Deutsche Reich. Vom 20. Juni 1872.†)

(R.G.Bl. S. 174.)

---

*) Einz.-Ausg. Bd. 6.

**) Vgl. Bemerkung zu dem genannten Gesetz.

***) Einz.-Ausg. Bd. 3 (Militär-Strafgesetzbuch) S. 1.

†) Ebenda S. 6.

Gesetz, betreffend den Termin für die Wirksamkeit der Verfassung des Deutschen Reichs in Elsaß-Lothringen. Vom 20. Juni 1872.*) **72 Juni**

(R.G.Bl. S. 208.)

Gesetz, betreffend die Verwendung des Ueberschusses aus der Verwaltung der französischen Landesposten durch die deutsche Reichspostverwaltung während des Krieges gegen Frankreich in den Jahren 1870 und 1871. Vom 20. Juni 1872.)**

(R.G.Bl. S. 210.)

Telegraphen-Ordnung für das Deutsche Reich. Vom 21. Juni 1872.*)**

(R.G.Bl. S. 213.)

Bekanntmachung, betreffend die Prüfung der Aerzte, Zahnärzte, Thierärzte und Apotheker. Vom 28. Juni 1872.

(R.G.Bl. S. 243.)

Gesetz, betreffend die Gebühren und Kosten bei den Konsulaten des Deutschen Reichs. Vom 1. Juli 1872.†)

(R.G.Bl. S. 245.)

---

*) Einz.-Ausg. Bd. 1 (Reichsverfassung ꝛc.) S. 18. — Durch dasselbe ist der im § 2 des Gesetzes vom 9. Juni 1871 auf den 1. Januar 1873 bestimmte Termin auf den 1. Januar 1874 verlegt.

**) Vgl. dazu Allerhöchsten Erlaß vom 29. August 1872 und Gesetz vom 4. März 1876.

***) An Stelle dieser bereits durch die Verordnung vom 24. Januar 1876 abgeänderten und ergänzten Ordnung ist jetzt die Telegraphenordnung für das deutsche Reich vom 13. August 1880 (Centralbl. S. 560) getreten.

†) Einz.-Ausg. Bd. 21 (Konsulargesetzgebung) S. 334.

72
Juli

Gesetz betreffend den Orden der Gesellschaft Jesu.

Vom 4. Juli 1872.*)

(R.G.Bl. S. 253; ausgeg. am 10. Juli 1872.)

§ 1. Der Orden der Gesellschaft Jesu und die ihm verwandten Orden und ordensähnlichen Kongregationen sind vom Gebiet des Deutschen Reichs ausgeschlossen.

Die Errichtung von Niederlassungen derselben ist untersagt. Die zur Zeit bestehenden Niederlassungen sind binnen einer vom Bundesrath zu bestimmenden Frist, welche sechs Monate nicht übersteigen darf, aufzulösen.

§ 2. Die Angehörigen des Ordens der Gesellschaft Jesu oder der ihm verwandten Orden oder ordensähnlichen Kongregationen können, wenn sie Ausländer sind, aus dem Bundesgebiet ausgewiesen werden; wenn sie Inländer sind, kann ihnen der Aufenthalt in bestimmten Bezirken oder Orten versagt oder angewiesen werden.

§ 3. Die zur Ausführung und zur Sicherstellung des Vollzugs dieses Gesetzes erforderlichen Anordnungen werden vom Bundesrathe erlassen.

Urkundlich 2c.

Gegeben Bad Ems, den 4. Juli 1872.

---

*) Vgl. unten Bekanntmachungen vom 5. Juli 1872 und vom 20. Mai 1873.

Bekanntmachung, betreffend die Ausführung des Gesetzes über den Orden der Gesellschaft Jesu. 72 Juli

Vom 5. Juli 1872.

(R.G.Bl. S. 254; ausgeg. am 10. Juli 1872.)

Auf Grund der Bestimmung im §. 3 des Gesetzes, betreffend den Orden der Gesellschaft Jesu, vom 4. d. M. (Reichsgesetzbl. S. 253) hat der Bundesrath beschlossen:

1) Da der Orden der Gesellschaft Jesu vom Deutschen Reiche ausgeschlossen ist, so ist den Angehörigen dieses Ordens die Ausübung einer Ordensthätigkeit, insbesondere in Kirche und Schule, sowie die Abhaltung von Missionen nicht zu gestatten.
2) Niederlassungen des Ordens der Gesellschaft Jesu sind spätestens binnen sechs Monaten, vom Tage der Wirksamkeit des Gesetzes an, aufzulösen.
3) Die zur Vollziehung des Gesetzes in den einzelnen Fällen zu treffenden Anordnungen werden von den Landespolizeibehörden verfügt.

Berlin, den 5. Juli 1872.

Der Reichskanzler.

Bekanntmachung, betreffend die Schiffsvermessungs-Ordnung. Vom 5. Juli 1872.*)

(R.G.Bl. S. 270.)

---

*) Einz.-Ausg. Bd. 19 (Seegesetzgebung) S. 27.

72 Juli **Gesetz, betreffend die französische Kriegskosten-Entschädigung. Vom 8. Juli 1872.**

(R.G.Bl. S. 289.)

Bekanntmachung, betreffend den mit der Regierung der Vereinigten Königreiche Schweden und Norwegen vereinbarten gegenseitigen Schutz der Waarenbezeichnungen.

Vom 11. Juli 1872.*)

(R.G.Bl. S. 293.)

Zwischen dem Deutschen Reiche und den Vereinigten Königreichen Schweden und Norwegen ist durch Auswechselung von Erklärungen des Reichskanzlers und

---

*) Gleicher gegenseitiger Schutz war vordem schon vereinbart mit
Spanien: Art. 6 des Handels- und Schiffahrtsvertrages vom 30. März 1868 (B.G.Bl. S. 325) [neuerdings Art. 7 des Handels- und Schiffahrtsvertrages vom 12. Juli 1883 (R.G.Bl. S. 307) und Schlußprotokoll zu diesem Vertrage (R.G.Bl. S. 326)],
der Schweiz: Art. 10 des Handels- und Zollvertrages vom 13. Mai 1869 (B.G.Bl. S. 606, 614),
Frankreich: Art. 11 der zusätzlichen Uebereinkunft zu dem Friedensvertrage, vom 12. Oktober 1871 (R.G.Bl. S. 368) und Deklaration vom 8. Oktober 1873 (R.G.Bl. S. 365),
den Vereinigten Staaten von Nordamerika: Art. 17. der Konsular-Konvention vom 11. Dezember 1871 (R.G.Bl. 1872 S. 106),
Portugal: Art. 10 des Handels- und Schiffahrtsvertrages vom 2. März 1872 (R.G.Bl. S. 258).

In der Folge sind analoge Uebereinkommen, wie das oben abgedruckte, getroffen worden, und zwar mit
Rußland: Bekanntmachung vom 18. August 1873 (R.G.Bl. S. 337),

des Königlich schwedisch-norwegischen Ministers der auswärtigen Angelegenheiten ein Uebereinkommen dahin getroffen worden, 72 Juli

daß in Betreff der Bezeichnung oder Etikettirung der Waaren oder ihrer Verpackung, der Muster und der Fabrik- oder Handelszeichen die Deutschen in Schweden und Norwegen und die Schweden

---

Großbritannien: Deklaration vom 14. April 1875 (R.G.Bl. S. 199),
Italien: Bekanntmachung vom 20. April 1875 (R.G.Bl. S. 200) und Art. 5 des Handels- und Schiffahrtsvertrages vom 4. Mai 1883 (R.G.Bl. S. 109),
Oesterreich-Ungarn: Bekanntmachung vom 20. August 1875 (R.G.Bl. S. 259), Art. 20 des Handelsvertrages vom 23. Mai 1883 (R.G.Bl. S. 123) und Schlußprotokoll zu diesem Vertrage (R.G.Bl. S. 140),
Belgien: Bekanntmachung vom 13. September 1875 (R.G.Bl. S. 301),
Luxemburg: Bekanntmachung vom 14. Juli 1876 (R.G.Bl S. 169), abgeändert durch Bekanntmachung vom 2. August 1883 (R.G.Bl. S. 268),
Brasilien: Bekanntmachung vom 28. Februar 1877 (R.G.Bl. S. 406),
Dänemark: Bekanntmachung vom 4. April 1879 (R.G.Bl. S. 123),
den Niederlanden: Bekanntmachung vom 19. Januar 1882 (R.G.Bl. S. 5),
Rumänien: Bekanntmachung vom 27. Januar 1882 (R.G.Bl. S. 7),
Serbien: Art. XI des Handelsvertrages vom 6. Januar 1883 (R.G.Bl. S. 41) und Schlußprotokoll zu diesem Vertrage (R.G.Bl. S. 60),
den Vereinigten von Venezuela: Bekanntmachung vom 8. Dezember 1883 (R.G.Bl. S. 339).

72 Juli und Norweger in Deutschland denselben Schutz wie die Inländer genießen sollen, sowie daß diese Vereinbarung sowohl in Deutschland als in den Vereinigten Königreichen mit dem 1. August 1872 in Kraft treten soll.

Dies wird mit Bezug auf §. 287 des Strafgesetzbuchs für das Deutsche Reich hierdurch zur öffentlichen Kenntniß gebracht.

Der Reichskanzler.

Gesetz, betreffend die Einführung des §. 29 der Gewerbeordnung in Elsaß-Lothringen. Vom 15. Juli 1872.

(R.G.Bl. S. 350.)

Bekanntmachung, betreffend die Umrechnung der Uebergangsabgaben von Bier, Branntwein und geschrotetem Malz, beziehungsweise die Steuervergütungen bei der Ausfuhr der genannten Erzeugnisse nach Maßgabe der durch die Maaß- und Gewichts-Ordnung vom 17. August 1868 eingeführten metrischen Maaße. Vom 18. Juli 1872.

(R.G.Bl. S. 293.)

(Ersetzt durch die Bekanntmachung vom 15. Januar 1877.)

Bekanntmachung, betreffend die Approbationen für Aerzte, Zahnärzte, Thierärzte und Apotheker. Vom 19. Juli 1872.

(R.G.Bl. S. 351.)

Bekanntmachung, betreffend Abänderungen des Betriebs-Reglements für die Eisenbahnen Deutschlands. Vom 5. August 1872. 72 Aug.

(R.G.Bl. S. 360.)

(Erledigt durch das Betriebs-Reglement vom 11. Mai 1874.)

Allerhöchster Erlaß, betreffend die Kaiser Wilhelm-Stiftung für die Angehörigen der deutschen Reichs-Postverwaltung. Vom 29. August 1872.

(R.G.Bl. S. 373.)

Verordnung, betreffend die Aufbringung von Kautionserhöhungen. Vom 14. Dezember 1872.

(R.G.Bl. S. 434.)

(Aufgehoben durch § 9 der Verordnung vom 16. August 1876.)

Seemannsordnung. Vom 27. Dezember 1872.*)

(R.G.Bl. S. 409.)

Gesetz, betreffend die Verpflichtung deutscher Kauffahrteischiffe zur Mitnahme hülfsbedürftiger Seeleute. Vom 27. Dezember 1872.)**

(R.G.Bl. S. 432.)

---

*) Einz.-Ausg. Bd. 19 (Seegesetzgebung) S. 193 und Bd. 21 (Konsulargesetzgebung) S. 221.

**) Einz.-Ausg. Bd. 19 (Seegesetzgebung) S. 241 und Bd. 21 (Konsulargesetzgebung) S. 203.

73 Jan.

Gesetz,
betreffend die Einführung des Reichsgesetzes über die Freizügigkeit vom 1. November 1867 und des Reichsgesetzes über die Erwerbung und den Verlust der Bundes- und Staatsangehörigkeit vom 1. Juni 1870 [in Elsaß-Lothringen].

Vom 8. Januar 1873.

(R.G.Bl. S. 51; ausgeg. am 17. März 1873.)

Art. 1. Die Wirksamkeit des anliegenden Reichsgesetzes über die Freizügigkeit vom 1. November 1867 wird auf Elsaß-Lothringen ausgedehnt.

Die nach dem ersten Absatz des §. 7 des anliegenden Gesetzes maßgebenden Bestimmungen sind in der Beilage zusammengestellt.

Art. 2. Das Gesetz über die Erwerbung und den Verlust der Bundes- und Staatsangehörigkeit vom 1. Juni 1870 tritt in der durch die Bestimmungen des §. 9 des Reichsgesetzes vom 22. April 1871 (Reichsgesetzbl. 1871 S. 87) veränderten, in dem anliegenden Abdruck wiedergegebenen Fassung in Elsaß-Lothringen mit der Maßgabe in Kraft, daß, wo im ersteren Gesetz von dem Norddeutschen Bunde, dessen Gebiet, Staaten, Indigenat, verfassungsmäßigen Organen, Angehörigen und Beamten die Rede ist, das Deutsche Reich und dessen entsprechende Beziehungen zu verstehen sind.

Urkundlich ꝛc.

Gegeben Berlin, den 8. Januar 1873.

Verordnung, betreffend die Beschaffung der Kautionen derjenigen Militärbeamten, welche bei den Feldverwaltungen angestellt werden. Vom 14. Januar 1873. 73 Jan.

(R.G.Bl. S. 37.)

(Aufgehoben durch § 9 der Verordnung vom 16. August 1876.)

Gesetz, betreffend die Einführung des Reichsgesetzes über das Urheberrecht an Schriftwerken u. s. w. vom 11. Juni 1870 in Elsaß-Lothringen. Vom 27. Januar 1873.

(R.G.Bl. S. 42.)

Bekanntmachung, betreffend die Erweiterung von Festungs-Anlagen.

Vom 1. Februar 1873.

(R.G.Bl. S. 39.)

Auf Grund des §. 35 des Reichsgesetzes, betreffend die Beschränkungen des Grundeigenthums in der Umgebung von Festungen, vom 21. Dezember 1871 (Reichs-Gesetzbl. S. 467) wird bekannt gemacht, daß die Erweiterung der Festungs-Anlagen von Köln, Koblenz, Mainz, Ulm, Spandau, Küstrin, Posen, Thorn, Königsberg, Swinemünde, Friedrichsort, Sonderburg-Düppel, an der unteren Elbe, an der unteren Weser und von Wilhelmshaven, beziehungsweise ihrer Rayons, in Aussicht genommen ist.

Berlin, den 1. Februar 1873.

Der Reichskanzler.

73 Febr.

Verordnung, betreffend das Verbot der Einfuhr von Reben zum Verpflanzen.

Vom 11. Februar 1873.*)

(R.G.Bl. S. 43.)

§ 1. Die Einfuhr von Reben zum Verpflanzen (Wurzel- und Blindreben, Fechser ꝛc.) über sämmtliche Grenzen des Zollgebiets ist bis auf Weiteres verboten.

§ 2. Das Reichskanzler-Amt ist ermächtigt, Ausnahmen von diesem Verbote zu gestatten und die desfalls erforderlichen Kontrol-Maßregeln zu treffen.

§ 3. Gegenwärtige Verordnung tritt mit dem Tage ihrer Verkündung in Kraft.

Urkundlich ꝛc.

Gegeben Berlin, den 11. Februar 1873.

Gesetz, betreffend die Abänderung des Artikels 28 der Reichsverfassung. Vom 24. Februar 1873.)**

(R.G.Bl. S. 45.)

Gesetz, betreffend einen Zusatz zu dem Artikel 4 Nr. 9 der Reichsverfassung. Vom 3. März 1873.*)**

(R.G.Bl. S. 47.)

---

*) Vgl. unten Verordnung vom 31. Oktober 1879.

**) Einz.-Ausg. Bd. 1 (Reichsverfassung ꝛc.) S. 86.

***) Ebenda S. 52.

Verordnung, betreffend die Aufhebung des Kriegszustandes. Vom 12. März 1873.*) 73 März

(R.G.Bl. S. 52.)

Bekanntmachung, betreffend die Erweiterung von Festungsanlagen.

Vom 27. März 1873.

(R.G.Bl. S. 58.)

Auf Grund des §. 35 des Reichsgesetzes, betreffend die Beschränkungen des Grundeigenthums in der Umgebung von Festungen, vom 21. Dezember 1871 (Reichs-Gesetzblatt S. 467) wird bekannt gemacht, daß die Erweiterung der Festungsanlagen von Ingolstadt, beziehungsweise ihrer Rayons in Aussicht genommen ist.

Berlin, den 27. März 1873.

Der Reichskanzler.

Gesetz, betreffend die dem Reichs-Oberhandelsgerichte gegen Rechtsanwalte und Advokaten zustehenden Disziplinarbefugnisse. Vom 29. März 1873.)**

(R.G.Bl. S. 60.)

(Seit 1. Oktober 1879 veraltet. Seitdem sind die Bestimmungen der Rechtsanwaltsordnung maßgebend.)***)

---

*) Vgl. Gesetz, betreffend die zu Gunsten der Militairpersonen eintretende Einstellung des Civilprozeß-Verfahrens, vom 21. Juli 1870.

**) Einz.-Ausg. Bd. 10 (Reichsbeamtengesetz rc.) S. 116.

***) Einz.-Ausg. Bd. 16.

73 März **Gesetz, betreffend die Rechtsverhältnisse der Reichsbeamten. Vom 31. März 1873.*)**
(R.G.Bl. S. 61.)

Gesetz,
betreffend das Aufgebot und die Amortisation verlorener oder vernichteter Schuldurkunden des Norddeutschen Bundes und des Deutschen Reichs.
Vom 12. Mai 1873.

(R.G.Bl. S. 91; ausgeg. am 15. Mai 1873.)

§ 1. Das im §. 6 des Gesetzes, betreffend den außerordentlichen Geldbedarf des Norddeutschen Bundes, vom 9. November 1867 (Bundesgesetzbl. S. 157)**)

---

*) Einz.-Ausg. Bd. 10 (Reichsbeamtengesetz 2c.) S. 1.

**) Der § 6 des Gesetzes vom 9. November 1867 lautet:

§ 6. In Ansehung der verlorenen oder vernichteten Schuldverschreibungen oder Zinscoupons finden die auf die Preußischen Staatsschuldscheine und deren Zinscoupons Bezug habenden §§. 1. bis 13. der Verordnung vom 16. Juni 1819. wegen des Aufgebots und der Amortisation verlorener oder vernichteter Staatspapiere (Preußische Gesetz-Samml. von 1819. S. 157.) mit nachstehenden näheren Bestimmungen Anwendung:

a) Die im §. 1. jener Verordnung vorgeschriebene Anzeige muß der Bundes-Schuldenverwaltung gemacht werden. Dieser werden alle diejenigen Geschäfte und Befugnisse beigelegt, welche nach der angeführten Verordnung dem Schatzministerium zukommen.

b) Das im §. 5. gedachte Aufgebot erfolgt bei dem Stadtgerichte zu Berlin.

c) Die in den §§. 6. 9. und 12. vorgeschriebenen Bekanntmachungen sollen durch den Preußischen Staatsanzeiger vorgeſchriebene Verfahren findet mit den in den nach- folgenden Paragraphen beſtimmten Maßgaben auf ſolche verlorene oder vernichtete Schuldverſchreibungen und Schatzanweiſungen des Norddeutſchen Bundes und des Deutſchen Reichs Anwendung, welche entweder niemals mit Zinsſcheinen verſehen waren oder zu einem bereits abgelegten Theile der Bundes- oder Reichsſchuld ge- hören. 73 Mai

§ 2. Das gerichtliche Aufgebot wird ohne vor- gängige Bekanntmachung der Reichsſchuldenverwaltung auf Grund eines Zeugniſſes der letzteren darüber,

daß die durch die verloren gegangene Urkunde verbriefte Schuld in ihren Büchern oder Etats noch offen ſtehe,

erlaſſen.

§ 3. Der Aufgebotstermin wird mit zwölfmonat- licher Friſt anberaumt.

§ 4. Iſt das Aufgebot ohne Erfolg geblieben, und wird demnächſt von der Reichsſchuldenverwaltung unter Wiederholung des im §. 2 erwähnten Zeugniſſes be- ſcheinigt, daß die aufgebotene Urkunde auch bis dahin nicht zum Vorſchein gekommen ſei, ſo wird das Amorti- ſations-Erkenntniß abgefaßt.

§ 5. Die nach §. 6 des Geſetzes vom 9. November 1867 und nach dem gegenwärtigen Geſetze erforderlichen

---

oder die Zeitung, welche an ſeine Stelle tritt, und durch je eine der in Leipzig, Hamburg und Frankfurt a. M. erſcheinenden Zeitungen, deren Beſtimmung der Bundes- Schuldenverwaltung überlaſſen bleibt, erfolgen.

73 Mai Bekanntmachungen erfolgen durch den Deutschen Reichs-Anzeiger und durch je eine der in Frankfurt a. M., Augsburg, Leipzig und Hamburg erscheinenden Zeitungen, deren Bestimmung der Reichsschuldenverwaltung überlassen ist.

§ 6. An Stelle der amortisirten Schuldverschreibung oder Schatzanweisung wird eine neue nicht ausgefertigt, wenn die Verbriefung des bezüglichen Theils der Bundes- oder Reichsschuld bereits geschlossen ist. In diesem Falle hat die Reichsschuldenverwaltung einer von ihr zu beglaubigenden Abschrift der mit dem Atteste der Rechtskraft versehenen Ausfertigung des Amortisations-Erkenntnisses, welche letztere bei ihren Akten aufzubewahren ist, ein Anerkenntniß der durch die amortisirte Urkunde verbrieften Forderung beizufügen. In dieses Anerkenntniß ist möglichst der vollständige Inhalt der amortisirten Urkunde und die Erklärung aufzunehmen, daß die Zahlung des Kapitals und, soweit der Gläubiger Zinsen zu fordern berechtigt ist, auch dieser von Seiten der Reichsschuldenverwaltung an den Inhaber des Anerkenntnisses ohne weitere Legitimation desselben mit voller Wirkung geschehen werde.

Urkundlich ꝛc.

Gegeben Berlin, den 12. Mai 1873.

Gesetz, betreffend die Besteuerung des Branntweins in Elsaß-Lothringen. Vom 16. Mai 1873.

(R.G.Bl. S. 111.)

Gesetz, betreffend einige Abänderungen des Gesetzes über das Posttaxwesen im Gebiete des Deutschen Reichs vom 28. Oktober 1871. Vom 17. Mai 1873.*) 73 Mai

(R.G.Bl. S. 107.)

Bekanntmachung, betreffend die Ausführung des Gesetzes über den Orden der Gesellschaft Jesu.

Vom 20. Mai 1873.

(R.G.Bl. S. 109; ausgeg. am 23. Mai 1873.)

Auf Grund der Bestimmung im §. 3 des Gesetzes, betreffend den Orden der Gesellschaft Jesu, vom 4. Juli 1872 (Reichs-Gesetzbl. S. 253) hat der Bundesrath beschlossen,

daß behufs weiterer Ausführung dieses Gesetzes nachfolgende Genossenschaften

die Kongregation der Redemptoristen (Congregatio Sacerdotum sub titulo Sanctissimi Redemptoris),

die Kongregation der Lazaristen (Congregatio Missionis),

die Kongregation der Priester vom heiligen Geiste (Congregatio Sancti Spiritus sub tutela immaculati cordis Beatae Virginis Mariae),

die Gesellschaft vom heiligen Herzen Jesu (Société du sacré coeur de Jésus)

---

*) Einz.-Ausg. Bd. 7 (Postgesetzgebung 2c.) S. 94.

73 Mai als im Sinne des gedachten Reichsgesetzes mit dem Orden der Gesellschaft Jesu verwandt anzusehen seien und demzufolge die in der Bekanntmachung vom 5. Juli 1872., betreffend die Ausführung des Gesetzes über den Orden der Gesellschaft Jesu (Reichs-Gesetzbl. S. 254.), erlassenen Vorschriften auch auf die vorgenannten Genossenschaften mit der Maßgabe Anwendung zu finden haben, daß Niederlassungen dieser Genossenschaften spätestens binnen sechs Monaten vom Tage der Bekanntmachung dieses Beschlusses an aufzulösen sind.

Berlin, den 20. Mai 1873.

Der Reichskanzler.

Gesetz, betreffend die Gründung und Verwaltung des Reichs-Invalidenfonds. Vom 23. Mai 1873.*)

(R.G.Bl. S. 117.)

(Abgeändert durch die Gesetze vom 23. Februar 1876, 11. Mai 1877 und 30. März 1879.)

Gesetz über die Rechtsverhältnisse der zum dienstlichen Gebrauche einer Reichsverwaltung bestimmten Gegenstände.

Vom 25. Mai 1873.

(R.G.Bl. S. 113; ausgeg. am 28. Mai 1873.)

§ 1. An allen dem dienstlichen Gebrauche einer

*) Vgl. Bekanntmachung vom 11. Juni 1874.

verfassungsmäßig aus Reichsmitteln zu unterhaltenden Verwaltung gewidmeten Gegenständen stehen das Eigenthum und die sonstigen dinglichen Rechte, welche den einzelnen Bundesstaaten zugestanden haben, dem Deutschen Reiche zu. Der Zeitpunkt des Uebergangs dieser Gegenstände in eine solche Verwaltung ist als Zeitpunkt des Uebergangs der Rechte auf das Reich anzusehen. 73 Mai

Hinsichtlich der Befreiung von Steuern und sonstigen dinglichen Lasten sind die im Eigenthume des Reichs befindlichen Gegenstände den im Eigenthume des einzelnen Staates befindlichen gleichartigen Gegenständen gleichgestellt.

Auch unterliegt das Reich bezüglich der ihm zugehörigen Gegenstände der nämlichen Gerichtszuständigkeit, welcher der Staat, in dessen Bereich jene Gegenstände sich befinden, bezüglich der ihm zugehörigen gleichartigen Gegenstände unterworfen ist.

§ 2. Ausgenommen von den Bestimmungen im §. 1 bleiben:

1) solche beim Erlaß dieses Gesetzes den Zwecken einer Reichsverwaltung dienenden Grundstücke und deren gesetzliche Zubehörungen, welche nach den in den einzelnen Bundesstaaten geltenden Bestimmungen der Benutzung des Staatsoberhauptes oder der Apanagirung der Mitglieder des regierenden Hauses gewidmet sind;

73 Mai

2) Grundstücke, welche bei dem Uebergange in eine Verwaltung des Reichs dieser nur auf eine bestimmte Zeit, oder auf Widerruf, oder miethweise überlassen sind;

3) Grundstücke, aus deren Erlös die zur Erwerbung oder Bebauung eines im Besitze derselben Reichsverwaltung befindlichen Grundstücks von einem Bundesstaate gemachten Ausgaben nach den darüber getroffenen Bestimmungen zu erstatten sind;

4) Grundstücke, welche bei dem Uebergange in eine Verwaltung des Reichs dem betreffenden Dienstzweige nicht unmittelbar dienten, vielmehr nur insofern mit ihm in einem Zusammenhange standen, als die aus den Grundstücken aufkommenden Einkünfte bei jenem Dienstzweige mit verrechnet wurden;

5) Grundstücke, welche zu einem Theile von einer Reichsverwaltung, zu einem anderen Theile von einer Landesverwaltung benutzt werden, sofern der letzteren die Mitbenutzung nicht lediglich auf eine bestimmte Zeit oder auf Widerruf oder miethweise eingeräumt ist. An solchen Grundstücken steht dem Reiche auch ein Miteigenthum nicht zu, die Reichsverwaltung behält aber, bis sie mit der Landesverwaltung eine Theilung oder sonstige Auseinandersetzung vereinbart, das Benutzungsrecht im bisherigen Umfange.

§ 3. Wenn aus einem in das Eigenthum des Reichs übergegangenen Grundstücke, neben der Benutzung zum Dienstgebrauche oder zu Dienstwohnungen, noch sonst Erträgnisse gezogen werden, so ist eine feste Geldrente, welche nach dem nachhaltigen Werthe dieser Erträgnisse zu ermitteln ist, an denjenigen Bundesstaat abzuführen, von welchem das betreffende Grundstück an das Reich übergegangen ist. 73 Mai

§ 4. Die nach der Bestimmung im §. 1 in das Eigenthum des Reichs übergegangenen Grundstücke können, wenn sie für die Zwecke der Reichsverwaltung in demjenigen Dienstzweige, dem sie bisher gewidmet waren, entbehrlich oder unbrauchbar werden, für Zwecke eines anderen Dienstzweiges der Reichsverwaltung verwendet werden.

§ 5. Das Reich ist zur Veräußerung eines nach §. 1 in sein Eigenthum übergegangenen Grundstücks nur dann befugt, wenn dasselbe für die Zwecke der Reichsverwaltung entbehrlich oder unbrauchbar wird und der Erlös aus seinem Verkaufe dazu bestimmt ist, durch die Erwerbung eines anderen Grundstücks, oder die Herstellung einer anderen Baulichkeit im Gebiete desselben Bundesstaates einen Ersatz für das entbehrlich oder unbrauchbar gewordene Grundstück zu beschaffen.

§ 6. Ist für ein entbehrlich oder unbrauchbar gewordenes Grundstück ein Ersatz nicht nothwendig, so ist dasselbe in dem Zustande, in welchem es sich befindet, unentgeltlich und ohne Ersatzleistung für etwaige Ver-

73 Mai besserungen oder Verschlechterungen demjenigen Bundesstaate zurückzugeben, aus dessen Besitz es in die Verwaltung des Reichs übergegangen war.

§ 7. Die Rückgabe (§. 6) solcher Grundstücke, welche den Zwecken der Militärverwaltung gewidmet sind, erfolgt, wenn sie für diese Verwaltung entbehrlich oder unbrauchbar werden, und weder nach §. 5 ein Ersatz für sie zu beschaffen, noch ihre Verwendung für Zwecke der Marine erforderlich ist.

Im Falle der Einziehung einer Befestigung erfolgt die Rückgabe nur nach Vollendung der im Interesse der Landesvertheidigung nothwendigen Einebnungsarbeiten gegen Erstattung der Kosten dieser Arbeiten.

§ 8. Die Entscheidung darüber, ob für ein von der Reichsverwaltung nicht weiter verwendbares Grundstück — §§. 5 bis 7 — ein Ersatz erforderlich sei, und die Feststellung der zu erstattenden Einebnungskosten stehen der obersten Behörde derjenigen Reichsverwaltung zu, in deren Besitz sich das Grundstück befindet.

§ 9. Durch den Uebergang des Eigenthums an den im §. 1 bezeichneten unbeweglichen Gegenständen an das Reich werden nicht berührt:

1) Verfügungen, welche in Betreff dieser Gegenstände vor dem 1. Januar 1873 getroffen sind;

2) die Fortdauer von Zahlungen oder anderen Leistungen, welche von einer Reichsverwaltung für die Einräumung eines Rechts an einem Grundstücke oder einem Theile desselben (§. 1

und §. 2 Nr. 5) bisher an einen Bundesstaat zu entrichten waren; 73 Mai

3) die Rechte Dritter, insbesondere der Staatsgläubiger.

Die zur Wahrung dieser Rechte in den Landesgesetzen bestehenden Vorschriften sind auch von dem Reiche zu erfüllen.

Rechte und Pflichten in Bezug auf rückständige Kaufgelder gehen auf das Reich nicht über.

§ 10. Alle Einnahmen aus der Veräußerung von Grundstücken, Materialien, Utensilien oder sonstigen Gegenständen, welche sich im Besitz der Reichsverwaltung befinden, müssen für jedes Jahr veranschlagt und auf den Reichshaushalts-Etat gebracht werden (Art. 69 der Verfassung). Eine Nachweisung der Ueberschreitungen solcher Einnahme-Etats und der außeretatsmäßigen Einnahmen aus der Veräußerung der erwähnten Gegenstände ist jedesmal spätestens in dem auf das Etatsjahr folgenden zweiten Jahre dem Bundesrath und dem Reichstage zur nachträglichen Genehmigung vorzulegen.

§ 11. Die Einnahmen aus der Veräußerung der im Besitz der Reichsverwaltung befindlichen Grundstücke dürfen nur unter Genehmigung des Bundesrathes und des Reichstages verausgabt werden und sind, sofern diese Genehmigung nicht anderweitig erfolgt ist, im nächsten Reichshaushalts-Etat in die zur Deckung der gemeinschaftlichen Ausgaben bestimmten Einnahmen einzustellen.

73 Mai § 12. Dem Reichstage ist ein Verzeichniß des als Eigenthum des Reichs festgestellten Grundbesitzes mitzutheilen, auch alljährlich von den im Grundbesitz des Reichs stattgehabten Veränderungen Kenntniß zu geben.

Urkundlich ꝛc.

Gegeben Berlin, den 25. Mai 1873.

Gesetz, betreffend die Geldmittel zur Umgestaltung und Ausrüstung von deutschen Festungen. Vom 30. Mai 1873.

(R.G.Bl. S. 123.)

Allerhöchster Erlaß, betreffend die revidirte Instruktion zum Gesetze vom 7. April 1869 über Maßregeln gegen die Rinderpest. Vom 9. Juni 1873.

(R.G.Bl. S. 147.)

Gesetz über die Kriegsleistungen. Vom 13. Juni 1873.*)

(R.G.Bl. S. 129.)

Gesetz, betreffend die Abänderung der Reichstags-Wahlkreise 5 und 6 des Regierungsbezirks Oppeln im Königreiche Preußen. Vom 20. Juni 1873.

(R.G.Bl. S. 144.)

---

*) Dazu Ausführungsverordnung vom 1. April 1876.

Gesetz,
betreffend die Einführung des Gesetzes des Norddeutschen Bundes über die privatrechtliche Stellung der Erwerbs- und Wirthschafts-Genossenschaften vom 4. Juli 1868 im Königreiche Bayern. 73 Juni

Vom 23. Juni 1873.

(R.G.Bl. S. 146.)

§ 1. Das Gesetz des Norddeutschen Bundes vom 4. Juli 1868, betreffend die privatrechtliche Stellung der Erwerbs- und Wirthschafts-Genossenschaften, tritt nebst dem Reichsgesetze vom 19. Mai 1871, betreffend die Deklaration des §. 1 des Gesetzes vom 4. Juli 1868, am 1. August 1873 im Königreiche Bayern in Kraft.

Die vor dem 1. August 1873 nach Vorschrift des bayerischen Gesetzes vom 29. April 1869, betreffend die privatrechtliche Stellung der Erwerbs- und Wirthschafts-Gesellschaften, vollzogenen Einträge von Genossenschaften in das bisher geführte besondere Genossenschafts-Register, gelten als Einträge in das Genossenschafts-Register im Sinne der §§. 4 bis 8 des norddeutschen Gesetzes vom 4. Juli 1868.

§ 2. Für die rechtlichen Verhältnisse der auf Grund des bayerischen Gesetzes vom 29. April 1869, betreffend die privatrechtliche Stellung der Erwerbs- und Wirthschafts-Gesellschaften, vor dem 1. August 1873 eingetragenen „registrirten Gesellschaften" bleiben die Bestimmungen des letzterwähnten Gesetzes maßgebend.

Urkundlich 2c.

Gegeben Schloß Babelsberg, den 23. Juni 1873.

78 Juni **Gesetz, betreffend die Einführung der Verfassung des Deutschen Reichs in Elsaß-Lothringen. Vom 25. Juni 1873.*)**
(R.G.Bl. S. 161.)

Gesetz, betreffend die Errichtung eines Reichs-Eisenbahn-Amtes.

Vom 27. Juni 1873.

(R.G.Bl. S. 164.)

§ 1. Unter dem Namen „Reichs-Eisenbahn-Amt" wird eine ständige Centralbehörde eingerichtet, welche aus einem Vorsitzenden und der erforderlichen Zahl von Räthen besteht und ihren Sitz in Berlin hat.

Auch können nach Maßgabe des Bedürfnisses Reichs-Eisenbahn-Kommissare bestellt werden, welche vom Reichs-Eisenbahn-Amt ihre Instruktionen empfangen.

§ 2. Der Vorsitzende und die Mitglieder des Reichs-Eisenbahn-Amtes, sowie die Reichs-Eisenbahn-Kommissare werden vom Kaiser, die Subaltern- und Unterbeamten werden vom Reichskanzler ernannt.

Auf den Vorsitzenden finden die Vorschriften des §. 25 des Gesetzes, betreffend die Rechtsverhältnisse der Reichsbeamten, vom 31. März 1873, Anwendung.

Personen, welche bei der Verwaltung einer deutschen Eisenbahn betheiligt sind, können keinerlei Thätigkeit bei dem Reichs-Eisenbahn-Amt oder als Reichs-Eisenbahn-Kommissare ausüben.

---

*) Einz.-Ausg. Bd. 1 (Reichsverfassung 2c.) S. 19.

§ 3. Vorbehaltlich der Bestimmung im §. 5 Nr. 4 führt das Reichs-Eisenbahn-Amt seine Geschäfte unter Verantwortlichkeit und nach den Anweisungen des Reichskanzlers. 73 Juni

§ 4. Das Reichs-Eisenbahn-Amt hat innerhalb der durch die Verfassung bestimmten Zuständigkeit des Reichs:

1) das Aufsichtsrecht über das Eisenbahnwesen wahrzunehmen;
2) für die Ausführung der in der Reichsverfassung enthaltenen Bestimmungen, sowie der sonstigen auf das Eisenbahnwesen bezüglichen Gesetze und verfassungsmäßigen Vorschriften Sorge zu tragen;
3) auf Abstellung der in Hinsicht auf das Eisenbahnwesen hervortretenden Mängel und Mißstände hinzuwirken.

Dasselbe ist berechtigt, innerhalb seiner Zuständigkeit über alle Einrichtungen und Maßregeln von den Eisenbahnverwaltungen Auskunft zu erfordern oder nach Befinden durch persönliche Kenntnißnahme sich zu unterrichten und hiernach das Erforderliche zu veranlassen.

§ 5. Bis zum Erlaß eines Reichs-Eisenbahngesetzes gelten folgende Vorschriften:

1) In Bezug auf die Privateisenbahnen stehen dem Reichs-Eisenbahn-Amte zur Durchführung seiner Verfügungen dieselben Befugnisse zu, welche den Aufsichtsbehörden der betreffenden Bundesstaaten beigelegt sind. Werden zu diesem

73 Juni Zwecke Zwangsmaßregeln erforderlich, so sind die Eisenbahn-Aufsichtsbehörden der einzelnen Bundesstaaten gehalten, den deshalb an sie ergehenden Requisitionen zu entsprechen.

2) Staats-Eisenbahnverwaltungen sind nöthigenfalls zur Erfüllung der ihnen obliegenden Verpflichtungen im verfassungsmäßigen Wege (Art. 7 Nr. 3, Art. 17 und Art. 19 der Reichsverfassung) anzuhalten.

3) Den Reichseisenbahnen gegenüber wird der Reichskanzler die Verfügungen des Reichs-Eisenbahn-Amtes zum Vollzuge bringen.

4) Wird gegen eine von dem Reichs-Eisenbahn-Amte verfügte Maßregel Gegenvorstellung erhoben auf Grund der Behauptung, daß jene Maßregel in den Gesetzen und rechtsgültigen Vorschriften nicht begründet sei, so hat das durch Zuziehung von richterlichen Beamten zu verstärkende Reichs-Eisenbahn-Amt über die Gegenvorstellung immer selbstständig und unter eigener Verantwortlichkeit in kollegialer Berathung und Beschlußfassung zu befinden. Zu diesem Zwecke wird der Bundesrath ein Regulativ erlassen, welches den kollegialen Geschäftsgang ordnet und die hierbei dem Präsidenten zustehenden Befugnisse regelt.

Urkundlich ꝛc.

Gegeben Schloß Babelsberg, den 27. Juni 1873.

Gesetz, betreffend die Registrirung und die Bezeichnung der Kauffahrteischiffe. Vom 28. Juni 1873.*) 73 Juni

(R.G.Bl. S. 184.)

Gesetz, betreffend die Verlängerung der Wirksamkeit des Gesetzes über die Ausgabe von Banknoten, vom 27. März 1870 (Bundes-Gesetzbl. S. 51).) Vom 30. Juni 1873.**

(R.G.Bl. S. 159.)

Gesetz, betreffend die Bewilligung von Wohnungsgeldzuschüssen an die Offiziere und Aerzte des Reichsheeres und der Kaiserlichen Marine, sowie an die Reichsbeamten. Vom 30. Juni 1873.

(R.G.Bl. S. 166.)

Verordnung, betreffend die Klassifikation der Reichsbeamten nach Maßgabe des Tarifs zu dem Gesetze vom 30. Juni 1873 über die Bewilligung von Wohnungsgeldzuschüssen rc. Vom 30. Juni 1873.

(R.G.Bl. S. 169.)

Bekanntmachung, betreffend die Pharmacopoea Germanica. Vom 4. Juli 1873.*)**

(R.G.Bl. S. 200.)

---

*) Einz.-Ausg. Bd. 19 (Seegesetzgebung) S. 14 und Bd. 21 (Konsulargesetzgebung) S. 216.

**) Vgl. Bemerkung zu dem genannten Gesetz.

***) Vgl. Bekanntmachung vom 1. Juni 1872 und Anmerkung dazu.

78 Juli **Gesetz, betreffend die Abänderung des Vereins-Zolltarifs. Vom 7. Juli 1873.*)**
(R.G.Bl. S. 241.)

Gesetz, betreffend den nach dem Gesetze vom 8. Juli 1872 einstweilen reservirten Theil der Französischen Kriegskosten-Entschädigung. Vom 8. Juli 1873.
(R.G.Bl. S. 217.)

Bekanntmachung, betreffend die portopflichtige Korrespondenz zwischen Behörden verschiedener Bundesstaaten.

Vom 8. Juli 1873.

(R.G.Bl. S. 232.)

Die in der Bekanntmachung vom 29. August 1870 (Bundes-Gesetzbl. 1870 S. 514) veröffentlichten Grundsätze für die Behandlung der portopflichtigen Korrespondenz zwischen den Behörden verschiedener Bundesstaaten im Gebiete des Norddeutschen Bundes, welche laut der Bekanntmachung vom 17. April v. J. (Reichs-Gesetzbl. S. 108) auch für Südhessen, das Großherzogthum Baden und Elsaß-Lothringen gelten, kommen vom 1. Oktober 1873 ab auch für die Königreiche Bayern und Württemberg in Anwendung.

Berlin, den 8. Juli 1873.

Der Reichskanzler.

---

*) Dieses Gesetz nebst der Bekanntmachung vom 12. Juli 1873, sowie die älteren Zolltarifsgesetze vom 25. Mai 1868 und 17. Mai 1870 sind durch das Gesetz vom 15. Juli 1879 beseitigt worden.

Münzgesetz.

73 Juli

Vom 9. Juli 1873.*)

(R.G.Bl. S. 233; ausgeg. am 15. Juli 1873.)

Art. 1. An die Stelle der in Deutschland geltenden Landeswährungen tritt die Reichsgoldwährung. Ihre Rechnungseinheit bildet die Mark, wie solche durch §. 2 des Gesetzes vom 4. Dezember 1871, betreffend die Ausprägung von Reichsgoldmünzen (Reichs-Gesetzbl. S. 404), festgestellt worden ist.

Der Zeitpunkt, an welchem die Reichswährung im gesammten Reichsgebiete in Kraft treten soll, wird durch eine mit Zustimmung des Bundesrathes zu erlassende, mindestens drei Monate vor dem Eintritt dieses Zeitpunktes zu verkündende Verordnung des Kaisers bestimmt.**) Die Landesregierungen sind ermächtigt, auch vor diesem Zeitpunkte für ihr Gebiet die Reichsmarkrechnung im Verordnungswege einzuführen.

Art. 2. Außer den in dem Gesetze vom 4. Dezember 1871 bezeichneten Reichsgoldmünzen sollen ferner ausgeprägt werden Reichsgoldmünzen zu fünf Mark, von welchen aus einem Pfunde feinen Goldes 279 Stück ausgebracht werden. Die Bestimmungen der §§. 4, 5, 7, 8 und 9 jenes Gesetzes finden auf diese Münzen entsprechende Anwendung, jedoch mit der Maßgabe, daß bei denselben die Abweichung in Mehr oder Weniger

*) Eingeführt in Elsaß-Lothringen durch Gesetz vom 15. November 1874 (vgl. unten).

**) Vgl. unten Verordnung vom 22. September 1875.

73 Juli im Gewicht (§. 7) vier Tausendtheile, und der Unterschied zwischen dem Normalgewicht und dem Passirgewicht (§. 9) acht Tausendtheile betragen darf.

Art. 3. Außer den Reichsgoldmünzen sollen als Reichsmünzen und zwar

1) als Silbermünzen:
Fünfmarkstücke,
Zweimarkstücke,
Einmarkstücke,
Fünfzigpfennigstücke und
Zwanzigpfennigstücke;

2) als Nickelmünzen:
Zehnpfennigstücke und
Fünfpfennigstücke;

3) als Kupfermünzen:
Zweipfennigstücke und
Einpfennigstücke

nach Maßgabe folgender Bestimmungen ausgeprägt werden.

§ 1.

Bei Ausprägung der Silbermünzen wird das Pfund feinen Silbers in

20 Fünfmarkstücke,
50 Zweimarkstücke,
100 Einmarkstücke,
200 Fünfzigpfennigstücke und in
500 Zwanzigpfennigstücke

ausgebracht.

Das Mischungsverhältniß beträgt 900 Theile Silber und 100 Theile Kupfer, so daß 90 Mark in Silbermünze 1 Pfund wiegen. 73 Juli

Das Verfahren bei Ausprägung dieser Münzen wird vom Bundesrath festgestellt. Bei den einzelnen Stücken darf die Abweichung im Mehr oder Weniger im Feingehalt nicht mehr als drei Tausendtheile, im Gewicht, mit Ausnahme der Zwanzigpfennigstücke, nicht mehr als zehn Tausendtheile betragen. In der Masse aber müssen das Normalgewicht und der Normalgehalt bei allen Silbermünzen innegehalten werden.

§ 2.

Die Silbermünzen über eine Mark tragen auf der einen Seite den Reichsadler mit der Inschrift „Deutsches Reich“ und mit der Angabe des Werthes in Mark, sowie mit der Jahreszahl der Ausprägung, auf der anderen Seite das Bildniß des Landesherrn beziehungsweise das Hoheitszeichen der freien Städte mit einer entsprechenden Umschrift und dem Münzzeichen. Durchmesser der Münzen, Beschaffenheit und Verzierung der Ränder derselben werden vom Bundesrathe festgestellt.

§ 3.

Die übrigen Silbermünzen, die Nickel- und Kupfermünzen tragen auf der einen Seite die Werthangabe, die Jahreszahl und die Inschrift „Deutsches Reich“, auf der andern Seite den Reichsadler und das Münzzeichen. Die näheren Bestimmungen über Zusammen-

73 Juli setzung, Gewicht und Durchmesser dieser Münzen, sowie über die Verzierung der Schriftseite und die Beschaffenheit der Ränder werden vom Bundesrathe festgestellt.

§ 4.

Die Silber-, Nickel- und Kupfermünzen werden auf den Münzstätten derjenigen Bundesstaaten, welche sich dazu bereit erklären, ausgeprägt. Die Ausprägung und Ausgabe dieser Münzen unterliegt der Beaufsichtigung von Seiten des Reichs. Der Reichskanzler bestimmt unter Zustimmung des Bundesrathes die auszuprägenden Beträge, die Vertheilung dieser Beträge auf die einzelnen Münzgattungen und auf die einzelnen Münzstätten und die den letzteren für die Prägung jeder einzelnen Münzgattung gleichmäßig zu gewährende Vergütung. Die Beschaffung der Münzmetalle für die Münzstätten erfolgt auf Anordnung des Reichskanzlers.

Art. 4. Der Gesammtbetrag der Reichssilbermünzen soll bis auf Weiteres zehn Mark für den Kopf der Bevölkerung des Reichs nicht übersteigen.

Bei jeder Ausgabe dieser Münzen ist eine dem Werthe nach gleiche Menge der umlaufenden groben Landessilbermünzen und zwar zunächst der nicht dem Dreißigthalerfuße angehörenden einzuziehen. Der Werth wird nach der Vorschrift im Art. 14 §. 2 berechnet.

Art. 5. Der Gesammtbetrag der Nickel- und Kupfermünzen soll zwei und eine halbe Mark für den Kopf der Bevölkerung des Reichs nicht übersteigen.

Art. 6. Von den Landesscheidemünzen sind: 73 Juli

1) die auf andere als Thalerwährung lautenden, mit Ausschluß der bayerischen Heller und der mecklenburgischen nach dem Marksysteme ausgeprägten Fünf-, Zwei- und Einpfennigstücke,
2) die auf der Zwölftheilung des Groschens beruhenden Scheidemünzen zu 2 und 4 Pfennigen,
3) die Scheidemünzen der Thalerwährung, welche auf einer anderen Eintheilung des Thalers, als der in 30 Groschen beruhen, mit Ausnahme der Stücke im Werthe von $^1/_{12}$ Thaler,

bis zu dem Zeitpunkte des Eintritts der Reichswährung (Art. 1) einzuziehen.

Nach diesem Zeitpunkte ist Niemand verpflichtet, diese Scheidemünzen in Zahlung zu nehmen, als die mit der Einlösung derselben beauftragten Kassen.

Art. 7. Die Ausprägung der Silber-, Nickel- und Kupfermünzen (Art. 3), sowie die vom Reichskanzler anzuordnende Einziehung der Landessilbermünzen und Landesscheidemünzen erfolgt auf Rechnung des Reichs.

Art. 8. Die Anordnung der Außerkurssetzung von Landesmünzen und Feststellung der für dieselbe erforderlichen Vorschriften erfolgt durch den Bundesrath.*)

---

*) Vgl. hierzu:

1) Bekanntmachung, betreffend die Außerkurssetzung der Landesgoldmünzen und der landesgesetzlich den inländischen Münzen gleichgestellten ausländischen Goldmünzen. Vom 6. Dezember 1873 (R.G.Bl. S. 375).

73 Juli Die Bekanntmachungen über Außerkurssetzung von

2) Bekanntmachung, betreffend die Außerkurssetzung der Kronenthaler, sowie von Münzen des Konventionsfußes. Vom 7. März 1874 (R.G.Bl. S. 21).

3) Bekanntmachung, betreffend die Außerkurssetzung der Zweiguldenstücke süddeutscher Währung. Vom 2. Juli 1874 (R.G.Bl. S. 111).

4) Bekanntmachung, betreffend die Außerkurssetzung verschiedener Landes-Silber- und Kupfermünzen. Vom 19. Dezember 1874 (R.G.Bl. S. 149).

5) Bekanntmachung, betreffend die Außerkurssetzung der Halbguldenstücke süddeutscher Währung, sowie der vor dem Jahre 1753 geprägten Dreißigkreuzerstücke und Fünfzehnkreuzerstücke deutschen Gepräges. Vom 7. Juni 1875 (R.G.Bl. S. 247).

6) Bekanntmachung, betreffend die Außerkurssetzung der Münzen der lübisch-hamburgischen Kurantwährung, sowie verschiedener anderer Landesmünzen. Vom 21. September 1875 (R.G.Bl. S. 304).

7) Bekanntmachung, betreffend die Außerkurssetzung der Silber- und Bronzemünzen der Frankenwährung. Vom 21. September 1875 (R.G.Bl. S. 307).

8) Bekanntmachung, betreffend die Außerkurssetzung der Dreipfennigstücke deutschen Gepräges. Vom 17. Oktober 1875 (R.G.Bl. S. 311).

9) Bekanntmachung, betreffend die Außerkurssetzung der Guldenstücke süddeutscher Währung, sowie die Einlösung der vom 1. Januar 1876 ab außer Kurs tretenden Scheidemünzen süddeutscher Währung. Vom 10. Dezember 1875 (R.G.Bl. S. 315).

10) Bekanntmachung, betreffend die Außerkurssetzung von Scheidemünzen der Thalerwährung. Vom 12. April 1876 (R.G.Bl. S. 162).

11) Bekanntmachung, betreffend die Außerkurssetzung der Zweithalerstücke und Eindrittelthalerstücke deutschen Gepräges. Vom 2. November 1876 (R.G.Bl. S. 221).

12) Bekanntmachung, betreffend die Außerkurssetzung verschiedener Landes-Silber- und Kupfermünzen. Vom 22. Februar 1878 (R.G.Bl. S. 3).

Landesmünzen sind außer in den zu der Veröffentlichung von Landesverordnungen bestimmten Blättern auch durch das Reichs-Gesetzblatt zu veröffentlichen. 73 Juli

Eine Außerkurssetzung darf erst eintreten, wenn eine Einlösungsfrist von mindestens vier Wochen festgesetzt und mindestens drei Monate vor ihrem Ablaufe durch die vorbezeichneten Blätter bekannt gemacht worden ist.

Art. 9. Niemand ist verpflichtet, Reichssilbermünzen im Betrage von mehr als zwanzig Mark und Nickel- und Kupfermünzen im Betrage von mehr als einer Mark in Zahlung zu nehmen.

Von den Reichs- und Landeskassen werden Reichssilbermünzen in jedem Betrage in Zahlung genommen. Der Bundesrath wird diejenigen Kassen bezeichnen, welche Reichsgoldmünzen gegen Einzahlung von Reichssilbermünzen in Beträgen von mindestens 200 Mark oder von Nickel- und Kupfermünzen in Beträgen von mindestens 50 Mark auf Verlangen verabfolgen. Derselbe wird zugleich die näheren Bedingungen des Umtausches festsetzen.

Art. 10. Die Verpflichtung zur Annahme und zum Umtausch (Art. 9) findet auf durchlöcherte und anders, als durch den gewöhnlichen Umlauf im Gewicht verringerte, ingleichen auf verfälschte Münzstücke keine Anwendung.

Reichs-Silber-, Nickel- und Kupfermünzen, welche in Folge längerer Cirkulation und Abnutzung an Gewicht oder Erkennbarkeit erheblich eingebüßt haben, werden zwar noch in allen Reichs- und Landeskassen

73 Juli angenommen, sind aber auf Rechnung des Reichs einzuziehen.

Art. 11. Eine Ausprägung von anderen, als den durch dieses Gesetz eingeführten Silber-, Nickel- und Kupfermünzen findet nicht ferner statt. Die durch die Bestimmung im §. 10 des Gesetzes, betreffend die Ausprägung von Reichsgoldmünzen, vom 4. Dezember 1871 (Reichs-Gesetzbl. S. 404), vorbehaltene Befugniß, Silbermünzen als Denkmünzen auszuprägen, erlischt mit dem 31. Dezember 1873.

Art. 12. Die Ausprägung von Reichsgoldmünzen geschieht auch ferner nach Maßgabe der Bestimmung im §. 6 des Gesetzes, betreffend die Ausprägung von Reichsgoldmünzen, vom 4. Dezember 1871 (Reichs-Gesetzbl. S. 404), auf Rechnung des Reichs.

Privatpersonen haben das Recht, auf denjenigen Münzstätten, welche sich zur Ausprägung auf Reichsrechnung bereit erklärt haben, Zwanzigmarkstücke für ihre Rechnung ausprägen zu lassen, soweit diese Münzstätten nicht für das Reich beschäftigt sind.

Die für solche Ausprägungen zu erhebende Gebühr wird vom Reichskanzler mit Zustimmung des Bundesrathes festgestellt, darf aber das Maximum von 7 Mark auf das Pfund fein Gold nicht übersteigen.

Die Differenz zwischen dieser Gebühr und der Vergütung, welche die Münzstätte für die Ausprägung in Anspruch nimmt, fließt in die Reichskasse. Die Differenz muß für alle deutschen Münzstätten dieselbe sein.

Die Münzstätten dürfen für die Ausprägung keine

höhere Vergütung in Anspruch nehmen, als die Reichskasse für die Ausprägung von Zwanzigmarkstücken gewährt. 73 Juli

Art. 13. Der Bundesrath ist befugt:

1) den Werth zu bestimmen, über welchen hinaus fremde Gold- und Silbermünzen nicht in Zahlung angeboten und gegeben werden dürfen, sowie den Umlauf fremder Münzen gänzlich zu untersagen*);
2) zu bestimmen, ob ausländische Münzen von Reichs- oder Landeskassen zu einem öffentlich bekannt zu machenden Kurse im inländischen Verkehr in Zahlung genommen werden dürfen, auch in solchem Falle den Kurs festzusetzen.

Gewohnheitsmäßige oder gewerbsmäßige Zuwiderhandlungen gegen die vom Bundesrathe in Gemäßheit der Bestimmungen unter 1 getroffenen Anordnungen werden bestraft mit Geldstrafe bis zu 150 Mark oder mit Haft bis zu sechs Wochen.

---

*) Vgl. hierzu:

1) Bekanntmachung, das Verbot des Umlaufs der österreichischen und ungarischen Ein- und Zweiguldenstücke und der niederländischen Ein- und Zweieinhalb-Guldenstücke betreffend. Vom 22. Januar 1874 (R.G.Bl. S. 12).

2) Bekanntmachung, das Verbot des Umlaufs der finnischen Silbermünzen betreffend. Vom 16. Oktober 1874 (R.G.Bl. S. 126).

3) Bekanntmachung, das Verbot des Umlaufes fremder Silber- und Kupfermünzen betreffend. Vom 19. Dezember 1874 (R.G.Bl. S. 152).

4) Bekanntmachung, betreffend das Verbot des Umlaufs polnischer eindrittel und einsechstel Talerastücke. Vom 26. Februar 1875 (R.G.Bl. S. 134).

73 Juli **Art. 14.** Von dem Eintritt der Reichswährung an gelten folgende Vorschriften:

§ 1.

Alle Zahlungen, welche bis dahin in Münzen einer inländischen Währung oder in landesgesetzlich den inländischen Münzen gleichgestellten ausländischen Münzen zu leisten waren, sind vorbehaltlich der Vorschriften Art. 9, 15 und 16 in Reichsmünzen zu leisten.

§ 2.

Die Umrechnung solcher Goldmünzen, für welche ein bestimmtes Verhältniß zu Silbermünzen gesetzlich nicht feststeht, erfolgt nach Maßgabe des Verhältnisses des gesetzlichen Feingehalts derjenigen Münzen, auf welche die Zahlungsverpflichtung lautet, zu dem gesetzlichen Feingehalte der Reichsgoldmünzen.

Bei der Umrechnung anderer Münzen werden
der Thaler zum Werthe von 3 Mark,
der Gulden süddeutscher Währung zum Werthe von $1^5/_7$ Mark,
die Mark lübischer oder hamburgischer Kurantwährung zum Werthe von $1^1/_5$ Mark,

die übrigen Münzen derselben Währungen zu entsprechenden Werthen nach ihrem Verhältniß zu den genannten berechnet.

Bei der Umrechnung werden Bruchtheile von Pfennigen der Reichswährung zu einem Pfennig berechnet, wenn sie einen halben Pfennig oder mehr betragen, Bruchtheile unter einem halben Pfennig werden nicht gerechnet.

§ 3.

73 Juli

Werden Zahlungsverpflichtungen nach Eintritt der Reichswährung unter Zugrundelegung vormaliger inländischer Geld- oder Rechnungswährungen begründet, so ist die Zahlung vorbehaltlich der Vorschriften Art. 9, 15 und 16 in Reichsmünzen unter Anwendung der Vorschriften des §. 2 zu leisten.

§ 4.

In allen gerichtlich oder notariell aufgenommenen Urkunden, welche auf einen Geldbetrag lauten, desgleichen in allen zu einem Geldbetrag verurtheilenden gerichtlichen Entscheidungen ist dieser Geldbetrag, wenn für denselben ein bestimmtes Verhältniß zur Reichswährung gesetzlich feststeht, in Reichswährung auszudrücken; woneben jedoch dessen gleichzeitige Bezeichnung nach derjenigen Währung, in welcher ursprünglich die Verbindlichkeit begründet war, gestattet bleibt.

Art. 15. An Stelle der Reichsmünzen sind bei allen Zahlungen bis zur Außerkurssetzung*) anzunehmen:

1) im gesammten Bundesgebiete an Stelle aller**) Reichsmünzen die Ein- [und Zwei]thalerstücke deutschen Gepräges unter Berechnung des Thalers zu drei Mark;***)

---

*) Durch inzwischen erfolgte Außerkurssetzung (vgl. Anmerkung zu Art. 8) ist der größte Theil des Art. 15 obsolet geworden.

**) Vgl. unten Gesetz vom 6. Januar 1876.

***) „Die Bestimmung ... findet auch auf die in Oesterreich bis zum Schlusse des Jahres 1869 geprägten Vereinsthaler und Vereinsdoppelthaler Anwendung.“ Gesetz vom 20. April 1874.

73 Juli [2) im gesammten Bundesgebiete an Stelle der Reichssilbermünzen, Silberkurantmünzen deutschen Gepräges zu $^1/_3$ und $^1/_6$ Thaler unter Berechnung des $^1/_3$ Thalerstücks zu einer Mark und des $^1/_6$ Thalerstücks zu einer halben Mark;

3) in denjenigen Ländern, in welchen gegenwärtig die Thalerwährung gilt, an Stelle der Reichs-, Nickel- und Kupfermünzen die nachbezeichneten Münzen der Thalerwährung zu den daneben bezeichneten Werthen:

$^1/_{12}$ Thalerstücke	zum Werthe von	25 Pfennig,
$^1/_{15}$ „	„ „ „	20 „
$^1/_{30}$ „	„ „ „	10 „
$^1/_2$ Groschenstücke	„ „ „	5 „
$^1/_5$ „	„ „ „	2 „
$^1/_{10}$ und $^1/_{12}$ „	„ „ „	1 „

4) in denjenigen Ländern, in welchen die Zwölftheilung des Groschens besteht, an Stelle der Reichs-, Nickel- und Kupfermünzen die auf der Zwölftheilung des Groschens beruhenden Dreipfennigstücke zum Werthe von $2^1/_2$ Pfennig;]

5) in Bayern an Stelle der Reichskupfermünzen die Hellerstücke zum Werthe von $^1/_2$ Pfennig;

[6) in Mecklenburg an Stelle der Reichskupfermünzen die nach dem Marksystem ausgeprägten Fünfpfennigstücke, Zweipfennigstücke und Einpfennigstücke zum Werthe von 5, 2 und 1 Pfennig.

Die sämmtlichen sub 3 und 4 verzeichneten Münzen sind an allen öffentlichen Kassen des gesammten Bundesgebietes zu den angegebenen Werthen bis zur Außerkurssetzung in Zahlung anzunehmen.]

Art. 16. Deutsche Goldkronen, Landesgoldmünzen und landesgesetzlich den inländischen Münzen gleichgestellte ausländische Goldmünzen, sowie grobe Silbermünzen, welche einer anderen Landeswährung als der Thalerwährung angehören, sind bis zur Außerkurssetzung als Zahlung anzunehmen, soweit die Zahlung nach den bisherigen Vorschriften in diesen Münzsorten angenommen werden mußte. 73 Juli

Art. 17. Schon vor Eintritt der Reichsgoldwährung können alle Zahlungen, welche gesetzlich in Münzen einer inländischen Währung oder in ausländischen, den inländischen Münzen landesgesetzlich gleichgestellten Münzen geleistet werden dürfen, ganz oder theilweise in Reichsmünzen, vorbehaltlich der Vorschrift Art. 9, dergestalt geleistet werden, daß die Umrechnung nach den Vorschriften Art. 14 §. 2 erfolgt.

Art. 18. Bis zum 1. Januar 1876 sind sämmtliche nicht auf Reichswährung lautenden Noten der Banken einzuziehen.*) Von diesem Termine an dürfen nur solche Banknoten, welche auf Reichswährung in Beträgen von nicht weniger als 100 Mark lauten, in Umlauf bleiben oder ausgegeben werden.

Dieselben Bestimmungen gelten für die bis jetzt von Korporationen ausgegebenen Scheine.

Das von den einzelnen Bundesstaaten ausgegebene Papiergeld ist spätestens bis zum 1. Januar 1876 einzuziehen und spätestens sechs Monate vor diesem Termine öffentlich aufzurufen. Dagegen wird nach Maßgabe eines zu erlassenden Reichsgesetzes eine Ausgabe von Reichspapiergeld stattfinden.**) Das Reichsgesetz wird über die Ausgabe und den Umlauf des Reichspapiergeldes, sowie über die den einzelnen Bundesstaaten zum

*) Vgl. unten Gesetz, betreffend die Ausgabe von Banknoten, vom 21. Dezember 1874 und Bankgesetz vom 14. März 1875.

**) Vgl. unten Gesetz vom 30. April 1874.

73 Juli Zweck der Einziehung ihres Papiergeldes zu gewährenden Erleichterungen die näheren Bestimmungen treffen.

Urkundlich ꝛc.

Gegeben Bad Ems, den 9. Juli 1873.

Verordnung, betreffend die Abgrenzung der Bezirke der Disziplinarkammern. Vom 11. Juli 1873.

(R.G.Bl. S. 293.)

Bekanntmachung, betreffend die Abänderung der Vorschriften über die Verwendung der Wechselstempelmarken.*) Vom 11. Juli 1873.

(R.G.Bl. S. 295.)

(Ersetzt durch die Bekanntmachung vom 16. Juli 1881.)

Bekanntmachung, betreffend die neue Redaktion des Zolltarifs. Vom 12. Juli 1873.

(R.G.Bl. S. 244.)

(Erledigt durch das Gesetz vom 15. Juli 1879.)

Verordnung, betreffend die Beschaffung der Kautionen der Post- und Telegraphenbeamten. Vom 12. Juli 1873.

(R.G.Bl. S. 298.)

Bekanntmachung, betreffend die Prüfung der Apotheker. Vom 15. Juli 1873.

(R.G.Bl. S. 299.)

(Aufgehoben durch Bekanntmachung vom 5. März 1875.)

---

*) Einz.-Ausg. Bd. 5 (Wechselordnung ꝛc.) Theil 2 S. 18.

Bekanntmachung, betreffend eine Abänderung des Verzeichnisses der gewerblichen Anlagen, welche einer besonderen Genehmigung bedürfen. Vom 20. Juli 1873.*) 73 Juli

(R.G.Bl. S. 299.)

(Genehmigt durch Gesetz vom 2. März 1874.)

Bekanntmachung, betreffend die Uebereinkunft mit Rußland wegen des gegenseitigen Schutzes der Waarenbezeichnungen. Vom 18. August 1873.)**

(R.G.Bl. S. 337.)

Bekanntmachung,

betreffend die portopflichtige Korrespondenz zwischen den Behörden des Reichs und Oesterreich-Ungarns.

Vom 31. Oktober 1873.

(R.G.Bl. S. 366.)

Die in der Bekanntmachung vom 29. August 1870 (Bundes-Gesetzbl. 1870 S. 514) veröffentlichten Grundsätze für die Behandlung der portopflichtigen Korrespondenz zwischen den Behörden . . . kommen von jetzt ab auch im Verkehre mit den Behörden in der österreichisch-ungarischen Monarchie in Anwendung.

Berlin, den 31. Oktober 1873.

Der Reichskanzler.

Vorschriften über die Registrirung und die Bezeichnung der Kauffahrteischiffe. Vom 13. November 1873.*)**

(R.G.Bl. S. 367.)

*) Aufgegangen in § 16 der Reichs-Gewerbeordnung in ihrer neuen Fassung vom 1. Juli 1883 (Einz.-Ausg. Bd. 6).

**) Vgl. oben Bekanntmachung vom 11. Juli 1872.

***) Einz.-Ausg. Bd. 19 (Seegesetzgebung) S. 15 u. Bd. 21 (Konsulargesetzgebung) S. 217.

73 Dez. **Bekanntmachung, betreffend die Feststellung der Wahlkreise in Elsaß-Lothringen für die Wahlen zum Deutschen Reichstage. Vom 1. Dezember 1873.**

(R.G.Bl. S. 373.)

Bekanntmachung, betreffend das Wahlreglement. Vom 1. Dezember 1873.

(R.G.Bl. S. 374.)

Bekanntmachung, betreffend die Außerkurssetzung der Landesgoldmünzen und der landesgesetzlich den inländischen Münzen gleichgestellten ausländischen Goldmünzen. Vom 6. Dezember 1873.

(R.G.Bl. S. 375.)

Gesetz, betreffend die Abänderung der Maaß- und Gewichtsordnung für den Norddeutschen Bund vom 17. August 1868.

Vom 7. Dezember 1873.

(R.G.Bl. S. 377.)

Einziger Paragraph. Artikel 4 der Maaß- und Gewichtsordnung, welcher also lautet:

„Als Entfernungsmaaß dient die Meile von 7500 Meter."

wird aufgehoben.

Urkundlich 2c.

Gegeben Berlin, den 7. Dezember 1873.

Gesetz, betreffend die Abänderung der Nr. 13 des Artikels 4 der Verfassung des Deutschen Reichs. Vom 20. Dezember 1873.*) 73 Dez.

(R.G.Bl. S. 379.)

Gesetz, betreffend die Errichtung einer Disziplinarkammer in Straßburg im Elsaß. Vom 7. Januar 1874.

(R.G.Bl. S. 3.)

Verordnung, betreffend die Verwaltung des Reichskriegsschatzes. Vom 22. Januar 1874.

(R.G.Bl. S. 9.)

Bekanntmachung, das Verbot des Umlaufs der österreichischen und ungarischen Ein- und Zweiguldenstücke und der niederländischen Ein- und Zweieinhalb-Guldenstücke betreffend. Vom 22. Januar 1874.

(R.G.Bl. S. 12.)

Verordnung, betreffend die Ergänzung der Klassifikation der Reichsbeamten nach Maßgabe des Tarifs zu dem Gesetze vom 30. Juni 1873 über die Bewilligung von Wohnungsgeldzuschüssen. Vom 3. Februar 1874.

(R.G.Bl. S. 13.)

Verordnung,
betreffend die Ausführung des Gesetzes vom 1. Juni 1870 über die Abgaben von der Flößerei.

Vom 13. Februar 1874.

(R.G.Bl. S. 14.)

Mit dem 1. März d. J. hört auf den Flüssen Enz und Nagold die Erhebung der nach §. 1 des Gesetzes vom

---

*) Einz.-Ausg. Bd. 1 (Reichsverfassung rc.) S. 54.

1874 Febr. 1. Juni 1870 über die Abgaben von der Flößerei unzulässigen Abgaben auf.

Urkundlich 2c.

Gegeben Berlin, den 13. Februar 1874.

Gesetz, betreffend die Gewährung von nachträglichen Vergütungen für Kriegsleistungen der Gemeinden. Vom 23. Februar 1874.

(R.G.Bl. S. 17.)

Gesetz, betreffend die einer besonderen Genehmigung bedürfenden gewerblichen Anlagen. Vom 2. März 1874.*)

(R.G.Bl. S. 19.)

Bekanntmachung, betreffend die Außerkurssetzung der Kronenthaler, sowie von Münzen des Konventionsfußes. Vom 7. März 1874.

(R.G.Bl. S. 21.)

Gesetz, betreffend die Einschränkung der Gerichtsbarkeit der deutschen Konsuln in Egypten. Vom 30. März 1874.**)

(R.G.Bl. S. 23.)

(Abgeändert durch Gesetz vom 5. Juni 1880.)

---

*) Vgl. Bekanntmachung vom 20. Juli 1873.

**) Einz.-Ausg. Bd. 21 (Konsulargesetzgebung) S. 279. — Dazu Verordnung vom 23. Dezember 1875 mit entsprechender Abänderung vom 23. Dezember 1880.

Gesetz, betreffend einige Abänderungen und Ergänzungen des Gesetzes vom 27. Juni 1871 über die Pensionirung und Versorgung der Militärpersonen ꝛc. Vom 4. April 1874. 74 Apr.

(R.G.Bl. S. 25.)

Impfgesetz.

Vom 8. April 1874.

(R.G.Bl. S. 31.)

§ 1. Der Impfung mit Schutzpocken soll unterzogen werden:

1) jedes Kind vor dem Ablaufe des auf sein Geburtsjahr folgenden Kalenderjahres, sofern es nicht nach ärztlichem Zeugniß (§. 10) die natürlichen Blattern überstanden hat;

2) jeder Zögling einer öffentlichen Lehranstalt oder einer Privatschule, mit Ausnahme der Sonntags- und Abendschulen, innerhalb des Jahres, in welchem der Zögling das zwölfte Lebensjahr zurücklegt, sofern er nicht nach ärztlichem Zeugniß in den letzten fünf Jahren die natürlichen Blattern überstanden hat oder mit Erfolg geimpft worden ist.

§ 2. Ein Impfpflichtiger (§. 1), welcher nach ärztlichem Zeugniß ohne Gefahr für sein Leben oder für seine Gesundheit nicht geimpft werden kann, ist binnen Jahresfrist nach Aufhören des diese Gefahr begründenden Zustandes der Impfung zu unterziehen.

74 Apr. Ob diese Gefahr noch fortbesteht, hat in zweifelhaften Fällen der zuständige Impfarzt (§. 6) endgültig zu entscheiden.

§ 3. Ist eine Impfung nach dem Urtheile des Arztes (§. 5) erfolglos geblieben, so muß sie spätestens im nächsten Jahre und, falls sie auch dann erfolglos bleibt, im dritten Jahre wiederholt werden.

Die zuständige Behörde kann anordnen, daß die letzte Wiederholung der Impfung durch den Impfarzt (§. 6) vorgenommen werde.

§ 4. Ist die Impfung ohne gesetzlichen Grund (§§. 1, 2) unterblieben, so ist sie binnen einer von der zuständigen Behörde zu setzenden Frist nachzuholen.

§ 5. Jeder Impfling muß frühestens am sechsten, spätestens am achten Tage nach der Impfung dem impfenden Arzte vorgestellt werden.

§ 6. In jedem Bundesstaate werden Impfbezirke gebildet, deren jeder einem Impfarzte unterstellt wird.

Der Impfarzt nimmt in der Zeit vom Anfang Mai bis Ende September jeden Jahres an den vorher bekannt zu machenden Orten und Tagen für die Bewohner des Impfbezirks Impfungen unentgeltlich vor. Die Orte für die Vornahme der Impfungen, sowie für die Vorstellung der Impflinge (§. 5) werden so gewählt, daß kein Ort des Bezirks von dem nächst belegenen Impforte mehr als 5 Kilometer entfernt ist.

§ 7. Für jeden Impfbezirk wird vor Beginn der Impfzeit eine Liste der nach §. 1, Ziffer 1 der Impfung unterliegenden Kinder von der zuständigen Behörde aufgestellt. Ueber die auf Grund des § 1, Ziffer 2 zur Impfung gelangenden Kinder haben die Vorsteher der betreffenden Lehranstalten eine Liste anzufertigen. 74 Apr.

Die Impfärzte vermerken in den Listen, ob die Impfung mit oder ohne Erfolg vollzogen, oder ob und weshalb sie ganz oder vorläufig unterblieben ist.

Nach dem Schlusse des Kalenderjahres sind die Listen der Behörde einzureichen.

Die Einrichtung der Listen wird durch den Bundesrath festgestellt.

§ 8. Außer den Impfärzten sind ausschließlich Aerzte befugt, Impfungen vorzunehmen.

Sie haben über die ausgeführten Impfungen in der im §. 7 vorgeschriebenen Form Listen zu führen und dieselben am Jahresschluß der zuständigen Behörde vorzulegen.

§ 9. Die Landesregierungen haben nach näherer Anordnung des Bundesraths dafür zu sorgen, daß eine angemessene Anzahl von Impfinstituten zur Beschaffung und Erzeugung von Schutzpockenlymphe eingerichtet werde.

Die Impfinstitute geben die Schutzpockenlymphe an die öffentlichen Impfärzte unentgeltlich ab und haben über Herkunft und Abgabe derselben Listen zu führen.

Die öffentlichen Impfärzte sind verpflichtet, auf Verlangen Schutzpockenlymphe, soweit ihr entbehrlicher Vorrath reicht, an andere Aerzte unentgeltlich abzugeben.

§ 10. Ueber jede Impfung wird nach Feststellung ihrer Wirkung (§. 5) von dem Arzte ein Impfschein aus-

74 Apr. gestellt. In dem Impfschein wird, unter Angabe des Vor- und Zunamens des Impflings, sowie des Jahres und Tages seiner Geburt, bescheinigt, entweder,

daß durch die Impfung der gesetzlichen Pflicht genügt ist,

oder,

daß die Impfung im nächsten Jahre wiederholt werden muß.

In den ärztlichen Zeugnissen, durch welche die gänzliche oder vorläufige Befreiung von der Impfung (§§. 1, 2) nachgewiesen werden soll, wird, unter der für den Impfschein vorgeschriebenen Bezeichnung der Person, bescheinigt, aus welchem Grunde und auf wie lange die Impfung unterbleiben darf.

§ 11. Der Bundesrath bestimmt das für die vorgedachten Bescheinigungen (§. 10) anzuwendende Formular.

Die erste Ausstellung der Bescheinigungen erfolgt stempel- und gebührenfrei.

§ 12. Eltern, Pflegeeltern und Vormünder sind gehalten, auf amtliches Erfordern mittelst der vorgeschriebenen Bescheinigungen (§. 10) den Nachweis zu führen, daß die Impfung ihrer Kinder und Pflegebefohlenen erfolgt oder aus einem gesetzlichen Grunde unterblieben ist.

§ 13. Die Vorsteher derjenigen Schulanstalten, deren Zöglinge dem Impfzwange unterliegen (§. 1, Ziffer 2), haben bei der Aufnahme von Schülern durch

Einfordern der vorgeschriebenen Bescheinigungen fest- 74 Apr.
zustellen, ob die gesetzliche Impfung erfolgt ist.

Sie haben dafür zu sorgen, daß Zöglinge, welche während des Besuches der Anstalt nach §. 1, Ziffer 2 impfpflichtig werden, dieser Verpflichtung genügen.

Ist eine Impfung ohne gesetzlichen Grund unterblieben, so haben sie auf deren Nachholung zu drignen.

Sie sind verpflichtet, vier Wochen vor Schluß des Schuljahres der zuständigen Behörde ein Verzeichniß derjenigen Schüler vorzulegen, für welche der Nachweis der Impfung nicht erbracht ist.

§ 14. Eltern, Pflegeeltern und Vormünder, welche den nach §. 12 ihnen obliegenden Nachweis zu führen unterlassen, werden mit einer Geldstrafe bis zu zwanzig Mark bestraft.

Eltern, Pflegeeltern und Vormünder, deren Kinder und Pflegebefohlene ohne gesetzlichen Grund und trotz erfolgter amtlicher Aufforderung der Impfung oder der ihr folgenden Gestellung (§. 5) entzogen geblieben sind, werden mit Geldstrafe bis zu fünfzig Mark oder mit Haft bis zu drei Tagen bestraft.

§ 15. Aerzte und Schulvorsteher, welche den durch §. 8 Absatz 2, §. 7 und durch §. 13 ihnen auferlegten Verpflichtungen nicht nachkommen, werden mit Geldstrafe bis zu einhundert Mark bestraft.

§ 16. Wer unbefugter Weise (§. 8) Impfungen vornimmt, wird mit Geldstrafe bis zu einhundertfünfzig Mark oder mit Haft bis zu vierzehn Tagen bestraft.

74 Apr. § 17. Wer bei der Ausführung einer Impfung fahrlässig handelt, wird mit Geldstrafe bis zu fünfhundert Mark oder mit Gefängnißstrafe bis zu drei Monaten bestraft, sofern nicht nach dem Strafgesetzbuch eine härtere Strafe eintritt.

§ 18. Die Vorschriften dieses Gesetzes treten mit dem 1. April 1875 in Kraft.

Die einzelnen Bundesstaaten werden die zur Ausführung erforderlichen Bestimmungen treffen.

Die in den einzelnen Bundesstaaten bestehenden Bestimmungen über Zwangsimpfungen bei dem Ausbruch einer Pocken-Epidemie werden durch dieses Gesetz nicht berührt.

Urkundlich ꝛc.

Gegeben Berlin, den 8. April 1874.

Gesetz, betreffend die Abänderung des Artikel 15 des Münzgesetzes vom 9. Juli 1873. Vom 20. April 1874.*)
(R.G.Bl. S. 35.)

Gesetz,
betreffend die Ausgabe von Reichskassenscheinen.

Vom 30. April 1874.

(R.G.Bl. S. 40; ausgeg. am 5. Mai 1874.)

§ 1. Der Reichskanzler wird ermächtigt, Reichskassenscheine zum Gesammtbetrage von 120 Millionen

---

*) S. oben S. 205, Anm. ***).

Mark in Abschnitten zu 5, 20 und 50 Mark ausfertigen zu lassen und unter die Bundesstaaten nach dem Maßstabe ihrer durch die Zählung vom 1. Dezember 1871 festgestellten Bevölkerung zu vertheilen. 74 Apr.

Ueber die Vertheilung des Gesammtbetrages auf die einzelnen Abschnitte beschließt der Bundesrath.

§ 2. Jeder Bundesstaat hat das von ihm seither ausgegebene Staatspapiergeld spätestens bis zum 1. Juli 1875 zur Einlösung öffentlich aufzurufen und thunlichst schnell einzuziehen.

Zur Annahme von Staatspapiergeld sind vom 1. Januar 1876 an nur die Kassen desjenigen Staats verpflichtet, welcher das Papiergeld ausgegeben hat.

§ 3. Denjenigen Staaten, deren Papiergeld den ihnen nach §. 1 zu überweisenden Betrag von Reichskassenscheinen übersteigt, werden zwei Drittheile des überschießenden Betrages aus der Reichskasse als ein Vorschuß überwiesen und zwar, soweit die Bestände der letzteren es gestatten, in baarem Gelde, soweit sie es nicht gestatten, in Reichskassenscheinen.

Der Reichskanzler wird zu diesem Zwecke ermächtigt, Reichskassenscheine über den im §. 1 festgesetzten Betrag hinaus bis auf Höhe des zu leistenden Vorschusses anfertigen zu lassen, und soweit als nöthig in Umlauf zu setzen.

Ueber die Art der Tilgung dieses Vorschusses wird gleichzeitig mit der Ordnung des Zettelbankwesens Bestimmung getroffen. In Ermangelung einer solchen Bestimmung hat die Rückzahlung des Vorschusses inner-

74 Apr. halb 15 Jahren, vom 1. Januar 1876 an gerechnet, in gleichen Jahresraten zu erfolgen.

Die auf den Vorschuß eingehenden Rückzahlungen sind zunächst zur Einziehung der nach vorstehenden Bestimmungen ausgefertigten Reichskassenscheine zu verwenden.

§ 4. Diejenigen Bundesstaaten, welche Papiergeld ausgegeben haben, werden die ihnen ausgefolgten Reichskassenscheine (§§. 1 und 3), soweit der Betrag der letzteren den Betrag des ausgegebenen Staatspapiergeldes nicht übersteigt, nur in dem Maße in Umlauf setzen, als Staatspapiergeld zur Einziehung gelangt.

§ 5. Die Reichskassenscheine werden bei allen Kassen des Reichs und sämmtlicher Bundesstaaten nach ihrem Nennwerthe in Zahlung angenommen und von der Reichs-Hauptkasse für Rechnung des Reichs jederzeit auf Erfordern gegen baares Geld eingelöst.

Im Privatverkehr findet ein Zwang zu ihrer Annahme nicht statt.

§ 6. Die Ausfertigung der Reichskassenscheine wird der Preußischen Haupt-Verwaltung der Staatsschulden unter der Benennung „Reichsschulden-Verwaltung" übertragen.

Die Reichsschulden-Verwaltung hat für beschädigte oder unbrauchbar gewordene Exemplare für Rechnung des Reichs Ersatz zu leisten, wenn das vorgelegte Stück zu einem echten Reichskassenscheine gehört und mehr als die Hälfte eines solchen beträgt. Ob in anderen Fällen ausnahmsweise ein Ersatz geleistet werden kann, bleibt ihrem pflichtmäßigen Ermessen überlassen. 74 Mai

§ 7. Vor der Ausgabe der Reichskassenscheine ist eine genaue Beschreibung derselben öffentlich bekannt zu machen.

Die Kontrole über die Ausfertigung und Ausgabe der Reichskassenscheine übt die Reichsschulden-Kommission.

§ 8. Von den Bundesstaaten darf auch ferner*) nur auf Grund eines Reichsgesetzes Papiergeld ausgegeben oder dessen Ausgabe gestattet werden.

Urkundlich 2c.

Gegeben Berlin, den 30. April 1874.

Reichs-Militärgesetz. Vom 2. Mai 1874.
(R.G.Bl. S. 45.)
(Ergänzt und abgeändert durch Gesetz vom 6. Mai 1880.)

Gesetz, betreffend die Verhinderung der unbefugten Ausübung von Kirchenämtern.

Vom 4. Mai 1874.

(R.G.Bl. S. 43; ausgeg. am 6. Mai 1874.)

§ 1. Einem Geistlichen oder anderen Religionsdiener, welcher durch gerichtliches Urtheil aus seinem Amte entlassen worden ist und hierauf eine Handlung vornimmt, aus welcher hervorgeht, daß er die Fort-

---

*) Vgl. oben § 1 des Gesetzes über die Ausgabe von Papiergeld, vom 16. Juni 1870.

74 Mai dauer des ihm entzogenen Amtes beansprucht, kann durch Verfügung der Landespolizeibehörde der Aufenthalt in bestimmten Bezirken oder Orten versagt oder angewiesen werden.

Besteht die Handlung desselben in der ausdrücklichen Anmaßung des Amtes, oder in der thatsächlichen Ausübung desselben, oder handelt er der gegen ihn ergangenen Verfügung der Landespolizeibehörde zuwider, so kann er seiner Staatsangehörigkeit durch Verfügung der Centralbehörde seines Heimathsstaats verlustig erklärt und aus dem Bundesgebiete ausgewiesen werden.

§ 2. Die Vorschriften des §. 1 finden auch auf diejenigen Personen Anwendung, welche wegen Vornahme von Amtshandlungen in einem Kirchenamte, das den Vorschriften der Staatsgesetze zuwider ihnen übertragen, oder von ihnen übernommen ist, rechtskräftig zu Strafe verurtheilt worden sind.

§ 3. In der Verfügung (§§. 1, 2) sind die Gründe der angeordneten Maßregel anzugeben.

Behauptet der Betroffene, daß er die ihm zur Last gelegten Handlungen nicht begangen habe, oder daß dieselben den im §. 1 bezeichneten Thatbestand nicht enthalten, so steht ihm binnen acht Tagen nach Zustellung der Verfügung die Berufung auf richterliches Gehör offen.

Zuständig ist in denjenigen Bundesstaaten, in welchen ein aus ständigen Mitgliedern zusammengesetzter besonderer Gerichtshof für kirchliche Angelegenheiten besteht, dieser Gerichtshof; in den übrigen Bundesstaaten das höchste Gericht für Strafsachen.

Das Gericht entscheidet, ob der Berufende eine der im §. 1 bezeichneten Handlungen begangen hat. Wird festgestellt, daß keine Handlung vorliegt, auf Grund deren dieses Gesetz die angefochtene Verfügung für zulässig erklärt, so ist die letztere durch die anordnende Behörde aufzuheben. 74 Mai

Die Berufung muß von dem Berufenden in gerichtlich oder notariell beglaubigter Form unterzeichnet und dem zuständigen Gericht eingereicht werden.

Für das Verfahren kommen die bei dem zuständigen Gericht geltenden Vorschriften zur Anwendung. Erforderliche Abänderungen und Ergänzungen derselben werden bis zur gesetzlichen Regelung durch das Gericht festgestellt. Die für den Fortgang des Verfahrens gesetzlich vorgeschriebenen Fristen können nach Ermessen des Gerichts abgekürzt werden.

Die Berufung hält die Vollstreckung der angefochtenen Verfügung nur dann auf, wenn die letztere den Verlust der Staatsangehörigkeit ausgesprochen hat. In diesem Falle kann dem Berufenden bis zur richterlichen Entscheidung der Aufenthalt in bestimmten Bezirken oder Orten versagt oder angewiesen werden.

§ 4. Personen, welche nach den Vorschriften dieses Gesetzes ihrer Staatsangehörigkeit in einem Bundesstaate verlustig erklärt worden sind, verlieren dieselbe auch in jedem anderen Bundesstaate und können ohne Genehmigung des Bundesraths in keinem Bundesstaate die Staatsangehörigkeit von neuem erwerben.

74 Mai § 5. Personen, welche wegen Vornahme von Amtshandlungen in einem Kirchenamte, das den Staatsgesetzen zuwider ihnen übertragen, oder von ihnen übernommen ist, zur Untersuchung gezogen werden, kann nach Eröffnung der gerichtlichen Untersuchung durch Verfügung der Landespolizeibehörde bis zur rechtskräftigen Beendigung des Verfahrens der Aufenthalt in bestimmten Bezirken oder Orten versagt werden.

Urkundlich ꝛc.

Gegeben Berlin, den 4. Mai 1874.

Gesetz über die Presse. Vom 7. Mai 1874.*)
(R.G.Bl. S. 65.)

Bekanntmachung, betreffend das Betriebs-Reglement für die Eisenbahnen Deutschlands. Vom 11. Mai 1874.
(R.G.Bl. S. 84.)

Strandungsordnung. Vom 17. Mai 1874.)**
(R.G.Bl. S. 73.)

Bekanntmachung [des Reichskanzlers] betreffend die Geschäftsanweisung für die Verwaltung des Reichs-Invalidenfonds. Vom 11. Juni 1874.
(R.G.Bl. S. 104.)

Bekanntmachung, betreffend die Außerkurssetzung der Zweiguldenstücke süddeutscher Währung. Vom 2. Juli 1874.
(R.G.Bl. S. 111.)

---

*) Einz.-Ausg. Bd. 2 (Strafgesetzbuch) S. 180.

**) Einz.-Ausg. Bd. 19 (Seegesetzgebung) S. 331.

Verordnung, betreffend die Kautionen der bei dem Auswärtigen Amte, bei der Verwaltung des Reichs-Invalidenfonds und im Büreau des Reichstags angestellten Beamten. Vom 6. Juli 1874. 74 Juli

(R.G.Bl. S. 109.)

Bekanntmachung, das Verbot des Umlaufs der finnischen Silbermünzen betreffend. Vom 16. Oktober 1874.

(R.G.Bl. S. 126.)

Verordnung über den Urlaub der Reichsbeamten und deren Stellvertretung. Vom 2. November 1874.

(R.G.Bl. S. 129.)

Gesetz, betreffend Abänderung des Gesetzes über das Post-Taxwesen. Vom 3. November 1874.*)

(R.G.Bl. S. 127.)

Gesetz, betreffend die Aufhebung der Artikel 11 und 12 Buch III. Titel 12 des revidirten Lübischen Rechts, sowie der Artikel 14 und 16 Theil III. Titel 12 des Rostocker Stadtrechts. Vom 4. November 1874.

(R.G.Bl. S. 128.)

Gesetz, betreffend die Disziplinarkammer für die Beamten der Reichs-Eisenbahn-Verwaltung, welche im Auslande ihren dienstlichen Wohnsitz haben. Vom 5. November 1874.

(R.G.Bl. S. 128.)

---

*) Einz.-Ausg. Bd. 7 (Postgesetzgebung 2c.) S. 97.

74 Nov.

Gesetz wegen Einführung der Reichs-Münzgesetze in Elsaß-Lothringen.

Vom 15. November 1874.

(R.G.Bl. S. 131; ausgeg. am 19. November 1874.)

§ 1. Die Wirksamkeit der anliegenden Reichsgesetze, nämlich des Gesetzes, betreffend die Ausprägung von Reichs-Goldmünzen, vom 4. Dezember 1871 (Reichs-Gesetzbl. S. 404) und des Münzgesetzes vom 9. Juli 1873 (Reichs-Gesetzbl. S. 233) wird mit den aus den folgenden Paragraphen sich ergebenden Maßgaben auf Elsaß-Lothringen ausgedehnt.

§ 2. Eine Einziehung von Münzen der Franken währung auf Rechnung des Reichs findet nicht statt.

§ 3. Der letzte Satz des Artikels 8 des Münzgesetzes vom 9. Juli 1873, welcher lautet:

> „Eine Außerkurssetzung darf erst eintreten, wenn eine Einlösungsfrist von mindestens vier Wochen festgesetzt und mindestens drei Monate vor ihrem Ablaufe durch die vorbezeichneten Blätter bekannt gemacht worden ist."

bleibt in Betreff der Münzen der Frankenwährung außer Anwendung.

§ 4. Bei der Umrechnung von Münzen der Frankenwährung (§. 8 des Gesetzes vom 4. Dezember 1871, Artikel 14 §. 2 und Artikel 17 des Münzgesetzes vom 9. Juli 1873) werden der Frank zum Werthe von 0,8 Mark, die übrigen Münzen der Frankenwährung zu entsprechenden Werthen nach ihrem Verhältniß zum Frank berechnet. 74 Nov.

[§ 5. Dem Artikel 15 des Münzgesetzes vom 9. Juli 1873 tritt folgende Bestimmung hinzu:

An Stelle der Reichsmünzen sind in Elsaß=Lothringen folgende Münzen der Frankenwährung bis zur Außerkurssetzung*) zu den daneben bezeichneten Werthen bis zu den im Artikel 9 Absatz 1 bestimmten Beträgen in Zahlung zu nehmen:

a) an Stelle der Reichs=Nickel= und Kupfermünzen:

Fünfcentimen=Stücke zum Werthe von	4 Pfenn.
Zehncentimen=Stücke	8 „
Zwanzigcentimen=Stücke	16 „

b) an Stelle der Reichs=Silbermünzen:

Fünfzigcentimen=Stücke zum Werthe von . . .	40 Pfenn.
Einfrank=Stücke	80 „
Zweifranken=Stücke	1 Mark 60 „

Auch die Reichs= und die Landeskassen sind nicht verpflichtet, die vorstehend bezeichneten Münzen der Frankenwöhrung in höhrren als den im Artikel 9 Absatz 1 bestimmten Beträgen in Zahlung zu nehmen.]

Urkundlich ꝛc.

Gegeben Berlin, den 15. November 1874.

Gesetz, betreffend die Abgabe von der Branntweinbereitung in den Hohenzollernschen Landen. Vom 15. November 1874.
(R.G.Bl. S. 133.)

Gesetz, betr. die Besteuerung des Branntweins in Gebietstheilen, welche in die Zollgrenze eingeschlossen werden. Vom 16. November 1874.
(R.G.Bl. S. 134.)

---

*) Die Außerkurssetzung ist durch die Bekanntmachung vom 21. September 1875 angeordnet worden.

74 Nov. **Verordnung, betreffend die Zuständigkeit der Reichsbehörden zur Ausführung des Gesetzes vom 31. März 1873 und die Anstellung der Reichsbeamten. Vom 23. November 1874.**

(R.G.Bl. S. 135.)

Gesetz über Markenschutz. Vom 30. November 1874.*)

(R.G.Bl. S. 143.)

Bekanntmachung [des Reichskanzlers], betreffend die Ausgabe neuer Reichsstempelmarken und gestempelter Blankets zur Entrichtung der Wechselstempelsteuer. Vom 13. Dezember 1874.

(R.G.Bl. S. 148.)

Bekanntmachung, betreffend die Außerkurssetzung verschiedener Landes-Silber- und Kupfermünzen. Vom 19. Dezember 1874.

(R.G.Bl. S. 149.)

Bekanntmachung, das Verbot des Umlaufes fremder Silber- und Kupfermünzen betreffend. Vom 19. Dezember 1874.

(R.G.Bl. S. 152.)

---

*) Einz.-Ausg. Bd. 4 (Handelsgesetzbuch ꝛc.) S. 388. — Es bestehen zahlreiche Verträge zum Schutz der Waarenzeichen. Vgl. das vollständige Verzeichniß in der Anmerkung zu der Bekanntmachung vom 11. Juli 1872.

Gesetz, betreffend Einführung der Maaß- und Gewichtsordnung vom 17. August 1868 in Elsaß-Lothringen. 74 Dez.

Vom 19. Dezember 1874.

(R.G.Bl. 1875 S. 1.)

§ 1. Die zum Reichsgesetz erklärte Maaß- und Gewichtsordnung für den Norddeutschen Bund vom 17. August 1868 tritt in der aus der Anlage sich ergebenden Fassung am 1. Juli 1875 in Elsaß-Lothringen in Kraft.

Die Anwendung der derselben entsprechenden Maaße, Gewichte und Meßwerkzeuge ist vom Tage der Verkündung dieses Gesetzes an zulässig.

Von dem gleichen Zeitpunkte ab ist den Eichungsämtern (§. 3) einschließlich der Faßeichungsämter (§. 8) gestattet, Eichungen nach Maßgabe der Maaß- und Gewichtsordnung vorzunehmen.

§ 2. Außer der durch die Maaß- und Gewichtsordnung vorgeschriebenen (ersten) Eichung findet eine periodische Nacheichung statt. Die Bestimmung, zu welcher Zeit die Nacheichung vorzunehmen ist, bei welchen Gewerbtreibenden die Maaße, Gewichte und Meßwerkzeuge der Nacheichung zu unterziehen sind, und mit welcher Zahl und Art von Maaßen, Gewichten und Meßwerkzeugen diese Gewerbtreibenden versehen sein müssen, welche Gebühren für die Nacheichung und für die dabei vorkommenden Berichtigungsarbeiten zu entrichten sind, trifft der Oberpräsident. Für Behörden

74 Dez. und öffentliche Anstalten erfolgt die Nacheichung gebührenfrei.

§ 3. Die Eichungsämter (Artikel 15 der Maaß- und Gewichtsordnung) sind staatliche Anstalten. Denselben liegt auch die Nacheichung ob.

Jedes Eichungsamt wird mit einem oder, wo der Geschäftsumfang es erfordert, mit zwei Eichmeistern besetzt.

Die Eichmeister müssen ihre Befähigung durch eine Prüfung nachgewiesen haben. Der Oberpräsident trifft die näheren Bestimmungen über diese Prüfung; er setzt die Bezirke der Eichungsämter fest und ernennt die Eichmeister. Die Letzteren haben vor Uebernahme des Dienstes den durch §. 1 des die Vereidigung der Staatsbeamten betreffenden Gesetzes vom 20. September 1871 (Gesetzbl. für Elsaß-Lothringen S. 339) vorgeschriebenen Diensteid vor dem Landgericht ihres Dienstwohnorts zu leisten. Wird ein Eichmeister in den Bezirk eines anderen Landgerichts versetzt, so ist auf der Gerichtsschreiberei des letzteren eine Ausfertigung des Vereidigungsprotokolls zu hinterlegen.

§ 4. Den Eichmeistern liegt außer dem Eichungsgeschäft ob, innerhalb ihres Bezirks die Beachtung der auf die Maaße, Gewichte und Meßwerkzeuge bezüglichen Vorschriften zu überwachen und wegen Zuwiderhandlungen die strafgerichtliche Verfolgung zu veranlassen. In Ausübung dieser Thätigkeit sind die Eichmeister Hülfsbeamte der gerichtlichen Polizei und der Staats-

anwaltschaft unterstellt. Vor Gericht machen die wegen 74 Dez.
Zuwiderhandlungen der bezeichneten Art von ihnen innerhalb vierundzwanzig Stunden nach der Entdeckung errichteten und eigenhändig geschriebenen Protokolle für die darin bekundeten Thatsachen Beweis bis zur Erbringung des Gegenbeweises. Die Eichmeister sind befugt, die den gesetzlichen Bestimmungen nicht entsprechenden Maaße, Gewichte und Meßwerkzeuge, welche sie im öffentlichen Verkehr antreffen, mit Beschlag zu belegen.

Behufs Vornahme der Nacheichung dürfen sie in die Wohnung des Eichungspflichtigen nur am Tage, in die von Gewerbtreibenden benutzten Verkaufsstätten jedoch so lange eintreten, als letztere dem Publikum geöffnet sind.

§ 5. Die Eichungsämter sind in technischer Beziehung der Eichungsinspektion (§. 7), im Uebrigen den Bezirkspräsidenten unmittelbar untergeordnet, unbeschadet jedoch des im §. 4 vorgesehenen Aufsichtsrechts der Staatsanwaltschaft. Die näheren Bestimmungen über die Geschäftsführung der Eichungsämter und deren Beaufsichtigung werden von dem Oberpräsidenten erlassen.

§ 6. Die Gebühren für die Geschäfte der Eichungsämter werden für Rechnung des Landes durch die Steuerempfänger erhoben. Für die Erhebung der Gebühren und die Erledigung der dagegen gerichteten Beschwerden sind die auf die direkten Steuern bezüglichen

74 Dez. Vorschriften maßgebend. Die weitere Regelung des Verfahrens erfolgt durch den Oberpräsidenten.

§ 7. Die Aufsicht über die technische Geschäftsführung der Eichungsämter, sowie die Fürsorge für eine periodisch wiederkehrende Vergleichung der im Gebrauche der Eichungsämter befindlichen Eichungsnormale mit den Normalmaaßen und Gewichten (Artikel 17 der Maaß- und Gewichtsordnung) liegt der Eichungsinspektion ob, welche ihren Sitz in Straßburg hat. Dieselbe ist in technischer Beziehung der Normal-Eichungskommission (Artikel 18 der Maaß- und Gewichtsordnung), im Uebrigen dem Oberpräsidenten unmittelbar untergeordnet, welcher ihre Geschäftsführung regelt. Die Mitglieder der Eichungsinspektion werden von dem Oberpräsidenten im Einvernehmen mit der Normal-Eichungskommission ernannt.

Die Eichungsinspektion versieht für den Eichungsbezirk, in welchem sie ihren Sitz hat, zugleich die Geschäfte des Eichungsamtes.

§ 8. Gemeinden, welche die erforderlichen Einrichtungen beschaffen, ist die Errichtung eines Faßeichungsamtes als Gemeindeanstalt gestattet.

Die Eichungsbeamten solcher Anstalten (Faßeichmeister) werden von dem Kreisdirektor im Einvernehmen mit der Eichungsinspektion ernannt und vor Uebernahme des Dienstes auf treue und gewissenhafte Pflichterfüllung von dem Kreisdirektor vereidigt.

Die Faßeichungsämter sind hinsichtlich ihrer technischen Geschäftsführung in gleicher Weise wie die Eichungsämter der Eichungsinspektion unterstellt. Die Gebühren für die Geschäfte derselben werden für Rechnung der Gemeinden erhoben. Die Erhebung dieser Gebühren wird durch den Oberpräsidenten geregelt. 74 Dez.

§ 9. Vom 1. Juli 1875 an werden Maaße, Gewichte und Meßwerkzeuge, welche den Vorschriften der Maaß- und Gewichtsordnung nicht entsprechen, zur (ersten) Eichung nicht mehr zugelassen. Zu der ersten Nacheichung, welche nach dem 1. Juli 1875 an einem Orte vorgenommen wird, sind Maaße, Gewichte und Meßwerkzeuge, welche den bisherigen Vorschriften entsprechen und bereits im öffentlichen Verkehr benutzt werden, zuzulassen. Nur sofern ihre Nacheichung zu dem bezeichneten Zeitpunkte stattgefunden hat, dürfen dieselben ferner im öffentlichen Verkehr benutzt werden und sind sie zu späteren Nacheichungen zuzulassen.

§ 10. Die das Maaß- und Gewichtswesen betreffenden Gesetze vom 18 Germinal III, vom 19 Frimaire VIII und vom 4. Juli 1837, sowie die Königlichen Ordonnanzen vom 17. April und 16. Juni 1839 treten mit dem 1. Juli 1875 außer Kraft, soweit sie mit den Bestimmungen in §. 1 Absatz 2 und 3 dieses Gesetzes unvereinbar sind, schon mit dessen Verkündung.

Urkundlich ꝛc.

Gegeben Berlin, den 19. Dezember 1874.

74 Dez.

Gesetz, betreffend die Ausgabe von Banknoten.

Vom 21. Dezember 1874.

(R.G.Bl. S. 193.)

Art. I. Die Bestimmungen in den §§. 1 bis einschließlich 5 des Gesetzes über die Ausgabe von Banknoten vom 27. März 1870 (Bundes-Gesetzbl. S. 51) bleiben bis zum 31. Dezember 1875 in Wirksamkeit.

Art. II. Zur Ausführung der Anordnungen, welche im Artikel 18 des Münzgesetzes vom 9. Juli 1873 (Reichs-Gesetzbl. S. 239) über die Einziehung der nicht auf Reichswährung lautenden Noten der Banken und über den Mindestbetrag der auf Reichswährung lautenden Noten getroffen sind, wird Folgendes bestimmt:

§ 1.

Eine Bank, welche zur Ausgabe von Banknoten befugt ist, darf vom 1. Juli 1875 ab Banknoten, welche auf Beträge von fünfzig Mark oder darunter lauten, wenn dieselben von ihr ausgestellt sind, nicht ausgeben und, wenn sie von einer anderen Bank ausgestellt sind, nur an die letztere in Zahlung geben oder bei derselben zur Einlösung präsentiren.

§ 2.

Die Mitglieder des Vorstandes einer Bank werden, wenn die Bank den Vorschriften des §. 1 zuwider Noten ausgiebt, mit einer Geldstrafe bestraft, welche dem Vierfachen des gesetzwidrig ausgegebenen Betrages gleichkommt, mindestens aber eintausend Mark beträgt.

§ 3.

Die Banken sind verpflichtet, bis spätestens den 30. Juni 1875 dem Reichskanzler nachzuweisen, daß sie alle diejenigen Anordnungen getroffen haben, welche in Gemäßheit der für sie maßgebenden landesgesetzlichen und statutarischen Bestimmungen erforderlich sind, um die Einziehung ihrer sämmtlichen nicht auf Reichswährung, sowie ihrer auf Reichswährung in Beträgen von weniger als einhundert Mark lautenden Noten längstens bis zum 31. Dezember 1875 herbeizuführen. 74 Dez.

§ 4.

Die Banken sind ferner verpflichtet, dem Reichskanzler behufs der Veröffentlichung spätestens am siebenten Tage eines jeden Monats den am letzten Tage des vorausgegangenen Monats vorhanden gewesenen Betrag

der umlaufenden —

der in den Bankkassen (einschließlich der Filiale, Agenturen und sonstigen Zweiganstalten) befindlichen —

eintretendenfalls auch der nach erfolgter Einlösung vernichteten —

Noten, nach den einzelnen Abschnitten (Appoints) gesondert, anzuzeigen.

Art. III. Das gegenwärtige Gesetz tritt mit dem 1. Januar 1875 in Wirksamkeit.

Urkundlich ꝛc.

Gegeben Berlin, den 21. Dezember 1874.

74 Dez. **Gesetz, betreffend die geschäftliche Behandlung der Entwürfe eines Gerichtsverfassungsgesetzes, einer Strafprozeßordnung und einer Civilprozeßordnung, sowie der zugehörigen Einführungsgesetze. Vom 23. Dezember 1874.**

(R.G.Bl. S. 194.)

(Erneuert durch Gesetz vom 1. Februar 1876.)

Verordnung, betreffend den Verkehr mit Arzneimitteln. Vom 4. Januar 1875.*)

(R.G.Bl. S. 5.)

Gesetz, betreffend die Deutsche Seewarte. Vom 9. Januar 1875.)**

(R.G.Bl. S. 11.)

Gesetz über die Beurkundung des Personenstandes und die Eheschließung.

Vom 6. Februar 1875.***)

(R.G.Bl. S. 23.)

Erster Abschnitt.

Allgemeine Bestimmungen.

§ 1. Die Beurkundung der Geburten, Heirathen und Sterbefälle erfolgt ausschließlich durch die vom

---

*) Dazu Verordnungen vom 9. Februar 1880 und vom 3. Januar 1883.

**) Einz.=Ausg. (Seegesetzgebung) S. 356.

***) Ein ausführlicher Kommentar mit den Landes=Einführungsgesetzen erschien von Hinschius. 2. Aufl. 1876. Verlag von J. Guttentag in Berlin.

Staate bestellten Standesbeamten mittels Eintragung in die dazu bestimmten Register. 75 Febr.

§ 2. Die Bildung der Standesamtsbezirke erfolgt durch die höhere Verwaltungsbehörde.

Die Standesamtsbezirke können aus einer oder mehreren Gemeinden gebildet, größere Gemeinden in mehrere Standesamtsbezirke getheilt werden.

§ 3. Für jeden Standesamtsbezirk ist ein Standesbeamter und mindestens ein Stellvertreter zu bestellen. Für den Fall vorübergehender Behinderung oder gleichzeitiger Erledigung des Amtes des Standesbeamten und der Stellvertreter ist die nächste Aufsichtsbehörde ermächtigt, die einstweilige Beurkundung des Personenstandes einem benachbarten Standesbeamten oder Stellvertreter zu übertragen.

Die Bestellung erfolgt, soweit nicht im §. 4 ein Anderes bestimmt ist, durch die höhere Verwaltungsbehörde.

Geistlichen und anderen Religionsdienern darf das Amt eines Standesbeamten oder die Stellvertretung eines solchen nicht übertragen werden.

§ 4. In den Standesamtsbezirken, welche den Bezirk einer Gemeinde nicht überschreiten, hat der Vorsteher der Gemeinde (Bürgermeister, Schultheiß, Ortsvorsteher oder deren gesetzlicher Stellvertreter) die Geschäfte des Standesbeamten wahrzunehmen, sofern durch die höhere Verwaltungsbehörde nicht ein besonderer Beamter für dieselben bestellt ist. Der Vorsteher ist jedoch befugt, diese Geschäfte mit Genehmigung der

75 Febr. höheren Verwaltungsbehörde anderen Gemeindebeamten widerruflich zu übertragen.

Die Gemeindebehörde kann die Anstellung besonderer Standesbeamten beschließen. Die Ernennung der Standesbeamten erfolgt in diesem Falle durch den Gemeindevorstand unter Genehmigung der höheren Verwaltungsbehörde.

In der gleichen Weise erfolgt die Bestellung der Stellvertreter.

Die durch den Gemeindevorstand ernannten besonderen Standesbeamten und deren Stellvertreter sind Gemeindebeamte.

§ 5. Die durch die höhere Verwaltungsbehörde erfolgte Bestellung und Genehmigung zur Bestellung ist jederzeit widerruflich.

§ 6. Ist ein Standesamtsbezirk aus mehreren Gemeinden gebildet, so werden der Standesbeamte und dessen Stellvertreter stets von der höheren Verwaltungsbehörde bestellt.

Ein jeder Vorsteher oder andere Beamte einer dieser Gemeinden ist verpflichtet, das Amt des Standesbeamten oder des Stellvertreters zu übernehmen.

Die landesgesetzlichen Vorschriften, nach welchen den Vorstehern der aus mehreren Gemeinden gebildeten Verbände die gleiche Verpflichtung obliegt, werden hierdurch nicht berührt.

§ 7. Die etwa erforderliche Entschädigung der nach §. 4 von den Gemeinden bestellten Standesbeamten fällt der Gemeinde zur Last.

Die in §. 6 Absatz 2 und 3 bezeichneten Beamten sind berechtigt, für Wahrnehmung der Geschäfte des Standesbeamten von den zum Bezirk ihres Hauptamtes nicht gehörigen Gemeinden eine in allen Fällen als Pauschquantum festzusetzende Entschädigung zu beanspruchen. 75 Febr.

Die Festsetzung erfolgt durch die untere Verwaltungsbehörde; über Beschwerden entscheidet endgültig die höhere Verwaltungsbehörde.

Bestellt die höhere Verwaltungsbehörde andere Personen zu Standesbeamten oder zu Stellvertretern, so fällt die etwa zu gewährende Entschädigung der Staatskasse zur Last.

§ 8. Die sächlichen Kosten werden in allen Fällen von den Gemeinden getragen; die Register und Formulare zu allen Registerauszügen werden jedoch den Gemeinden von der Zentralbehörde des Bundesstaats kostenfrei geliefert.

§ 9. In Standesamtsbezirken, welche aus mehreren Gemeinden gebildet sind, wird die den Standesbeamten oder den Stellvertretern zu gewährende Entschädigung und der Betrag der sächlichen Kosten auf die einzelnen betheiligten Gemeinden nach dem Maßstabe der Seelenzahl vertheilt.

§ 10. Den Gemeinden im Sinne dieses Gesetzes werden die außerhalb der Gemeinden stehenden Gutsbezirke, den Gemeindevorstehern die Vorsteher dieser Bezirke gleich geachtet.

75 Febr. § 11. Die Aufsicht über die Amtsführung der Standesbeamten wird von der unteren Verwaltungsbehörde, in höherer Instanz von der höheren Verwaltungsbehörde geübt, insoweit die Landesgesetze nicht andere Aufsichtsbehörden bestimmen.

Die Aufsichtsbehörde ist befugt, gegen den Standesbeamten Warnungen, Verweise und Geldstrafen zu verhängen. Letztere dürfen für jeden einzelnen Fall den Betrag von einhundert Mark nicht übersteigen.

Lehnt der Standesbeamte die Vornahme einer Amtshandlung ab, so kann er dazu auf Antrag der Betheiligten durch das Gericht angewiesen werden. Zuständig ist das Gericht erster Instanz, in dessen Bezirk der Standesbeamte seinen Amtssitz hat. Das Verfahren und die Beschwerdeführung regelt sich, insoweit die Landesgesetze nicht ein Anderes bestimmen, nach den Vorschriften, welche in Sachen der nichtstreitigen Gerichtsbarkeit gelten.

§ 12. Von jedem Standesbeamten sind drei Standesregister unter der Bezeichnung:

Geburtsregister,
Heirathsregister,
Sterberegister

zu führen.

§ 13. Die Eintragungen in die Standesregister erfolgen unter fortlaufenden Nummern und ohne Abkürzungen. Unvermeidliche Zwischenräume sind durch Striche auszufüllen, die wesentlichen Zahlenangaben mit Buchstaben zu schreiben.

Die auf mündliche Anzeige oder Erklärung erfolgenden Eintragungen sollen enthalten: 75 Febr.

1. den Ort und Tag der Eintragung;
2. die Bezeichnung der Erschienenen;
3. den Vermerk des Standesbeamten, daß und auf welche Weise er sich die Ueberzeugung von der Persönlichkeit der Erschienenen verschafft hat;
4. den Vermerk, daß die Eintragung den Erschienenen vorgelesen und von denselben genehmigt ist;
5. die Unterschrift der Erschienenen und, falls sie schreibensunkundig oder zu schreiben verhindert sind, ihr Handzeichen oder die Angabe des Grundes, aus welchem sie dieses nicht beifügen konnten;
6. die Unterschrift des Standesbeamten.

Die auf schriftliche Anzeige erfolgenden Eintragungen sind unter Angabe von Ort und Tag der Eintragung zu bewirken und durch die Unterschrift des Standesbeamten zu vollziehen.

Zusätze, Löschungen oder Abänderungen sind am Rande zu vermerken und gleich der Eintragung selbst besonders zu vollziehen.

§ 14. Von jeder Eintragung in das Register ist von dem Standesbeamten an demselben Tage eine von ihm zu beglaubigende Abschrift in ein Nebenregister einzutragen.

Nach Ablauf des Kalenderjahres hat der Standesbeamte jedes Haupt- und jedes Nebenregister unter Vermerkung der Zahl der darin enthaltenen Ein-

75 Febr. tragungen abzuschließen und das Nebenregister der Aufsichtsbehörde einzureichen; die letztere hat dasselbe nach erfolgter Prüfung dem Gerichte erster Instanz zur Aufbewahrung zuzustellen.

Eintragungen, welche nach Einreichung des Nebenregisters in dem Hauptregister gemacht werden, sind gleichzeitig der Aufsichtsbehörde in beglaubigter Abschrift mitzutheilen. Die Letztere hat zu veranlassen, daß diese Eintragungen dem Nebenregister beigeschrieben werden.

§ 15. Die ordnungsmäßig geführten Standesregister (§§. 12 bis 14) beweisen diejenigen Thatsachen, zu deren Beurkundung sie bestimmt und welche in ihnen eingetragen sind, bis der Nachweis der Fälschung, der unrichtigen Eintragung oder der Unrichtigkeit der Anzeigen und Feststellungen, auf Grund deren die Eintragung stattgefunden hat, erbracht ist.

Dieselbe Beweiskraft haben die Auszüge, welche als gleichlautend mit dem Haupt- oder Nebenregister bestätigt und mit der Unterschrift und dem Dienstsiegel des Standesbeamten oder des zuständigen Gerichtsbeamten versehen sind.

Inwiefern durch Verstöße gegen die Vorschriften dieses Gesetzes über Art und Form der Eintragungen die Beweiskraft aufgehoben oder geschwächt wird, ist nach freiem richterlichen Ermessen zu beurtheilen.

§ 16. Die Führung der Standesregister und die darauf bezüglichen Verhandlungen erfolgen kosten- und stempelfrei.

Gegen Zahlung der nach dem angehängten Tarife zulässigen Gebühren müssen die Standesregister jedermann zur Einsicht vorgelegt, sowie beglaubigte Auszüge (§. 15) aus denselben ertheilt werden. In amtlichem Interesse und bei Unvermögen der Betheiligten ist die Einsicht der Register und die Ertheilung der Auszüge gebührenfrei zu gewähren. 75 Febr.

Jeder Auszug einer Eintragung muß auch die zu derselben gehörigen Ergänzungen und Berichtigungen enthalten.

Zweiter Abschnitt.

Beurkundung der Geburten.

§ 17. Jede Geburt eines Kindes ist innerhalb einer Woche dem Standesbeamten des Bezirks, in welchem die Niederkunft stattgefunden hat, anzuzeigen.

§ 18. Zur Anzeige sind verpflichtet:

1. der eheliche Vater;
2. die bei der Niederkunft zugegen gewesene Hebamme;
3. der dabei zugegen gewesene Arzt;
4. jede andere dabei zugegen gewesene Person;
5. die Mutter, sobald sie dazu im Stande ist.

Jedoch tritt die Verpflichtung der in der vorstehenden Reihenfolge später genannten Personen nur dann ein, wenn ein früher genannter Verpflichteter nicht vorhanden oder derselbe an der Erstattung der Anzeige verhindert ist.

75 Febr. § 19. Die Anzeige ist mündlich von dem Verpflichteten selbst oder durch eine andere aus eigener Wissenschaft unterrichtete Person zu machen.

§ 20. Bei Geburten, welche sich in öffentlichen Entbindungs-, Hebammen-, Kranken-, Gefangen- und ähnlichen Anstalten, sowie in Kasernen ereignen, trifft die Verpflichtung zur Anzeige ausschließlich den Vorsteher der Anstalt oder den von der zuständigen Behörde ermächtigten Beamten. Es genügt eine schriftliche Anzeige in amtlicher Form.

§ 21. Der Standesbeamte ist verpflichtet, sich von der Richtigkeit der Anzeige (§§. 17 bis 20), wenn er dieselbe zu bezweifeln Anlaß hat, in geeigneter Weise Ueberzeugung zu verschaffen.

§ 22. Die Eintragung des Geburtsfalles soll enthalten:

1. Vor- und Familiennamen, Stand oder Gewerbe und Wohnort des Anzeigenden;
2. Ort, Tag und Stunde der Geburt;
3. Geschlecht des Kindes;
4. Vornamen des Kindes;
5. Vor- und Familiennamen, Religion, Stand oder Gewerbe und Wohnort der Eltern.

Bei Zwillings- oder Mehrgeburten ist die Eintragung für jedes Kind besonders und so genau zu bewirken, daß die Zeitfolge der verschiedenen Geburten ersichtlich ist.

Standen die Vornamen des Kindes zur Zeit der Anzeige noch nicht fest, so sind dieselben nachträglich und längstens binnen zwei Monaten nach der Geburt anzuzeigen. Ihre Eintragung erfolgt am Rande der ersten Eintragung. 75 Febr.

§ 23. Wenn ein Kind todtgeboren oder in der Geburt verstorben ist, so muß die Anzeige spätestens am nächstfolgenden Tage geschehen. Die Eintragung ist alsdann mit dem im §. 22 unter Nr. 1 bis 3 und 5 angegebenen Inhalte nur im Sterberegister zu machen.

§ 24. Wer ein neugeborenes Kind findet, ist verpflichtet, hiervon spätestens am nächstfolgenden Tage Anzeige bei der Ortspolizeibehörde zu machen. Die Letztere hat die erforderlichen Ermittelungen vorzunehmen und dem Standesbeamten des Bezirks von deren Ergebniß behufs Eintragung in das Geburtsregister Anzeige zu machen.

Die Eintragung soll enthalten die Zeit, den Ort und die Umstände des Auffindens, die Beschaffenheit und die Kennzeichen der bei dem Kinde vorgefundenen Kleider und sonstigen Gegenstände, die körperlichen Merkmale des Kindes, sein vermuthliches Alter, sein Geschlecht, die Behörde, Anstalt oder Person, bei welcher das Kind untergebracht worden, und die Namen, welche ihm beigelegt werden.

§ 25. Die Anerkennung eines unehelichen Kindes darf in das Geburtsregister nur dann eingetragen werden, wenn dieselbe vor dem Standesbeamten oder in einer gerichtlich oder notariell aufgenommenen Urkunde erklärt ist.

75 Febr. § 26. Wenn die Feststellung der Abstammung eines Kindes erst nach Eintragung des Geburtsfalles erfolgt oder die Standesrechte durch Legitimation, Annahme an Kindesstatt oder in anderer Weise eine Veränderung erleiden, so ist dieser Vorgang, sofern er durch öffentliche Urkunden nachgewiesen wird, auf Antrag eines Betheiligten am Rande der über den Geburtsfall vorgenommenen Eintragung zu vermerken.

§ 27. Wenn die Anzeige eines Geburtsfalles über drei Monate verzögert wird, so darf die Eintragung nur mit Genehmigung der Aufsichtsbehörde nach Ermittelung des Sachverhalts erfolgen.

Die Kosten dieser Ermittelung sind von demjenigen einzuziehen, welcher die rechtzeitige Anzeige versäumt hat.

Dritter Abschnitt.

Erfordernisse der Eheschließung.

§ 28. Zur Eheschließung ist die Einwilligung und die Ehemündigkeit der Eheschließenden erforderlich.

Die Ehemündigkeit des männlichen Geschlechts tritt mit dem vollendeten zwanzigsten Lebensjahre, die des weiblichen Geschlechts mit dem vollendeten sechszehnten Lebensjahre ein. Dispensation ist zulässig.

§ 29. Eheliche Kinder bedürfen zur Eheschließung, so lange der Sohn das fünfundzwanzigste, die Tochter das vierundzwanzigste Lebensjahr nicht vollendet hat, der Einwilligung des Vaters, nach dem Tode des Vaters der Einwilligung der Mutter und, wenn sie minderjährig sind, auch des Vormundes.

Sind beide Eltern verstorben, so bedürfen Minder- 75 Febr.
jährige der Einwilligung des Vormundes.

Dem Tode des Vaters oder der Mutter steht es gleich, wenn dieselben zur Abgabe einer Erklärung dauernd außer Stande sind, oder ihr Aufenthalt dauernd unbekannt ist.

Eine Einwilligung des Vormundes ist für diejenigen Minderjährigen nicht erforderlich, welche nach Landesrecht einer Vormundschaft nicht unterliegen.

Inwiefern die Wirksamkeit einer Vormundschaftsbehörde oder eines Familienrathes stattfindet, bestimmt sich nach Landesrecht.

§ 30. Auf uneheliche Kinder finden die im vorhergehenden Paragraphen für vaterlose eheliche Kinder gegebenen Bestimmungen Anwendung.

§ 31. Bei angenommenen Kindern tritt an Stelle des Vaters (§. 29) derjenige, welcher an Kindesstatt angenommen hat. Diese Bestimmung findet in denjenigen Theilen des Bundesgebietes keine Anwendung, in welchen durch eine Annahme an Kindesstatt die Rechte der väterlichen Gewalt nicht begründet werden können.

§ 32. Im Falle der Versagung der Einwilligung zur Eheschließung steht großjährigen Kindern die Klage auf richterliche Ergänzung zu.

§ 33. Die Ehe ist verboten:

1. zwischen Verwandten in auf- und absteigender Linie,
2. zwischen voll- und halbbürtigen Geschwistern,

75 Febr.

3. zwischen Stiefeltern und Stiefkindern, Schwiegereltern und Schwiegerkindern jeden Grades,

   ohne Unterschied, ob das Verwandtschafts- oder Schwägerschaftsverhältniß auf ehelicher oder außerehelicher Geburt beruht und ob die Ehe, durch welche die Stief- oder Schwiegerverbindung begründet wird, noch besteht oder nicht,

4. zwischen Personen, deren eine die andere an Kindesstatt angenommen hat, so lange dieses Rechtsverhältniß besteht,

5. zwischen einem wegen Ehebruchs Geschiedenen und seinem Mitschuldigen.

Im Falle der Nr. 5 ist Dispensation zulässig.

§ 34. Niemand darf eine neue Ehe schließen, bevor seine frühere Ehe aufgelöst, für ungültig oder für nichtig erklärt ist.

§ 35. Frauen dürfen erst nach Ablauf des zehnten Monats seit Beendigung der früheren Ehe eine weitere Ehe schließen.

Dispensation ist zulässig.

§ 36. Hinsichtlich der rechtlichen Folgen einer gegen die Bestimmungen der §§. 28 bis 35 geschlossenen Ehe sind die Vorschriften des Landesrechts maßgebend.

Dasselbe gilt von dem Einflusse des Zwangs, Irrthums und Betrugs auf die Gültigkeit der Ehe.

§ 37. Die Eheschließung eines Pflegebefohlenen mit seinem Vormund oder dessen Kindern ist während der Dauer der Vormundschaft unzulässig.

Ist die Ehe gleichwohl geschlossen, so kann dieselbe als ungültig nicht angefochten werden. 75 Febr.

§ 38. Die Vorschriften, welche die Ehe der Militärpersonen, der Landesbeamten und der Ausländer von einer Erlaubniß abhängig machen, werden nicht berührt. Auf die Rechtsgültigkeit der geschlossenen Ehe ist der Mangel dieser Erlaubniß ohne Einfluß.

Ein Gleiches gilt von den Vorschriften, welche vor der Eheschließung eine Nachweisung, Auseinandersetzung oder Sicherstellung des Vermögens erfordern.

§ 39. Alle Vorschriften, welche das Recht zur Eheschließung weiter beschränken, als es durch dieses Gesetz geschieht, werden aufgehoben.

§ 40. Die Befugniß zur Dispensation von Ehehindernissen steht nur dem Staate zu. Ueber die Ausübung dieser Befugniß haben die Landesregierungen zu bestimmen.

Vierter Abschnitt.

Form und Beurkundung der Eheschließung.

§ 41. Innerhalb des Gebietes des Deutschen Reichs kann eine Ehe rechtsgültig nur vor dem Standesbeamten geschlossen werden.

§ 42. Zuständig ist der Standesbeamte, in dessen Bezirk einer der Verlobten seinen Wohnsitz hat oder sich gewöhnlich aufhält. Unter mehreren zuständigen Standesbeamten haben die Verlobten die Wahl.

75 Febr. Eine nach den Vorschriften dieses Gesetzes geschlossene Ehe kann nicht aus dem Grunde angefochten werden, weil der Standesbeamte nicht der zuständige gewesen ist.

§ 43. Auf schriftliche Ermächtigung des zuständigen Standesbeamten darf die Eheschließung auch vor dem Standesbeamten eines anderen Orts stattfinden.

§ 44. Der Eheschließung soll ein Aufgebot vorhergehen.

Für die Anordnung desselben ist jeder Standesbeamte zuständig, vor welchem nach §. 42 Abs. 1 die Ehe geschlossen werden kann.

§ 45. Vor Anordnung des Aufgebots sind dem Standesbeamten (§. 44) die zur Eheschließung gesetzlich nothwendigen Erfordernisse als vorhanden nachzuweisen.

Insbesondere haben die Verlobten in beglaubigter Form beizubringen:

1. ihre Geburtsurkunden,
2. die zustimmende Erklärung derjenigen, deren Einwilligung nach dem Gesetze erforderlich ist.

Der Beamte kann die Beibringung dieser Urkunden erlassen, wenn ihm die Thatsachen, welche durch dieselben festgestellt werden sollen, persönlich bekannt oder sonst glaubhaft nachgewiesen sind. Auch kann er von unbedeutenden Abweichungen in den Urkunden, beispielsweise von einer verschiedenen Schreibart der Namen oder einer Verschiedenheit der Vornamen absehen, wenn in anderer Weise die Persönlichkeit der Betheiligten festgestellt wird.

Der Beamte ist berechtigt, den Verlobten die eidesstattliche Versicherung über die Richtigkeit der Thatsachen abzunehmen, welche durch die vorliegenden Urkunden oder die sonst beigebrachten Beweismittel ihm nicht als hinreichend festgestellt erscheinen. 75 Febr.

§ 46. Das Aufgebot ist bekannt zu machen:

1. in der Gemeinde oder in den Gemeinden, woselbst die Verlobten ihren Wohnsitz haben;
2. wenn einer der Verlobten seinen gewöhnlichen Aufenthalt außerhalb seines gegenwärtigen Wohnsitzes hat, auch in der Gemeinde seines jetzigen Aufenthalts;
3. wenn einer der Verlobten seinen Wohnsitz innerhalb der letzten sechs Monate gewechselt hat, auch in der Gemeinde seines früheren Wohnsitzes.

Die Bekanntmachung hat die Vor- und Familiennamen, den Stand oder das Gewerbe und den Wohnort der Verlobten und ihrer Eltern zu enthalten.

Sie ist während zweier Wochen an dem Raths- oder Gemeindehause, oder an der sonstigen, zu Bekanntmachungen der Gemeindebehörde bestimmten Stelle auszuhängen.

§ 47. Ist einer der Orte, an welchem nach §. 46 das Aufgebot bekannt zu machen ist, im Auslande belegen, so ist an Stelle des an diesem Orte zu bewirkenden Aushanges die Bekanntmachung auf Kosten des Antragstellers einmal in ein Blatt einzurücken, welches an dem ausländischen Orte erscheint oder verbreitet ist. Die Eheschließung ist nicht vor Ablauf zweier Wochen nach

75 Febr. dem Tage der Ausgabe der betreffenden Nummer des Blattes zulässig.

Es bedarf dieser Einrückung nicht, wenn eine Bescheinigung der betreffenden ausländischen Ortsbehörde dahin beigebracht wird, daß ihr von dem Bestehen eines Ehehindernisses nichts bekannt sei.

§ 48. Kommen Ehehindernisse zur Kenntniß des Standesbeamten, so hat er die Eheschließung abzulehnen.

§ 49. Soll die Ehe vor einem anderen Standesbeamten als demjenigen geschlossen werden, welcher das Aufgebot angeordnet hat, so hat der letztere eine Bescheinigung dahin auszustellen, daß und wann das Aufgebot vorschriftsmäßig erfolgt ist und daß Ehehindernisse nicht zu seiner Kenntniß gekommen sind.

§ 50. Die Befugniß zur Dispensation von dem Aufgebot steht nur dem Staate zu. Ueber die Ausübung dieser Befugniß haben die Landesregierungen zu bestimmen.

Wird eine lebensgefährliche Krankheit, welche einen Aufschub der Eheschließung nicht gestattet, ärztlich bescheinigt, so kann der Standesbeamte (§. 42 Abs. 1) auch ohne Aufgebot die Eheschließung vornehmen.

§ 51. Das Aufgebot verliert seine Kraft, wenn seit dessen Vollziehung sechs Monate verstrichen sind, ohne daß die Ehe geschlossen worden ist.

§ 52. Die Eheschließung erfolgt in Gegenwart von zwei Zeugen durch die an die Verlobten einzeln und nach einander gerichtete Frage des Standesbeamten:

ob sie erklären, daß sie die Ehe mit einander eingehen wollen, 75 Febr.

durch die bejahende Antwort der Verlobten und den hierauf erfolgten Ausspruch des Standesbeamten, daß er sie nunmehr kraft des Gesetzes für rechtmäßig verbundene Eheleute erkläre.

§ 53. Als Zeugen sollen nur Großjährige zugezogen werden. Verwandtschaft und Schwägerschaft zwischen den Betheiligten und den Zeugen, oder zwischen den Zeugen unter einander steht deren Zuziehung nicht entgegen.

§ 54. Die Eintragung in das Heirathsregister soll enthalten:

1. Vor- und Familiennamen, Religion, Alter, Stand oder Gewerbe, Geburts- und Wohnort der Eheschließenden;
2. Vor- und Familiennamen, Stand oder Gewerbe und Wohnort ihrer Eltern;
3. Vor- und Familiennamen, Alter, Stand oder Gewerbe und Wohnort der zugezogenen Zeugen;
4. die Erklärung der Eheschließenden;
5. den Ausspruch des Standesbeamten.

Ueber die erfolgte Eheschließung ist den Eheleuten sofort eine Bescheinigung auszustellen.

§ 55. Ist eine Ehe für aufgelöst, ungültig oder nichtig erklärt worden, so ist dies am Rande der über die Eheschließung bewirkten Eintragung zu vermerken.

Die landesgesetzlichen Vorschriften, nach welchen es zur Trennung einer Ehe einer besonderen Erklärung und

75 Febr. Beurkundung vor dem Standesbeamten bedarf, werden hierdurch nicht berührt.

Fünfter Abschnitt.

Beurkundung der Sterbefälle.

§ 56. Jeder Sterbefall ist spätestens am nächstfolgenden Wochentage dem Standesbeamten des Bezirks, in welchem der Tod erfolgt ist, anzuzeigen.

§ 57. Zu der Anzeige verpflichtet ist das Familienhaupt und, wenn ein solches nicht vorhanden oder an der Anzeige behindert ist, derjenige, in dessen Wohnung oder Behausung der Sterbefall sich ereignet hat.

§ 58. Die §§. 19 bis 21 kommen auch in Beziehung auf die Anzeige der Sterbefälle zur Anwendung.

Findet eine amtliche Ermittelung über den Todesfall statt, so erfolgt die Eintragung auf Grund der schriftlichen Mittheilung der zuständigen Behörde.

§ 59. Die Eintragung des Sterbefalles soll enthalten:

1. Vor- und Familiennamen, Stand oder Gewerbe und Wohnort des Anzeigenden;
2. Ort, Tag und Stunde des erfolgten Todes;
3. Vor- und Familiennamen, Religion, Alter, Stand oder Gewerbe, Wohnort und Geburtsort des Verstorbenen;
4. Vor- und Familiennamen seines Ehegatten, oder Vermerk, daß der Verstorbene ledig gewesen sei;
5. Vor- und Familiennamen, Stand oder Gewerbe und Wohnort der Eltern des Verstorbenen.

Soweit diese Verhältnisse unbekannt sind, ist dies bei der Eintragung zu vermerken. 75 Febr.

§ 60. Ohne Genehmigung der Ortspolizeibehörde darf keine Beerdigung vor der Eintragung des Sterbefalles in das Sterberegister stattfinden. Ist die Beerdigung dieser Vorschrift entgegen geschehen, so darf die Eintragung des Sterbefalles nur mit Genehmigung der Aufsichtsbehörde nach Ermittelung des Sachverhaltes erfolgen.

Sechster Abschnitt.

Beurkundung des Personenstandes der auf See befindlichen Personen.

§ 61. Geburten und Sterbefälle, welche sich auf Seeschiffen während der Reise ereignen, sind nach den Vorschriften dieses Gesetzes spätestens am nächstfolgenden Tage nach der Geburt oder dem Todesfall von dem Schiffer, unter Zuziehung von zwei Schiffsoffizieren oder anderen glaubhaften Personen, in dem Tagebuch zu beurkunden. Bei Sterbefällen ist zugleich die muthmaßliche Ursache des Todes zu vermerken.

§ 62. Der Schiffer hat zwei von ihm beglaubigte Abschriften der Urkunden demjenigen Seemannsamte, bei dem es zuerst geschehen kann, zu übergeben. Eine dieser Abschriften ist bei dem Seemannsamte aufzubewahren, die andere ist demjenigen Standesbeamten, in dessen Bezirk die Eltern des Kindes, beziehungsweise der Verstorbene ihren Wohnsitz haben oder zuletzt ge-

75 Febr. habt haben, behufs der Eintragung in das Register zuzufertigen.

§ 63. Ist der Schiffer verstorben oder verhindert, so hat der Steuermann die in den §§. 61 und 62 dem Schiffer auferlegten Verpflichtungen zu erfüllen.

§ 64. Sobald das Schiff in den inländischen Hafen eingelaufen ist, in welchem es seine Fahrt beendet, ist das Tagebuch der für den Standesbeamten des Hafenorts zuständigen Aufsichtsbehörde vorzulegen.

Diese hat beglaubigte Abschrift der in das Tagebuch eingetragenen Standesurkunde dem Standesbeamten, in dessen Register der Fall gehört (§. 62), behufs Kontrolirung der Eintragungen zuzustellen.

Siebenter Abschnitt.

Berichtigung der Standesregister.

§ 65. Die Berichtigung einer Eintragung in dem Standesregister kann nur auf Grund gerichtlicher Anordnung erfolgen. Sie geschieht durch Beischreibung eines Vermerks am Rande der zu berichtigenden Eintragung.

§ 66. Für das Berichtigungsverfahren gelten, insoweit die Landesgesetze nicht ein Anderes bestimmen die nachstehenden Vorschriften.

Die Aufsichtsbehörde hat, wenn ein Antrag auf Berichtigung gestellt wird, oder wenn sie eine solche von Amtswegen für erforderlich erachtet, die Betheiligten zu hören und geeignetenfalls eine Aufforderung durch ein öffentliches Blatt zu erlassen. Die abgeschlossenen Verhandlungen hat sie demnächst dem Gerichte erster Instanz vorzulegen. Dieses kann noch weitere thatsächliche Aufklärungen veranlassen und geeignetenfalls den Antragsteller auf den Prozeßweg verweisen. 75 Febr.

Im Uebrigen finden die für Sachen der nichtstreitigen Gerichtsbarkeit geltenden Vorschriften Anwendung.

Achter Abschnitt.

Schlußbestimmungen.

§ 67.*) Ein Geistlicher oder anderer Religionsdiener, welcher zu den religiösen Feierlichkeiten einer Eheschließung schreitet, bevor ihm nachgewiesen worden ist, daß die Ehe vor dem Standesbeamten geschlossen sei, wird mit Geldstrafe bis zu dreihundert Mark oder mit Gefängniß bis zu drei Monaten bestraft.

§ 68. Wer den in den §§. 17 bis 20, 22 bis 24, 56 bis 58 vorgeschriebenen Anzeigepflichten nicht nachkommt, wird mit Geldstrafe bis zu einhundertfünfzig Mark oder mit Haft bestraft. Die Strafverfolgung tritt nicht ein, wenn die Anzeige, obwohl nicht von den zunächst Verpflichteten, doch rechtzeitig gemacht worden ist.

Die bezeichnete Strafe trifft auch den Schiffer oder Steuermann, welcher den Vorschriften der §§. 61 bis 64 zuwiderhandelt.

Die Standesbeamten sind außerdem befugt, die zu Anzeigen oder zu sonstigen Handlungen auf Grund dieses Gesetzes Verpflichteten hierzu durch Geldstrafen

*) Dieser § ist an Stelle des § 337 des Strafgesetzbuchs getreten.

75 Febr. anzuhalten, welche für jeden einzelnen Fall den Betrag von fünfzehn Mark nicht übersteigen dürfen.

§ 69. Ein Standesbeamter, welcher unter Außerachtlassung der in diesem Gesetze gegebenen Vorschriften eine Eheschließung vollzieht, wird mit Geldstrafe bis zu sechshundert Mark bestraft.

§ 70. Gebühren und Geldstrafen, welche in Gemäßheit dieses Gesetzes zur Erhebung gelangen, fließen, insoweit die Landesgesetze nicht ein Anderes bestimmen, den Gemeinden zu, welche die sächlichen Kosten der Standesämter (§§. 8, 9) zu tragen haben.

§ 71. In welcher Weise die Verrichtungen der Standesbeamten in Bezug auf solche Militärpersonen wahrzunehmen sind, welche ihr Standquartier nicht innerhalb des Deutschen Reichs, oder dasselbe nach eingetretener Mobilmachung verlassen haben, oder welche sich auf den in Dienst gestellten Schiffen oder anderen Fahrzeugen der Marine befinden, wird durch Kaiserliche Verordnung bestimmt.*)

§ 72. Für die Landesherren und die Mitglieder der landesherrlichen Familien, sowie der Fürstlichen Familie Hohenzollern erfolgt die Ernennung des Standesbeamten und die Bestimmung über die Art der Führung und Aufbewahrung der Standesregister durch Anordnung des Landesherrn.

In Betreff der Stellvertretung der Verlobten und in Betreff des Aufgebots entscheidet die Observanz.

*) Vgl. unten Verordnungen vom 4. November 1875 und vom 20. Januar 1879.

Im Uebrigen werden in Ansehung der Mitglieder 75 Febr.
dieser Häuser die auf Hausgesetzen oder Observanz beruhenden Bestimmungen über die Erfordernisse der Eheschließung und über die Gerichtsbarkeit in Ehesachen nicht berührt.

§ 73. Den mit der Führung der Standesregister oder Kirchenbücher bisher betraut gewesenen Behörden und Beamten verbleibt die Berechtigung und Verpflichtung, über die bis zur Wirksamkeit dieses Gesetzes eingetragenen Geburten, Heirathen und Sterbefälle Zeugnisse zu ertheilen.

§ 74. Unberührt bleiben die landesgesetzlichen Vorschriften, welche

1. Geistlichen und Kirchendienern aus Anlaß der Einführung der bürgerlichen Standesregister und der bürgerlichen Form der Eheschließung einen Anspruch auf Entschädigung gewähren;
2. bestimmten Personen die Pflicht zu Anzeigen von Geburts- und Todesfällen auferlegen.

Wo die Zulässigkeit der Ehe nach den bestehenden Landesgesetzen von einem Aufgebote abhängig ist, welches durch andere bürgerliche Beamte als die Standesbeamten vollzogen wird, vertritt dieses die Stelle des von den Standesbeamten anzuordnenden Aufgebots.

§ 75. Innerhalb solcher Grenzpfarreien, deren Bezirk sich in das Ausland erstreckt, bleibt das bestehende Recht für die Beurkundung derjenigen Geburten und Sterbefälle, sowie für die Form und Beurkundung derjenigen Eheschließungen maßgebend, für welche ein

75 Febr. Standesbeamter nach den Vorschriften dieses Gesetzes nicht zuständig, dagegen nach dem bestehenden Recht die Zuständigkeit des Geistlichen begründet ist.

Im Geltungsgebiet des preußischen Gesetzes vom 9. März 1874 ist unter dem bestehenden Recht dasjenige Recht zu verstehen, welches vor dem Inkrafttreten jenes Gesetzes maßgebend war.

§ 76. In streitigen Ehe- und Verlöbnißsachen sind die bürgerlichen Gerichte ausschließlich zuständig. Eine geistliche oder eine durch die Zugehörigkeit zu einem Glaubensbekenntniß bedingte Gerichtsbarkeit findet nicht statt.

§ 77. Wenn nach dem bisherigen Rechte auf beständige Trennung der Ehegatten von Tisch und Bett zu erkennen sein würde, ist fortan die Auflösung des Bandes der Ehe auszusprechen.

Ist vor dem Tage, an welchem dieses Gesetz in Kraft tritt, auf beständige Trennung von Tisch und Bett erkannt worden, so kann, wenn eine Wiedervereinigung der getrennten Ehegatten nicht stattgefunden hat, jeder derselben auf Grund des ergangenen Urtheils die Auflösung des Bandes der Ehe im ordentlichen Prozeßverfahren beantragen.

§ 78. Ehestreitigkeiten, welche in Bayern vor dem Tage, an welchem dieses Gesetz daselbst in Kraft tritt, durch Zustellung des Beschlusses über Zulässigkeit der Klage anhängig geworden sind, werden von dem mit der Sache befaßten Gericht bis zur rechtskräftigen Entscheidung nach Maßgabe der bisher geltenden Gesetze durchgeführt.

Daselbst kann die Auflösung der Ehe auf Grund eines die beständige Trennung von Tisch und Bett verfügenden Urtheils geltend gemacht werden, nachdem das Gericht auf Anrufen eines Ehegatten in dem nach Artikel 675 Absatz 1 und 2 der Prozeßordnung in bürgerlichen Rechtsstreitigkeiten vom 29. April 1869 vorgesehenen Verfahren die Auflösung des Bandes der Ehe ausgesprochen hat. 75 Febr.

(Abs. 3, welcher das Verfahren in streitigen Ehesachen in Bayern betraf, ist durch § 13 Nr. 6 des Einführungsgesetzes zur Civilprozeßordnung vom 30. Januar 1877 aufgehoben und durch die §§ 568—592 der Civilprozeßordnung ersetzt worden.)

§ 79. Dieses Gesetz tritt mit dem 1. Januar 1876 in Kraft. Es bleibt den Landesregierungen überlassen, das ganze Gesetz oder auch den dritten Abschnitt und §. 77 im Verordnungswege früher einzuführen.

§ 80. Die vor dem Tage, an welchem dieses Gesetz in Kraft tritt, nach den Vorschriften des bisherigen Rechts ergangenen Aufgebote behalten ihre Wirksamkeit.

§ 81. Auf Geburts- und Sterbefälle, welche sich vor dem Tage, an welchem dieses Gesetz in Kraft tritt, ereignet haben, an diesem Tage aber noch nicht eingetragen sind, findet das gegenwärtige Gesetz mit der Maßgabe Anwendung, daß der Lauf der vorgeschriebenen Anzeigefristen mit dem Tage beginnt, an welchem dieses Gesetz in Kraft tritt.

Ein Gleiches gilt für den Fall, daß auch nur die Vornamen eines Kindes an diesem Tage noch nicht eingetragen sind.

75 Febr. § 82. Die kirchlichen Verpflichtungen in Beziehung auf Taufe und Trauung werden durch dieses Gesetz nicht berührt.

§ 83. Die zur Ausführung dieses Gesetzes erforderlichen Bestimmungen werden, soweit dieselben nicht durch eine vom Bundesrathe erlassene Ausführungsverordnung getroffen werden*), von den einzelnen Landesregierungen erlassen.

§ 84. Welche Behörden in jedem Bundesstaate unter der Bezeichnung: höhere Verwaltungsbehörde, untere Verwaltungsbehörde, Gemeindebehörde, Gemeindevorstand, Gericht erster Instanz zu verstehen sind, wird von der Zentralbehörde des Bundesstaates bekannt gemacht.

§ 85. Durch dieses Gesetz werden die Bestimmungen des Gesetzes vom 4. Mai 1870, betreffend die Eheschließung und die Beurkundung des Personenstandes von Reichsangehörigen im Auslande, nicht berührt.

Der Reichskanzler kann einem diplomatischen Vertreter oder einem Konsul des Deutschen Reichs die allgemeine Ermächtigung zur Vornahme von Eheschließungen und zur Beurkundung der Geburten, Heirathen und Sterbefälle, wie für Reichsangehörige, so auch für Schutzgenossen ertheilen. Diese Vorschrift tritt mit dem 1. März 1875 in Kraft.

Urkundlich 2c.

Gegeben Berlin, den 6. Februar 1875.

---

*) Die Ausführungsverordnung des Bundesrathes ist in der Bekanntmachung des Reichskanzlers vom 22. Juni 1875 (Centralbl. S. 386) ergangen.

Gebührentarif.

75 Febr.

I. Gebührenfrei sind die nach §§. 49 und 54 oder zum Zwecke der Taufe oder der Beerdigung ertheilten Bescheinigungen.

II. An Gebühren kommen zum Ansatz:

1. für Vorlegung der Register zur Einsicht, und zwar für jeden Jahrgang . . . . eine halbe Mark, für mehrere Jahrgänge zusammen jedoch höchstens . . . . ein und eine halbe Mark,
2. für die schriftliche Ermächtigung nach §. 43 und für jeden beglaubigten Auszug aus den Registern mit Einschluß der Schreibgebühren . . . . . . eine halbe Mark.

   Bezieht sich der Auszug auf mehrere Eintragungen und erfordert derselbe das Nachschlagen von mehr als einem Jahrgange der Register, für jeden weiter nachzuschlagenden Jahrgang noch . . . . eine halbe Mark, jedoch zusammen höchstens . . . . zwei Mark.

8. Febr. 75

Gesetz, betreffend die Einführung von Reichsgesetzen in Elsaß-Lothringen.

Vom 8. Februar 1875.

(R.G.Bl. S. 69; ausgeg. am 22. Februar 1875.)

Die Wirksamkeit der anliegenden Reichsgesetze, nämlich:

1. des Gesetzes vom 16. Mai 1869, betreffend die Einführung von Telegraphen-Freimarken,
2. des Gesetzes vom 4. Mai 1870, betreffend die Eheschließung und die Beurkundung des Personenstandes von Bundesangehörigen im Auslande,
3. des Gesetzes vom 27. Juni 1871, betreffend die Pensionirung und Versorgung der Militärpersonen des Reichsheeres und der Kaiserlichen Marine, sowie die Bewilligungen für die Hinterbliebenen solcher Personen,
4. des Gesetzes vom 12. Mai 1873, betreffend das Aufgebot und die Amortisation verlorener oder vernichteter Schuldurkunden des Norddeutschen Bundes und des Deutschen Reichs,
5. des Gesetzes vom 17. Mai 1873, betreffend einige Abänderungen des Gesetzes über das Posttaxwesen im Gebiete des Deutschen Reichs vom 28. Oktober 1871,
6. des Gesetzes vom 20. Dezember 1873, betreffend die Abänderung der Nr. 13 des Artikels 4 der Verfassung des Deutschen Reichs,

wird hierdurch auf Elsaß-Lothringen ausgedehnt, jedoch gilt das vorstehend zu 3 bezeichnete Gesetz vom 27. Juni 1871 daselbst nur mit denjenigen Maßgaben, welche sich aus dem Gesetze vom 4. April 1874, betreffend einige Abänderungen und Ergänzungen des Gesetzes vom 27. Juni 1871 über die Pensionirung und Versorgung der Militärpersonen ꝛc. (Reichs-Gesetzbl. S. 25), ergeben. 75 Febr.

Urkundlich ꝛc.

Gegeben Berlin, den 8. Februar 1875.

Gesetz, betreffend die Einführung des Gesetzes des Norddeutschen Bundes über die Quartierleistung für die bewaffnete Macht während des Friedenszustandes vom 25. Juni 1868 im Königreiche Bayern. Vom 9. Februar 1875.

(R.G.Bl. S. 41.)

Gesetz, betreffend die Einführung des Gesetzes über die Quartierleistung für die bewaffnete Macht während des Friedenszustandes vom 25. Juni 1868 in Württemberg. Vom 9. Februar 1875.

(R.G.Bl. S. 48.)

Gesetz über den Landsturm. Vom 12. Februar 1875.

(R.G.Bl. S. 63.)

Gesetz über die Naturalleistungen für die bewaffnete Macht im Frieden. Vom 13. Februar 1875.*)

(R.G.Bl. S. 52.)

*) Dazu Ausführungs-Instruktion vom 2. September 1875 und Abänderungen und Ergänzungen derselben vom 11. Juli 1878 und

75 Febr. **Gesetz, betreffend die Ausübung der militärischen Kontrole über die Personen des Beurlaubtenstandes, die Uebungen derselben, sowie die gegen sie zulässigen Disziplinarstrafmittel. Vom 15. Februar 1875.**
(R.G.Bl. S. 65.)

Gesetz,
betreffend das Alter der Großjährigkeit.
Vom 17. Februar 1875.

(R.G.Bl. S. 71.)

§ 1. Das Alter der Großjährigkeit beginnt im ganzen Umfange des Deutschen Reichs mit dem vollendeten einundzwanzigsten Lebensjahre.

§ 2. Die hausverfassungsmäßigen oder landesgesetzlichen Bestimmungen über den Beginn der Großjährigkeit der Landesherren und der Mitglieder der landesherrlichen Familien, sowie der Fürstlichen Familie Hohenzollern werden durch die Vorschrift des §. 1 nicht berührt.

§ 3. Dieses Gesetz tritt mit dem 1. Januar 1876 in Kraft.

Urkundlich 2c.

Gegeben Berlin, den 17. Februar 1875.

---

24. Juli 1883. — Das korrespondirende Gesetz, betr. die Quartierleistung 2c. ist vom 25. Juni 1868.

Allerhöchster Erlaß, betreffend die einheitliche Benennung der Reichsgoldmünzen. 75 Febr.

Vom 17. Februar 1875.

(R.G.Bl. S. 72.)

Auf Ihren Bericht vom 16. Februar d. J. bestimme Ich hierdurch, daß die Reichsbehörden für das Zehnmarkstück die Benennung „Krone", für das Zwanzigmarkstück die Benennung „Doppelkrone" anwenden. Dieser Erlaß ist durch das Reichs-Gesetzblatt zu veröffentlichen.

Berlin, den 17. Februar 1875.

An den Reichskanzler.

Bekanntmachung, betreffend das Verbot des Umlaufs polnischer eindrittel und einsechstel Talarastücke. Vom 26. Februar 1875.

(R.G.Bl. S. 134.)

Verordnung, betreffend das Verbot der Einfuhr von Kartoffeln aus Amerika, sowie von Abfällen und Verpackungsmaterial solcher Kartoffeln. Vom 26. Februar 1875.

(R.G.Bl. S. 135.)

Bekanntmachung [des Reichskanzlers], betreffend die Prüfung der Apotheker. Vom 5. März 1875.*)

(R.G.Bl. S. 174.)

(Theilweise abgeändert durch Bekanntmachung vom 25. Dezember 1879 [R.G.Bl. S. 850].)

---

*) Einz.-Ausg. Bd. 6 (Gewerbeordnung 2c.) S. 201.

75
März

Gesetz,
Maßregeln gegen die Reblauskrankheit betreffend.*)
Vom 6. März 1875.

(R.G.Bl. S. 175; ausgeg. den 13. März 1875.)

§ 1. Der Reichskanzler ist ermächtigt:

1. Ermittelungen innerhalb des Weinbaugebietes der einzelnen Bundesstaaten über das Auftreten der Reblaus (Phylloxera vastatrix) anzustellen.
2. Untersuchungen über Mittel zur Vertilgung des Insekts anzuordnen.

§ 2. Die von dem Reichskanzler mit diesen Ermittelungen und Untersuchungen betrauten Organe sind befugt, auch ohne Einwilligung des Verfügungsberechtigten den Zugang zu jedem mit Weinreben bepflanzten Grundstücke in Anspruch zu nehmen, die Entwurzelung einer dem Zwecke entsprechenden Anzahl von Rebstöcken zu bewirken und die entwurzelten Rebstöcke, sofern sie mit der Reblaus behaftet sind, an Ort und Stelle zu vernichten.

§ 3. Die durch die Ausführung dieses Gesetzes erwachsenden Kosten einschließlich der nöthigenfalls im Rechtswege festzustellenden Ersatzleistung für etwa zugefügte Schäden werden aus Reichsmitteln bestritten.

Urkundlich 2c.

Gegeben Berlin, den 6. März 1875.

---

*) Vgl. unten Gesetz, betr. die Abwehr und Unterdrückung der Reblauskrankheit, vom 3. Juli 1883. — Internationale Reblaus-Konvention vom 3. November 1881 (R.G.Bl. für 1882 S. 125).

Bankgesetz.

75 März

Vom 14. März 1875.

(R.G.Bl. S. 177; ausgeg. am 18. März 1875.)

Titel I.

Allgemeine Bestimmungen.

§ 1. Die Befugniß zur Ausgabe von Banknoten kann nur durch Reichsgesetz erworben, oder über den bei Erlaß des gegenwärtigen Gesetzes zulässigen Betrag der Notenausgabe hinaus erweitert werden.

Den Banknoten im Sinne dieses Gesetzes wird dasjenige Staatspapiergeld gleich geachtet, dessen Ausgabe einem Bankinstitute zur Verstärkung seiner Betriebsmittel übertragen ist.

§ 2. Eine Verpflichtung zur Annahme von Banknoten bei Zahlungen, welche gesetzlich in Geld zu leisten sind, findet nicht statt und kann auch für Staatskassen durch Landesgesetz nicht begründet werden.

§ 3. Banknoten dürfen nur auf Beträge von 100, 200, 500 und 1000 Mark oder von einem Vielfachen von 1000 Mark ausgefertigt werden.

§ 4. Jede Bank ist verpflichtet, ihre Noten sofort auf Präsentation zum vollen Nennwerthe einzulösen, auch solche nicht nur an ihrem Hauptsitz, sondern auch bei ihren Zweiganstalten jederzeit zum vollen Nennwerthe in Zahlung anzunehmen.

Für beschädigte Noten hat sie Ersatz zu leisten, sofern der Inhaber entweder einen Theil der Note präsentirt, welcher größer ist, als die Hälfte, oder den Nachweis

75 März führt, daß der Rest der Note, von welcher er nur die Hälfte oder einen geringeren Theil als die Hälfte präsentirt, vernichtet sei.

Für vernichtete oder verlorene Noten Ersatz zu leisten ist sie nicht verpflichtet.

§ 5. Banknoten, welche in die Kasse der Bank oder einer ihrer Zweiganstalten oder in eine von ihr bestellte Einlösungskasse in beschädigtem oder beschmutztem Zustande zurückkehren, dürfen nicht wieder ausgegeben werden.

§ 6. Der Aufruf und die Einziehung der Noten einer Bank oder einer Gattung von Banknoten darf nur auf Anordnung oder mit Genehmigung des Bundesraths erfolgen.

Die Anordnung erfolgt, wenn ein größerer Theil des Umlaufs sich in beschädigtem oder beschmutztem Zustande befindet, oder wenn die Bank die Befugniß zur Notenausgabe verloren hat.

Die Genehmigung darf nur ertheilt werden, wenn nachgewiesen wird, daß Nachahmungen der aufzurufenden Noten in den Verkehr gebracht sind.

In allen Fällen schreibt der Bundesrath die Art, die Zahl und die Fristen der über den Aufruf zu erlassenden Bekanntmachungen, den Zeitraum, innerhalb dessen und die Stellen, an welchen die Noten eingelöst werden sollen, die Maßgaben, unter denen nach Ablauf der Fristen eine Einlösung der aufgerufenen Noten noch stattzufinden hat, und die zur Sicherung der Noteninhaber sonst erforderlichen Maßregeln vor.

Die nach dem Vorstehenden von dem Bundesrathe zu erlassenden Vorschriften sind durch das Reichs-Gesetzblatt zu veröffentlichen.*) 75 März

§ 7. Den Banken, welche Noten ausgeben, ist nicht gestattet:

1. Wechsel zu akzeptiren,
2. Waaren oder kurshabende Papiere für eigene oder für fremde Rechnung auf Zeit zu kaufen oder auf Zeit zu verkaufen, oder für die Erfüllung solcher Kaufs- oder Verkaufsgeschäfte Bürgschaft zu übernehmen.

§ 8. Banken, welche Noten ausgeben, haben

1. den Stand ihrer Aktiva und Passiva vom 7., 15., 23. und Letzten jeden Monats spätestens am fünften Tage nach diesen Terminen und
2. spätestens drei Monate nach dem Schlusse jedes Geschäftsjahres eine genaue Bilanz ihrer Aktiva und Passiva, sowie den Jahresschluß des Gewinn- und Verlustkontos

durch den Reichsanzeiger auf ihre Kosten zu veröffentlichen.

Die wöchentliche Veröffentlichung muß angeben

1. auf Seiten der Passiva:
   das Grundkapital,
   den Rerservefonds,
   den Betrag der umlaufenden Noten,
   die sonstigen täglich fälligen Verbindlichkeiten,
   die an eine Kündigungsfrist gebundenen Verbindlichkeiten,
   die sonstigen Passiva;

*) Vgl. Bekanntmachungen vom 7. Juni 1877, vom 19. Dezember 1877, 9. April u. 19. Oktober 1878 und vom 15. März u. 10. April 1878.

75 März

2. auf Seiten der Aktiva:
den Metallbestand (den Bestand an kursfähigem deutschem Gelde und an Gold in Barren oder ausländischen Münzen, das Pfund fein zu 1392 Mark berechnet),
den Bestand:
an Reichs-Kassenscheinen,
an Noten anderer Banken,
an Wechseln,
an Lombardforderungen,
an Effekten,
an sonstigen Aktiven.

Welche Kategorien der Aktiva und Passiva in der Jahresbilanz gesondert nachzuweisen sind, bestimmt der Bundesrath.

Außerdem sind in beiden Veröffentlichungen die aus weiterbegebenen im Inlande zahlbaren Wechseln entsprungenen eventuellen Verbindlichkeiten ersichtlich zu machen.

§ 9. Banken, deren Notenumlauf ihren Baarvorrath und den ihnen nach Maßgabe der Anlage zugewiesenen Betrag übersteigt, haben vom 1. Januar 1876 ab von dem Ueberschusse eine Steuer von jährlich Fünf vom Hundert an die Reichskasse zu entrichten. Als Baarvorrath gilt bei Feststellung der Steuer der in den Kassen der Bank befindliche Betrag an kursfähigem deutschen Gelde, an Reichs-Kassenscheinen, an Noten anderer deutscher Banken und an Gold in Barren oder ausländischen Münzen, das Pfund fein zu 1392 Mark berechnet.

Erlischt die Befugniß einer Bank zur Notenausgabe 75 März (§. 49), so wächst der derselben zustehende Antheil an dem Gesammtbetrage des der Steuer nicht unterliegenden ungedeckten Notenumlaufs dem Antheile der Reichsbank zu.*)

§ 10. Zum Zweck der Feststellung der Steuer hat die Verwaltung der Bank am 7., 15., 23. und Letzten jedes Monats den Betrag des Baarvorraths und der umlaufenden Noten der Bank festzustellen und diese Feststellung an die Aufsichtsbehörde einzureichen. Am Schluß jedes Jahres wird von der Aufsichtsbehörde auf Grund dieser Nachweisungen die von der Bank zu zahlende Steuer in der Weise festgestellt, daß von dem aus jeder dieser Nachweisungen sich ergebenden steuerpflichtigen Ueberschusse des Notenumlaufs $^5/_{48}$ Prozent als Steuersoll berechnet werden. Die Summe dieser für jede einzelne Nachweisung als Steuersoll berechneten Beträge ergiebt die von der Bank spätestens am 31. Januar des folgenden Jahres zur Reichskasse abzuführende Steuer.

§ 11. Ausländische Banknoten oder sonstige auf den Inhaber lautende unverzinsliche Schuldverschreibungen ausländischer Korporationen, Gesellschaften oder Privaten dürfen, wenn sie ausschließlich oder neben anderen Werthbestimmungen in Reichswährung oder einer deutschen Landeswährung ausgestellt sind, innerhalb des Reichsgebietes zu Zahlungen nicht gebraucht werden.

*) Dazu Bekanntmachungen des Reichskanzlers vom 1. April 1876, 23. Juli 1876 und 15. Oktober 1877.

75 März

Titel II.

Reichsbank.

§ 12. Unter dem Namen

„Reichsbank"

wird eine unter Aufsicht und Leitung des Reichs stehende Bank errichtet, welche die Eigenschaft einer juristischen Person besitzt und die Aufgabe hat, den Geldumlauf im gesammten Reichsgebiete zu regeln, die Zahlungsausgleichungen zu erleichtern und für die Nutzbarmachung verfügbaren Kapitals zu sorgen.

Die Reichsbank hat ihren Hauptsitz in Berlin. Sie ist berechtigt, aller Orten im Reichsgebiete Zweiganstalten zu errichten.

Der Bundesrath kann die Errichtung solcher Zweiganstalten an bestimmten Plätzen anordnen.

§ 13. Die Reichsbank ist befugt, folgende Geschäfte zu betreiben:

1. Gold und Silber in Barren und Münzen zu kaufen und zu verkaufen;
2. Wechsel, welche eine Verfallzeit von höchstens drei Monaten haben und aus welchen in der Regel drei, mindestens aber zwei als zahlungsfähig bekannte Verpflichtete haften, ferner Schuldverschreibungen des Reichs, eines deutschen Staats oder inländischer kommunaler Korporationen, welche nach spätestens drei Monaten mit ihrem Nennwerthe fällig sind, zu diskontiren, zu kaufen und zu verkaufen;

3. zinsbare Darlehne auf nicht länger als drei Monate gegen bewegliche Pfänder zu ertheilen (Lombardverkehr), und zwar: 75 März

a) gegen Gold und Silber, gemünzt und ungemünzt,

b) gegen zinstragende oder spätestens nach einem Jahre fällige und auf den Inhaber lautende Schuldverschreibungen des Reichs, eines deutschen Staats oder inländischer kommunaler Korporationen, oder gegen zinstragende, auf den Inhaber lautende Schuldverschreibungen, deren Zinsen vom Reiche oder von einem Bundesstaate garantirt sind, gegen voll eingezahlte Stamm- und Stammprioritätsaktien und Prioritätsobligationen deutscher Eisenbahngesellschaften, deren Bahnen in Betrieb befindlich sind, sowie gegen Pfandbriefe landschaftlicher, kommunaler oder anderer unter staatlicher Aufsicht stehender Bodenkreditinstitute Deutschlands und deutscher Hypothekenbanken auf Aktien, zu höchstens drei Viertel des Kurswerthes,

c) gegen zinstragende, auf den Inhaber lautende Schuldverschreibungen nicht deutscher Staaten, sowie gegen staatlich garantirte ausländische Eisenbahn-Prioritätsobligationen, zu höchstens 50 Prozent des Kurswerthes,

d) gegen Wechsel, welche anerkannt solide Verpflichtete aufweisen, mit einem Abschlage von mindestens 5 Prozent ihres Kurswerthes,

75 März

e) gegen Verpfändung im Inlande lagernder Kaufmannswaaren, höchstens bis zu zwei Drittheilen ihres Werthes;

4. Schuldverschreibungen der vorstehend unter 3. b. bezeichneten Art zu kaufen und zu verkaufen; die Geschäftsanweisung für das Reichsbank-Direktorium (§. 26) wird feststellen, bis zu welcher Höhe die Betriebsmittel der Bank in solchen Schuldverschreibungen angelegt werden dürfen;

5. für Rechnung von Privatpersonen, Anstalten und Behörden Inkassos zu besorgen und nach vorheriger Deckung Zahlungen zu leisten und Anweisungen oder Ueberweisungen auf ihre Zweiganstalten oder Korrespondenten auszustellen;

6. für fremde Rechnung Effekten aller Art, sowie Edelmetalle nach vorheriger Deckung zu kaufen und nach vorheriger Ueberlieferung zu verkaufen;

7. verzinsliche und unverzinsliche Gelder im Depositengeschäft und im Giroverkehr anzunehmen; die Summe der verzinslichen Depositen darf diejenige des Grundkapitals und des Reservefonds der Bank nicht übersteigen;

8. Werthgegenstände in Verwahrung und in Verwaltung zu nehmen.

§ 14. Die Reichsbank ist verpflichtet, Barrengold zum festen Satze von 1392 Mark für das Pfund fein gegen ihre Noten umzutauschen.

Die Bank ist berechtigt, auf Kosten des Abgebers solches Gold durch die von ihr zu bezeichnenden Techniker prüfen und scheiden zu lassen. 75 März

§ 15. Die Reichsbank hat jeweilig den Prozentsatz öffentlich bekannt zu machen, zu welchem sie diskontirt (§. 13, 2) oder zinsbare Darlehne ertheilt (§. 13, 3). Die Aufstellung ihrer Wochen-Uebersichten erfolgt auf Grundlage der Bücher des Reichsbank-Direktoriums und der demselben unmittelbar untergeordneten Zweiganstalten.

§ 16. Die Reichsbank hat das Recht, nach Bedürfniß ihres Verkehrs Banknoten auszugeben.

Die An- und Ausfertigung, Einziehung und Vernichtung derselben erfolgt unter Kontrole der Reichsschulden-Kommission, welcher zu diesem Zwecke ein vom Kaiser ernanntes Mitglied hinzutritt.

§ 17. Die Reichsbank ist verpflichtet, für den Betrag ihrer im Umlauf befindlichen Banknoten jederzeit mindestens ein Drittheil in kursfähigem deutschen Gelde, Reichs-Kassenscheinen oder in Gold in Barren oder ausländischen Münzen, das Pfund fein zu 1392 Mark gerechnet, und den Rest in diskontirten Wechseln, welche eine Verfallzeit von höchstens drei Monaten haben, und aus welchen in der Regel drei, mindestens aber zwei als zahlungsfähig bekannte Verpflichtete haften, in ihren Kassen als Deckung bereit zu halten.

§ 18. Die Reichsbank ist verpflichtet, ihre Noten:

a) bei ihrer Hauptkasse in Berlin sofort auf Präsentation,

75 März

b) bei ihren Zweiganstalten, soweit es deren Baarbestände und Geldbedürfnisse gestatten,

dem Inhaber gegen kursfähiges deutsches Geld einzulösen.

§ 19. Die Reichsbank ist verpflichtet, die Noten der, vom Reichskanzler nach der Bestimmung im §. 45 dieses Gesetzes bekannt gemachten Banken sowohl in Berlin, als auch bei ihren Zweiganstalten in Städten von mehr als 80000 Einwohnern oder am Sitze der Bank, welche die Noten ausgegeben hat, zum vollen Nennwerthe in Zahlung zu nehmen, so lange die ausgebende Bank ihrer Noteneinlösungspflicht pünktlich nachkommt. Die auf diesem Wege angenommenen Banknoten dürfen nur entweder zur Einlösung präsentirt oder zu Zahlungen an diejenige Bank, welche dieselben ausgegeben hat, oder zu Zahlungen an dem Orte, wo letztere ihren Hauptsitz hat, verwendet werden.

Die Reichsbank ist ermächtigt, mit anderen deutschen Banken Vereinbarungen über Verzichtleistungen der letzteren auf das Recht der Notenausgabe abzuschließen.

§ 20. Wenn der Schuldner eines im Lombardverkehr (§. 13 Ziffer 3) gewährten Darlehns im Verzuge ist, ist die Reichsbank berechtigt, ohne gerichtliche Ermächtigung oder Mitwirkung das bestellte Faustpfand durch einen ihrer Beamten oder durch einen zu Versteigerungen befugten Beamten öffentlich verkaufen, oder, wenn der verpfändete Gegenstand einen Börsenpreis oder Marktpreis hat, den Verkauf auch nicht öffentlich durch einen ihrer Beamten, oder durch einen Handelsmakler, oder, in Ermangelung eines solchen, durch einen zu Versteigerungen befugten Beamten zum laufenden Preise bewirken zu lassen, und sich aus dem Erlöse wegen Kapital, Zinsen und Kosten bezahlt zu machen. Dieses Recht behält die Bank auch gegenüber anderen Gläubigern und gegenüber der Konkursmasse des Schuldners. 75 März

§ 21. Die Reichsbank und ihre Zweiganstalten sind im gesammten Reichsgebiete frei von staatlichen Einkommen- und Gewerbesteuern.

§ 22. Die Reichsbank ist verpflichtet, ohne Entgelt für Rechnung des Reichs Zahlungen anzunehmen und bis auf Höhe des Reichsguthabens zu leisten.

Sie ist berechtigt, die nämlichen Geschäfte für die Bundesstaaten zu übernehmen.

§ 23. Das Grundkapital der Reichsbank besteht aus einhundertundzwanzig Millionen Mark, getheilt in vierzigtausend auf Namen lautende Antheile von je dreitausend Mark.

Die Antheilseigner haften persönlich für die Verbindlichkeiten der Reichsbank nicht.

§ 24. Aus dem beim Jahresabschlusse sich ergebenden Reingewinn der Reichsbank wird:

1. zunächst den Antheilseignern eine ordentliche Dividende von vier und einhalb Prozent des Grundkapitals berechnet, sodann
2. von dem Mehrbetrage eine Quote von zwanzig Prozent dem Reservefonds zugeschrieben, so lange derselbe nicht ein Viertel des Grundkapitals beträgt,

75 März

3. der alsdann verbleibende Ueberrest zur Hälfte an die Antheilseigner und zur Hälfte an die Reichskasse gezahlt, soweit die Gesammtdividende der Antheilseigner nicht acht Prozent übersteigt. Von dem weiter verbleibenden Reste erhalten die Antheilseigner ein Viertel, die Reichskasse drei Viertel.

Erreicht der Reingewinn nicht volle vier und einhalb Prozent des Grundkapitals, so ist das Fehlende aus dem Reservefonds zu ergänzen.

Das bei Begebung von Antheilsscheinen der Reichsbank etwa zu gewinnende Aufgeld fließt dem Reservefonds zu.

Dividendenrückstände verjähren binnen vier Jahren, von dem Tage ihrer Fälligkeit an gerechnet, zum Vortheil der Bank.

§ **25.** Die dem Reiche zustehende Aufsicht über die Reichsbank wird von einem Bank-Kuratorium ausgeübt, welches aus dem Reichskanzler als Vorsitzenden und vier Mitgliedern besteht. Eines dieser Mitglieder ernennt der Kaiser, die drei anderen der Bundesrath.

Das Kuratorium versammelt sich vierteljährlich einmal. In diesen Versammlungen wird ihm über den Zustand der Bank und alle darauf Bezug habenden Gegenstände Bericht erstattet und eine allgemeine Rechenschaft von allen Operationen und Geschäftseinrichtungen der Bank ertheilt.

§ **26.** Die dem Reiche zustehende Leitung der Bank wird vom Reichskanzler, und unter diesem von dem

Reichsbank-Direktorium ausgeübt; in Behinderungsfällen des Reichskanzlers wird die Leitung durch einen vom Kaiser hierfür ernannten Stellvertreter wahrgenommen. 75 März

Der Reichskanzler leitet die gesammte Bankverwaltung innerhalb der Bestimmungen dieses Gesetzes und des zu erlassenden Statuts (§. 40). Er erläßt die Geschäftsanweisungen für das Reichsbank-Direktorium und für die Zweiganstalten, sowie die Dienstinstruktionen für die Beamten der Bank, und verfügt die erforderlichen Abänderungen der bestehenden Geschäftsanweisungen (Reglements) und Dienstinstruktionen.

§ **27**. Das Reichsbank-Direktorium ist die verwaltende und ausführende, sowie die, die Reichsbank nach außen vertretende Behörde.

Es besteht aus einem Präsidenten und der erforderlichen Anzahl von Mitgliedern, und faßt seine Beschlüsse nach Stimmenmehrheit, hat jedoch bei seiner Verwaltung überall den Vorschriften und Weisungen des Reichskanzlers Folge zu leisten.

Präsident und Mitglieder des Reichsbank-Direktoriums werden auf den Vorschlag des Bundesraths vom Kaiser auf Lebenszeit ernannt.

§ **28**. Die Beamten der Reichsbank haben die Rechte und Pflichten der Reichsbeamten.

Ihre Besoldungen, Pensionen und sonstigen Dienstbezüge, sowie die Pensionen und Unterstützungen für ihre Hinterbliebenen*), trägt die Reichsbank. Der Be-

*) Vgl. unten Verordnung, betreffend die Fürsorge für die Wittwen und Waisen der Reichsbankbeamten, vom 8. Juni 1881.

75 März soldungs- und Pensionsetat des Reichsbank-Direktoriums wird jährlich durch den Reichshaushalts-Etat, der der übrigen Beamten jährlich vom Kaiser im Einvernehmen mit dem Bundesrathe auf den Antrag des Reichskanzlers festgesetzt.

Kein Beamter der Reichsbank darf Antheilscheine derselben besitzen.

§ 29. Die Rechnungen der Reichsbank unterliegen der Revision durch den Rechnungshof des Deutschen Reichs.

Die Form, in welcher die jährliche Rechnungslegung zu erfolgen hat, wird durch den Reichskanzler bestimmt. Die hierüber ergehenden Bestimmungen sind dem Rechnungshof mitzutheilen.

§ 30. Die Antheilseigner üben die ihnen zustehende Betheiligung an der Verwaltung der Reichsbank durch die Generalversammlung, außerdem durch einen aus ihrer Mitte gewählten ständigen Zentralausschuß nach Maßgabe der nachfolgenden Bestimmungen aus.

§ 31. Der Zentralausschuß ist die ständige Vertretung der Antheilseigner gegenüber der Verwaltung. Er besteht aus fünfzehn Mitgliedern, neben welchen fünfzehn Stellvertreter zu wählen sind. Die Mitglieder und die Stellvertreter werden von der Generalversammlung aus der Zahl der im Besitze von mindestens je drei auf ihren Namen lautenden Antheilscheinen befindlichen Antheilseigner gewählt. Sämmtliche Mitglieder und Stellvertreter müssen im Reichsgebiete und wenigstens neun Mitglieder und neun Stellvertreter in

Berlin ihren Wohnsitz haben. Ein Drittel der Mitglieder scheidet jährlich aus. Die Ausscheidenden sind wieder wählbar. 75 März

Der Zentralausschuß versammelt sich unter Vorsitz des Präsidenten des Reichsbank-Direktoriums wenigstens einmal monatlich, kann von demselben aber auch außerordentlich berufen werden. Er ist beschlußfähig bei Anwesenheit von wenigstens sieben Mitgliedern; die Geschäftsanweisung wird festsetzen, in welchen Fällen und in welcher Reihenfolge die Einberufung von Stellvertretern zu bewirken ist.

§ **32**. Dem Zentralausschuß werden in jedem Monat die wöchentlichen Nachweisungen über die Diskonto-, Wechsel- und Lombardbestände, den Notenumlauf, die Baarfonds, die Depositen, über den An- und Verkauf von Gold, Wechseln und Effekten, über die Vertheilung der Fonds auf die Zweiganstalten zur Einsicht vorgelegt, und zugleich die Ergebnisse der ordentlichen und der außerordentlichen Kassenrevisionen, sowie die Ansichten und Vorschläge des Reichsbank-Direktoriums über den Gang der Geschäfte im Allgemeinen und über die etwa erforderlichen Maßregeln mitgetheilt.

Insbesondere ist der Zentralausschuß gutachtlich zu hören:

a) über die Bilanz und die Gewinnberechnung, welche nach Ablauf des Geschäftsjahres vom Reichsbank-Direktorium aufgestellt, mit dessen Gutachten dem Reichskanzler zur definitiven Festsetzung überreicht, und demnächst den Antheils-

75 März eignern in deren ordentlicher Generalversammlung mitgetheilt wird;

b) über Abänderungen des Besoldungs- und Pensionsetats (§. 28);

c) über die Besetzung erledigter Stellen im Reichsbank-Direktorium, mit Ausnahme der Stelle des Präsidenten, vor der Beschlußfassung des Bundesraths (§. 27);

d) über den Höchstbetrag, bis zu welchem die Fonds der Bank zu Lombarddarlehen verwendet werden können.

Der Ankauf von Effekten für Rechnung der Bank kann nur erfolgen, nachdem die Höhe des Betrages, bis zu welcher die Fonds der Bank zu diesem Zwecke verwendet werden können, zuvor mit Zustimmung des Zentralausschusses festgesetzt ist;

e) über die Höhe des Diskontosatzes und des Lombard-Zinsfußes, sowie über Veränderungen in den Grundsätzen und Fristen der Kreditertheilung;

f) über Vereinbarungen mit anderen deutschen Banken (§. 19), sowie über die in den Geschäftsbeziehungen zu denselben zu beobachtenden Grundsätze.

Allgemeine Geschäftsanweisungen und Dienstinstruktionen sind dem Zentralausschusse alsbald nach ihrem Erlasse (§. 26) zur Kenntnißnahme mitzutheilen.

§ 33. Die Mitglieder des Zentralausschusses beziehen keine Besoldung.

Wenn ein Ausschußmitglied das Bankgeheimniß (§. 39) verletzt, die durch sein Amt erlangten Aufschlüsse gemißbraucht oder sonst das öffentliche Vertrauen verloren hat, oder wenn durch dasselbe überhaupt das Interesse des Instituts gefährdet erscheint, so ist die Generalversammlung berechtigt, seine Ausschließung zu beschließen. 75 März

Ein Ausschußmitglied, welches in Konkurs geräth, während eines halben Jahres den Versammlungen nicht beigewohnt, oder eine der Voraussetzungen seiner Wählbarkeit (§. 31) verloren hat, wird für ausgeschieden erachtet.

§ 34. Die fortlaufende spezielle Kontrole über die Verwaltung der Reichsbank üben drei, von dem Zentralausschusse aus der Zahl seiner Mitglieder auf ein Jahr gewählte Deputirte des Zentralausschusses beziehungsweise deren gleichzeitig zu wählende Stellvertreter. Die Geschäftsanweisung wird festsetzen, in welchen Fällen und in welcher Reihenfolge die Einberufung von Stellvertretern zu bewirken ist.

Die Deputirten sind insbesondere berechtigt, allen Sitzungen des Reichsbank-Directoriums mit berathender Stimme beizuwohnen.

Sie sind ferner berechtigt und verpflichtet, in den gewöhnlichen Geschäftsstunden und im Beisein eines Mitgliedes des Reichsbank-Direktoriums von dem Gange der Geschäfte Kenntniß zu nehmen, die Bücher und Portefeuilles der Bank einzusehen und den ordentlichen, wie außerordentlichen Kassenrevisionen beizuwohnen. Ueber ihre Wirksamkeit erstatten sie in den monatlichen Versammlungen des Zentralausschusses Bericht.

75 März Im Fall des §. 33 Absatz 2 kann ein Deputirter bereits vor der Entscheidung der Generalversammlung durch den Zentralausschuß suspendirt werden.

§ 35. Geschäfte mit den Finanzverwaltungen des Reichs oder deutscher Bundesstaaten dürfen nur innerhalb der Bestimmungen dieses Gesetzes und des Bankstatuts gemacht und müssen, wenn andere als die allgemein geltenden Bedingungen des Bankverkehrs in Anwendung kommen sollen, zuvor zur Kenntniß der Deputirten gebracht, und, wenn auch nur Einer derselben darauf anträgt, dem Zentralausschuß vorgelegt werden. Sie müssen unterbleiben, wenn der letztere nicht in einer beschlußfähigen Versammlung mit Stimmenmehrheit für die Zulässigkeit sich ausspricht.

§ 36. Außerhalb des Hauptsitzes der Bank sind an, vom Bundesrathe zu bestimmenden, größeren Plätzen Reichsbankhauptstellen zu errichten, welche unter Leitung eines aus wenigstens zwei Mitgliedern bestehenden Vorstandes, und unter Aufsicht eines vom Kaiser ernannten Bank-Kommissarius stehen.

Bei jeder Reichsbankhauptstelle soll, wenn sich daselbst eine hinreichende Zahl geeigneter Antheilseigner vorfindet, ein Bezirksausschuß bestehen, dessen Mitglieder vom Reichskanzler aus den vom Bank-Kommissar und vom Zentralausschuß aufgestellten Vorschlagslisten der am Sitz der Bankhauptstelle oder in dessen unmittelbarer Nähe wohnhaften Antheilseigner ausgewählt werden. Dem Ausschuß werden in seinen monatlich abzuhaltenden Sitzungen die Uebersichten über die Geschäfte der Bankhauptstelle und die von der Zentral- verwaltung ergangenen allgemeinen Anordnungen mit- getheilt. Anträge und Vorschläge des Bezirksausschusses, welchen vom Vorstande der Bankhauptstelle nicht in eigener Zuständigkeit entsprochen wird, werden von letzterem dem Reichskanzler mittelst Berichts eingereicht. 75 März

Eine fortlaufende spezielle Kontrole über den Geschäftsgang bei den Bankhauptstellen nach Maßgabe der Bestimmungen im §. 34 üben, soweit es ohne Störung der täglichen laufenden Geschäfte geschehen kann, 2 bis 3 Beigeordnete, welche vom Bezirksausschuß aus seiner Mitte gewählt, oder, wo ein Bezirksausschuß nicht besteht, vom Reichskanzler nach Absatz 2 ernannt werden.

§ 37. Die Errichtung sonstiger Zweiganstalten erfolgt, sofern dieselben dem Reichsbank-Direktorium unmittelbar untergeordnet werden (Reichsbankstellen), durch den Reichskanzler, sofern sie einer anderen Zweiganstalt untergeordnet werden, durch das Reichsbank-Direktorium.

§ 38. Die Reichsbank wird in allen Fällen, und zwar auch wo die Gesetze eine Spezialvollmacht erfordern, durch die Unterschrift des Reichsbank-Direktoriums oder einer Reichsbankhauptstelle verpflichtet, sofern diese Unterschriften von zwei Mitgliedern des Reichsbank-Direktoriums beziehungsweise von zwei Mitgliedern des Vorstandes der Reichsbankhauptstelle oder den als Stellvertretern der letzteren bezeichneten Beamten vollzogen sind.

75 März Unter welchen Voraussetzungen und in welcher Form die Unterschriften der Bankstellen eine Verpflichtung für die Reichsbank begründen, wird vom Reichskanzler bestimmt und besonders bekannt gemacht.

Gegen die Reichsbankhauptstellen und Bankstellen können alle Klagen, welche auf den Geschäftsbetrieb derselben Bezug haben, bei dem Gerichte des Orts erhoben werden, wo die Zweiganstalt errichtet ist.

§ **39.** Sämmtliche bei der Verwaltung der Bank als Beamte, Ausschußmitglieder, Beigeordnete betheiligte Personen sind verpflichtet, über alle einzelne Geschäfte der Bank, besonders über die mit Privatpersonen und über den Umfang des den letzteren gewährten Kredits, Schweigen zu beobachten. Die Deputirten des Zentralausschusses und deren Stellvertreter, sowie die Beigeordneten bei den Reichsbankhauptstellen sind hierzu vor Antritt ihrer Funktionen mittelst Handschlags an Eidesstatt besonders zu verpflichten.

§ **40.** Das Statut der Reichsbank wird nach Maßgabe der vorstehend in den §§. 12 bis 39 enthaltenen Vorschriften vom Kaiser im Einvernehmen mit dem Bundesrath erlassen.*)

Dasselbe muß insbesondere Bestimmungen enthalten:

1. über die Form der Antheilscheine der Reichsbank und der dazu gehörigen Dividendenscheine und Talons;
2. über die bei Uebertragung oder Verpfändung von Antheilscheinen zu beachtenden Formen;

---

*) Statut vom 21. Mai 1875.

3. über die Mortifikation verlorener oder vernichteter Antheilscheine, sowie über das Verfahren in Betreff abhanden gekommener Dividendenscheine und Talons; 75 März

4. über die Grundsätze, nach denen die Jahresbilanz der Reichsbank aufzunehmen ist;

5. über Termine und Modalitäten der Erhebung der Dividende;

6. über die Form, in welcher die Zusammenberufung der Generalversammlungen geschieht, sowie über die Bedingungen und die Art der Ausübung des Stimmrechts der Antheilseigner; die Ausübung des Stimmrechts darf jedoch nicht durch den Besitz von mehr als einem Antheilsscheine bedingt, noch dürfen mehr als hundert Stimmen in einer Hand vereinigt werden;

7. über die Modalitäten der Wahl des Zentralausschusses und der Deputirten desselben, der Bezirksausschüsse und der Beigeordneten bei den Reichsbankhauptstellen;

8. über die Form, in welcher die von der Gesellschaft ausgehenden Bekanntmachungen erfolgen, sowie über die öffentlichen Blätter, in welche dieselben aufzunehmen sind;

9. über die im Fall der Aufhebung der Reichsbank (§. 41) eintretende Liquidation;

10. über die Form, in welcher die Mitwirkung der Antheilseigner oder deren Vertreter zu einer durch

75 März
Reichsgesetz festzustellenden Erhöhung des Grundkapitals herbeigeführt werden soll;

11. über die Voraussetzungen der Sicherstellung, unter denen Effekten für fremde Rechnung gekauft oder verkauft werden dürfen.

§ 41. Das Reich behält sich das Recht vor, zuerst zum 1. Januar 1891, alsdann aber von zehn zu zehn Jahren nach vorausgegangener einjähriger Ankündigung, welche auf Kaiserliche Anordnung, im Einvernehmen mit dem Bundesrath, vom Reichskanzler an das Reichsbank-Direktorium zu erlassen und von letzterem zu veröffentlichen ist, entweder

a) die auf Grund dieses Gesetzes errichtete Reichsbank aufzuheben und die Grundstücke derselben gegen Erstattung des Buchwerthes zu erwerben, oder

b) die sämmtlichen Antheile der Reichsbank zum Nennwerthe zu erwerben.

In beiden Fällen geht der bilanzmäßige Reservefonds, soweit derselbe nicht zur Deckung von Verlusten in Anspruch zu nehmen ist, zur einen Hälfte an die Antheilseigner, zur andern Hälfte an das Reich über.

Zur Verlängerung der Frist nach Inhalt des ersten Absatzes ist die Zustimmung des Reichstags erforderlich.

Titel III.

Privat-Notenbanken.*)

§ 42. Banken, welche sich bei Erlaß dieses Gesetzes im Besitze der Befugniß zur Notenausgabe befinden,

---

*) Vgl. unten Bekanntmachungen vom 29. Dezember 1875, vom 7. Januar 1876 und vom 3. September 1879.

dürfen außerhalb desjenigen Staates, welcher ihnen diese Befugniß ertheilt hat, Bankgeschäfte durch Zweiganstalten weder betreiben noch durch Agenten für ihre Rechnung betreiben lassen, noch als Gesellschafter an Bankhäusern sich betheiligen. 75 März

§ 43. Die Noten einer Bank, welche sich bei Erlaß dieses Gesetzes im Besitze der Befugniß zur Notenausgabe befindet, dürfen außerhalb desjenigen Staates, welcher derselben diese Befugniß ertheilt hat, zu Zahlungen nicht gebraucht werden.

Der Umtausch solcher Noten gegen andere Banknoten, Papiergeld oder Münzen unterliegt diesem Verbote nicht.

§ 44. Die beschränkenden Bestimmungen des §. 43 finden auf diejenigen Banken keine Anwendung, welche bis zum 1. Januar 1876 folgende Voraussetzungen erfüllen:

1. Die Bank darf ihre Betriebsmittel nur in den im §. 13 unter 1 bis 4 bezeichneten Geschäften, und zwar zu 4 höchstens bis zur Höhe der Hälfte des Grundkapitals der Bank und der Reserven, anlegen.

   Bezüglich des Darlehnsgeschäfts ist der Bank eine Frist bis zum 1. Januar 1877 eingeräumt, innerhalb welcher sie ihre Darlehne den Bestimmungen des §. 13 Nr. 3 zu konformiren hat.

   Sie hat jeweilig den Prozentsatz öffentlich bekannt zu machen, zu welchem sie diskontirt oder zinsbare Darlehne gewährt.

75 März 2. Die Bank legt von dem sich jährlich über das Maß von $4^1/_2$ Prozent des Grundkapitals hinaus ergebenden Reingewinn jährlich mindestens 20 Prozent so lange zur Ansammlung eines Reservefonds zurück, als der letztere nicht ein Viertheil des Grundkapitals beträgt.

3. Die Bank verpflichtet sich, für den Betrag ihrer im Umlauf befindlichen Banknoten jederzeit mindestens ein Drittheil in kursfähigem deutschen Gelde, Reichs-Kassenscheinen oder in Gold in Barren oder ausländischen Münzen, das Pfund fein zu 1392 Mark gerechnet, und den Rest in diskontirten Wechseln, welche eine Verfallzeit von höchstens drei Monaten haben und aus welchen in der Regel drei, mindestens aber zwei als zahlungsfähig bekannte Verpflichtete haften, in ihren Kassen als Deckung bereit zu halten.

4. Die Bank verpflichtet sich, ihre Noten bei einer von ihr zu bezeichnenden Stelle in Berlin oder Frankfurt, deren Wahl der Genehmigung des Bundesraths unterliegt, dem Inhaber gegen kursfähiges deutsches Geld einzulösen.

Die Einlösung hat spätestens vor Ablauf des auf den Tag der Präsentation folgenden Tages zu erfolgen.

5. Die Bank verpflichtet sich, alle deutschen Banknoten, deren Umlauf im gesammten Reichsgebiete gestattet ist, an ihrem Sitze, sowie bei denjenigen ihrer Zweiganstalten, welche in Städten von mehr

als 80,000 Einwohnern ihren Sitz haben, zu ihrem vollen Nennwerthe in Zahlung zu nehmen, so lange die Bank, welche solche Noten ausgegeben hat, ihrer Noteneinlösungspflicht pünktlich nachkommt. Alle bei einer Bank eingegangenen Noten einer anderen Bank dürfen, soweit es nicht Noten der Reichsbank sind, nur entweder zur Einlösung präsentirt, oder zu Zahlungen an diejenige Bank, welche dieselbe ausgegeben hat, oder zu Zahlungen an dem Orte, wo letztere ihren Hauptsitz hat, verwendet werden. 75 März

6. Die Bank verzichtet auf jedes Widerspruchsrecht, welches ihr entweder gegen die Ertheilung der Befugniß zur Ausgabe von Banknoten an andere Banken, oder gegen die Aufhebung einer etwa bestehenden Verpflichtung der Landesregierung, ihre Noten in den öffentlichen Kassen statt baaren Geldes in Zahlung nehmen zu lassen, zustehen möchte.
7. Die Bank willigt ein, daß ihre Befugniß zur Ausgabe von Banknoten zu den in §. 41 bezeichneten Terminen durch Beschluß der Landesregierung oder des Bundesraths mit einjähriger Kündigungsfrist aufgehoben werden könne, ohne daß ihr ein Anspruch auf irgend welche Entschädigung zustände.

Von Seiten des Bundesraths wird eine Kündigung nur eintreten zum Zwecke weiterer einheitlicher Regelung des Notenbankwesens oder wenn eine Notenbank den

75 März Anordnungen gegenwärtigen Gesetzes zuwidergehandelt hat. Ob diese Voraussetzungen vorliegen, entscheidet der Bundesrath.

Einer Bank, welche die vorstehend unter 1 bis 7 bezeichneten Voraussetzungen erfüllt hat, kann der Betrieb von Bankgeschäften durch Zweiganstalten oder Agenturen außerhalb des im §. 42 bezeichneten Gebietes auf Antrag der für den Ort, wo dies geschehen soll, zuständigen Landesregierung durch den Bundesrath gestattet werden.

Banken, welche bis zum 1. Januar 1876 nachweisen, daß der Betrag der nach ihrem Statut oder Privileg ihnen gestatteten Notenausgabe auf den Betrag des Grundkapitals eingeschränkt ist, welcher am 1. Januar 1874 eingezahlt war, sind von der Erfüllung der unter 2 bezeichneten Voraussetzung entbunden und erlangen mit der Gestattung des Umlaufs ihrer Noten im gesammten Reichsgebiete zugleich die Befugniß, im gesammten Reichsgebiete durch Zweiganstalten oder Agenturen Bankgeschäfte zu betreiben. Dem Bundesrath bleibt vorbehalten, diesen Banken einzelne der durch die Bestimmungen unter 1 ausgeschlossenen Formen der Krediterteilung, in deren Ausübung dieselben sich bisher befunden haben, auf Grund des nachgewiesenen besonderen Bedürfnisses zeitweilig oder widerruflich auch ferner zu gestatten und die hierfür etwa nothwendigen Bedingungen festzusetzen.

§ 45. Banken, welche von den Bestimmungen im §. 44 zu ihren Gunsten Gebrauch machen wollen, haben dem Reichskanzler nachzuweisen:

1. daß ihre Statuten den durch den §. 44 aufgestellten Voraussetzungen entsprechen; 75 März

2. daß die erforderliche Einlösungsstelle eingerichtet ist.

Sobald dieser Nachweis geführt ist, erläßt der Reichskanzler eine durch das Reichs-Gesetzblatt zu veröffentlichende Bekanntmachung, in welcher:

1. die beschränkenden Bestimmungen der §§. 42 und 43 oder des §. 43 dieses Gesetzes zu Gunsten der zu bezeichnenden Bank als nicht anwendbar erklärt,

2. die Stelle, an welcher die Noten der Bank eingelöst werden, bezeichnet wird.

§ 46. Kann die Dauer einer bereits erworbenen Befugniß zur Ausgabe von Banknoten durch eine vom Staate oder einer öffentlichen Behörde ausgehende, an einen bestimmten Termin gebundene Kündigung auf eine bestimmte Zeit beschränkt werden, so tritt diese Kündigung zu dem frühesten zulässigen Termine kraft gegenwärtigen Gesetzes ein, es sei denn, daß die Bank den zulässigen Betrag ihrer Notenausgabe auf den am 1. Januar 1874 eingezahlten Betrag ihres Grundkapitals beschränkt und sich den Bestimmungen im §. 44 unter 1 und 3 bis 7 unterworfen hat.

Statutarische Bestimmungen, durch welche die Dauer einer Bank oder der derselben ertheilten Befugniß zur Notenausgabe von der unveränderten Fortdauer des Notenprivilegiums der Preußischen Bank abhängig gemacht ist, treten außer Kraft.

75 März § 47. Jede Abänderung der Bestimmungen des Grundgesetzes, Statuts oder Privilegiums einer Bank, welche die Befugniß zur Ausgabe von Banknoten bereits erworben hat, bedarf, so lange der Bank diese Befugniß zusteht, zu ihrer Gültigkeit der Genehmigung des Bundesraths, sofern sie das Grundkapital, den Reservefonds, den Geschäftskreis oder die Deckung der auszugebenden Noten, oder die Dauer der Befugniß zur Notenausgabe zum Gegenstande hat. Landesgesetzliche Vorschriften und Konzessionsbedingungen, durch welche eine Bank bezüglich des Betriebs des Diskonto-, des Lombard-, des Effekten- und des Depositengeschäfts Beschränkungen unterworfen ist, welche das gegenwärtige Gesetz nicht enthält, stehen einer solchen Aenderung nicht entgegen.

Die Genehmigung wird, nach Erfüllung der sonstigen gesetzlichen Erfordernisse, durch die betheiligte Landesregierung beantragt und muß versagt werden, wenn die Bank nicht von den Bestimmungen des §. 44 Gebrauch macht.

Die bayerische Regierung ist berechtigt, bis zum Höchstbetrage von 70 Millionen Mark die Befugniß zur Ausgabe von Banknoten für die in Bayern bestehende Notenbank zu erweitern, oder diese Befugniß einer anderen Bank zu ertheilen, sofern die Bank sich den Bestimmungen des §. 44 unterwirft.

§ 48. Der Reichskanzler ist jederzeit befugt, sich nöthigenfalls durch kommissarische Einsichtnahme von den Büchern, Geschäftslokalen und Kassenbeständen der Noten ausgebenden Banken die Ueberzeugung zu ver-

schaffen, daß dieselben die durch Gesetz oder Statut fest- 75 März
gestellten Bedingungen und Beschränkungen der Notenausgabe innehalten, oder die Voraussetzungen der zu ihren Gunsten etwa ausgesprochenen Nichtanwendbarkeit der §§. 42 und 43 oder des §. 43 dieses Gesetzes erfüllen und daß die von ihnen veröffentlichten Wochen- und Jahresübersichten (§. 8), sowie die behufs der Steuerberechnung abgegebenen Nachweise (§. 10) der wirklichen Sachlage entsprechen.

Das Aufsichtsrecht der Landesregierungen wird durch diese Bestimmung nicht berührt.

§ **49**. Die Befugniß zur Ausgabe von Banknoten geht verloren:

1. durch Ablauf der Zeitdauer, für welche sie ertheilt ist,
2. durch Verzicht,
3. im Falle des Konkurses durch Eröffnung des Verfahrens gegen die Bank,
4. durch Entziehung kraft richterlichen Urtheils,
5. durch Verfügung der Landesregierung nach Maßgabe der Statuten oder Privilegien.

§ **50**. Die Entziehung der Befugniß zur Notenausgabe wird auf Klage des Reichskanzlers oder der Regierung des Bundesstaates, in welchem die Bank ihren Sitz hat, durch gerichtliches Urtheil ausgesprochen:

1. wenn die Vorschriften der Statuten, des Privilegiums oder des gegenwärtigen Gesetzes über die Deckung für die umlaufenden Noten verletzt worden sind oder der Notenumlauf die durch

75 März Statut, Privilegium oder Gesetz bestimmte Grenze überschritten hat;

2. wenn die Bank vor Erlaß der in §. 45 erwähnten Bekanntmachung des Reichskanzlers außerhalb des durch §. 42 ihr angewiesenen Gebiets die in §. 42 ihr untersagten Geschäfte betreibt, oder außerhalb des durch §. 43 ihr angewiesenen Gebiets ihre Noten vertreibt oder vertreiben läßt;
3. wenn die Bank die Einlösung präsentirter Noten nicht bewirkt
   a) an ihrem Sitze am Tage der Präsentation,
   b) an ihrer Einlösungsstelle (§. 44 Nr. 4) bis zum Ablaufe des auf den Tag der Präsentation folgenden Tages,
   c) an sonstigen durch die Statuten bestimmten Einlösungsstellen bis zum Anlaufe des dritten Tages nach dem Tage der Präsentation;
4. sobald das Grundkapital sich durch Verluste um ein Drittheil vermindert hat.

Die Klage ist im ordentlichen Verfahren zu verhandeln. Der Rechtsstreit gilt im Sinne der Reichs- und Landesgesetze als Handelssache.

In dem Urtheile ist zugleich die Verpflichtung zur Einziehung der Noten auszusprechen.

§ 51. Das Urtheil ist erst nach Eintritt der Rechtskraft vollstreckbar. Die Vollstreckung wird auf Antrag durch das Prozeßgericht verfügt. Das Gericht bestimmt zu diesem Zwecke die Frist, innerhalb welcher von der

Bankverwaltung die Bekanntmachung über die Einziehung der Noten zu erlassen ist. 75 März

Sofern nicht der Konkurs über die Bank ausgebrochen ist, setzt das Gericht einen Kurator ein, welcher die Einziehung der Noten zu überwachen und, wenn die Bank den für diesen Fall vorgesehenen Verpflichtungen nicht nachkommt, die Liquidation der Bank beim Gerichte zu beantragen verpflichtet ist.

Eingehende Noten sind von der Bank an eine vom Reichskanzler zu bezeichnende, am Sitze der Bank gelegene Kasse abzuliefern.

§ 52. Sechs Monate, nachdem das Urtheil (§. 50) die Rechtskraft erlangt hat, zahlt die Bank an die vom Reichskanzler bezeichnete Kasse einen Betrag in baarem Gelde ein, welcher dem bis dahin nicht abgelieferten Betrage ihrer Noten gleichkommt. Dieser Baarbetrag wird ihr nach Maßgabe der weiter von ihr abgelieferten Noten und der verbleibende Rest nach Ablauf der letzten vom Bundesrathe für die Einlösung festgesetzten Frist zurückgezahlt.

§ 53. Die an die Kasse abgelieferten Noten (§. 51 und §. 52) werden in Gegenwart des Kurators der Kasse und des für die Einziehung der Noten bestellten Kurators vernichtet. Ueber die Vernichtung wird ein gerichtliches oder notarielles Protokoll aufgenommen. Die Verwaltung der Bank ist befugt, an der Vernichtung durch zwei Abgeordnete Theil zu nehmen. Der für die Vernichtung bestimmte Termin ist ihr jedesmal spätestens acht Tage vorher von der der Kasse vor-

14. März 1875 gesetzten Behörde anzuzeigen. Die Vernichtung kann in einem oder in mehreren Terminen erfolgen.

§ 54. Für diejenigen Korporationen, welche, ohne Zettelbanken zu sein, sich beim Erlaß dieses Gesetzes im Besitz der Befugniß zur Ausgabe von Noten, Kassenscheinen oder sonstigen auf den Inhaber ausgestellten unverzinslichen Schuldverschreibungen befinden, und für das von ihnen ausgegebene Papiergeld gelten insolange, als sie von der Befugniß, Papiergeld in Umlauf zu erhalten, Gebrauch machen, die Bestimmungen der §§. 2 bis einschließlich 6, dann des §. 43 und des §. 47 Absatz 1 dieses Gesetzes, soweit sich derselbe auf die Befugniß zur Ausgabe von Papiergeld, auf deren Dauer, oder auf die Deckung des Papiergeldes bezieht.

Titel IV.

Strafbestimmungen.

§ 55. Wer unbefugt Banknoten oder sonstige auf den Inhaber lautende unverzinsliche Schuldverschreibungen ausgiebt, wird mit einer Geldstrafe bestraft, welche dem Zehnfachen des Betrages der von ihm ausgegebenen Werthzeichen gleichkommt, mindestens aber fünftausend Mark beträgt.

§ 56. Mit Geldstrafe bis zu einhundertfünfzig Mark wird bestraft, wer der Verbotsbestimmung des §. 43 zuwider, Noten inländischer Banken, oder Noten oder sonstige Geldzeichen inländischer Korporationen außerhalb desjenigen Landesgebiets, für welches dieselben zugelassen sind, zur Leistung von Zahlungen verwendet. 75 März

§ 57. Mit Geldstrafe von fünfzig Mark bis zu fünftausend Mark wird bestraft, wer der Verbotsbestimmung in §. 11 zuwider, ausländische Banknoten oder sonstige auf den Inhaber lautende unverzinsliche Schuldverschreibungen ausländischer Korporationen, Gesellschaften oder Privaten, welche ausschließlich oder neben anderen Werthbestimmungen in Reichswährung oder einer deutschen Landeswährung ausgestellt sind, zur Leistung von Zahlungen verwendet.

Geschieht die Verwendung gewerbsmäßig, so tritt neben der Geldstrafe Gefängniß bis zu einem Jahre ein. Der Versuch ist strafbar.

§ 58. Mit Geldstrafe bis zu fünftausend Mark wird bestraft, wer den Bestimmungen im §. 42 zuwider, für Rechnung von Banken als Vorsteher von Zweiganstalten oder als Agent Bankgeschäfte betreibt oder mit Banken als Gesellschafter in Verbindung tritt.

Die gleiche Strafe trifft die Mitglieder des Vorstandes einer Bank, welche den Bestimmungen des §. 7 entgegenhandeln, oder welche dem Verbote des §. 42 zuwider

a) Zweiganstalten oder Agenturen bestellen,

oder

b) die von ihnen vertretene Bank als Gesellschafter an Bankhäusern betheiligen.

§ 59. Die Mitglieder des Vorstandes einer Bank werden:

75 März 1. wenn sie in den durch die Bestimmungen des §. 8 vorgeschriebenen Veröffentlichungen wissentlich den Stand der Verhältnisse der Bank unwahr darstellen oder verschleiern, mit Gefängniß bis zu drei Monaten bestraft;

2. wenn sie durch unrichtige Aufstellung der im §. 10 vorgeschriebenen Nachweisungen den steuerpflichtigen Notenumlauf zu gering angeben, mit einer Geldstrafe bestraft, welche dem Zehnfachen der hinterzogenen Steuer gleichsteht, mindestens aber fünfhundert Mark beträgt;

3. wenn die Bank mehr Noten ausgiebt, als sie auszugeben befugt ist, mit einer Geldstrafe bestraft, welche dem Zehnfachen des zuviel ausgegebenen Betrages gleichkommt, mindestens aber fünftausend Mark beträgt.

Die Strafe zu 3 trifft auch die Mitglieder des Vorstandes solcher Korporationen, welche zur Ausgabe von auf den Inhaber lautenden unverzinslichen Schuldverschreibungen befugt sind, wenn sie mehr solche Geldzeichen ausgeben, als die Korporation auszugeben befugt ist.

Titel V.

Schlußbestimmungen.

§ 60. Die §§. 6, 42 und 43, sowie die auf die letzteren bezüglichen Strafbestimmungen in den §§. 56 und 58 gegenwärtigen Gesetzes treten am 1. Januar 1876 in Kraft.

§ 61. Der Reichskanzler wird ermächtigt, mit der Königlich preußischen Regierung wegen Abtretung der Preußischen Bank an das Reich auf folgenden Grundlagen einen Vertrag*) abzuschließen: 75 März

1. Preußen tritt nach Zurückziehung seines Einschußkapitals von 1,906,800 Thalern, sowie der ihm zustehenden Hälfte des Reservefonds die Preußische Bank mit allen ihren Rechten und Verpflichtungen mit dem 1. Januar 1876 unter den nachstehend Ziffer 2 bis 6 bezeichneten Bedingungen an das Reich ab. Das Reich wird diese Bank an die nach Maßgabe der Bestimmungen dieses Gesetzes zu errichtende Reichsbank übertragen.
2. Preußen empfängt für Abtretung der Bank eine Entschädigung von fünfzehn Millionen Mark, welche aus den Mitteln der Reichsbank zu decken ist.
3. Den bisherigen Antheilseignern der Preußischen Bank wird die Befugniß vorbehalten, gegen Verzicht auf alle ihnen durch ihre Bankantheilsscheine verbrieften Rechte zu Gunsten der Reichsbank den Umtausch dieser Urkunden gegen Antheilsscheine der Reichsbank von gleichem Nominalbetrage zu verlangen.
4. Die Reichsbank hat denjenigen Antheilseignern, welche nach den Bestimmungen der §§. 16 und 19

*) Vertrag vom 17./18. Mai 1875.

75 März der Bankordnung vom 5. Oktober 1846 (Preuß. Gesetz-Samml. S. 435) die Herauszahlung des eingeschossenen Kapitals und ihres Antheils an dem Reservefonds der Preußischen Bank verlangen, diese Zahlung zu leisten.

5. Die Reichsbank wird zur Erfüllung der von der Preußischen Bank durch Vertrag vom 28./31. Januar 1856 hinsichtlich der Staatsanleihe von sechszehn Millionen fünfhundertachtundneunzigtausend Thalern übernommenen Verbindlichkeiten an Preußen für die Jahre 1876 bis einschließlich 1925 jährlich 621,910 Thaler in halbjährlichen Raten zahlen. Wird die Konzession der Reichsbank nicht verlängert, so wird das Reich dafür sorgen, daß, so lange keine andere Bank in diese Verpflichtung eintritt, die Rente bis zu dem ebengedachten Zeitpunkte der preußischen Staatskasse unverkürzt zufließe.

6. Eine Auseinandersetzung zwischen Preußen und der Reichsbank wegen der Grundstücke der Preußischen Bank bleibt vorbehalten.

§ 62. Der Reichskanzler wird ermächtigt:

1. diejenigen Antheilsscheine der Reichsbank zu begeben, welche nicht nach §. 61 Nr. 3 gegen Antheilsscheine der Preußischen Bank umzutauschen sind,
2. auf Höhe der nicht begebenen Antheilsscheine zur Beschaffung des nach §. 23 erforderlichen Grundkapitals der Reichsbank verzinsliche, spätestens

am 1. Mai 1876 fällig werdende Schatzanwei- 75 März
sungen auszugeben.

§ 63. Die Ausfertigung der Schatzanweisungen (§. 62 Nr. 2) wird der Preußischen Hauptverwaltung der Staatsschulden übertragen. Den Zinssatz bestimmt der Reichskanzler. Bis zum 1. Mai 1876 kann, nach Anordnung des Reichskanzlers, der Betrag der Schatzanweisungen wiederholt, jedoch nur zur Deckung der in Verkehr gesetzten Schatzanweisungen ausgegeben werden.

§ 64. Die zur Verzinsung und Einlösung der Schatzanweisungen erforderlichen Beträge müssen der Reichsschulden-Verwaltung aus den bereitesten Einkünften des Reichs zur Verfallzeit zur Verfügung gestellt werden.

§ 65. Die Ausgabe der Schatzanweisungen ist durch die Reichskasse zu bewirken.

Die Zinsen der Schatzanweisungen verjähren binnen vier Jahren, die verschriebenen Kapitalbeträge binnen 30 Jahren nach Eintritt des in jeder Schatzanweisung auszudrückenden Fälligkeitstermins.

§ 66. Die Bestimmungen des Handelsgesetzbuchs über die Eintragung in das Handelsregister und die rechtlichen Folgen derselben finden auf die Reichsbank keine Anwendung.

Urkundlich ꝛc.

Gegeben Berlin, den 14. März 1875.

75
März

Anlage zum § 9.

Laufende №	Bezeichnung der Bank.	Ungedeckter Notenumlauf. Mark.
1.	Reichsbank	250,000,000
2.	Ritterschaftliche Privatbank in Pommern (Stettin)	1,222,000
3.	Städtische Bank in Breslau	1,283,000
4.	Bank des Berliner Kassenvereins	963,000
5.	Kölnische Bank	1,251,000
6.	Magdeburger Privatbank	1,173,000
7.	Danziger Privat-Aktienbank	1,272,000
8.	Provinzial-Aktienbank des Großherzogthums Posen	1,206,000
9.	Kommunalständische Bank für die preußische Oberlausitz (Görlitz)	1,307,000
10.	Hannoversche Bank	6,000,000
11.	Landgräflich hessische konzessionirte Landesbank	159,000
12.	Frankfurter Bank	10,000,000
13.	Bayerische Banken	32,000,000
14.	Sächsische Bank zu Dresden	16,771,000
15.	Leipziger Bank	5,348,000
16.	Leipziger Kassenverein	1,440,000
17.	Chemnitzer Stadtbank	441,000
18.	Württembergische Notenbank	10,000,000
19.	Badische Bank	10,000,000
20.	Bank für Süddeutschland	10,000,000
21.	Rostocker Bank	1,155,000
22.	Weimarsche Bank	1,971,000
23.	Oldenburgische Landesbank	1,881,000
24.	Braunschweigische Bank	2,829,000
25.	Mitteldeutsche Kreditbank in Meiningen	3,187,000
26.	Privatbank zu Gotha	1,344,000
27.	Anhalt-Dessauische Landesbank	935,000
28.	Thüringische Bank (Sondershausen)	1,658,000
29.	Geraer Bank	1,651,000
30.	Niedersächsische Bank (Bückeburg)	594,000
31.	Lübecker Privatbank	500,000
32.	Kommerzbank in Lübeck	959,000
33.	Bremer Bank	4,500,000
	Zusammen	385,000,000

Deklaration des Artikels 6 des Handelsvertrages zwischen dem Zollverein und Großbritannien, vom 30. Mai 1865. Vom 14. April 1875.*) 75 Apr.

(R.G.Bl. S. 199.)

Bekanntmachung, betreffend den Schutz deutscher Waarenzeichen, Namen und Firmen in Italien. Vom 20. April 1875.*)

(R.G.Bl. S. 200.)

Vertrag zwischen Preußen und dem Deutschen Reiche über die Abtretung der Preußischen Bank an das Deutsche Reich. Vom 17./18. April 1875.

(R.G.Bl. S. 215.)

Statut der Reichsbank.

Vom 21. Mai 1875.

(R.G.Bl. S. 203.)

§ 1. Die Reichsbank tritt am 1. Januar 1876 in Wirksamkeit.

Mit demselben Tage gehen alle Rechte und Verpflichtungen der Preußischen Bank, welche mit Ablauf des 31. Dezember 1875 ihre Wirksamkeit einstellt, nach Maßgabe des zwischen dem Reiche und Preußen unterm 17./18. Mai d. J. abgeschlossenen Vertrages, auf die Reichsbank über.

§ 2. Das Grundkapital der Reichsbank von 120 Millionen Mark wird durch das Einschußkapital derjenigen Antheilseigner der Preußischen Bank, welche

---

*) Vgl. oben Bekanntmachung vom 11. Juli 1872.

75 Mai innerhalb der vom Reichskanzler bestimmten Frist den Umtausch ihrer Antheilsscheine gegen Antheilsscheine der Reichsbank verlangt haben, und durch die auf die neuen Bankantheilsscheine bis zu deren Nominalbetrag geleisteten baaren Einzahlungen gebildet.

Bevor eine Erhöhung des Grundkapitals durch Reichsgesetz festgestellt wird, hat, nachdem der Zentralausschuß gehört worden, die Generalversammlung über das Bedürfniß und das Maß der Erhöhung, sowie über die folgeweise etwa erforderliche anderweite Regelung des Theilnahmeverhältnisses am Gewinne der Reichsbank (Bankgesetz §. 24) Beschluß zu fassen.

§ 3. Die Reichsbankantheile sind untheilbar und vorbehaltlich der Bestimmungen in §. 41 des Bankgesetzes unkündbar. Sie werden mit Angabe der Eigenthümer nach Namen, Stand und Wohnort in die Stammbücher der Reichsbank eingetragen. Ueber jeden Antheil wird ein Antheilsschein nach dem beiliegenden Formulare ausgefertigt. Mit dem Antheilsscheine erhält der Eigenthümer zugleich die Dividendenscheine für die nächsten fünf Jahre und einen Talon zur Abhebung neuer Dividendenscheine nach Ablauf des fünfjährigen Zeitraumes. Die Dividendenscheine und Talons lauten auf den Inhaber.

§ 4. Wenn das Eigenthum eines Bankantheils auf einen Anderen übergeht, so ist dies unter Vorlegung des Antheilsscheines bei der Reichsbank anzumelden und in den Stammbüchern, sowie auf dem Antheilsscheine zu bemerken.

Im Verhältnisse zu der Reichsbank wird nur derjenige als Antheilseigner angesehen, welcher als solcher in den Stammbüchern eingetragen ist. 75 Mai

Zur Prüfung der Legitimation ist die Reichsbank berechtigt, aber nicht verpflichtet.

§ 5. Die Uebertragung der Bankantheile kann durch Indossament erfolgen.

In Betreff der Form des Indossaments kommen die Bestimmungen der Artikel 11 bis 13 der Wechselordnung zur Anwendung.

§ 6. Wenn ein Bankantheil verpfändet ist, so ist dies unter Vorlegung des Antheilsscheines und der schriftlichen Erklärung des Antheilseigners bei der Reichsbank anzumelden; auf Grund dieser Anmeldung ist die Verpfändung in den Stammbüchern und auf dem Antheilsscheine zu bemerken.

Im Verhältnisse zur Reichsbank wird nur derjenige als Pfandgläubiger angesehen, welcher als solcher in den Stammbüchern eingetragen ist.

Zur Prüfung der Echtheit und der Rechtsgültigkeit der Erklärung ist die Reichsbank berechtigt, aber nicht verpflichtet.

Der Eigenthümer kann ohne Zustimmung des Pfandgläubigers keine neuen Dividendenscheine und im Falle des §. 41 des Bankgesetzes keine Zahlung auf den Bankantheil erhalten, wird aber im Uebrigen in seinen ihm nach dem Bankgesetze und diesem Statute zustehenden Rechten nicht beschränkt.

75 Mai Die Löschung des Pfandrechts erfolgt auf Vorlegung des Antheilsscheines und beglaubigter Einwilligung des Pfandgläubigers.

§ 7. Die für die Vermerkung von Uebertragungen oder von Verpfändungen der Bankantheile zu entrichtende Gebühr bestimmt das Reichsbank-Direktorium nach Anhörung des Zentralausschusses.

§ 8. Wegen des Aufgebots und der Mortifikation verlorener oder vernichteter Antheilsscheine kommen die Vorschriften des Gesetzes vom 12. Mai 1873 (Reichs-Gesetzbl. S. 91) mit der Maßgabe zur Anwendung, daß an Stelle der Reichsschuldenverwaltung überall das Reichsbank-Direktorium tritt. Das Zeugniß des letzteren (§§. 2, 4 a. a. O.) wird dahin ertheilt, daß und für welche Person der betreffende Bankantheil in den Stammbüchern der Reichsbank noch eingetragen sei. Vor der Mortifikation hat der Antragsteller, wenn er mit dem zuletzt eingetragenen Antheilseigner nicht identisch ist, nachzuweisen, daß der letztere keinerlei Ansprüche auf den Antheil erhebe. An Stelle des mortifizirten Antheilsscheines wird demjenigen, zu dessen Gunsten die Mortifikation ausgesprochen ist, auf seinen Antrag ein neuer Antheilschein ertheilt.

§ 9. Wegen der abhanden gekommenen oder vernichteten Dividendenscheine und Talons ist ein Mortifikationsverfahren nicht zulässig, und ebensowenig ist die Reichsbank verpflichtet, bei Nachweis des Verlustes neue Dividendenscheine und Talons auszugeben oder den entsprechenden Geldbetrag zu zahlen. Ist jedoch der Verlust

eines Dividendenscheines dem Reichsbank-Direktorium 75 Mai
innerhalb der Verjährungsfrist (§. 24 des Bankgesetzes) angezeigt, so ist dasselbe befugt, den Betrag nach Ablauf jener Frist dem Anzeigenden zahlen zu lassen, wenn der Dividendenschein nicht inzwischen präsentirt und eingelöst ist. Ist von dem Verluste eines Talons Anzeige gemacht, so vertritt die Vorlegung des Antheilsscheines die Einlieferung des Talons.

§ 10. Der Ankauf von Effekten für fremde Rechnung darf erst erfolgen, nachdem die dazu erforderlichen Gelder bei der Bank wirklich eingegangen oder lombardmäßig (§. 13 Ziff. 3 des Bankgesetzes) sichergestellt sind. Ebenso muß bei Verkaufsaufträgen der Eingang der Effekten abgewartet werden.

Soll der Ankauf oder Verkauf von Effekten für Rechnung einer öffentlichen Behörde erfolgen, so kann die Erklärung, daß die Gelder oder Effekten zur Verfügung der Bank stehen, für genügend erachtet werden.

§ 11. Der Reichsbank liegt ob, das Reichsguthaben (§. 22 des Bankgesetzes) unentgeltlich zu verwalten und über die für Rechnung des Reichs angenommenen und geleisteten Zahlungen Buch zu führen und Rechnung zu legen.

§ 12. Der Werth der von der Preußischen Bank übernommenen Grundstücke ist in die für den 1. Januar 1876 aufzustellende Bilanz mit dem Betrage von zwölf Millionen Mark, zuzüglich der in der Zeit vom 1. April bis 31. Dezember 1875 auf die Grundstücke noch zur Verwendung gelangenden Kosten aufzunehmen.

75 Mai § 13. Für die Aufstellung der Jahresbilanz sind folgende Vorschriften maßgebend:

1. Kurshabende Papiere dürfen höchstens zu dem Kurswerthe, welchen sie zur Zeit der Bilanzaufstellung haben, angesetzt werden.
2 Von den Kosten der Organisation und Verwaltung dürfen nur die Ausgaben für die Herstellung der Banknoten auf mehrere Jahre vertheilt werden. Alle übrigen Kosten sind ihrem vollen Betrage nach in der Jahresrechnung unter den Ausgaben aufzuführen.
3. Der Betrag des Grundkapitals und des Reservefonds ist unter die Passiva aufzunehmen.
4. Der aus der Vergleichung sämmtlicher Aktiva und sämmtlicher Passiva sich ergebende Gewinn oder Verlust muß am Schlusse der Bilanz besonders angegeben werden.

§ 14. Die Prüfung der Jahresbilanz erfolgt auf Grund der Bücher der Reichsbank durch die Deputirten, welche über das Ergebniß dem Zentralausschusse berichten.

Letzterer äußert sich gutachtlich über den Befund und über die Höhe der den Antheilseignern zu gewährenden Dividende. Das von den sämmtlichen in der betreffenden Versammlung anwesenden Mitgliedern des Zentralausschusses zu vollziehende Gutachten wird von diesem dem Reichsbank-Direktorium eingereicht.

§ 15. Die Dividende wird spätestens vom 1. April des folgenden Jahres ab bei der Reichsbank-Hauptkasse und sämmtlichen Reichsbankhauptstellen und Bankstellen gegen Einreichung der Dividendenscheine gezahlt. 75 Mai

Mit Zustimmung des Zentralausschusses können auf die Dividende halbjährige Abschlagszahlungen bis zu $2^1/_4$ Prozent am 1. Juli und 2. Januar geleistet werden.

§ 16. Die Generalversammlung (§. 30 des Bankgesetzes) vertritt die Gesammtheit der Reichsbank-Antheilseigner.

Zur Theilnahme ist jeder männliche und verfügungsfähige Antheilseigner berechtigt, welcher durch eine spätestens am Tage vor der Generalversammlung im Archive der Reichsbank abzuhebende Bescheinigung nachweist, daß und mit wie vielen Antheilen er in den Stammbüchern der Reichsbank als Eigner eingetragen ist.

Eintragungen, welche nicht mindestens 14 Tage vor dem Tage der Generalversammlung geschehen sind, werden nicht berücksichtigt.

Oeffentliche Behörden, juristische Personen, Gesellschaften und Verfügungsunfähige können durch ihre Vertreter, Ehefrauen durch ihre Ehemänner theilnehmen.

Als Bevollmächtigte werden nur in den Stammbüchern der Bank eingetragene Antheilseigner zugelassen, welche sich durch eine gerichtliche oder notarielle Vollmacht ihres Auftraggebers legitimiren. Ein und derselbe Bevollmächtigte darf nicht mehrere Antheilseigner vertreten.

§ 17. Jeder Erschienene (§. 16) hat soviel Stimmen, als er Bankantheile vertritt, jedoch nicht mehr als 100 Stimmen.

75 Mai Die einfache Stimmenmehrheit ist entscheidend. Bei Stimmengleichheit giebt die Stimme desjenigen den Ausschlag, welcher die größte Anzahl von Bankantheilen vertritt.

§ 18. Die Generalversammlung findet alljährlich zu Berlin im März statt, kann aber auch jederzeit außerordentlich berufen werden. Die Berufung geschieht durch den Reichskanzler mittelst einer mindestens 14 Tage vorher in die dazu bestimmten Blätter (§. 30) aufzunehmenden öffentlichen Bekanntmachung.

§ 19. In der Generalversammlung führt der Reichskanzler oder dessen Vertreter, und in deren Behinderung der Präsident des Reichsbank-Direktoriums den Vorsitz. Das Reichsbank-Direktorium wohnt derselben bei; die Mitglieder können sich an der Berathung betheiligen, ohne jedoch stimmberechtigt zu sein.

§ 20. Ueber die Verhandlungen und Beschlüsse wird von einem Mitgliede des Reichsbank-Direktoriums ein Protokoll aufgenommen und von dem Vorsitzenden, einem Mitgliede des Zentralausschusses, zwei Reichsbank-Antheilseignern und dem Protokollführer unterschrieben.

§ 21. Die Generalversammlung empfängt jährlich den Verwaltungsbericht nebst der Bilanz und Gewinnberechnung (§. 32a. des Bankgesetzes), wählt die Mitglieder des Zentralausschusses (§. 31 das.) und beschließt über deren Ausschließung (§. 33 das.). Sie beschließt ferner über Erhöhung des Grundkapitals (§. 2 des Statuts) und über Abänderung des Statuts, sofern diese Gegenstände in der Berufung ausdrücklich erwähnt sind.

Außerordentliche Generalversammlungen können nur über Gegenstände beschließen, welche in der Berufung ausdrücklich erwähnt sind. 75 Mai

§ 22. Die Wahl der Mitglieder des Zentralausschusses, sowie ihrer Stellvertreter (§. 31 des Bankgesetzes) erfolgt mittelst verdeckter Stimmzettel für jede Stelle besonders.

Gewählt ist nur derjenige, welcher die absolute Stimmenmehrheit erhalten hat.

Wenn sich auch bei der zweiten Abstimmung eine absolute Stimmenmehrheit nicht herausstellt, so sind die beiden Kandidaten, welche die meisten Stimmen erhalten haben, auf eine engere Wahl zu bringen. Bei Stimmengleichheit entscheidet das Loos.

Wählbar sind nur Männer.

Von mehreren Inhabern einer Handelsfirma kann nur Einer Mitglied des Zentralausschusses oder Stellvertreter sein.

§ 23. Das Ausscheiden eines Drittheils der Mitglieder des Zentralausschusses (§. 31 Abs. 1 des Bankgesetzes) erfolgt in den beiden ersten Jahren nach dem Loose, späterhin nach dem Alter des Eintritts.

§ 24. Bei der Wahl der Deputirten des Zentralausschusses und ihrer Stellvertreter (§. 34 des Bankgesetzes) hat jedes Mitglied nur eine Stimme abzugeben; im Uebrigen finden die Bestimmungen des §. 22 auch hier Anwendung.

§ 25. Die Protokolle über die Verhandlungen und Beschlüsse des Zentralausschusses werden von dem Vor-

75 Mai sitzenden, zwei Ausschußmitgliedern und dem protokollirenden Mitgliede des Reichsbank-Direktoriums unterzeichnet.

§ 26. Die Mitglieder des Reichsbank-Direktoriums nehmen an den Berathungen des Zentralausschusses, nicht aber an den Abstimmungen Theil.

§ 27. Die Bezirksausschüsse (§. 36 des Bankgesetzes) bestehen aus wenigstens vier und höchstens zehn Mitgliedern, von denen jährlich die Hälfte — das erste Mal nach dem Loose, demnächst nach dem Alter des Eintritts — ausscheidet. Die Ausscheidenden sind wieder wählbar.

§ 28. Zu Mitgliedern der Bezirksausschüsse und zu Beigeordneten (§. 36 des Bankgesetzes) können Antheilseigner nicht ausgewählt werden, welche nach §. 22 Absatz 4 und 5 zum Zentralausschusse nicht wählbar sind.

§ 29. Zum Zweck der Auswahl der Mitglieder der Bezirksausschüsse und der Beigeordneten, wo diese vom Zentralausschusse vorzuschlagen sind (§. 36 des Bankgesetzes), ist dem Zentralausschusse die Vorschlagsliste des Bank-Kommissars und ein Verzeichniß der auswählbaren Antheilseigner vorzulegen.

Für die Wahl der Beigeordneten, insofern dieselbe durch die Bezirksausschüsse erfolgt, sind die Bestimmungen in §. 24 maßgebend.

§ 30. Die für die Antheilseigner bestimmten Bekanntmachungen werden von dem Reichskanzler erlassen und in dem Deutschen Reichs-Anzeiger, sowie am Sitze einer jeden Reichsbankhauptstelle in einem durch Bekanntmachung zu bestimmenden Blatte veröffentlicht. Spezieller Benachrichtigung für die einzelnen Antheilseigner bedarf es nicht. 75 Mai

Die gleichen Blätter sind für die öffentlichen Bekanntmachungen des Reichsbank-Direktoriums zu benutzen, soweit der Zweck derselben nicht lokal beschränkt ist.

§ 31. Im Falle der Aufhebung der Reichsbank (§. 41 des Bankgesetzes) erfolgt die Liquidation unter Leitung des Reichskanzlers durch das Reichsbank-Direktorium. Das letztere hat die laufenden Geschäfte zu beendigen, die Verpflichtungen der Reichsbank zu erfüllen, die Forderungen derselben einzuziehen und das Vermögen zu versilbern.

Zur Beendigung schwebender Geschäfte können auch neue Geschäfte eingegangen werden. Nach außen hin bleibt das Reichsbank-Direktorium zur Vertretung der Reichsbank nach Maßgabe von §. 38 des Bankgesetzes bis zur Beendigung der Liquidation ermächtigt.

§ 32. Das Reichsbank-Direktorium hat die schließliche Auseinandersetzung zwischen dem Reiche und den Antheilseignern, sowie unter diesen herbeizuführen.

§ 33. Die erste ordentliche Generalversammlung der Reichsbank-Antheilseigner findet im März 1877 statt. Bis dahin werden die Funktionen derselben durch eine Generalversammlung wahrgenommen, welche aus nachstehenden Personen gebildet wird:

75 Mai

1. aus denjenigen Eignern von Antheilen der Preußischen Bank, welche innerhalb der von dem Reichskanzler bestimmten Frist den Umtausch ihrer Antheilsscheine gegen solche der Reichsbank verlangt haben, oder deren Rechtsnachfolgern;
2. aus denjenigen Personen, welchen nach erfolgter Zeichnung ein Reichsbankantheil zugetheilt worden ist, oder deren Rechtsnachfolgern.

Dieselbe wird noch vor dem 1. Januar 1876 behufs Vornahme der Wahlen zum Zentralausschusse aus den zu 1 und 2 bezeichneten Personen berufen, kann aber bis zum Zusammentritt der ersten ordentlichen Generalversammlung (Abs. 1) jederzeit berufen werden. Der Zentralausschuß tritt noch vor dem 1. Januar 1876 zusammen und wählt aus seinen Mitgliedern die Deputirten und deren Stellvertreter. Die Auswahl der Mitglieder der Bezirksausschüsse und der Beigeordneten erfolgt gleichfalls noch vor dem 1. Januar 1876 aus den zu 1 und 2 bezeichneten Personen.

§ 34. Hinsichtlich der in §. 33 geordneten einstweiligen Vertretung der Reichsbank-Antheilseigner kommen die Bestimmungen des Bankgesetzes und dieses Statuts, welche von der Generalversammlung, dem Zentralausschusse, den Deputirten desselben, den Bezirksausschüssen und den Beigeordneten handeln, überall zu entsprechender Anwendung.

Urkundlich 2c.

Gegeben Berlin, den 21. Mai 1875.

Bekanntmachung, betreffend die Außerkurssetzung der Halbguldenstücke süddeutscher Währung, sowie der vor dem Jahre 1753 geprägten Dreißigkreuzerstücke und Fünfzehnkreuzerstücke deutschen Gepräges. Vom 7. Juni 1875. 75 Juni

(R.G.Bl. S. 247.)

Verordnung, betreffend die Tagegelder, die Fuhrkosten und die Umzugskosten der Reichsbeamten. Vom 21. Juni 1875.

(R.G.Bl. S. 249.)

(Abgeändert bezw. ergänzt durch Verordnung vom 19. November 1879.)

Verordnung, betreffend die Tagegelder, Fuhr- und Umzugskosten von Beamten der Reichs-Eisenbahnverwaltung und der Postverwaltung. Vom 5. Juli 1875.

(R.G.Bl. S. 253.)

Bekanntmachung, betreffend die Abänderung der Vorschriften über die im Verkehr zuläſſige Fehlergrenze bei zilindrischen Hohlmaaßen. Vom 25. Juli 1875.

(R.G.Bl. S. 257.)

Bekanntmachung, betreffend die Uebereinkunft mit Oesterreich-Ungarn wegen gegenseitigen Markenschutzes. Vom 20. August 1875.*)

(R.G.Bl. S. 259.)

*) Vgl. oben Bekanntmachung vom 11. Juli 1872.

75 Sept. **Allerhöchster Erlaß, betreffend die Instruktion zur Ausführung des Gesetzes vom 13. Februar 1875 über die Naturalleistungen für die bewaffnete Macht im Frieden. Vom 2. September 1875.**

(R.G.Bl. S. 261.)

(Abgeändert und ergänzt durch Allerh. Erlaß vom 11. Juli 1878.)

Bekanntmachung, betreffend die Uebereinkunft mit Belgien wegen gegenseitigen Markenschutzes. Vom 13. September 1875.*)

(R.G.Bl. S. 301.)

Bekanntmachung, betreffend die Außerkurssetzung der Münzen der lübisch-hamburgischen Kurantwährung, sowie verschiedener anderer Landesmünzen. Vom 21. September 1875.

(R.G.Bl. S. 304.)

Bekanntmachung, betreffend die Außerkurssetzung der Silber- und Bronzemünzen der Frankenwährung. Vom 21. September 1875.

(R.G.Bl. S. 307.)

Verordnung, betreffend die Einführung der Reichswährung. Vom 22. September 1875.

(R.G.Bl. S. 303.)

Einziger Artikel: Die Reichswährung tritt im gesammten Reichsgebiete am 1. Januar 1876 in Kraft.

Urkundlich 2c.

Gegeben Rostock, den 22. September 1875.

---

*) Vgl. oben Bekanntmachung vom 11. Juli 1872.

Bekanntmachung, betreffend die Außerkurssetzung der Dreipfennigstücke deutschen Gepräges. Vom 17. Oktober 1875. 75 Okt.

(R.G.Bl. S. 311.)

Verordnung, betreffend die Beurkundung von Sterbefällen solcher Militärpersonen, welche sich an Bord der in Dienst gestellten Schiffe oder anderen Fahrzeuge der Marine befinden. Vom 4. November 1875.*)

(R.G.Bl. S. 313.)

Bekanntmachung, betreffend die Außerkurssetzung der Guldenstücke süddeutscher Währung, sowie die Einlösung der vom 1. Januar 1876 ab außer Kurs tretenden Scheidemünzen süddeutscher Währung.

Vom 10. Dezember 1875.

(R.G.Bl. S. 315.)

Gesetz, betreffend die Umwandlung von Aktien in Reichswährung. Von 16. Dezember 1875.**)

(R.G.Bl. S. 317.)

---

*) Einz.-Ausg. Bd. 19 (Seegesetzgebung) S. 259.

**) Einz.-Ausgabe Bd. 4 (Handelsgesetzbuch) S. 145.

75 Dez. **Verordnung, betreffend die Anstellung der Beamten und die Zuständigkeit zur Ausführung des Gesetzes vom 31. März 1873 bei der Verwaltung der Reichsbank.**
Vom 19. Dezember 1875.
(R.G.Bl. S. 378.)

Gesetz, betreffend die Abänderung des §. 4 des Gesetzes über das Postwesen des Deutschen Reichs vom 28. Oktober 1871.
Vom 20. Dezember 1875.*)
(R.G.Bl. S. 318.)

Gesetz, betreffend die Einführung des Gesetzes über die Portofreiheiten vom 5. Juni 1869) in Südhessen.**
Vom 20. Dezember 1875.
(R.G.Bl. S. 323.)

Gesetz,
betreffend die Naturalisation von Ausländern, welche im Reichsdienste angestellt sind.

Vom 20. Dezember 1875.

(R.G.Bl. S. 324; ausgeg. am 22. Dezember 1875.)

Ausländern, welche im Reichsdienste angestellt sind, ein Diensteinkommen aus der Reichskasse beziehen und ihren dienstlichen Wohnsitz im Auslande haben, darf von demjenigen Bundesstaate, in welchem sie die Verleihung

---

*) Einz.-Ausg. Bd. 7 (Postgesetzgebung) S. 52.
**) Vgl. Anmerkung zu dem genannten Gesetz.

der Staatsangehörigkeit nachsuchen, die Naturalisations- urkunde nicht versagt werden. 75 Dez.

Urkundlich 2c.

Gegeben Berlin, den 20. Dezember 1875.

Verordnung, betreffend die Verwaltung des Post- und Telegraphenwesens. Vom 22. Dezember 1875.

(R.G.Bl. S. 379.)

Verordnung, betreffend die Pensionen und Kautionen der Reichsbankbeamten. Vom 23. Dezember 1875.

(R.G.Bl. S. 380.)

(Ergänzt und abgeändert durch Verordnung vom 31. März 1880.)

Verordnung, betreffend die Einschränkung der Gerichtsbarkeit der deutschen Konsuln in Egypten.

Vom 23. Dezember 1875.*)

(R.G.Bl. S. 381.)

(Abgeändert durch Verordnung vom 23. Dezember 1880.)

Gesetz, betreffend die Abänderung des §. 44 des Gesetzes wegen Erhebung der Brausteuer vom 31. Mai 1872.

Vom 26. Dezember 1875.

(R.G.Bl. S. 377.)

(Ersetzt durch das gleichlautende Gesetz vom 23. Dezember 1876.)

---

*) Einz.-Ausg. Bd. 21 (Konsulargesetzgebung) S. 280.

75 Dez. **Verordnung, betreffend den Geschäftskreis, die Einrichtung und die Verwaltung der Deutschen Seewarte. Vom 26. Dezember 1875.**

(R.G.Bl. S. 385.)

Bekanntmachung, betreffend die Anwendung der §§. 42 und 43 des Bankgesetzes vom 14. März 1875.

Vom 29. Dezember 1875.

(R.G.Bl. S. 390.)

Nachdem die unten benannten Privat-Notenbanken die in §. 45 des Bankgesetzes vom 14. März 1875 (Reichs-Gesetzbl. S. 177) vorgesehenen Nachweise erbracht haben, werden hierdurch die beschränkenden Bestimmungen der §§. 42 und 43 des Bankgesetzes zu Gunsten folgender Banken:

1. der Cölnischen Privatbank,
2. der Danziger Privat-Aktienbank,
3. der Provinzial-Aktienbank des Großherzogthums Posen,
4. der Kommerzbank in Lübeck,
5. der Bremer Bank,

und die beschränkenden Bestimmungen des §. 43 des Bankgesetzes zu Gunsten folgender Banken:

6. der Frankfurter Bank,
7. der Bayerischen Notenbank,
8. der Sächsischen Bank zu Dresden,
9. der Württembergischen Notenbank,

10. der Badischen Bank, 75 Dez.

11. der Bank für Süddeutschland zu Darmstadt

als nicht anwendbar erklärt.

Die Noten der vorbezeichneten Banken werden an den aus der Anlage ersichtlichen Stellen eingelöst werden.

Die Prüfung der von einigen anderen Privat-Notenbanken zufolge des §. 45 a. a. O. vorgelegten Nachweise ist noch nicht abgeschlossen.

Berlin, den 29. Dezember 1875.

Der Reichskanzler.

Anlage.

Es werden eingelöst

die Noten	in Berlin:
1. der Danziger Privat-Aktienbank,	bei der „Deutschen Bank",
2. der Provinzial-Aktienbank in Posen,	bei der „Deutschen Bank",
3. der Sächsischen Bank zu Dresden	bei dem Bankhause F. Mart. Magnus*).
4. der Kommerzbank in Lübeck	bei dem Bankhause Bein & Co.,
5. der Bremer Bank	bei der „Deutschen Bank";

*) Jetzt bei S. Bleichröder. (Bekanntmachung vom 3. September 1879.)

75 Bez.

die Noten	in Frankfurt a.M.:
6. der Cölnischen Privatbank, 7. der Frankfurter Bank, 8. der Bayerischen Notenbank, 9. der Württembergischen Notenbank, 10. der Badischen Bank,	bei der „Frankfurter Bank",
11. der Bank für Süddeutschland	bei der Filiale der Darmstädter „Bank für Handel und Industrie".

Gesetz, betreffend die Abänderung des Artikel 15 des Münzgesetzes vom 9. Juli 1873.

Vom 6. Januar 1876.

(R.G.Bl. S. 3.)

Der Artikel 15 des Münzgesetzes vom 9. Juli 1873 (Reichs-Gesetzbl. S. 233) erhält folgenden Zusatz:

Der Bundesrath ist befugt*), zu bestimmen, daß die Einthalerstücke deutschen Gepräges, sowie die in Oesterreich bis zum Schlusse des Jahres 1867 geprägten Vereinsthaler bis zu ihrer Außerkurssetzung nur noch an Stelle der Reichssilbermünzen, unter Berechnung des Thalers zu 3 Mark, in Zahlung anzunehmen sind.

*) Von dieser Befugniß ist bisher noch kein Gebrauch gemacht worden.

Eine solche Bestimmung ist durch das Reichsgesetz- 76 Jan.
blatt zu veröffentlichen und tritt frühestens einen Monat nach ihrer Veröffentlichung in Kraft.

Urkundlich rc.

Gegeben Berlin, den 6. Januar 1876.

Zweite Bekanntmachung, betreffend die Anwendung der §§. 42 und 43 des Bankgesetzes vom 14. März 1875.

Vom 7. Januar 1876.

(R.G.Bl. S. 2.)

Nachdem die unten benannten Privat-Notenbanken die in §. 45 des Bankgesetzes vom 14. März 1875 (Reichs-Gesetzbl. S. 177) vorgesehenen Nachweise erbracht haben, werden hierdurch die beschränkenden Bestimmungen der §§. 42 und 43 des Bankgesetzes zu Gunsten folgender Banken:

12. der Städtischen Bank in Breslau,
13. der Magdeburger Privatbank,
14. der Hannoverschen Bank,
15. des Leipziger Kassenvereins,
16. der Chemnitzer Stadtbank

als nicht anwendbar erklärt.

Die Noten der vorbezeichneten Banken werden bei den aus der Anlage ersichtlichen Stellen eingelöst werden.

Andere, als die vorbezeichneten und die in der Bekanntmachung vom 29. vorigen Monats und Jahres

76 Jan. (Reichs-Gesetzbl. S. 390) genannten Banken haben die in §. 45 des Bankgesetzes vorgesehenen Nachweise nicht erbracht.

Berlin, den 7. Januar 1876.

Der Reichskanzler.

Anlage.

Es werden eingelöst.

die Noten	in Berlin:
12. der Städtischen Bank in Breslau	bei dem Bankhause Jakob Landau,
13. der Magdeburger Privatbank,	bei der „Deutschen Bank",
14. der Hannoverschen Bank,	bei der „Deutschen Bank",
15. des Leipziger Kassenvereins,	bei der „Deutschen Bank",
16. der Chemnitzer Stadtbank	bei dem Bankhause Platho & Wolff.

Gesetz, betreffend das Urheberrecht an Werken der bildenden Künste.

Vom 9. Januar 1876.

(R.G.Bl. S. 4.)

A. Ausschließliches Recht des Urhebers.

§ 1. Das Recht, ein Werk der bildenden Künste ganz oder theilweise nachzubilden, steht dem Urheber desselben ausschließlich zu.

§ 2. Das Recht des Urhebers geht auf dessen Erben über. Dieses Recht kann beschränkt oder unbeschränkt durch Vertrag oder durch Verfügung von Todeswegen auf Andere übertragen werden. 76 Jan.

§ 3. Auf die Baukunst findet das gegenwärtige Gesetz keine Anwendung.*)

§ 4. Als Nachbildung ist nicht anzusehen die freie Benutzung eines Werkes der bildenden Künste zur Hervorbringung eines neuen Werkes.

§ 5. Jede Nachbildung eines Werkes der bildenden Künste, welche in der Absicht, dieselbe zu verbreiten, ohne Genehmigung des Berechtigten (§§. 1, 2) hergestellt wird, ist verboten. Als verbotene Nachbildung ist es auch anzusehen:

1. wenn bei Hervorbringung derselben ein anderes Verfahren angewendet worden ist, als bei dem Originalwerk;
2. wenn die Nachbildung nicht unmittelbar nach dem Originalwerke, sondern mittelbar nach einer Nachbildung desselben geschaffen ist;
3. wenn die Nachbildung eines Werkes der bildenden Künste sich an einem Werke der Baukunst, der Industrie, der Fabriken, Handwerke oder Manufakturen befindet;
4. wenn der Urheber oder Verleger dem unter ihnen bestehenden Vertrage zuwider eine neue Vervielfältigung des Werkes veranstalten;

*) Architektonische Zeichnungen und Abbildungen sind geschützt durch das Gesetz vom 11. Juni 1870 (§ 43).

76 Jan.

5. wenn der Verleger eine größere Anzahl von Exemplaren eines Werkes anfertigen läßt, als ihm vertragsmäßig oder gesetzlich gestattet ist.

§ 6. Als verbotene Nachbildung ist nicht anzusehen:

1. die Einzelkopie eines Werkes der bildenden Künste, sofern dieselbe ohne die Absicht der Verwerthung angefertigt wird. Es ist jedoch verboten, den Namen oder das Monogramm des Urhebers des Werkes in irgend einer Weise auf der Einzelkopie anzubringen, widrigenfalls eine Geldstrafe bis zu fünfhundert Mark verwirkt ist;
2. die Nachbildung eines Werkes der zeichnenden oder malenden Kunst durch die plastische Kunst, oder umgekehrt;
3. die Nachbildung von Werken der bildenden Künste, welche auf oder an Straßen oder öffentlichen Plätzen bleibend sich befinden. Die Nachbildung darf jedoch nicht in derselben Kunstform erfolgen;
4. die Aufnahme von Nachbildungen einzelner Werke der bildenden Künste in ein Schriftwerk, vorausgesetzt, daß das letztere als die Hauptsache erscheint, und die Abbildungen nur zur Erläuterung des Textes dienen. Jedoch muß der Urheber des Originals oder die benutzte Quelle angegeben werden, widrigenfalls die Strafbestimmung im §. 24 des Gesetzes vom 11. Juni 1870, betreffend das Urheberrecht an Schriftwerken ꝛc., (Bundes-Gesetzbl. 1870 S. 339) Platz greift.

§ 7. Wer ein von einem Anderen herrührendes Werk der bildenden Künste auf rechtmäßige Weise, aber mittelst eines anderen Kunstverfahrens nachbildet, hat in Beziehung auf das von ihm hervorgebrachte Werk das Recht eines Urhebers (§. 1), auch wenn das Original bereits Gemeingut geworden ist. 76 Jan.

§ 8. Wenn der Urheber eines Werkes der bildenden Künste das Eigenthum am Werke einem Anderen überläßt, so ist darin die Uebertragung des Nachbildungsrechts fortan nicht enthalten; bei Portraits und Portraitbüsten geht dieses Recht jedoch auf den Besteller über.

Der Eigenthümer des Werkes ist nicht verpflichtet, dasselbe zum Zweck der Veranstaltung von Nachbildungen an den Urheber oder dessen Rechtsnachfolger herauszugeben.

B. Dauer des Urheberrechts.

§ 9. Der Schutz des gegenwärtigen Gesetzes gegen Nachbildung wird für die Lebensdauer des Urhebers und dreißig Jahre nach dem Tode desselben gewährt.

Bei Werken, welche veröffentlicht sind, ist diese Dauer des Schutzes an die Bedingung geknüpft, daß der wahre Name des Urhebers auf dem Werke vollständig genannt oder durch kenntliche Zeichen ausgedrückt ist.

Werke, welche entweder unter einem anderen, als dem wahren Namen des Urhebers veröffentlicht, oder bei welchen ein Urheber gar nicht angegeben ist, werden dreißig Jahre lang, von der Veröffentlichung an, gegen

76 Jan. Nachbildung geschützt. Wird innerhalb dieser dreißig Jahre der wahre Name des Urhebers von ihm selbst oder seinen hierzu legitimirten Rechtsnachfolgern zur Eintragung in die Eintragsrolle (§. 39 des Gesetzes vom 11. Juni 1870, betreffend das Urheberrecht an Schriftwerken ꝛc., — Bundes-Gesetzbl. 1870 S. 339) angemeldet, so wird dadurch dem Werke die im Absatz 1 bestimmte längere Dauer des Schutzes erworben.

§ 10. Bei Werken, die in mehreren Bänden oder Abtheilungen erscheinen, wird die Schutzfrist von dem ersten Erscheinen eines jeden Bandes oder einer jeden Abtheilung an berechnet.

Bei Werken jedoch, die in einem oder mehreren Bänden eine einzige Aufgabe behandeln und mithin als in sich zusammenhängend zu betrachten sind, beginnt die Schutzfrist erst nach dem Erscheinen des letzten Bandes oder der letzten Abtheilung.

Wenn indessen zwischen der Herausgabe einzelner Bände oder Abtheilungen ein Zeitraum von mehr als drei Jahren verflossen ist, so sind die vorher erschienenen Bände, Abtheilungen ꝛc. als ein für sich bestehendes Werk und ebenso die nach Ablauf der drei Jahre erscheinenden weiteren Fortsetzungen als ein neues Werk zu behandeln.

§ 11. Die erst nach dem Tode des Urhebers veröffentlichten Werke werden dreißig Jahre lang, vom Tode des Urhebers an gerechnet, gegen Nachbildung geschützt.

§ 12. Einzelne Werke der bildenden Künste, welche in periodischen Werken, als Zeitschriften, Taschenbüchern, Kalendern rc. erschienen sind, darf der Urheber, falls nichts anderes verabredet ist, auch ohne Einwilligung des Herausgebers oder Verlegers des Werkes, in welches dieselben aufgenommen sind, nach zwei Jahren, vom Ablaufe des Jahres des Erscheinens an gerechnet, anderweitig abdrucken. 76 Jan.

§ 13. In den Zeitraum der gesetzlichen Schutzfrist wird das Todesjahr des Verfassers beziehungsweise das Kalenderjahr der ersten Veröffentlichung oder des ersten Erscheinens des Werkes nicht eingerechnet.

§ 14. Wenn der Urheber eines Werkes der bildenden Künste gestattet, daß dasselbe an einem Werke der Industrie, der Fabriken, Handwerke oder Manufakturen nachgebildet wird, so genießt er den Schutz gegen weitere Nachbildungen an Werken der Industrie rc. nicht nach Maßgabe des gegenwärtigen Gesetzes, sondern nur nach Maßgabe des Gesetzes, betreffend das Urheberrecht an Mustern und Modellen.*)

§ 15. Ein Heimfallsrecht des Fiskus oder anderer zu herrenlosen Verlassenschaften berechtigter Personen findet auf das ausschließliche Recht des Urhebers und seiner Rechtsnachfolger nicht statt.

C. Sicherstellung des Urheberrechts.

§ 16. Die Bestimmungen in den §§. 18—42 des Gesetzes vom 11. Juni 1870, betreffend das Urheberrecht

*) Gesetz vom 11. Januar 1876.

76 Jan. an Schriftwerken ꝛc., (Bundes-Gesetzbl. 1870 S. 339) finden auch auf die Nachbildung von Werken der bildenden Künste entsprechende Anwendung.

Die Sachverständigen-Vereine, welche nach Maßgabe des §. 31 des genannten Gesetzes Gutachten über die Nachbildung von Werken der bildenden Künste abzugeben haben, sollen aus Künstlern verschiedener Kunstzweige aus Kunsthändlern, Kunstgewerbtreibenden und aus anderen Kunstverständigen bestehen.*)

D. Allgemeine Bestimmungen.

§ 17. Das gegenwärtige Gesetz tritt mit dem 1. Juli 1876 in Kraft. Alle früheren in den einzelnen Staaten des deutschen Reichs geltenden Bestimmungen in Beziehung auf das Urheberrecht an Werken der bildenden Künste treten von demselben Tage ab außer Wirksamkeit.

§ 18. Das gegenwärtige Gesetz findet auch auf alle vor dem Inkrafttreten desselben erschienenen Werke der bildenden Künste Anwendung, selbst wenn dieselben nach den bisherigen Landesgesetzgebungen keinen Schutz gegen Nachbildung genossen haben.

Die bei dem Inkrafttreten dieses Gesetzes vorhandenen Exemplare, deren Herstellung nach der bisherigen

---

*) Vgl. dazu Bekanntmachung des Reichskanzlers über Zusammensetzung und Geschäftsbetrieb der künstlerischen, photographischen und gewerblichen Sachverständigen-Vereine vom 28. Februar 1876 (Central-Blatt für das Deutsche Reich S. 117) und abändernde Bekanntmachung vom 16. Juli 1879 (Central-Bl. S. 490).

Gesetzgebung gestattet war, sollen auch fernerhin verbreitet werden dürfen, selbst wenn ihre Herstellung nach dem gegenwärtigen Gesetze untersagt ist. 76 Jan.

Ebenso sollen die bei dem Inkrafttreten dieses Gesetzes vorhandenen, bisher rechtmäßig angefertigten Vorrichtungen, wie Formen, Platten, Steine, Stereotypabgüsse u. s. w. auch fernerhin zur Anfertigung von Exemplaren benutzt werden dürfen.

Auch dürfen die beim Inkrafttreten des Gesetzes bereits begonnenen, bisher gestatteten Vervielfältigungen noch vollendet werden.

Die Regierungen der Staaten des Deutschen Reichs werden ein Inventarium über die Vorrichtungen, deren fernere Benutzung hiernach gestattet ist, amtlich aufstellen und diese Vorrichtungen mit einem gleichförmigen Stempel bedrucken lassen.

Nach Ablauf der für die Legalisirung angegebenen Frist unterliegen alle mit dem Stempel nicht versehenen Vorrichtungen der bezeichneten Werke, auf Antrag des Verletzten, der Einziehung. Die nähere Instruktion über das bei der Aufstellung des Inventariums und bei der Stempelung zu beobachtende Verfahren wird vom Reichskanzler-Amt erlassen.*)

§ 19. Die Ertheilung von Privilegien zum Schutze des Urheberrechts ist nicht mehr zulässig.

Dem Inhaber eines vor dem Inkrafttreten des gegenwärtigen Gesetzes von den Regierungen einzelner

---

*) Erlaß vom 29. Februar 1876 (Central-Bl. S. 118).

76 Jan. deutscher Staaten ertheilten Privilegiums steht es frei, ob er von diesem Privilegium Gebrauch machen oder den Schutz des gegenwärtigen Gesetzes anrufen will.

Der Privilegienschutz kann indeß nur für den Umfang derjenigen Staaten geltend gemacht werden, von welchen derselbe ertheilt worden ist.

Die Berufung auf den Privilegienschutz ist dadurch bedingt, daß das Privilegium entweder ganz oder dem wesentlichen Inhalte nach dem Werke vorgedruckt oder auf oder hinter dem Titelblatt desselben bemerkt ist. Wo dieses nach der Natur des Gegenstandes nicht stattfinden kann oder bisher nicht geschehen ist, muß das Privilegium, bei Vermeidung des Erlöschens, binnen drei Monaten nach dem Inkrafttreten dieses Gesetzes zur Eintragung in die Eintragsrolle angemeldet werden. Das Kuratorium der Eintragsrolle hat das Privilegium öffentlich bekannt zu machen.

§ 20. Das gegenwärtige Gesetz findet Anwendung auf alle Werke inländischer Urheber, gleichviel ob die Werke im Inlande oder Auslande erschienen oder überhaupt noch nicht veröffentlicht sind.

Wenn Werke ausländischer Urheber bei inländischen Verlegern erscheinen, so stehen diese Werke unter dem Schutze des gegenwärtigen Gesetzes.

§ 21. Diejenigen Werke ausländischer Urheber, welche in einem Orte erschienen sind, der zum ehemaligen Deutschen Bunde, nicht aber zum Deutschen Reich gehört, genießen den Schutz dieses Gesetzes unter der Voraussetzung, daß das Recht des betreffenden

Staates den innerhalb des Deutschen Reichs erschienenen Werken einen den einheimischen Werken gleichen Schutz gewährt; jedoch dauert der Schutz nicht länger, als in dem betreffenden Staate selbst. Dasselbe gilt von nicht veröffentlichten Werken solcher Urheber, welche zwar nicht im Deutschen Reich, wohl aber im ehemaligen Deutschen Bundesgebiete staatsangehörig sind. 76 Jan.

Urkundlich 2c.

Gegeben Berlin, den 9. Januar 1876.

Gesetz,
betreffend den Schutz der Photographieen gegen unbefugte Nachbildung.

Vom 10. Januar 1876.

(R.G.Bl. S. 8.)

§ 1. Das Recht, ein durch Photographie hergestelltes Werk ganz oder theilweise auf mechanischem Wege nachzubilden, steht dem Verfertiger der photographischen Aufnahme ausschließlich zu.

Auf Photographieen von solchen Werken, welche gesetzlich gegen Nachdruck und Nachbildung noch geschützt sind, findet das gegenwärtige Gesetz keine Anwendung.

§ 2. Als Nachbildung ist nicht anzusehen die freie Benutzung eines durch Phatographie hergestellten Werkes zur Hervorbringung eines neuen Werkes.

§ 3. Die mechanische Nachbildung eines photographischen Werkes, welche in der Absicht, dieselbe zu ver-

76 Jan. breiten, ohne Genehmigung der Berechtigten (§§. 1 und 7) hergestellt wird, ist verboten.

§ 4. Die Nachbildung eines photographischen Werkes, wenn sie sich an einem Werke der Industrie, der Fabriken, Handwerke oder Manufakturen befindet, ist als eine verbotene nicht anzusehen.

§ 5. Jede rechtmäßige photographische oder sonstige mechanische Abbildung der Originalaufnahme muß auf der Abbildung selbst oder auf dem Karton

a) den Namen beziehungsweise die Firma des Verfertigers der Originalaufnahme oder des Verlegers, und
b) den Wohnort des Verfertigers oder Verlegers,
c) das Kalenderjahr, in welchem die rechtmäßige Abbildung zuerst erschienen ist,

enthalten, widrigenfalls ein Schutz gegen Nachbildung nicht stattfindet.

§ 6. Der Schutz des gegenwärtigen Gesetzes gegen Nachbildung wird dem Verfertiger des photographischen Werkes fünf Jahre gewährt. Diese Frist wird vom Ablaufe desjenigen Kalenderjahres ab gerechnet, in welchem die rechtmäßigen photographischen oder sonstigen mechanischen Abbildungen der Originalaufnahme zuerst erschienen sind.

Wenn solche Abbildungen nicht erscheinen, so wird die fünfjährige Frist von dem Ablauf desjenigen Kalenderjahres ab gerechnet, in welchem das Negativ der photographischen Aufnahme entstanden ist.

Bei Werken, die in mehreren Bänden oder Abtheilungen erscheinen, findet der §. 14 des Gesetzes vom 11. Juni 1870, betreffend das Urheberrecht an Schriftwerken 2c., Anwendung. 76 Jan.

§ 7. Das im §. 1 bezeichnete Recht des Verfertigers eines photographischen Werkes geht auf dessen Erben über. Auch kann dieses Recht von dem Verfertiger oder dessen Erben ganz oder theilweise durch Vertrag oder durch Verfügung von Todeswegen auf Andere übertragen werden. Bei photographischen Bildnissen (Portraits) geht das Recht auch ohne Vertrag von selbst auf den Besteller über.

§ 8. Wer eine von einem Anderen verfertigte photographische Aufnahme durch ein Werk der malenden, zeichnenden oder plastischen Kunst nachbildet, genießt in Beziehung auf das von ihm hervorgebrachte Werk das Recht eines Urhebers nach Maßgabe des §. 7 des Gesetzes vom 9. Januar d. J., betreffend das Urheberrecht an Werken der bildenden Künste.

§ 9. Die Bestimmungen in den §§. 18 bis 38, 44, 61 Absatz 1 des Gesetzes vom 11. Juni 1870, betreffend das Urheberrecht an Schriftwerken 2c., finden auch Anwendung auf das ausschließliche Nachbildungs- und Vervielfältigungsrecht des Verfertigers photographischer Werke.

§ 10. Die Sachverständigen-Vereine, welche Gutachten über die Nachbildung photographischer Aufnahmen abzugeben haben, sollen aus Künstlern verschiedener

76 Jan. Kunstzweige, aus Kunsthändlern, aus anderen Kunstverständigen und aus Photographen bestehen.*)

§ 11. Die Bestimmungen des gegenwärtigen Gesetzes finden auch Anwendung auf solche Werke, welche durch ein der Photographie ähnliches Verfahren hergestellt werden.

§ 12. Das gegenwärtige Gesetz tritt mit dem 1. Juli 1876 in Kraft. Auf photographische Aufnahmen, welche vor diesem Tage angefertigt sind, findet dasselbe nur dann Anwendung, wenn die erste rechtmäßige photographische oder sonstige mechanische Abbildung der Originalaufnahme nach dem Inkrafttreten des gegenwärtigen Gesetzes erschienen ist.

Photographische Aufnahmen, welche schon bisher landesgesetzlich gegen Nachbildung geschützt waren, behalten diesen Schutz; jedoch kann derselbe nur für denjenigen räumlichen Umfang geltend gemacht werden, für welchen er durch die Landesgesetzgebung ertheilt war.**)

Urkundlich rc.

Gegeben Berlin, den 10. Januar 1876.

Gesetz, betreffend das Urheberrecht an Mustern und Modellen. Vom 11. Januar 1876.*)**

(R.G.Bl. S. 11.)

---

*) Vgl. oben Gesetz vom 9. Januar 1876, Anmerkung zu § 16.

**) Landesgesetzlicher Schutz bestand in Bayern.

***) Einz.-Ausg. Bd. 22 (Patentgesetz rc.) S. 47.

Gesetz, betreffend die weitere geschäftliche Behandlung der Entwürfe eines Gerichtsverfassungsgesetzes, einer Strafprozeßordnung und einer Civilprozeßordnung, sowie der zugehörigen Einführungsgesetze. Vom 1. Februar 1876. 76 Febr.

(R.G.Bl. S. 15.)

Gesetz, betreffend die weitere geschäftliche Behandlung der Entwürfe einer Deutschen Konkursordnung und des dazu gehörigen Einführungsgesetzes. Vom 20. Februar 1876.

(R.G.Bl. S. 23.)

Gesetz wegen Abänderung des Gesetzes vom 23. Mai 1873, betreffend die Gründung und Verwaltung des Reichs-Invalidenfonds, und des Gesetzes vom 18. Juni 1873, betreffend den außerordentlichen Geldbedarf für die Reichs-Eisenbahnen in Elsaß-Lothringen und für die im Großherzogthum Luxemburg belegenen Strecken der Wilhelm-Luxemburg-Eisenbahn. Vom 23. Februar 1876.

(R.G.Bl. S. 24.)

Gesetz,
betreffend die Beseitigung von Ansteckungsstoffen bei Viehbeförderungen auf Eisenbahnen.

Vom 25. Februar 1876.*)

(R.G.Bl. S. 163; ausgeg. am 11. Mai 1876.)

§ 1. Die Eisenbahnverwaltungen sind verpflichtet, Eisenbahnwagen, in welchen Pferde, Maulthiere, Esel,

*) Vgl. unten Viehseuchengesetz vom 23. Juni 1880 (§ 68).

76 Febr. Rindvieh, Schafe, Ziegen oder Schweine befördert worden sind, nach jedesmaligem Gebrauche einem Reinigungsverfahren (Desinfektion) zu unterwerfen, welches geeignet ist, die den Wagen etwa anhaftenden Ansteckungsstoffe vollständig zu tilgen.

Gleicherweise sind die bei Beförderung der Thiere zum Futtern, Tränken, Befestigen oder zu sonstigen Zwecken benutzten Geräthschaften zu desinfiziren.

Auch kann angeordnet werden, daß die Rampen, welche die Thiere beim Ein- und Ausladen betreten haben, sowie die Vieh-Ein- und Ausladeplätze und die Viehhöfe der Eisenbahnverwaltungen nach jeder Benutzung zu desinfiziren sind.

§ 2. Die Verpflichtung zur Desinfektion liegt in Bezug auf die Eisenbahnwagen und die zu denselben gehörigen Geräthschaften (§. 1 Abs. 1 und 2) derjenigen Eisenbahnverwaltung ob, in deren Bereich die Entladung der Wagen stattfindet. Erfolgt die letztere im Auslande, so ist zur Desinfektion diejenige deutsche Eisenbahnverwaltung verpflichtet, deren Bahn von den Wagen bei der Rückkehr in das Reichsgebiet zuerst berührt wird.

Die Eisenbahnverwaltungen sind berechtigt, für die Desinfektion eine Gebühr zu erheben.

§ 3. Der Bundesrath ist ermächtigt, Ausnahmen von der durch die §§. 1 und 2 festgesetzten Verpflichtung für den Verkehr mit dem Auslande insoweit zuzulassen, als die ordnungsmäßige Desinfektion der zur Viehbeförderung benutzten, im Auslande entladenen Wagen vor deren Wiedereingang genügend sichergestellt ist. 76 Febr.

Auch ist der Bundesrath ermächtigt, Ausnahmen von der gedachten Verpflichtung für den Verkehr im Inlande zuzulassen, jedoch für die Beförderung von Rindvieh, Schafen und Schweinen nur innerhalb solcher Theile des Reichsgebietes, in welchen seit länger als drei Monaten Fälle von Lungenseuche und von Maul- und Klauenseuche nicht vorgekommen sind.

§ 4. Die näheren Bestimmungen über das anzuordnende Verfahren, über Ort und Zeit der zu bewirkenden Desinfektionen, sowie über die Höhe der zu erhebenden Gebühren werden auf Grund der von dem Bundesrath aufzustellenden Normen*) von den Landesregierungen getroffen.

§ 5. Im Eisenbahndienste beschäftigte Personen, welche die ihnen nach den auf Grund dieses Gesetzes erlassenen Bestimmungen vermöge ihrer dienstlichen Stellung oder eines ihnen ertheilten Auftrages obliegende Pflicht der Anordnung, Ausführung oder Ueberwachung einer Desinfektion vernachlässigen, werden mit Geldstrafe bis zu eintausend Mark, und wenn in Folge dieser Vernachlässigung Vieh von einer Seuche ergriffen worden, mit Geldstrafe bis zu dreitausend Mark oder Gefängniß bis zu einem Jahre bestraft, sofern nicht durch die Vorschriften des Strafgesetzbuches eine der Art oder dem Maße nach schwerere Strafe angedroht ist.

*) Dieselben sind unterm 6. Mai 1876 (R.-Centralbl. S. 251) bekannt gemacht worden.

76 Febr. § 6. Der §. 6 des Gesetzes vom 7. April 1869, Maßregeln gegen die Rinderpest betreffend, (Bundes-Gesetzbl. S. 105) ist aufgehoben.

Urkundlich 2c.

Gegeben Berlin, den 25. Februar 1876.

Gesetz, betreffend die Abänderung von Bestimmungen des Strafgesetzbuchs für das Deutsche Reich vom 15. Mai 1871 und die Ergänzung desselben. Vom 26. Februar 1876.*)
(R.G.Bl. S. 25.)

Bekanntmachung, betreffend die Redaktion des Strafgesetzbuchs für das Deutsche Reich. Vom 26. Februar 1876.
(R.G.Bl. S. 39.)

Gesetz, betreffend das Etatsjahr für den Reichshaushalt.
Vom 29. Februar 1876.

(R.G.Bl. S. 121.)

Einziger Paragraph. Das Etatsjahr für den Reichshaushalt beginnt vom 1. April 1877 ab mit dem 1. April und schließt mit dem 31. März jedes Jahres.

Urkundlich 2c.

Gegeben Berlin, den 29. Februar 1876.

---

*) Einz.-Ausg. Bd. 2 (Strafgesetzbuch 2c.) S. 5.

Gesetz, betreffend die Kaiser Wilhelm-Stiftung für die Angehörigen der Deutschen Reichs-Postverwaltung. Vom 4. März 1876. 76 März

(R.G.Bl. S. 122.)

Bekanntmachung, betreffend die Außerkurssetzung von Scheidemünzen der Thalerwährung. Vom 12. März 1876.

(R.G.Bl. S. 162.)

Bekanntmachung, betreffend die eichamtliche Behandlung vorschriftswidriger Maaße, Gewichte und sonstiger Meßwerkzeuge. Vom 22. März 1876.

(R.G.Bl. S. 123.)

Bekanntmachung, betreffend den Antheil der Reichsbank an dem Gesammtbetrage des steuerfreien ungedeckten Notenumlaufs. Vom 1. April 1876.

(R.G.Bl. S. 124.)

Verordnung, betreffend die Ausführung des Gesetzes vom 13. Juni 1873 über die Kriegsleistungen. Vom 1. April 1876.

(R.G.Bl. S. 137.)

Verordnung, betreffend die Kautionen der Telegraphenbeamten. Vom 3. April 1876.

(R.G.Bl. S. 161.)

(Ersetzt durch Verordnung vom 18. April 1883.)

---

76 Apr.

Gesetz über die eingeschriebenen Hülfskassen.

Vom 7. April 1876.*)

(R.G.Bl. S. 125; ausgeg. am 12. April 1876.)

§ 1. Kassen, welche die gegenseitige Unterstützung ihrer Mitglieder für den Fall der Krankheit bezwecken und auf freier Uebereinkunft beruhen, erhalten die Rechte einer eingeschriebenen Hülfskasse unter den nachstehend angegebenen Bedingungen.

§ 2. Die Kasse hat einen Namen anzunehmen, welcher von dem aller anderen, an demselben Orte oder in derselben Gemeinde befindlichen Hülfskassen verschieden ist und die zusätzliche Bezeichnung: „eingeschriebene Hülfskasse" enthält.

§ 3. Das Statut der Kasse muß Bestimmung treffen:

1. über Namen, Sitz und Zweck der Kasse;
2. über den Beitritt und Austritt der Mitglieder;
3. über die Höhe der Beiträge;
4. über die Voraussetzungen, die Art und den Umfang der Unterstützungen;

---

*) Das Hülfskassengesetz vom 7. April 1876 hat die nach Erlaß des Reichsgesetzes, betreffend die Krankenversicherung der Arbeiter vom 15. Juni 1883 (Einz.-Ausg. Bd. 20) gebotene Umgestaltung durch das Abänderungsgesetz vom 1. Juni 1884 erhalten. In der durch die Art. 1 bis 18 dieses Gesetzes abgeänderten Fassung und unter Weglassung der beseitigten Stellen ist es oben abgedruckt. Die Art. 19 und 20 des Gesetzes vom 1. Juni 1884, welche nicht in den Inhalt des Hülfskassengesetzes eingreifen, sondern lediglich Uebergangsbestimmungen enthalten, finden sich späteren Orts wiedergegeben.

5. über die Bildung des Vorstandes, über die Legitimation seiner Mitglieder und den Umfang seiner Befugnisse; 76 Apr.
6. über die Zusammensetzung und Berufung der Generalversammlung und über die Art ihrer Beschlußfassung;

6a. über die Bildung und die Befugnisse der örtlichen Verwaltungsstellen, falls solche errichtet werden sollen;

7. über die Abänderung des Statuts;
8. über die Verwendung des Kassenvermögens im Falle der Auflösung oder Schließung der Kasse;
9. über die Aufstellung und Prüfung der Jahresrechnung.

Das Statut darf keine Bestimmung enthalten, welche mit dem Zwecke der Kasse nicht in Verbindung steht oder den Vorschriften dieses Gesetzes zuwiderläuft.

§ 4. Das Statut ist in zwei Exemplaren dem Vorstande der Gemeinde, in deren Bezirk die Kasse ihren Sitz nimmt, von den mit der Geschäftsleitung vorläufig betrauten Personen oder von dem Vorstande der Kasse in Person einzureichen. Der Gemeindevorstand hat das Statut der höheren Verwaltungsbehörde ungesäumt zu übersenden; diese entscheidet über die Zulassung der Kasse. Der Bescheid ist innerhalb sechs Wochen zu ertheilen.

Die Zulassung darf nur versagt werden, wenn das Statut den Anforderungen dieses Gesetzes nicht genügt. Wird die Zulassung versagt, so sind die Gründe mit-

76 Apr. zutheilen. Gegen die Versagung steht der Rekurs zu; wegen des Verfahrens und der Behörden gelten die Vorschriften der §§. 20 und 21 der Gewerbeordnung. In Elsaß-Lothringen finden statt derselben die dort geltenden Bestimmungen über das Verfahren in streitigen Verwaltungssachen entsprechende Anwendung. Wird die Zulassung ausgesprochen, so ist eine Ausfertigung des Statuts, versehen mit dem Vermerke der erfolgten Zulassung, zurückzugeben.

Abänderungen des Statuts unterliegen den gleichen Vorschriften. Ueber die Zulassung einer Abänderung, durch welche der Sitz der Kasse verlegt werden soll, hat die Behörde des alten Sitzes zu entscheiden.

Die Zulassung einer Kasse, welche örtliche Verwaltungsstellen einrichtet, ist bei derjenigen Verwaltungsbehörde zu erwirken, in deren Bezirk die Hauptkasse ihren Sitz nimmt.

Auf den Antrag der Kasse hat die höhere Verwaltungsbehörde bei der Zulassung zugleich zu bescheinigen, daß das Statut den Vorschriften des §. 75 des Gesetzes, betreffend die Krankenversicherung der Arbeiter, vom 15. Juni 1883 genügt. Wird die Bescheinigung versagt, so sind die Gründe mitzutheilen. Gegen die Versagung steht der Rekurs gemäß Absatz 2 zu.

§ 5. Die Kasse kann unter ihrem Namen Rechte erwerben und Verbindlichkeiten eingehen, Eigenthum und andere dingliche Rechte an Grundstücken erwerben, vor Gericht klagen und verklagt werden.

Für alle Verbindlichkeiten der Kasse haftet den Kassen- 76 Apr.
gläubigern nur das Vermögen der Kasse.

Der ordentliche Gerichtsstand der Kasse ist bei dem Gerichte, in dessen Bezirk sie ihren Sitz hat.

§. 6. Zum Beitritt der Mitglieder ist eine schriftliche Erklärung oder die Unterzeichnung des Statuts erforderlich. Handzeichen Schreibensunkundiger bedürfen der Beglaubigung durch ein Mitglied des Vorstandes oder einer örtlichen Verwaltungsstelle; vergleiche §§. 19a ff.

Der Beitritt darf von der Betheiligung an anderen Gesellschaften oder Vereinen nur dann abhängig gemacht werden, wenn eine solche Betheiligung für sämmtliche Mitglieder bei Errichtung der Kasse durch das Statut vorgesehen ist. Im Uebrigen darf den Mitgliedern die Verpflichtung zu Handlungen oder Unterlassungen, welche mit dem Kassenzweck in keiner Verbindung stehen, nicht auferlegt werden.

§ 7. Das Recht auf Unterstützung aus der Kasse beginnt für sämmtliche Mitglieder spätestens mit dem Ablauf der dreizehnten auf den Beitritt folgenden Woche.

Hat ein Mitglied bereits das Recht auf Unterstützung erworben, so verbleibt ihm dasselbe auch nach dem Austritte oder Ausschlusse für die nach Absatz 1 festgesetzte Frist. Ist der Ausschluß wegen Zahlungssäumniß erfolgt, so läuft diese Frist von dem Tage, bis zu welchem die Beiträge bezahlt sind.

Für die erste Woche nach dem Beginn der Krankheit kann die Gewährung einer Unterstützung ausgeschlossen werden.

76 Apr. Der völlige oder theilweise Ausschluß der Unterstützung ist nur in Fällen solcher Krankheiten zulässig, welche sich die Mitglieder vorsätzlich oder durch schuldhafte Betheiligung an Schlägereien oder Raufhändeln, durch Trunkfälligkeit oder geschlechtliche Ausschweifungen zugezogen haben. Soweit die Unterstützung in Gewährung freier ärztlicher Behandlung oder Arznei besteht, kann sie auch in diesen Fällen nicht ausgeschlossen werden.

§ 8. Die Mitglieder sind der Kasse gegenüber lediglich zu den auf Grund dieses Gesetzes und des Statuts festgestellten Beiträgen verpflichtet.

Nach Maßgabe des Geschlechts, des Gesundheitszustandes, des Lebensalters, der Beschäftigung oder des Beschäftigungsortes der Mitglieder darf die Höhe der Beiträge verschieden bemessen werden.

Die Einrichtung von Mitgliederkassen mit verschiedenen Beitrags- und Unterstützungssätzen ist zulässig.

Im Uebrigen müssen die Beiträge und Unterstützungen für alle Mitglieder nach gleichen Grundsätzen abgemessen sein.

§ 9. (Aufgehoben.)

§ 10. Der Anspruch auf Unterstützung kann mit rechtlicher Wirkung weder verpfändet, noch übertragen, noch gepfändet und darf nur auf geschuldete Beiträge aufgerechnet werden.

§ 11. (Aufgehoben.)

§ 12. Als Krankenunterstützung können den Mitgliedern Krankengeld, ärztliche Behandlung, Arznei und

andere Heilmittel, Verpflegung in einem Krankenhause, 76 Apr.
sowie die geeigneten Mittel zur Erleichterung der ihnen nach der Genesung verbliebenen körperlichen Mängel gewährt werden.

Auch kann die Krankenunterstützung an Wöchnerinnen gewährt und die Gewährung ärztlicher Behandlung auf die Familienangehörigen der Mitglieder ausgedehnt werden.

Den Hinterbliebenen verstorbener Mitglieder kann ferner eine Beihülfe gewährt werden, welche das Zehnfache der wöchentlichen Unterstützung, auf welche das verstorbene Mitglied Anspruch hatte, nicht überschreitet.

§ 13. Zu anderen Zwecken, als den im §. 12 bezeichneten Unterstützungen und der Deckung der Verwaltungskosten, dürfen weder Beiträge von den Mitgliedern erhoben werden, noch Verwendungen aus dem Vermögen der Kasse erfolgen.

§ **14.** (Aufgehoben.)

§ 15. Der Ausschluß von Mitgliedern aus der Kasse kann nur unter den durch das Statut bestimmten Formen und aus den darin bezeichneten Gründen erfolgen. Er ist nur zulässig bei dem Wegfall einer die Aufnahme bedingenden Voraussetzung, für den Fall einer Zahlungssäumniß oder einer solchen strafbaren Handlung, welche eine Verletzung der Bestimmungen des Statuts in sich schließt. Wegen Ueberschreitung der Altersgrenze, über welche hinaus nach Bestimmung des Statuts Mitglieder nicht aufgenommen werden, und wegen Veränderung des Gesundheitszustandes,

76 Apr. von welchem nach Bestimmung des Statuts die Aufnahme abhängig ist, darf der Ausschluß nicht erfolgen. Wegen des Austrittes oder Ausschlusses aus einer Gesellschaft oder einem Vereine können Mitglieder nicht ausgeschlossen werden, wenn sie der Kasse bereits zwei Jahre angehört haben. Erfolgt ihre Ausschließung vor Ablauf dieser Zeit, so haben sie Anspruch auf Ersatz des von ihnen bezahlten Eintrittsgeldes.

§ 16. Die Kasse muß einen von der Generalversammlung gewählten Vorstand haben, durch welchen sie gerichtlich und außergerichtlich vertreten wird.

Die Mitglieder des Vorstandes, welche die Kasse gerichtlich und außergerichtlich vertreten, haben in der Generalversammlung nur eine berathende Stimme.

§ 17. Die Zusammensetzung des Vorstandes, sowie jede in der Zusammensetzung des Vorstandes eingetretene Aenderung ist dem Vorstande der Gemeinde, in deren Bezirk die Kasse ihren Sitz hat, anzumelden. Die Anmeldung hat durch die Vorstandsmitglieder in Person oder durch eine beglaubigte schriftliche Erklärung zu erfolgen. Ist die Anmeldung nicht geschehen, so kann eine in der Zusammensetzung eingetretene Aenderung dritten Personen nur dann entgegengesetzt werden, wenn bewiesen wird, daß sie letzteren bekannt war.

Zur Legitimation des Vorstandes bei allen Geschäften, auch den das Hypotheken- und Grundschuldwesen betreffenden, genügt das Zeugniß des Vorstandes der Gemeinde, daß die darin bezeichneten Personen zur Zeit als Mitglieder des Vorstandes angemeldet sind.

§ 18. Die Befugniß des Vorstandes, die Kasse nach Außen zu vertreten, wird durch die im Statut enthaltene Vollmacht bestimmt. 76 Apr.

Durch die innerhalb der Grenzen dieser Vollmacht im Namen der Kasse vom Vorstande abgeschlossenen Geschäfte wird die Kasse verpflichtet und berechtigt.

§ 19. Dem Vorstande kann zur Ueberwachung der Geschäftsleitung ein Ausschuß zur Seite gesetzt werden, welcher durch die Generalversammlung zu wählen ist.

§ 19a. Die Kasse kann für bestimmte Bezirke örtliche Verwaltungsstellen errichten und denselben folgende Befugnisse ertheilen:

1. Beitrittserklärungen und Austrittserklärungen entgegen zu nehmen, sowie Handzeichen Schreibensunkundiger in Gemäßheit des §. 6 Absatz 1 zu beglaubigen;

2. die Kassenbeiträge zu erheben, über Stundungsgesuche zu entscheiden, die Unterstützungen auszuzahlen, sowie die eingehenden Gelder, vorbehaltlich anderweiter Verfügung des Vorstandes über dieselben, bis zum Belaufe einer durchschnittlichen halben Jahresausgabe zum Zweck des Betriebes zu verwahren und anzulegen;

3. Einrichtungen zur Wahrnehmung der Krankenkontrole zu treffen.

§ 19b. Der Versammlung der Kassenmitglieder, für welche die örtliche Verwaltungsstelle errichtet ist, kann die Befugniß beigelegt werden:

1. die Mitglieder der örtlichen Verwaltung und den Kassenarzt für den Bezirk derselben zu wählen. Die

76 Apr. Wahlen bedürfen der Bestätigung des Vorstandes (§. 16). Der Letztere ist befugt, die Gewählten, welche bei der Wahrnehmung ihrer Obliegenheiten den gesetzlichen oder statutarischen Anforderungen nicht genügen, zu beseitigen und durch andere zu ersetzen;

2. Kassenrevisoren für die Kasse der örtlichen Verwaltungsstelle und Krankenbesucher für den Bezirk derselben zu wählen;

3. einen oder mehrere Abgeordnete zur Generalversammlung zu wählen, sofern diese statutenmäßig aus Abgeordneten besteht;

4. Anträge und Beschwerden in Angelegenheiten der Kasse an die Generalversammlung zu richten.

§ 19c. Weitere, als die in den §§. 19a, 19b bezeichneten Befugnisse dürfen den örtlichen Verwaltungsstellen und der Gesammtheit der Mitglieder ihres Bezirks nicht beigelegt werden.

§ 19d. Die Kasse hat der Aufsichtsbehörde, in deren Bezirk sie ihren Sitz hat, von der Errichtung jeder örtlichen Verwaltungsstelle binnen zwei Wochen, unter Angabe des Sitzes und Bezirks derselben und unter Bezeichnung der Personen, welche zur Zeit die örtliche Verwaltung führen, Anzeige zu erstatten.

Die Aufsichtsbehörde hat die Anzeige, sofern die örtliche Verwaltungsstelle ihren Sitz in dem Bezirke einer anderen Aufsichtsbehörde hat, dieser mitzutheilen.

Von jeder Aenderung des Bezirks der örtlichen Verwaltungsstelle und der Zusammensetzung ihrer Verwaltung hat diese der Aufsichtsbehörde ihres Sitzes Anzeige zu erstatten. 76 Apr.

§ 20. Soweit die Angelegenheiten der Kasse nicht durch den Vorstand oder Ausschuß wahrgenommen werden, steht die Beschlußnahme darüber der Generalversammlung zu.

Die Generalversammlung kann dritten Personen ihre Befugnisse nicht übertragen.

Abänderungen des Statuts bedürfen ihrer Zustimmung.

§ 21. In der Generalversammlung hat jedes anwesende Mitglied, welches großjährig und im Besitz der bürgerlichen Ehrenrechte ist, eine Stimme. Mitglieder, welche mit den Beiträgen im Rückstande sind, können von der Theilnahme an der Abstimmung ausgeschlossen werden.

Die Generalversammlung kann auch aus Abgeordneten gebildet werden, welche aus der Mitte der stimmfähigen Mitglieder zu wählen sind; die Zahl der zu wählenden Abgeordneten muß jedoch mindestens zwanzig betragen und doppelt so groß sein, als die Zahl der Vorstandsmitglieder.

Soll die Wahl der Abgeordneten von den Mitgliedern nach Abtheilungen vorgenommen werden, so muß die Bildung der Wahlabtheilungen und die Vertheilung der Abgeordneten auf dieselben durch das Statut erfolgen.

§ 22. Generalversammlungen können nur innerhalb des Deutschen Reichs an einem Orte abgehalten werden,

76 Apr. an welchem die Kasse eine örtliche Verwaltungsstelle besitzt. Bei der Berufung ist der Gegenstand der Berathung anzugeben.

Wird von dem Ausschuß oder von dem zehnten Theile der stimmfähigen Mitglieder die Berufung der Generalversammlung beantragt, so muß der Vorstand die letztere berufen.

§ 23. (Aufgehoben.)

§ 24. Die Einnahmen und Ausgaben der Kasse sind von allen den Zwecken der Kasse fremden Vereinnahmungen und Verausgabungen getrennt festzustellen und zu verrechnen; ebenso sind Bestände gesondert zu verwahren.

Verfügbare Gelder dürfen, außer in öffentlichen Sparkassen, nur ebenso wie die Gelder wormundeter angelegt werden.

25. Die Kasse hat einen Reservefonds im Mindestbetrage der durchschnittlichen Jahresausgabe der letzten fünf Rechnungsjahre anzusammeln und erforderlichenfalls bis zu dieser Höhe zu ergänzen.

So lange der Reservefonds diesen Betrag nicht erreicht, ist demselben mindestens ein Zehntel des Jahresbetrages der Kassenbeiträge zuzuführen.

§ 26. Ergiebt sich aus den Jahresabschlüssen der Kasse, daß die Einnahmen derselben zur Deckung ihrer Ausgaben einschließlich der Rücklagen zur Ansammlung und Ergänzung des Reservefonds nicht ausreichen, so ist entweder eine Erhöhung der Beiträge oder eine Minderung der Kassenleistungen herbeizuführen.

Unterläßt die Kasse, eine dem Bedürfnisse entsprechende Abänderung herbeizuführen, so hat ihr die höhere Verwaltungsbehörde auf Grund eines sachverständigen Gutachtens zu eröffnen, in welcher Art und in welchem Maße dieselbe für erforderlich zu erachten und binnen welcher Frist dieselbe herbeizuführen ist. Die Frist muß auf mindestens sechs Wochen bestimmt werden. 76 Apr.

§ 27. Die Kasse ist verpflichtet, in den vorgeschriebenen Fristen und nach den vorgeschriebenen Formularen Uebersichten über die Mitglieder, über die Krankheits- und Sterbefälle, über die vereinnahmten Beiträge und die geleisteten Unterstützungen, sowie einen Rechnungsabschluß der Aufsichtsbehörde einzusenden.

Sie hat das Ausscheiden der Mitglieder auf Erfordern den Aufsichtsbehörden, in deren Bezirk dieselben sich aufhalten, anzuzeigen. Für Mitglieder, welche sich im Bezirke einer örtlichen Verwaltungsstelle aufhalten, liegt diese Verpflichtung der letzteren ob.

§ 28. Die Kasse kann durch Beschluß der Generalversammlung unter Zustimmung von mindestens vier Fünftheilen sämmtlicher vertretenen Stimmen aufgelöst werden.

§ 29. Die Schließung einer Kasse kann durch die höhere Verwaltungsbehörde erfolgen:

1. wenn mehr als ein Viertheil der Mitglieder mit der Einzahlung der Beiträge im Rückstande ist, und trotz ergangener Aufforderung der Aufsichtsbehörde weder die Beitreibung der fälligen Bei-

76 Apr. träge, noch der Ausschluß der säumigen Mitglieder erfolgt;

2. wenn die Kasse trotz ergangener Aufforderung der Aufsichtsbehörde vier Wochen mit Zahlung fälliger nicht streitiger Unterstützungen im Rückstande ist;
3. wenn die Generalversammlung einen mit den Vorschriften dieses Gesetzes oder des Kassenstatuts im Widerspruch stehenden Beschluß gefaßt hat und der Auflage der Aufsichtsbehörde, denselben zurückzunehmen, innerhalb der gesetzten, auf mindestens sechs Wochen zu bemessenden Frist nicht nachgekommen ist;
4. wenn dem §. 6 dieses Gesetzes zuwider Mitglieder zu Handlungen oder Unterlassungen verpflichtet, oder wenn der Vorschrift des §. 13 entgegen Beiträge von den Mitgliedern erhoben oder Verwendungen aus dem Vermögen der Kasse bewirkt werden;
5. wenn im Falle des §. 26 Absatz 2 innerhalb der bestimmten Frist die Erhöhung der Beiträge oder die Minderung der Unterstützungssätze in dem festgesetzten Maße nicht erfolgt;

5a. wenn sich ergiebt, daß nach §§. 3, 4 die Zulassung der Kasse hätte versagt werden müssen, und die erforderliche Abänderung des Statuts innerhalb einer von der höheren Verwaltungsbehörde zu bestimmenden, mindestens sechswöchentlichen Frist nicht bewirkt worden ist;

6. wenn Mitglieder aus einem nach diesem Gesetze unzulässigen Grunde aus der Kasse ausgeschlossen werden. 76 Apr.

Gegen die Maßregeln der Verwaltungsbehörde ist der Rekurs zulässig; wegen des Verfahrens und der Behörden gelten die Vorschriften der §§. 20 und 21 der Gewerbe-Ordnung. In Elsaß-Lothringen finden statt derselben die dort geltenden Bestimmungen über das Verfahren in streitigen Verwaltungssachen entsprechende Anwendung.

Die Eröffnung des Konkursverfahrens über eine Kasse hat die Schließung kraft Gesetzes zur Folge.

§ 30. Bei der Auflösung einer Kasse wird die Abwickelung der Geschäfte, sofern die Generalversammlung darüber nicht anderweitig beschließt, durch den Vorstand vollzogen. Genügt dieser seiner Verpflichtung nicht, oder wird die Kasse geschlossen, so hat die Aufsichtsbehörde die Abwickelung der Geschäfte geeigneten Personen zu übertragen und deren Namen bekannt zu machen.

§ 31. Von dem Zeitpunkte der Auflösung oder Schließung einer Kasse ab bleiben die Mitglieder noch für diejenigen Zahlungen verhaftet, zu welchen sie das Statut für den Fall ihres Austrittes aus der Kasse verpflichtete.

Das Vermögen der Kasse ist nach der Auflösung oder Schließung zunächst zur Deckung der vor dem Zeitpunkte der Auflösung oder Schließung bereits eingetretenen Unterstützungsverpflichtungen zu verwenden.

76 Apr. § 32. Bis zum Ablaufe eines Jahres nach Auflösung oder Schließung einer Kasse kann einer für die gleichen Zwecke und für denselben Mitgliederkreis oder für einen Theil desselben neu errichteten Kasse die Zulassung versagt werden.

§ 33. Die Kassen und ihre örtlichen Verwaltungsstellen unterliegen in Bezug auf die Befolgung dieses Gesetzes der Beaufsichtigung durch die von den Landesregierungen zu bestimmenden Behörden, mit der Maßgabe, daß mit den von den höheren Verwaltungsbehörden wahrzunehmenden Geschäften diejenigen höheren Verwaltungsbehörden zu betrauen sind, welche nach Landesrecht die Aufsicht oder Oberaufsicht in Gemeindeangelegenheiten wahrzunehmen haben.

Die Kassen sind verpflichtet, der Aufsichtsbehörde auf Verlangen jederzeit ihre Bücher, Verhandlungen und Rechnungen im Geschäftslokale der Kasse zur Einsicht vorzulegen und die Revision ihrer Kassenbestände zu gestatten.

Die Aufsichtsbehörde beruft die Generalversammlung, falls der Vorstand der durch §. 22 begründeten Verpflichtung nicht genügt.

Sie kann die Mitglieder des Vorstandes und der örtlichen Verwaltungsstellen, sowie die im Falle der Auflösung oder Schließung einer Kasse mit der Abwickelung der Geschäfte betrauten Personen zur Erfüllung der durch dieses Gesetz begründeten Pflichten durch Androhung, Festsetzung und Vollstreckung von Geldstrafen bis zu einhundert Mark, sowie durch die sonstigen nach den Landesgesetzen ihr zustehenden Zwangsmittel anhalten.

Gegen die Androhung und Festsetzung von Geldstrafen beziehungsweise Anwendung von Zwangsmitteln seitens der Aufsichtsbehörden steht den Kassenvorständen der Rekurs zu; wegen des Verfahrens und der Behörden gelten die Vorschriften der §§. 20 und 21 der Reichs-Gewerbeordnung. 76 Apr.

§ 34. Mitglieder des Vorstandes, des Ausschusses oder einer örtlichen Verwaltungsstelle, welche den Bestimmungen dieses Gesetzes zuwiderhandeln, werden mit Geldstrafe bis zu dreihundert Mark bestraft. Haben sie absichtlich zum Nachtheil der Kasse gehandelt, so unterliegen sie der Strafbestimmung des §. 266 des Strafgesetzbuchs.

§ 35. Eine Vereinigung mehrerer Kassen zu einem Verbande behufs gegenseitiger Aushülfe kann unter Zustimmung der Generalversammlungen der einzelnen Kassen und auf Grund eines schriftlichen Statuts erfolgen.

Der Verband ist durch einen aus der Wahl der Vorstände oder Ausschüsse der betheiligten Kassen hervorgegangenen Vorstand zu verwalten. Seine Pflichten und Befugnisse bestimmt das Statut. Sein Sitz darf nur an einem Orte sein, wo eine der betheiligten Kassen ihren Sitz hat.

Der Verband unterliegt nach Maßgabe des §. 33 der Aufsicht der höheren Verwaltungsbehörde desjenigen Bezirks, in welchem der Vorstand seinen Sitz hat.

Auf die Mitglieder des Vorstandes und die sonstigen Organe des Verbandes finden die Bestimmungen des §. 34 Anwendung.

76 Apr. § 35a. Die Eintragungen in das Hülfskassenregister und die gemäß §. 17 zu ertheilenden Zeugnisse sind gebühren- und stempelfrei.

§ 36. Die Verfassung und die Rechte der auf Grund landesrechtlicher Vorschriften errichteten Hülfskassen werden durch dieses Gesetz nicht berührt; die Kassen können jedoch durch die Landesregierungen zur Einsendung der im §. 27 bezeichneten Uebersichten verpflichtet werden.

In Ansehung der Kassen der Knappschaftsvereine verbleibt es bei den dafür maßgebenden besonderen Bestimmungen.

Urkundlich ꝛc.

Gegeben Berlin, den 7. April 1876.

Gesetz, betreffend die Abänderung des Titels VIII. der Gewerbeordnung. Vom 8. April 1876.

(R.G.Bl. S. 134.)

(Aufgehoben durch § 87 des Gesetzes betreffend die Krankenversicherung der Arbeiter, vom 15. Juni 1883.)*)

Allerhöchster Erlaß, betreffend das oberste Militärgericht für Marinesachen. Vom 23. Mai 1876.

(R.G.Bl. S. 165.)

---

*) Einz.-Ausg. Bd. 20 S. 145.

Bekanntmachung, betreffend die Erweiterung von Festungsanlagen. Vom 7. Juni 1876.

76 Juni

(R.G.Bl. S. 165.)

Auf Grund des §. 35 des Gesetzes, betreffend die Beschränkungen des Grundeigenthums in der Umgebung von Festungen, vom 21. Dezember 1871 (Reichs-Gesetzbl. S. 467) wird bekannt gemacht, daß die Erweiterung der Festungsanlagen von Wesel beziehungsweise ihrer Rayons in Aussicht genommen ist.

Berlin, den 7. Juni 1876.

Der Reichskanzler.

Bekanntmachung, betreffend die Uebereinkunft mit Luxemburg wegen gegenseitigen Markenschutzes. Vom 14. Juli 1876.*)

(R.G.Bl. S. 169.)

Allerhöchster Erlaß, betreffend die Amtsbezeichnungen „Telegraphendirektor" und „Telegrapheninspektor". Vom 17. Juli 1876.

(R.G.Bl. S. 186.)

Bekanntmachung, betreffend den Antheil der Reichsbank an dem Gesammtbetrage des steuerfreien ungedeckten Notenumlaufs. Vom 23. Juli 1876.

(R.G.Bl. S. 170.)

---

*) Vgl. oben Bekanntmachung vom 11. Juli 1872.

76 Aug. **Noth- und Lootsen-Signalordnung für Schiffe auf See und auf den Küstengewässern. Vom 14. August 1876.*)**

(R.G.Bl. S. 187.)

Verordnung über das Verhalten der Schiffer nach einem Zusammenstoß von Schiffen auf See. Vom 15. August 1876.)**

(R.G.Bl. S. 189.)

Verordnung, betreffend die Kautionen der bei der Militär- und der Marineverwaltung angestellten Beamten. Vom 16. August 1876.

(R.G.Bl. S. 179.)

(Ergänzt bezw. abgeändert durch Verordnungen vom 4. März 1879, vom 10. Mai 1881 und vom 30. März 1882.)

Bekanntmachung, betreffend die Außerkurssetzung der Zweithalerstücke und Eindrittelthalerstücke deutschen Gepräges. Vom 2. November 1876.

(R.G.Bl. S. 221.)

Gesetz, betreffend die Schonzeit für den Fang von Robben. Vom 4. Dezember 1876.*)**

(R.G.Bl. S. 233.)

---

*) Einz.-Ausg. Bd. 19 (Seegesetzgebung) S. 328.

**) Ebenda S. 260.

***) Ebenda S. 273. — Dazu Verordnung vom 29. März 1877.

Gesetz, betreffend die Abänderung des §. 44 des Gesetzes wegen Erhebung der Brausteuer vom 31. Mai 1872. Vom 23. Dezember 1876. 76 Dez.

(R.G.Bl. S. 237.)

Gesetz, betreffend die Abänderung mehrerer Reichstags-Wahlkreise. Vom 25. Dezember 1876.

(R.G.Bl. S. 275.)

Bekanntmachung, betreffend die Umrechnung der Uebergangsabgaben und Ausfuhrvergütungen, welche von Staaten, wo innere Steuern auf die Hervorbringung oder Zubereitung gewisser Erzeugnisse gelegt sind, erhoben beziehungsweise bewilligt werden. Vom 15. Januar 1877.*)

(R.G.Bl. S. 9.)

Gerichtsverfassungsgesetz. Vom 27. Januar 1877.**)

(R.G.Bl. S. 41.)

Einführungsgesetz zum Gerichtsverfassungsgesetze. Vom 27. Januar 1877.**)

(R.G.Bl. S. 77.)

---

*) Obige Bekanntmachung hat mannigfache Abänderungen erlitten und zwar für die bayerische Pfalz durch Bekanntmachung vom 25. September 1878, für ganz Bayern durch Bekanntmachungen vom 3. März 1880 und 9. November 1880, für Württemberg durch Bekanntmachung vom 7. Juli 1881 und für Baden durch Bekanntmachungen vom (20. Mai 1880, 9. November 1880) 28. Mai 1883 und vom 10. Juni 1881.

**) Einz.-Ausg. Bd. 14; auch abgedruckt in Bd. 11. (Civilprozeßordnung ꝛc.) und Bd. 12 (Strafprozeßordnung ꝛc.).

77 Jan. **Civilprozeßordnung. Vom 30. Januar 1877.*)**
(R.G.Bl. S. 83.)

Gesetz, betreffend die Einführung der Civilprozeßordnung. Vom 30. Januar 1877.*)
(R.G.Bl. S. 244.)

Strafprozeßordnung. Vom 1. Februar 1877.)**
(R.G.Bl. S. 253.)

Einführungsgesetz zur Strafprozeßordnung.) Vom 1. Februar 1877.**
(R.G.Bl. S. 346.)

Konkursordnung. Vom 10. Februar 1877.*)**
(R.G.Bl. S. 351.)

Gesetz, betreffend die Einführung der Konkursordnung.*) Vom 10. Februar 1877.**
(R.G.Bl. S. 390.)

Bekanntmachung, betreffend die Uebereinkunft mit Brasilien wegen gegenseitigen Markenschutzes. Vom 28. Februar 1877.†)
(R.G.Bl. S. 406.)

---

*) Einz.-Ausg. Bd. 11.

**) Einz.-Ausg. Bd. 12.

***) Einz.-Ausg. Bd. 13.

†) Vgl. Bekanntmachung vom 11. Juli 1872.

Verordnung, betreffend die Schonzeit für den Fang von Robben. Vom 29. März 1877.*) 77 März

(R.G.Bl. S. 409.)

Gesetz über den Sitz des Reichsgerichts. Vom 11. April 1877.)**

(R.G.Bl. S. 415.)

Gesetz, betreffend die Landesgesetzgebung von Elsaß-Lothringen. Vom 2. Mai 1877.*)**

(R.G.Bl. S. 491.)

Gesetz wegen Abänderung des Gesetzes vom 23. Mai 1873, betreffend die Gründung und Verwaltung des Reich-Invalidenfonds, und des Gesetzes vom 8. Juli 1873, betreffend den nach dem Gesetz vom 8. Juli 1872 einstweilen reservirten Theil der französischen Kriegskosten-Entschädigung. Vom 11. Mai 1877.

(R.G.Bl. S. 495.)

Patentgesetz. Vom 25. Mai 1877.†)

(R.G.Bl. S. 501.)

---

*) Einz.-Ausg. Bd. 19 (Seegesetzgebung) S. 274.

**) Einz.-Ausg. Bd. 11 (Civilprozeßordnung ꝛc.) S. 106.)

***) Einz.-Ausg. Bd. 1 (Reichsverfassung ꝛc.) S. 22.

†) Einz.-Ausg. Bd. 22 (Patentgesetz ꝛc.) S. 1 — Vgl. Verordnung vom 18. Juni 1877.

77 Mai Gesetz, betreffend die Verwendung eines Theiles des Reingewinns aus dem von dem großen Generalstabe redigirten Werke „Der deutsch-französische Krieg 1870/71".
Vom 31. Mai 1877.*)
(R.G.Bl. S. 523.)

Verordnung, betreffend die gebührenfreie Beförderung von Telegrammen.

Vom 2. Juni 1877.

(R.G.Bl. S. 524.)

§ 1. Auf sämmtlichen Telegraphenlinien des Deutschen Reichs genießen die Gebührenfreiheit:

1. Telegramme, welche von den regierenden Fürsten in den Staaten des Deutschen Reichs, sowie von den Gemahlinnen und Wittwen dieser Fürsten aufgegeben werden. Diese Gebührenfreiheit erstreckt sich auch auf diejenigen Telegramme, welche im Auftrage der genannten Allerhöchsten und Höchsten Herrschaften von den Beamten, der Umgebung, dem Gefolge oder den Hofstaaten zur Auflieferung gelangen;
2. Telegramme, welche von den Bevollmächtigten zum Bundesrath während ihrer Anwesenheit in Berlin in Bundesrathsangelegenheiten aufgegeben werden, oder welche an diese Bevollmächtigten aus

---

*) Dazu Allerhöchster Erlaß vom 21. März 1878.

anderen Orten des Deutschen Reichs in Bundesrathsangelegenheiten eingehen; 77 Juni

3. Telegramme von dem Reichstag und an denselben in reinen Reichsdienstangelegenheiten;
4. Telegramme von oder an Reichsbehörden in reinen Reichsdienstangelegenheiten;
5. Telegramme von oder an Militär- und Marinebehörden des Deutschen Reichs, mit Einschluß der solche Behörden vertretenden einzelnen Offiziere und Beamten, in reinen Militär- und Marine-Dienstangelegenheiten; im Falle einer Mobilmachung auch diejenigen Telegramme, welche von einzelnen mit dienstlichen Aufträgen kommandirten Militärpersonen oder Beamten der Militär- und Marineverwaltung des Deutschen Reichs in reinen Militär- und Marine-Dienstangelegenheiten ausgehen oder an solche Militärpersonen oder Beamte gerichtet sind;
6. Telegramme der Eisenbahnverwaltungen, Eisenbahnstationen und Eisenbahnbeamten an vorgesetzte Behörden über vorgekommene Unglücksfälle und Betriebsstörungen.

Welche Telegramme der Eisenbahnverwaltungen rc. außerdem gebührenfrei zu befördern sind, ist durch besondere Vereinbarungen festgesetzt.

§ 2. Die Gebührenfreiheit der Telegramme erstreckt sich nur auf die Telegraphirungsgebühren, nicht aber

77 Juni auf die baaren Auslagen für Weiterbeförderung über die Telegraphenlinien hinaus.

Die baaren Auslagen sind vielmehr nach den betreffenden verordnungsmäßigen Bestimmungen entweder von den aufgebenden Personen und Behörden oder von den Empfängern zu entrichten.

Stadttelegramme genießen die Gebührenfreiheit nicht.

Gebührenfreiheiten, welche auf den mit dem Auslande abgeschlossenen Staatsverträgen oder Konventionen beruhen, bleiben aufrecht erhalten. Im übrigen findet bei den nach dem Auslande gerichteten Telegrammen eine Gebührenfreiheit für die Beförderungsstrecke innerhalb des Deutschen Reichs bezw. des Deutschen Reichs-Telegraphengebiets nicht statt.

§ 3. Die zur Aufgabe gebührenfrei zu befördernder Telegramme befugten Behörden und Beamten haben sich zu ihrer amtlichen Korrespondenz nur in den wichtigsten und dringendsten Fällen der Telegraphen zu bedienen und die Telegramme in gedrängtester Kürze mit Vermeidung aller entbehrlichen Titulaturen 2c. abzufassen.

§ 4. Zur Anerkennung der Gebührenfreiheit durch die Telegraphenanstalten ist erforderlich, daß die Telegramme:

a) mit amtlichem Siegel oder Stempel,
b) mit einer die Berechtigung zur Gebührenfreiheit ausdrückenden Bezeichnung als „Königliche Angelegenheit", „Großherzogliche Angelegenheit", „Reichsdienstsache", „**Militaria**" u. s. w.

versehen sind.

Die von den Allerhöchsten und Höchsten Herrschaften herrührenden Telegramme sind, auch wenn sie von Personen aufgegeben werden, welche zu dem Gefolge oder den Hofstaaten gehören, sofern über die Person des Aufgebers oder die Echtheit seiner Namensunterschrift bei den Telegraphenanstalten kein Zweifel obwaltet, ohne Beglaubigung durch Siegel oder Stempel, sowie ohne weitere Bezeichnung zur Beförderung anzunehmen. 77 Juni

Die gebührenfrei zu befördernden Telegramme von Civilbehörden sind in der Regel mit dem Namen des Vorstehers oder eines der leitenden Beamten der Behörde zu unterzeichnen, können aber eintretendenfalls von dem mit der Anfertigung beauftragten Beamten dahin beglaubigt sein, daß sie von dem Vorsteher der Behörde ausgehen und in seinem Auftrage mit seiner Namensunterschrift versehen worden sind.

Bei den von den Militär- und Marinebehörden ausgehenden, gebührenfrei zu befördernden Telegrammen genügt neben der Bezeichnung „Militaria" und der Beidrückung des amtlichen Siegels oder Stempels als Unterschrift die Firma der absendenden Behörde, z. B. Garde-Füsilier-Regiment. Wenn der Aufgeber sich nicht im Besitze eines amtlichen Siegels oder Stempels befindet, so hat derselbe die „Ermangelung eines Dienststempels" mit Unterschrift des Namens und Beisetzung der Amtseigenschaft zu bescheinigen.

§ 5. In allen Fällen, in denen aus dem Telegramme hervorgeht, daß in materieller oder formeller Hinsicht

77 Juni eine mißbräuchliche Benutzung des Telegraphen vorliegt, müssen solche Telegramme von den Telegraphenanstalten an die vorgesetzte Ober-Postdirektion abschriftlich eingereicht werden. In dem Begleitberichte zu den Abschriften sind die Gründe der Einsendung näher zu erörtern.

§ 6. Auf die unter eigener militärischer Verwaltung stehenden Telegraphenlinien finden die Bestimmungen dieser Verordnung keine Anwendung.

§ 7. Gegenwärtige Verordnung tritt mit dem 1. Juli dieses Jahres in Kraft. Mit diesem Tage verliert die Verordnung des Reichskanzlers vom 8. November 1872 über die gebührenfreie Beförderung telegraphischer Depeschen ihre Gültigkeit. Die Bestimmungen dieser Verordnung finden auf den inneren Verkehr in Bayern und Württemberg keine Anwendung.

Urkundlich ꝛc.

Gegeben Berlin, den 2. Juni 1877.

Bekanntmachung, betreffend den Aufruf und die Einziehung der Einhundertmarknoten der Bayerischen Hypotheken- und Wechselbank. Vom 7. Juni 1877.

(R.G.Bl. S. 527.)

Verordnung, betreffend die Einrichtung, das Verfahren und den Geschäftsgang des Patentamts. Vom 18. Juni 1877.*) 77 Juni

(R.G.Bl. S. 533.)

Verordnung, betreffend die Tagegelder und Fuhrkosten von Beamten der Reichs-Post- und Telegraphenverwaltung. Vom 29. Juni 1877.

(R.G.Bl. S. 545.)

Gesetz, betreffend die Untersuchung von Seeunfällen. Vom 27. Juli 1877.)**

(R.G.Bl. S. 549.)

Bekanntmachung, betreffend den Antheil der Reichsbank an dem Gesammtbetrage des steuerfreien ungedeckten Notenumlaufs. Vom 13. Oktober 1877.

(R.G.Bl. S. 567.)

Bekanntmachung, betreffend den Aufruf und die Einziehung der Einhundertmarknoten der Rostocker Bank. Vom 19. Dezember 1877.

(R.G.Bl. S. 575.)

Bekanntmachung, betreffend die Außerkurssetzung verschiedener Landes-Silber- und Kupfermünzen. Vom 22. Februar 1878.

(R.G.Bl. S. 3.)

Gesetz, betreffend die Einlösung und Präklusion der von dem vormaligen Norddeutschen Bunde ausgegebenen Darlehnskassenscheine. Vom 6. März 1878.

(R.G.Bl. S. 5.)

---

*) Einz.-Ausg. Bd. 22 (Patentgesetz ꝛc.) S. 94.

**) Einz.-Ausg. Bd. 19 (Seegesetzgebung) S. 291.

78 März **Bekanntmachung, betreffend den Aufruf und die Einziehung der von der vormaligen Preußischen Bank ausgegebenen Einhundertmarknoten. Vom 15. März 1878.**
(R.G.Bl. S. 6.)

Gesetz, betreffend die Stellvertretung des Reichskanzlers. Vom 17. März 1878.*)
(R.G.Bl. S. 7.)

Allerhöchster Erlaß, betreffend die Generalstabsstiftung. Vom 21. März 1878.
(R.G.Bl. S. 13.)

Bekanntmachung, betreffend die Prüfung der Thierärzte. Vom 27. März 1878.)**
(R.G.Bl S. 10.)

Bekanntmachung, betreffend den Aufruf und die Einziehung der Einhundertmarknoten der Rostocker Bank. Vom 9. April 1878.
(R.G.Bl. S. 11.)

Bekanntmachung, betreffend den Aufruf und die Einziehung der von der vormaligen Preußischen Bank ausgegebenen Einhundertmarknoten. Vom 10. April 1878.
(R.G.Bl. S. 12.)

Gesetz, betreffend die Ersparnisse an den von Frankreich für die deutschen Okkupationstruppen gezahlten Verpflegungsgeldern. Vom 29. April 1878.
(R.G.Bl. S. 85.)

---

*) Einz.-Ausg. Bd. 1 (Reichsverfassung ꝛc.) S. 64.
**) Einz.-Ausg. Bd. 6 (Reichs-Gewerbe-Ordnung ꝛc.) S. 196.

Gesetz, betreffend die Beglaubigung öffentlicher Urkunden. Vom 1. Mai 1878.

78 Mai

(R.G.Bl. S. 89; ausgeg. am 8. Mai 1878.)

§ 1. Urkunden, die von einer inländischen öffentlichen Behörde oder von einer mit öffentlichem Glauben versehenen Person des Inlandes aufgenommen oder ausgestellt sind, bedürfen zum Gebrauch im Inlande einer Beglaubigung (Legalisation) nicht.

§ 2. Zur Annahme der Echtheit einer Urkunde, welche als von einer ausländischen öffentlichen Behörde oder von einer mit öffentlichem Glauben versehenen Person des Auslandes ausgestellt oder aufgenommen sich darstellt, genügt die Legalisation durch einen Konsul oder Gesandten des Reichs.*)

Urkundlich 2c.

Gegeben Berlin, den 1. Mai 1878.

---

*) Durch Vertrag zwischen dem Deutschen Reich und der Oesterreich-Ungarischen Monarchie wegen Beglaubigung der von öffentlichen Behörden und Beamten ausgestellten oder beglaubigten Urkunden vom 25. Februar 1880 ist das Erforderniß der Legalisation durch einen Konsul oder Gesandten beseitigt. Art. 1 dieses Vertrages bestimmt, daß Urkunden, welche von Civil- oder Militärgerichten in streitigen oder nicht streitigen bürgerlichen Angelegenheiten und in Strafsachen ausgestellt werden, wenn sie mit dem Amtssiegel versehen sind, keiner Beglaubigung bedürfen; ausgenommen sind Ausfertigungen deutscher kriegs-, stand- oder spruchgerichtlicher Erkenntnisse, welche jedoch durch das zuständige Militärgericht beglaubigt werden. Den Gerichten sind eine Anzahl deutscher, österreichischer und ungarischer Behörden, sowie durch ausdehnenden Vertrag vom 13. Juni

78 Mai **Verordnung, betreffend das Berufungsverfahren beim Reichs-Oberhandelsgericht*) in Patentsachen.**
Vom 1. Mai 1878.)**
(R.G.Bl. S. 90.)

Gesetz, betreffend den Bau von Eisenbahnen in Lothringen.
Vom 8. Mai 1878.
(R.G.Bl. S. 93.)

Gesetz,
betreffend Zuwiderhandlungen gegen die zur Abwehr der Rinderpest erlassenen Vieh-Einfuhrverbote.

Vom 21. Mai 1878.

(R.G.Bl. S. 95; ausgeg. am 25. Mai 1877.)

§ 1. Wer den auf Grund des Gesetzes vom 7. April 1869 (Bundes-Gesetzbl. S. 105) zur Verhütung der Einschleppung der Rinderpest erlassenen Beschränkungen oder Verboten der Einfuhr lebender Wiederkäuer vorsätzlich zuwiderhandelt, wird mit Gefängniß von Einem Monat bis zu zwei Jahren bestraft.

Der Versuch ist strafbar.

1881 mehrere in Bosnien und in der Herzegowina bestehende Verwaltungsbehörden und Gerichte gleichgestellt. Vgl. das Verzeichniß derselben in den Bekanntmachungen des Reichskanzlers vom 2. Februar 1881 (nebst Nachtragsverzeichniß vom 3. August 1881) und vom 3. August 1881.

*) Jetzt Reichsgericht (Gesetz vom 16. Juni 1879 § 1).

**) Einz.-Ausg. Bd. 22 (Patentgesetz 2c.) S. 102.

§ 2. Wird die Zuwiderhandlung in der Absicht begangen, sich oder einem Anderen einen Vermögensvortheil zu verschaffen oder einem Anderen Schaden zuzufügen, so tritt Zuchthausstrafe bis zu fünf Jahren oder Gefängniß nicht unter sechs Monaten ein. 78 Mai

§ 3. Wer den im §. 1 bezeichneten Beschränkungen oder Verboten aus Fahrlässigkeit zuwiderhandelt, wird mit Geldstrafe bis zu sechshundert Mark oder mit Gefängniß bis zu drei Monaten bestraft.

Bei Personen, welche nicht weiter als fünfzehn Kilometer von der Grenze entfernt ihren Wohnsitz oder gewöhnlichen Aufenthalt haben, ingleichen bei Personen, welche mit den durch die Beschränkungen oder Verbote betroffenen Thieren gewerbsmäßig Handel treiben, insbesondere Fleischern und Viehhändlern, sowie den Gehülfen dieser Personen, ist die Unkenntniß dieser Beschränkungen oder Verbote als durch Fahrlässigkeit verschuldet anzunehmen, wenn sie nicht den Nachweis führen, daß sie ohne ihr Verschulden durch besondere Umstände verhindert waren, von denselben Kenntniß zu erlangen.

§ 4. Ist in Folge der Zuwiderhandlung Vieh von der Seuche ergriffen worden, so ist

in dem Falle des §. 1 auf Gefängniß nicht unter drei Monaten,

in dem Falle des §. 2 auf Zuchthaus bis zu zehn Jahren oder Gefängniß nicht unter Einem Jahre,

78 Mai in dem Falle des §. 3 auf Geldstrafe bis zu zweitausend Mark oder auf Gefängniß bis zu Einem Jahre

zu erkennen.

Urkundlich ꝛc.

Gegeben Berlin, den 21. Mai 1878.

Allerhöchster Erlaß, betreffend die Errichtung des Reichsamts für die Verwaltung der Reichseisenbahnen.

Vom 27. Mai 1878.

(R.G.Bl. für 1879 S. 193.)

Auf den Bericht vom 24. d. M. und J. will Ich nach Ihrem Antrage genehmigen, daß die Verwaltung der Reichseisenbahnen von einem besonderen Reichsamte als einer dem Reichskanzler unmittelbar unterstellten Centralbehörde geleitet werde.

Berlin, den 27. Mai 1878.

An den Reichskanzler.

Weltpostvereinsvertrag. Vom 1. Juni 1878.
(R.G.Bl. für 1879 S. 83.)

Gesetz, betreffend die Gewährung einer Ehrenzulage an die Inhaber des Eisernen Kreuzes von 1870/71. Vom 2. Juni 1878.*) 78 Juni

(R.G.Bl. S. 99.)

Gesetz, betreffend den Gewerbebetrieb der Maschinisten auf Seedampfschiffen. Vom 11. Juni 1878.)**

(R.G.Bl. S. 109.)

Gesetz, betreffend die Uebernahme bisher aus Landesfonds gezahlter Pensionen auf das Reich. Vom 17. Juni 1878.

(R.G.Bl. S. 127.)

Gerichtskostengesetz. Vom 18. Juni 1878.*)**

(R.G.Bl. S. 141.)

Gebührenordnung für Gerichtsvollzieher. Vom 24. Juni 1878.†)

(R.G.Bl. S. 166.)

---

*) Dazu Allerhöchster Erlaß vom 19. November 1878.

**) Soweit dieses Gesetz sich auf die Gewerbeordnung bezieht, ist es durch § 31 derselben in der neuen Fassung vom 1. Juli 1883 (Einz.-Ausg. Bd. 6.) erledigt.

***) Einz.-Ausg. Bd. 15 (Gerichtskostengesetz 2c.) S. 8.

†) Ebenda, S. 64.

78 Juni Gesetz, betreffend Erhebungen über den Tabackbau, die Tabackfabrikation und den Tabackhandel, und die Feststellung eines Nachtrags zum Reichshaushalts-Etat für das Jahr 1878/79. Vom 26. Juni 1878.

(R.G.Bl. S. 129.)

Verordnung, betreffend die vorübergehende Einführung der Paß-Pflichtigkeit für Berlin.

Vom 26. Juni 1878.

(R.G.Bl. S. 131.)

Wir 2c.

verordnen im Namen des Reichs, auf Grund des §. 9 des Gesetzes über das Paßwesen vom 12. Oktober 1867 (Bundes-Gesetzbl. S. 33), was folgt:

Bis auf weiteres ist jeder in der Stadt Berlin ankommende Fremde oder Neuanziehende verpflichtet, sich durch Paß oder Paßkarte über seine Person auszuweisen.

Ueber die Ausführung dieser Bestimmung sind von der Polizeibehörde die erforderlichen Vorschriften zu erlassen.

Urkundlich 2c.

Gegeben Berlin, den 26. Juni 1878.

Gebührenordnung für Zeugen und Sachverständige. Vom 30. Juni 1878.*) 78 Juni
(R.G.Bl. S. 173.)

Rechtsanwaltsordnung. Vom 1. Juli 1878.)**
(R.G.Bl. S. 177.)

Gesetz,
betreffend den Spielkartenstempel.
Vom 3. Juli 1878.
(R.G.Bl. S. 133.)

§ 1. Spielkarten unterliegen einer nach Vorschrift dieses Gesetzes zu erhebenden, zur Reichskasse fließenden Stempelabgabe, welche beträgt:

$0{,}_{20}$ Mark für jedes Kartenspiel von 36 oder weniger Blättern,

$0{,}_{50}$ Mark für jedes andere Spiel.

Spielkarten, welche unter amtlicher Kontrole in das Ausland ausgeführt werden, unterliegen der Abgabe nicht.

§ 2. Gegen Entrichtung der im §. 1 bestimmten Abgabe erfolgt die Abstempelung der Karten.

§ 3. Wer Spielkarten in das Bundesgebiet einbringt oder vom Auslande eingehende ungestempelte

---

*) Einz.-Ausg. Bd. 15 (Gerichtskostengesetz 2c.) S. 79.

**) Einz.-Ausg. Bd. 16.

78 Juli Spielkarten daselbst empfängt, ist verpflichtet, dieselben nach Menge der Spiele und deren Blätterzahl mit der Angabe, ob sie zum Verbleibe im Inlande oder zur Durchfuhr bestimmt sind, beim Eingange beziehungsweise Empfange der Steuerbehörde anzumelden und nach deren Anweisung die zum Verbleibe im Inlande bestimmten Spielkarten zur Abstempelung gegen Entrichtung der gesetzlichen Stempelsteuer vorzulegen.

§ 4. Die Errichtung von Spielkartenfabriken ist nur in Orten gestattet, wo sich eine zur Wahrnehmung der steuerlichen Aufsicht geeignete Zoll- oder Steuerbehörde befindet.

§ 5. Die Fabrikation von Spielkarten darf nur in den von der zuständigen Steuerbehörde des betreffenden Bundesstaats genehmigten Räumen betrieben werden.

Diese Vorschrift findet auf den Fortbetrieb der bereits bestehenden Kartenfabriken in den bisher benutzten Fabrikräumen keine Anwendung.

Die Inhaber bereits bestehender Kartenfabriken müssen der Steuerbehörde nach Maßgabe der desfalls zu ertheilenden Vorschriften über ihren Fabrikbetrieb Anzeige machen.

Außerhalb der Fabrikräume, insbesondere in den Wohnungen der Arbeiter, darf nur das Koloriren der Kartenblätter und zwar mit Genehmigung der Steuerbehörde und unter Beachtung der vorgeschriebenen Kontrolmaßregeln ausgeführt werden.

§ 6. Die Kartenfabriken stehen unter steuerlicher Kontrole und unterliegen den steuerlichen Revisionen. 78 Juli

Was die Inhaber von Kartenfabriken hinsichtlich der Fabrikeinrichtung, Fabrikation, Stempelung, Aufbewahrung und Versendung von Spielkarten, sowie hinsichtlich der Buchführung, der bei der Steuerbehörde zu machenden Meldungen und des Einzelverkaufs von Spielkarten zu beobachten haben, wird durch ein besonderes Regulativ vorgeschrieben.

§ 7. Für die Abführung der Steuern können Fristen bis zur Dauer von drei Monaten gegen Sicherheitsstellung bewilligt werden.

Steuererlaß oder Ersatz kann nur von der obersten Finanzbehörde des betreffenden Bundesstaats und nur für inländische Karten in dem Falle gewährt werden, wenn gestempelte Kartenspiele bei der Verpackung oder Aufbewahrung in den dazu bestimmten Fabrikräumen durch einen unverschuldeten Zufall zum Gebrauch untauglich geworden sind, und hiervon binnen 24 Stunden unter Einlieferung der verdorbenen Kartenspiele, sofern dieselben durch den Zufall nicht ganz verloren gegangen, der Steuerbehörde Anzeige gemacht wird.

§ 8. Der Handel mit Spielkarten, welche nach den Bestimmungen in den §§. 1 und 2 gestempelt worden sind, unterliegt, unbeschadet der nach §. 6 bezüglich der Spielkartenfabrikanten zu treffenden Bestimmungen, nur den allgemeinen gewerbepolizeilichen und gewerbesteuerlichen Vorschriften.

78 Juli Die Händler mit Spielkarten sind indessen verbunden, den mit der Steueraufsicht betrauten Beamten und Bediensteten ihre Vorräthe an Spielkarten zum Nachweise, daß solche mit dem gesetzlichen Stempel versehen sind, auf Verlangen vorzuzeigen.

§ 9. Diejenigen, bei welchen revidirt wird, und deren Gewerbsgehülfen sind verbunden, den revidirenden Beamten diejenigen Hülfsdienste zu leisten oder leisten zu lassen, welche erforderlich sind, um die ihnen obliegenden Geschäfte in den vorgeschriebenen Grenzen zu vollziehen.

§ 10. Spielkarten, welche der Vorschrift dieses Gesetzes zuwider mit dem erforderlichen Stempel nicht versehen sind, unterliegen der Einziehung, gleichviel wem sie gehören und ob gegen eine bestimmte Person Anklage erhoben wird.

Wer der Vorschrift dieses Gesetzes zuwider Karten, welche mit dem erforderlichen Stempel nicht versehen sind, feilhält, veräußert, vertheilt, erwirbt, damit spielt oder solche wissentlich in Gewahrsam hat, verfällt für jedes Spiel in eine Strafe von dreißig Mark.

Wirthe und andere Personen, welche Gäste halten, haben dieselbe Strafe verwirkt, wenn in ihren Wohnungen oder Lokalen mit ungestempelten Karten gespielt und nicht nachgewiesen wird, daß dies ohne ihr Wissen geschehen sei.

§ 11. Die Nichterfüllung einer der nach §. 3 dem Einbringer bezw. Empfänger vom Auslande eingehender Spielkarten obliegenden Verpflichtungen wird mit der im §. 10 bestimmten Strafe geahndet. Wird jedoch nachgewiesen, daß der Beschuldigte die Stempelsteuer nicht habe hinterziehen können oder wollen, so findet nur eine Ordnungsstrafe von drei bis dreißig Mark statt. 78 Juli

§ 12. Wenn eine Person, welche den Handel mit Spielkarten betreibt, Karten, die mit dem erforderlichen Stempel nicht versehen sind, gegen die Vorschriften dieses Gesetzes feilhält, veräußert oder in Gewahrsam hat oder die dem Einbringer bezw. Empfänger vom Auslande eingehender Karten nach §. 3 obliegenden Verpflichtungen nicht erfüllt, so soll gegen dieselbe die nach §. 10 oder 11 verwirkte Geldstrafe in keinem Fall auf einen geringeren Betrag als fünfhundert Mark festgesetzt werden, soweit nicht nach §. 11 eine bloße Ordnungsstrafe einzutreten hat.

Die §. 275, 1 des Strafgesetzbuchs angedrohte Strafe kommt neben den in diesem Gesetze angedrohten Strafen zur Anwendung.

§ 13. Wer die Fabrikation von Spielkarten ohne vorgängige Genehmigung der zuständigen Behörde oder in anderen, als den genehmigten oder angesagten Räumen (§. 5) vornimmt, verfällt neben Einziehung der Geräthe, Materialien und bereits verfertigten oder in der Anfertigung begriffenen Spielkarten in eine Geldstrafe von fünfzehnhundert Mark. Sind bereits mehr als fünfzig Spiele verfertigt, so wird für jedes weitere Spiel die Geldstrafe um dreißig Mark erhöht.

78 Juli Wer vor erfolgter Anzeige bei der Steuerbehörde mit der Fabrikation von Spielkarten in den genehmigten oder angesagten Räumen beginnt, hat, sofern nicht die Vorschrift im §. 14 Anwendung findet, Geldstrafe von zehn bis fünfzehnhundert Mark verwirkt.

§ 14. Werden gegen die Vorschriften des nach §. 6 zu erlassenden Regulativs die in einer Fabrik gefertigten Karten den revidirenden Steuerbeamten nicht vollständig angegeben und vorgelegt oder ungestempelte Karten ohne Mitwirkung der Steuerbehörde versendet, so hat dieses Verfahren die Einziehung der nicht angegebenen oder der versendeten Karten und die in § 13 verordnete Geldstrafe zur Folge.

§ 15. Die Entfernung überzähliger Karten aus der Fabrik oder der Ausschußblätter, bevor letztere nach Vorschrift des betreffenden Regulativs (§. 6) unbrauchbar gemacht worden sind, ist, sofern nicht nach Vorstehendem eine höhere Strafe eintritt, mit einer Geldstrafe von dreißig bis hundertundfünfzig Mark zu belegen.

§ 16. Zuwiderhandlungen gegen die Vorschriften dieses Gesetzes oder die zu dessen Ausführung erlassenen Vorschriften, welche mit keiner besonderen Strafe in diesem Gesetze belegt sind, ziehen eine Ordnungsstrafe von drei bis dreißig Mark nach sich.

§. 17. Die Umwandlung der nicht beizutreibenden Geldstrafen in Freiheitsstrafen erfolgt gemäß §§. 28 und 29 des Strafgesetzbuchs.

§ 18. Kartenfabrikanten und -Händler haben für die von ihren Dienern, Lehrlingen, Gewerbsgehülfen, Gesinde und Familienmitgliedern nach diesem Gesetze verwirkten Geldstrafen subsidiarisch zu haften. 78 Juli

Wird nachgewiesen, daß das Vergehen ohne ihr Wissen verübt worden, so haften sie nur für die Spielkartenabgabe.

§ 19. Hinsichtlich des administrativen und gerichtlichen Strafverfahrens wegen der Zuwiderhandlungen gegen dieses Gesetz, hinsichtlich der Strafmilderung und des Erlasses der Strafe im Gnadenwege kommen die Vorschriften, nach welchen sich das Verfahren wegen Zuwiderhandlungen gegen die Zollgesetze, wo solche nicht in Kraft bestehen, gegen die Gesetze über die indirekten Abgaben richtet, zur Anwendung.

Alle auf Grund dieses Gesetzes erkannten Geldstrafen und eingezogenen Gegenstände fallen dem Fiskus desjenigen Staats zu, von dessen Behörden die Strafentscheidung erlassen ist.

§ 20. Die Strafverfolgung von Zuwiderhandlungen gegen die Vorschriften über den Spielkartenstempel, sowie der Anspruch auf Nachzahlung der hinterzogenen Abgaben verjährt in drei Jahren.

§ 21. Die Erhebung und Verwaltung des Spielkartenstempels erfolgt durch die Zoll- und Steuerbehörden und -Beamten nach näherer Vorschrift des Bundesraths. Außer diesen haben alle diejenigen Staats- oder Kommunalbehörden, -Beamten und -Bediensteten, denen eine Polizeigewalt anvertraut ist, die

78 Juli Verpflichtung, die Verfolgung der zu ihrer Kenntniß gelangenden Zuwiderhandlungen gegen dieses Gesetz zu veranlassen.

Bezüglich der Vollstreckbarkeit und des Vollstreckungsverfahrens werden die Spielkartenstempelabgaben den Landesabgaben gleich geachtet.

§ 22. Die Reichsbevollmächtigten und Stationskontrolöre üben in Bezug auf die Ausführung dieses Gesetzes dieselben Rechte und Pflichten, welche sie bezüglich der Erhebung und Verwaltung der Zölle und der gemeinschaftlichen Verbrauchssteuern zu üben haben.

§ 23. An Erhebungs- und Verwaltungskosten werden jedem Bundesstaate fünf Prozent der in seinem Gebiete zur Erhebung gelangenden Stempelabgaben von Spielkarten vergütet.

§ 24. Von dem Zeitpunkte ab, mit welchem dies Gesetz in Wirksamkeit tritt, ist der Gebrauch von anderen als mit dem Reichsstempel versehenen Spielkarten, vorbehaltlich der im dritten Absatze zugelassenen Ausnahme, nicht weiter gestattet.

Kartenfabrikanten und -Händler und Inhaber öffentlicher Lokale haben bei Vermeidung der in den §§. 12 und 14 verordneten Strafe ihren Gesammtvorrath an Spielkarten der Steuerbehörde nach näherer Vorschrift des Bundesraths anzumelden. Auf die zu entrichtende Reichsstempelabgabe ist der Betrag der von den nachzustempelnden Karten bereits entrichteten landesgesetzlichen Abgabe abzurechnen.

Andere Personen können die beim Inkrafttreten

dieses Gesetzes in ihrem Besitze befindlichen Spielkarten, soweit sie mit einem gleich hohen oder höheren Landesstempel, als dem Reichsstempel versehen sind, auch ferner gebrauchen, soweit sie aber ungestempelt oder mit einem geringeren Landesstempel, als dem Reichsstempel versehen sind, innerhalb einer dreimonatlichen Frist bei der Steuerbehörde mit dem Reichsstempel versehen lassen. Sie haben dabei in denjenigen Theilen des Bundesgebiets, in welchen keine Besteuerung der Spielkarten bestand, die im §. 1 bestimmte Abgabe, im übrigen Bundesgebiete nur den etwaigen Mehrbetrag dieser Abgabe über die entrichtete Landessteuer zu erlegen. 78 Juli

Ueber die Theilung des Ertrages der Nachsteuer zwischen der Reichskasse und den Kassen der einzelnen Bundesstaaten entscheidet der Bundesrath.

§ 25. Was in den §§. 10 und 12 bezüglich nicht vorschriftsmäßig gestempelter Spielkarten verordnet ist, findet auch auf nach den bisherigen Landesgesetzen gestempelte Spielkarten, deren anderweite Stempelung nach Vorschrift des §. 24 nicht stattgefunden hat, Anwendung.

§ 26. Für die von der Zollgrenze ausgeschlossenen Theile des Bundesgebiets wird der Bundesrath bestimmen:

1. welcher Steuerstelle die daselbst eingeführten Spielkarten anzumelden, und in welcher Weise die Erfüllung der Pflicht zur Anmeldung, sowie der Ausgang der zur Ausfuhr oder Durchfuhr

78 Juli durch das Bundesgebiet angemeldeten Spielkarten zu kontroliren ist (§. 3);

2. inwieweit eine Ueberwachung der Ausführung dieses Gesetzes durch Reichsbeamte stattzufinden hat, und in welcher Weise die Einnahme an Spielkartenstempel zu verwalten und zur Reichskasse abzuführen ist (§. 22);
3. unter welchen Bedingungen Großhändlern ein Lager ungestempelter Spielkarten bewilligt werden darf;
4. in welcher Weise der Handel mit Spielkarten zu kontroliren ist (§. 8).

Mit den hiernach etwa angeordneten Abweichungen finden die Bestimmungen dieses Gesetzes auch in den Zollausschlüssen des Bundesgebiets Anwendung.

§ 27. Dieses Gesetz tritt am 1. Januar 1879 in Kraft.

Von diesem Zeitpunkte ab werden Landesstempelabgaben von Spielkarten nicht mehr erhoben.

Urkundlich 2c.

Gegeben Neues Palais bei Potsdam, den 3. Juli 1878.

Allerhöchster Erlaß, betreffend Abänderungen und Ergänzungen der Instruktion vom 2. Septemper 1875 zur Ausführung des Gesetzes vom 13. Februar 1875 über die Naturalleistungen für die bewaffnete Macht im Frieden.

Vom 11. Juli 1878.

(R.G.Bl. S. 229.)

Gesetz, betreffend die Abänderung der Gewerbeordnung. Vom 17. Juli 1878. 78 Juli

(R.G.Bl. S. 199.)

(Aufgegangen in der Reichs-Gewerbeordnung in ihrer neuen Fassung vom 1. Juli 1883.)*)

Gesetz, betreffend die Revision des Servistarifs und der Klasseneintheilung der Orte. Vom 3. August 1878.**)

(R.G.Bl. S. 243.)

Internationale Uebereinkunft, Maßregeln gegen die Reblaus betreffend. Vom 17. September 1878.

(R.G.Bl. für 1880 S. 15.)

(Ersetzt durch die Internationale Reblaus-Konvention vom 3. November 1881.)

Bekanntmachung, betreffend die Einführung von Uebergangsabgaben und Ausfuhrvergütungen für Bier, Branntwein und geschrotetes Malz in der bayerischen Pfalz. Vom 25. September 1878.

(R.G.Bl. S. 347.)

---

*) Einz.-Ausg. Bd. 6.

**) Dazu Verordnungen vom 22. Februar 1881 und vom 9. Mai 1882.

78 Okt.

Uebereinkunft zwischen dem Deutschen Reich und Belgien wegen gegenseitiger Zulassung der beiderseitigen Staatsangehörigen zum Armenrechte.

Vom 18. Oktober 1878.

(R.G.Bl. für 1879 S. 316.)

Zwischen der Kaiserlich deutschen und der Königlich belgischen Regierung ist zum Zweck der gegenseitigen Zulassung der beiderseitigen Staatsangehörigen zum Armenrechte nachfolgende Vereinbarung getroffen worden.

Deutsche werden in Belgien und Belgier werden in Deutschland unter denselben Bedingungen und gesetzlichen Voraussetzungen zum Armenrechte zugelassen, wie die Angehörigen des betreffenden Landes, in welchem der Prozeß anhängig ist.

Das Armuthszeugniß ist dem Ausländer, welcher zum Armenrechte zugelassen werden will, in allen Fällen von der Behörde seines gewöhnlichen Aufenthaltsortes auszustellen.

Hält der Ausländer sich nicht in dem Lande auf, in welchem er das Armenrecht nachsucht, so muß das Armuthszeugniß von einem diplomatischen Agenten desjenigen Landes, in dessen Gebiet das Zeugniß vorgelegt werden soll, beglaubigt werden.

Hält er sich dagegen in dem Lande auf, in welchem er seinen Antrag stellt, so können außerdem noch bei den Behörden seines Heimathslandes Erkundigungen über ihn eingezogen werden.

Sind Deutsche in Belgien oder Belgier in Deutschland zum Armenrechte verstattet, so sind sie hiermit von Rechtswegen auch von jeder Sicherheitsleistung oder Hinterlegung befreit, welche unter irgend einer Benennung von Ausländern wegen ihrer Eigenschaft als solche bei Prozessen gegen Inländer nach der Gesetzgebung des Landes, in welchem der Prozeß geführt wird, gefordert werden könnte. 78 Okt.

Die gegenwärtige Erklärung tritt hinsichtlich Preußens und Belgiens an Stelle der am 21. August 1822 im Haag unterzeichneten Deklaration, und hinsichtlich des Großherzogthums Hessen und Belgiens an Stelle der am 9. März 1826 im Haag unterzeichneten Erklärung.

Sie tritt in Wirksamkeit am 1. Oktober 1879 und bleibt bis nach Ablauf von sechs Monaten nach der von einem beider Theile erfolgten Kündigung in Kraft.*)

Berlin, den 18. Oktober 1878.

Bekanntmachung, betreffend den Aufruf und die Einziehung der Einhundertmarknoten der Rostocker Bank. Vom 19. Oktober 1878.

(R.G.Bl. S. 350.)

---

*) Eine ebenso lautende Uebereinkunft ist zwischen dem Deutschen Reich und Luxemburg unter dem 12. Juni 1879 getroffen worden. — Vgl. ferner Uebereinkunft zwischen Deutschland und Frankreich vom 20. Februar 1880. — Außerdem ist in Italien (vgl. Bekanntmachung vom 1. Oktober 1879) durch die dortige Gesetzgebung und ebenso in Oesterreich Gegenseitigkeit verbürgt.

78 Nov. Gesetz gegen die gemeingefährlichen Bestrebungen der Sozialdemokratie. Vom 21. Oktober 1878.*)
(R.G.Bl. S. 351.)

Allerhöchster Erlaß, betreffend die Bestimmung derjenigen militärischen Dienstauszeichnungen, welche außer dem preußischen Militär-Ehrenzeichen zweiter Klasse neben dem Besitze des Eisernen Kreuzes zweiter Klasse zum Bezuge der Ehrenzulage nach Maßgabe des Gesetzes vom 2. Juni 1878 (Reichs-Gesetzbl. S. 99) berechtigen.
Vom 19. November 1878.
(R.G.Bl. S. 361.)

Verordnung, betreffend die Verrichtungen der Standesbeamten in Bezug auf solche Militärpersonen, welche ihr Standquartier nach eingetretener Mobilmachung verlassen haben.

Vom 20. Januar 1879.

(R.G.Bl. S. 5; ausgeg. am 31. Januar 1879.)

Wir ꝛc. verordnen auf Grund des §. 71 des Gesetzes über die Beurkundung des Personenstandes und die Eheschließung vom 6. Februar 1875 (Reichs-Gesetzbl. S. 23), im Namen des Reichs, was folgt:

---

*) Einz.-Ausg. Bd. 2 (Strafgesetzbuch ꝛc.) S. 199. — Vgl. Gesetze vom 31. Mai 1880 und 28. Mai 1884.

Erster Abschnitt. 79 Jan.

Beurkundung im Allgemeinen.

§ 1. Die Beurkundung des Personenstandes in Bezug auf solche Militärpersonen, welche ihr Standquartier nach eingetretener Mobilmachung verlassen haben, erfolgt durch die auf Grund der allgemeinen gesetzlichen Bestimmungen vom Staate bestellten Standesbeamten mittelst Eintragung in die dazu bestimmten Register.

§ 2. Als Militärpersonen gelten im Sinne dieser Verordnung für die Dauer einer Mobilmachung außer den zum Heere gehörenden Militärpersonen alle diejenigen Personen, welche sich in irgend einem Dienst- oder Vertragsverhältnisse bei dem Heere befinden oder sonst sich bei demselben aufhalten oder ihm folgen, einschließlich von Kriegsgefangenen.

Zweiter Abschnitt.

Beurkundung der Geburten.

§. 3. Für die Beurkundung von Geburten, welche sich innerhalb des Gebiets des Deutschen Reichs ereignen, sind die allgemeinen gesetzlichen Bestimmungen maßgebend.

§ 4. Bei Geburten außerhalb des Gebiets des Deutschen Reichs geschieht die Anzeige an den zuständigen Standesbeamten durch den Kommandeur oder Vorstand derjenigen Behörde oder den Kommandeur derjenigen Truppe, bei welcher sich die Mutter bei ihrer Nieder-

79 Jan. kunft aufhält, bezw. vor ihrer Niederkunft zuletzt aufgehalten hat.

Dem betreffenden Kommandeur oder Vorstand ist die Geburt durch diejenige Person anzuzeigen, welche nach §. 18 des Gesetzes zur Anzeige an den Standesbeamten verpflichtet sein würde, wenn die Geburt innerhalb des Gebiets des Deutschen Reichs sich ereignet hätte. Die Anzeige erfolgt entweder unmittelbar oder durch Vermittelung des nächsten mit Disziplinarstrafgewalt versehenen militärischen Vorgesetzten.

§ 5. Für die Beurkundung der im §. 4 dieser Verordnung bezeichneten Geburten ist derjenige Standesbeamte zuständig, in dessen Bezirk die Mutter ihren bisherigen Wohnsitz gehabt hat, und wenn ein Wohnsitz derselben im Inlande nicht bekannt ist, der Standesbeamte desjenigen Bezirks, in welchem dieselbe geboren ist.

§ 6. Für den Inhalt der Geburtsanzeigen ist der §. 22 des Gesetzes maßgebend.

Dritter Abschnitt.

Form und Beurkundung der Eheschließung.

§ 7. Eheschließungen von Militärpersonen, welche ihr Standquartier nach eingetretener Mobilmachung verlassen haben, erfolgen innerhalb des Gebiets des Deutschen Reichs nach den allgemeinen gesetzlichen Bestimmungen.

Außer den im §. 42 des Gesetzes genannten zuständigen Standesbeamten ist auch derjenige Standesbeamte zu=

ständig, in dessen Bezirk der Verlobte seinen augenblicklichen dienstlichen Aufenthalt hat. 79 Jan.

§ 8. Die Divisions-Kommandeure, sowie die mit höheren oder gleichen Befugnissen ausgerüsteten Militärbefehlshaber sind ermächtigt, für Eheschließungen der ihnen untergebenen Militärpersonen, wenn dieselben außerhalb des Gebiets des Deutschen Reichs erfolgen, die Verrichtungen der Standesbeamten — unter Beachtung des §. 3 Absatz 3 des Gesetzes — einem oberen Militärbeamten als Stellvertreter des zuständigen Standesbeamten (§. 11) zu übertragen.

§ 9. Vor der Eheschließung haben die Verlobten dem Beamten (§. 8) die Dispensation von dem Aufgebot (§. 50 des Gesetzes) oder eine Bescheinigung des zuständigen Standesbeamten (§. 11) des Inhalts vorzulegen, daß und wann das Aufgebot vorschriftsmäßig erfolgt ist und daß Ehehindernisse nicht zu seiner Kenntniß gekommen sind.

Wird eine lebensgefährliche Krankheit, welche einen Aufschub der Eheschließung nicht gestattet, ärztlich bescheinigt, so kann der Beamte (§. 8) auch ohne Aufgebot die Eheschließung vornehmen.

§ 10. Ueber eine auf Grund des §. 8 dieser Verordnung vollzogene Eheschließung wird eine Urkunde aufgenommen, welche die im §. 54 des Gesetzes bestimmten Angaben enthalten soll und auf welche die Vorschriften des §. 13 Absatz 2 und 4 des Gesetzes entsprechende Anwendung finden.

79 Jan. Der Militärbefehlshaber, welcher den Stellvertreter bestellt hat, hat diese Bestellung auf der Urkunde zu bescheinigen.

Die Urkunde ist demnächst dem zuständigen Standesbeamten und, wenn mehrere zuständige Standesbeamte vorhanden sind, einem derselben behufs der Eintragung in das Heirathsregister zu übersenden. Eine Abschrift derselben wird bei der Militärbehörde aufbewahrt.

§ 11. Für die Eintragung einer nach Maßgabe des §. 8 dieser Verordnung erfolgten Eheschließung ist derjenige Standesbeamte zuständig, in dessen Bezirk einer der Verlobten seinen bisherigen Wohnsitz oder seinen gewöhnlichen Aufenthaltsort gehabt hat, und wenn ein Wohnsitz oder gewöhnlicher Aufenthaltsort derselben im Inlande nicht bekannt ist, der Standesbeamte, in dessen Bezirk einer der Verlobten geboren ist.

Vierter Abschnitt.

Beurkundung der Sterbefälle.

§ 12. Bei Sterbefällen von Militärpersonen, welche ihr Standquartier nach eingetretener Mobilmachung verlassen haben, macht es hinsichtlich der Art und Weise der Beurkundung keinen Unterschied, ob diese Sterbefälle innerhalb oder außerhalb des Gebiets des Deutschen Reichs erfolgen.

Für die Beurkundung derselben ist derjenige Standesbeamte zuständig, in dessen Bezirk der Verstorbene seinen letzten Wohnsitz gehabt hat, und wenn ein Wohnsitz desselben im Inlande nicht bekannt ist, der Standes=

beamte desjenigen Bezirks, in welchem der Verstorbene geboren ist. 79 Jan.

§ 13. Die Eintragung in das Sterberegister erfolgt auf Grund einer schriftlichen dienstlich beglaubigten Anzeige.

Diese Anzeige soll außer den im §. 59 des Gesetzes aufgeführten Angaben einen Vermerk über die Todesursache enthalten. Die Sterbeanzeige ist — unter Berücksichtigung der obwaltenden kriegerischen Verhältnisse — zu erstatten, sobald der Sterbefall und die Persönlichkeit des Verstorbenen durch dienstliche Ermittelung festgestellt ist.

§ 14. Die Anzeige der Sterbefälle geschieht:

a) hinsichtlich derjenigen Militärpersonen, welche zu einer Behörde gehören, durch den Kommandeur oder Vorstand der Behörde;

b) hinsichtlich derjenigen Militärpersonen, welche zu einer Truppe gehören, durch den Regiments-Kommandeur oder den in gleichem Verhältniß stehenden Befehlshaber der Truppe oder durch den Kommandeur des betreffenden Ersatztruppentheils.

Die Verpflichtung zu solcher Anzeige erstreckt sich auf die Sterbefälle sämmtlicher im §. 2 dieser Verordnung genannten Militärpersonen, insoweit ein für die Beurkundung des Sterbefalles zuständiger deutscher Standesbeamter vorhanden ist.

79 Jan.

Fünfter Abschnitt.

Schlußbestimmungen.

§ 15. Ist eine erstattete Anzeige zu berichtigen, weil als unbekannt eingetragene Verhältnisse (§. 59 Absatz 2 des Gesetzes) später bekannt geworden sind, oder weil nach späterer dienstlicher Ermittelung die frühere Anzeige als dem Sachverhalte nicht entsprechend sich darstellt, so ist dem zuständigen Standesbeamten nachträgliche Anzeige zu erstatten.

Diese Anzeige ist von dem Standesbeamten der Aufsichtsbehörde behufs Veranlassung der Berichtigung der geschehenen Eintragung vorzulegen.

§ 16. Sobald die Militärpersonen in ihr Standquartier zurückgekehrt sind, oder nachdem die Truppe oder Behörde, zu welcher sie gehörten, demobil geworden oder aufgelöst ist, kommen die allgemeinen gesetzlichen Bestimmungen zur Anwendung.

§ 17. Insoweit die vorstehende Verordnung nicht ausdrücklich Abweichungen festsetzt, bleiben für die sonstigen Verrichtungen der Standesbeamten in Bezug auf Militärpersonen, welche ihr Standquartier nach eingetretener Mobilmachung verlassen haben, lediglich die allgemeinen gesetzlichen Bestimmungen maßgebend.

Urkundlich 2c.

Gegeben Berlin, den 20. Januar 1879.

Verordnung, betreffend die Paßpflichtigkeit der aus Rußland kommenden Reisenden. Vom 2. Februar 1879. 79 Febr.

(R.G.Bl. S. 9.)

(Aufgehoben durch die Verordnung vom 14. Juni 1879.)

Verordnung wegen Ergänzung bezw. Abänderung der Verordnung vom 16. August 1876, betreffend die Kautionen der bei der Militär- und der Marineverwaltung angestellten Beamten. Vom 4. März 1879.

(R.G.Bl. S. 13.)

Gesetz wegen Abänderung der Gesetze vom 23. Februar 1876 und vom 23. Mai 1873, betreffend die Verwaltung des Reichs-Invalidenfonds. Vom 30. März 1879.

(R.G.Bl. S. 119.)

Bekanntmachung, betreffend die Uebereinkunft mit Dänemark wegen gegenseitigen Markenschutzes. Vom 4. April 1879.*)

(R.G.Bl. S. 123.)

Verordnung, betreffend die Tagegelder, die Fuhrkosten und die Umzugskosten der gesandtschaftlichen und Konsularbeamten. Vom 23. April 1879.)**

(R.G.Bl. S. 127.)

(Abgeändert durch Verordnung vom 7. Februar 1881.)

---

*) Vgl. Bekanntmachung vom 11. Juli 1872.

**) Einz.-Ausg. Bd. 21 (Konsulargesetzgebung) S. 143.

79 Apr.

Verordnung, betreffend den Urlaub der gesandtschaftlichen und Konsularbeamten und deren Stellvertretung. Vom 23. April 1879.*)

(R.G.Bl. S. 134.)

Gesetz, betreffend den Verkehr mit Nahrungsmitteln, Genußmitteln und Gebrauchsgegenständen. Vom 14. Mai 1879.)**

(R.G.Bl. S. 145.)

Gesetz, betreffend die Erwerbung der Königlich preußischen Staatsdruckerei für das Reich. Vom 15. Mai 1879.

(R.G.Bl. S. 139.)

Gesetz wegen Abänderung des Gesetzes vom 10. Juni 1869, betreffend die Wechselstempelsteuer. Vom 4. Juni 1879.*)**

(R.G.Bl. S. 151.)

Uebereinkunft zwischen dem Deutschen Reich und Luxemburg wegen gegenseitiger Zulassung der beiderseitigen Staatsangehörigen zum Armenrechte. Vom 12. Juni 1879.†)

(R.G.Bl. S. 318.)

---

*) Einz.=Ausg. Bd. 21 (Konsulargesetzgebung) S. 140.

**) Einz.=Ausg. Bd. 2 (Strafgesetzbuch rc.) S. 211 und Bd. 4 (Handelsgesetzbuch rc.) S. 395.

***) Einz.=Ausg. Bd. 5 (Wechselordnung rc.) Theil 2 S. 3.

†) Vgl. oben die gleichlautende Uebereinkunft zwischen dem Deutschen Reich und Belgien.

Bekanntmachung, betreffend die Ausgabe neuer Stempelmarken und gestempelter Blankets zur Entrichtung der Wechselstempelsteuer. Vom 13. Juni 1879.*) 79 Juni

(R.G.Bl. S. 153.)

Gesetz, betreffend den Uebergang von Geschäften auf das Reichsgericht. Vom 16. Juni 1879.)**

(R.G.Bl. S. 157.)

Verordnung über die Kaution des Rendanten der Patentamts-Kasse. Vom 20. Juni 1879.

(R.G.Bl. S. 160.)

Gesetz, betreffend die Sicherung der gemeinschaftlichen Zollgrenze in den vom Zollgebiete ausgeschlossenen bremischen Gebietstheilen. Vom 28. Juni 1879.*)**

(R.G.Bl. S. 159.)

Gesetz, betreffend die Verfassung und die Verwaltung Elsaß-Lothringens. Vom 4. Juli 1879.†)

(R.G.Bl. S. 165.)

---

*) Einz.-Ausg. Bd. 5 (Wechselordnung ꝛc. Theil 2 S. 25.

**) Einz.-Ausg. Bd. 11 (Civilprozeßordnung ꝛc.) S. 107.

***) Vgl. Gesetz bezgl. der Hamburgischen Gebietstheile vom 1. Juli 1869.

†) Einz.-Ausg. Bd. 1 (Reichsverfassung ꝛc.) S. 23.

79 Juli **Gebührenordnung für Rechtsanwälte. Vom 7. Juli 1879.*)**
(R.G.Bl. S. 176.)

Gesetz über die Konsulargerichtsbarkeit. Vom 10. Juli 1879.)**
(R.G.Bl. S. 197.)

Allerhöchster Erlaß, betreffend die Errichtung des Reichsschatzamts.

Vom 14. Juli 1879.

(R.G.Bl. S. 196.)

Auf Ihren Bericht vom 12. dieses Monats bestimme Ich, daß die bisher mit dem Reichskanzler-Amt verbundene Finanzverwaltung des Reichs fortan von einer besonderen, dem Reichskanzler unmittelbar unterstellten Centralbehörde unter der Benennung „Reichsschatzamt" zu führen ist.

Bad Ems, den 14. Juli 1879.

An den Reichskanzler.

Gesetz, betreffend den Zolltarif des Deutschen Zollgebiets und den Ertrag der Zölle und der Tabacksteuer. Vom 15. Juli 1879.
(R.G.Bl. S. 207.)

(Abänderungen des Zolltarifs verordnen die Gesetze vom 6. Juni 1880, vom 19. Juni 1881, vom 21. Juni 1881, vom 23. Juni 1882.)

---

*) Einz.-Ausg. Bd. 17.

**) Einz.-Ausg. Bd. 11 (Civilprozeßordnung 2c.) S. 108 u. 591 und Bd. 21 (Konsulargesetzgebung) S. 265.

Gesetz, betreffend die Besteuerung des Tabacks. Vom 16. Juli 1879. 79 Juli

(R.G.Bl. S. 245.)

Bekanntmachung, betreffend die Abänderung der Instruktion über die Zusammensetzung 2c. der Sachverständigenvereine. Vom 16. Juli 1879.

(R.G.Bl. S. 266.)

Gesetz, betreffend die Steuerfreiheit des Branntweins zu gewerblichen Zwecken. Vom 19. Juli 1879.

(R.G.Bl. S. 259.)

Gesetz, betreffend die Statistik des Waarenverkehrs des deutschen Zollgebiets mit dem Auslande. Vom 20. Juli 1879.

(R.G.Bl. S. 261.)

Gesetz, betreffend die Anfechtung von Rechtshandlungen eines Schuldners außerhalb des Konkursverfahrens. Vom 21. Juli 1879.*)

(R.G.Bl. S. 277.)

---

*) Vgl. oben Instruktion vom 12. Dezember 1870.

**) Einz.-Ausg. Bd. 11 (Civilprozeßordnung 2c.) S. 594.

79 Juli **Gesetz, betreffend die Abänderung einiger Bestimmungen der Gewerbeordnung. Vom 23. Juli 1879.**

(R.G.Bl. S. 267.)

(Aufgegangen in der Reichs-Gewerbeordnung in ihrer neuen Fassung vom 1. Juli 1883.)**)

Verordnung über den Termin für Ausführung des Gesetzes, betreffend die Verfassung und Verwaltung Elsaß-Lothringens, vom 4. Juli 1879. Vom 23. Juli 1879.

(R.G.Bl. S. 281.)

Verordnung, betreffend die Uebertragung landesherrlicher Befugnisse auf den Statthalter in Elsaß-Lothringen. Vom 23. Juli 1879.

(R.G.Bl. S. 282.)

Bekanntmachung, betreffend die Einlösung der Banknoten der Sächsischen Bank. Vom 3. September 1879.

(R.G.Bl. S. 286.)

Verordnung, betreffend die Uebertragung preußischer Rechtssachen auf das Reichsgericht. Vom 26. September 1879.***)

(R.G.Bl. S. 287.)

---

*) Einz.-Ausg. Bd. 6.

**) Einz.-Ausg. Bd. 11 (Civilprozeßordnung 2c.) S. 120.

Verordnung, betreffend die Uebertragung badischer Rechtssachen auf das Reichsgericht. Vom 26. September 1879.*) 79 Sept.

(R.G.Bl. S. 288.)

Verordnung, betreffend die Uebertragung hessischer Rechtssachen auf das Reichsgericht.*)
Vom 26. September 1879.

(R.G.Bl. S. 289.)

Verordnung, betreffend die Uebertragung oldenburgischer Rechtssachen auf das Reichsgericht.
Vom 26. September 1879.)**

(R.G.Bl. S. 290.)

Verordnung, betreffend die Uebertragung sachsen-weimarischer und sachsen-meiningenscher Rechtssachen auf das Reichsgericht.
Vom 26. September 1879.)**

(R.G.Bl. S. 291.)

Verordnung, betreffend die Uebertragung anhaltischer Rechtssachen auf das Reichsgericht. Vom 26. September 1879.*)**
(R.G.Bl. S. 292.)

---

*) Einz.-Ausg. Bd. 11 (Civilprozeßordnung) S. 121.
**) Ebenda S. 122.
***) Ebenda S. 123.

26. Sept. Verordnung, betreffend die Uebertragung schwarzburg-sondershausenscher Rechtssachen auf das Reichsgericht. Vom 26. September 1879.*)

(R.G.Bl. S. 293.)

Verordnung, betreffend die Uebertragung schwarzburg-rudolstädtischer Rechtssachen auf das Reichsgericht. Vom 26. September 1879.**)

(R.G.Bl. S. 294.)

Verordnung, betreffend die Uebertragung waldeckscher Rechtssachen auf das Reichsgericht. Vom 26. September 1879.**)

(R..GBl. S. 295.)

Verordnung, betreffend die Uebertragung schaumburg-lippischer Rechtssachen auf das Reichsgericht. Vom 26. September 1879.***)

(R.G.Bl. S. 296.)

Verordnung, betreffend die Zuweisung rechtshängiger Sachen aus den drei freien Hansestädten an das Reichsgericht. Vom 26. September 1879.†)

(R.G.Bl. S. 297.)

---

*) Einz.-Ausg. Bd. 11 (Civilprozeßordnung ꝛc.) S. 124.

**) Ebenda S. 125.

***) Ebenda S. 127.

†) Ebenda S. 128.

Verordnung, betreffend die Zuständigkeit des Reichsgerichts in Streitigkeiten über die Zulässigkeit des Rechtsweges in bremischen Sachen. Vom 26. September 1879.*) 79 Sept.

(R.G.Bl. S. 298.)

Verordnung, betreffend die Einrichtung von Hülfssenaten bei dem Reichsgericht. Vom 27. September 1879.)**

(R.G.Bl. S. 299.)

Verordnung, betreffend die Begründung der Revision in bürgerlichen Rechtsstreitigkeiten. Vom 28. September 1879.*)**

(R.G.Bl. S. 299.)

Bekanntmachung, betreffend die gegenseitige Zulassung von Staatsangehörigen des Deutschen Reichs und Italiens zum Armenrecht.

Vom 1. Oktober 1879.

(R.G.Bl. S. 312.)

Es wird hierdurch zur öffentlichen Kenntniß gebracht, daß die nach §. 106 der Deutschen Civilprozeßordnung und nach §. 419 der Deutschen Strafprozeßordnung für Bewilligung des Armenrechts an Italiener erforderliche

---

*) Einz.-Ausg. Bd. 11 (Civilprozeßordnung rc.) S. 128.

**) Ebenda S. 129.

***) Ebenda S. 603. — Dazu Bekanntmachung vom 11. April 1880.

79 Okt. Gegenseitigkeit durch die italienische Gesetzgebung verbürgt ist.

Berlin, den 1. Oktober 1879.

Der Reichskanzler.

Verordnung, betreffend das Verbot der Einfuhr von Reben und sonstigen Theilen des Weinstocks.

Vom 31. Oktober 1879.*)

(R.G.Bl. S. 303; ausgeg. am 1. November 1879.)

§ 1. Die Verordnung, betreffend das Verbot der Einfuhr von Reben zum Verpflanzen, vom 11. Februar 1873 (Reichs-Gesetzbl. S. 43) findet fortan auf alle Reben, gleichviel ob dieselben zum Verpflanzen geeignet sind oder nicht, sowie auf alle sonstigen Theile des Weinstocks, insbesondere auch auf Rebenblätter Anwendung. Die Einfuhr von Trauben ist nur dann gestattet, wenn zu deren Verpackung keine Rebenblätter verwendet worden sind.

§ 2. Gegenwärtige Verordnung tritt mit dem Tage ihrer Verkündung in Kraft.

Urkundlich 2c.

Gegeben Ludwigslust, den 31. Oktober 1879.

---

*) Vgl. unten erweiternde Verordnung vom 4. Juli 1883.

Verordnung, betreffend die Abänderung beziehungsweise Ergänzung der Bestimmungen über die Tagegelder, Fuhrkosten und Umzugskosten der Reichsbeamten. Vom 19. November 1879.*) 79 Nov.

(R.G.Bl. S. 313.)

Allerhöchster Erlaß, betreffend die Benennung des Reichskanzler-Amts und den Titel des Vorstandes dieser Behörde.

Vom 24. Dezember 1879.**)

(R.G.Bl. S. 321.)

Auf Ihren Bericht vom 15. Dezember d. J. bestimme Ich, daß das Reichskanzler-Amt fernerhin den Namen „Reichsamt des Innern" und der Vorstand dieser Behörde den Titel „Staatssekretär des Innern" zu führen hat.

Berlin, den 24. Dezember 1879.

An den Reichskanzler.

Verordnung zur Verhütung des Zusammenstoßens der Schiffe auf See. Vom 7. Januar 1880.*)**

(R.G.Bl. S. 1.)

(Abgeändert durch Verordnung vom 16. Februar 1881.)

---

*) Vgl. oben Verordnung vom 21. Juni 1875.

**) Vgl. oben Allerh. Präsidial-Erlaß vom 12. August 1867 und Allerh. Erlaß vom 12. Mai 1871.

***) Einz.-Ausg. Bd. 19 (Seegesetzgebung) S. 275.

80 Febr. **Verordnung, betreffend den Verkehr mit künstlichen Mineralwässern. Vom 9. Februar 1880.**
(R.G.Bl. S. 13.)

Uebereinkunft zwischen Deutschland und Frankreich wegen Bewilligung des Armenrechts.

Vom 20. Februar 1880.

(R.G.Bl. für 1881 S. 81.)

Art. 1. Deutsche werden in Frankreich und Franzosen werden in Deutschland unter denselben Bedingungen und gesetzlichen Voraussetzungen zum Armenrechte zugelassen, wie die Angehörigen des betreffenden Landes, in welchem die Bewilligung des Armenrechts nachgesucht wird.

Art. 2. Das Armuthszeugniß ist dem Ausländer, welcher zum Armenrecht zugelassen werden will, in allen Fällen von der Behörde seines gewöhnlichen Aufenthaltsorts auszustellen.

Hält der Antragsteller sich nicht in dem Lande auf, in welchem er das Armenrecht nachsucht, so muß das Armuthszeugniß von einem diplomatischen Agenten desjenigen Landes, in dessen Gebiet das Zeugniß vorgelegt werden soll, beglaubigt werden.

Hält er sich dagegen in dem Lande auf, in welchem er seinen Antrag stellt, so können außerdem auch bei den Behörden seines Heimathlandes Erkundigungen über ihn eingezogen werden.

Art. 3. Sind Deutsche in Frankreich oder Franzosen in Deutschland zum Armenrechte verstattet, so sind sie hiermit von Rechtswegen auch von jeder Sicherheitsleistung oder Hinterlegung befreit, welche unter irgend einer Benennung von Ausländern wegen ihrer Eigenschaft als solche bei Prozessen gegen Inländer nach der Gesetzgebung des Landes, in welchem der Prozeß geführt wird, gefordert werden könnte. 80 Febr.

Art. 4. Die gegenwärtige Uebereinkunft, welche hinsichtlich Bayerns an Stelle des bayerisch-französischen Vertrages vom 11. März 1870 tritt, soll ratifizirt werden. Sie tritt mit dem Tage des Austausches der Ratifikations-Urkunden in Wirksamkeit und bleibt bis nach Ablauf von sechs Monaten nach der von einem beider Theile erfolgten Kündigung in Kraft.

Dessen zu Urkunde ꝛc.

So geschehen zu Paris, den 20. Februar 1880.

Allerhöchster Erlaß,
betreffend die Benennung der obersten Reichsbehörde für die dem Ressort des General-Postmeisters zugewiesenen Verwaltungszweige.

Vom 23. Februar 1880.

(R.G.Bl. S. 25.)

Auf Ihren Bericht vom 16. Februar d. J. genehmige Ich, daß für das Ressort des General-Postmeisters eine dritte Abtheilung errichtet werde, und daß die oberste

80 Febr. Reichsbehörde für die dem gedachten Ressort zugewiesenen Verwaltungszweige fortan die Bezeichnung: Reichs-Postamt erhalte, sowie daß der General-Postmeister gleich den andern mit ihm in gleichem Range stehenden Ressort-Chefs im Reichsdienste, in Zukunft den Titel eines Staatssekretärs zu führen hat. Ich ermächtige Sie, hiernach die erforderlichen Anordnungen zu treffen und wegen Errichtung der dritten Direktorstelle die endgültige Feststellung durch den Etat herbeizuführen.

Berlin, den 23. Februar 1880.

An den Reichskanzler.

Vertrag zwischen dem Deutschen Reich und der Oesterreich-Ungarischen Monarchie wegen Beglaubigung der von öffentlichen Behörden und Beamten ausgestellten oder beglaubigten Urkunden. Vom 25. Februar 1880.

(R.G.Bl. für 1881 S. 4.)

Bekanntmachung, betreffend Abänderung der bayerischen Uebergangsabgaben und Rückvergütungssätze für Bier. Vom 3. März 1880.

(R.G.Bl. S. 25.)

Bekanntmachung, betreffend den Umtausch und die Einlösung der vor dem 1. Juli 1879 ausgegebenen Stempelmarken und gestempelten Blankets zur Entrichtung der Wechselstempelsteuer. Vom 24. März 1880.

(R.G.Bl. S. 94.)

Gesetz, betreffend die Schiffsmeldungen bei den Konsulaten des Deutschen Reichs. Vom 25. März 1880.*) 80 März

(R.G.Bl. S. 181.)

Gesetz, betreffend eine Ergänzung des Gesetzes vom 27. Juni 1871 über die Pensionirung und Versorgung der Militärpersonen ꝛc. Vom 30. März 1880.

(R.G.Bl. S. 99.)

Verordnung wegen Ergänzung und Abänderung der Verordnung vom 23. Dezember 1875, betreffend die Pensionen und Kautionen der Reichsbankbeamten. Vom 31. März 1880.

(R.G.Bl. S. 97.)

Bekanntmachung, betreffend die Kaiserliche Verordnung über die Begründung der Revision in bürgerlichen Rechtsstreitigkeiten, vom 28. September 1879. Vom 11. April 1880.)**

(R.G.Bl. S. 102.)

Gesetz, betreffend Ergänzungen und Aenderungen des Reichs-Militärgesetzes vom 2. Mai 1874. Vom 6. Mai 1880.

(R.G.Bl. S. 103.)

---

*) Einz.-Ausg. Bd. 19 (Seegesetzgebung) S. 261. — Dazu Verordnung vom 28. Juli 1880.

**) Einz.-Ausg. Bd. 11 (Civilprozeßordnung ꝛc.) S. 609.

80 Mai **Bekanntmachung, betreffend Abänderung der Sätze der badischen Uebergangsabgabe und Steuerrückvergütung für Branntwein. Vom 20. Mai 1880.**

(R.G.Bl. S. 112.)

(Abgeändert durch Bekanntmachung vom 9. November 1880.)

Verordnung, betreffend nähere Festsetzungen über die Gewährung von Tagegeldern, Fuhrkosten und Umzugskosten an die Beamten der Militär- und Marineverwaltung. Vom 20. Mai 1880.

(R.G.Bl. S. 113.)

Gesetz, betreffend den Wucher.

Vom 24. Mai 1880.

(R.G.Bl. S. 109; ausgeg. am 31. Mai 1880.)

Art. 1. Hinter den §. 302 des Strafgesetzbuchs für das Deutsche Reich werden die folgenden neuen §§. 302a, 302b, 302c, 302d eingestellt:

§. 302a.

Wer unter Ausbeutung der Nothlage, des Leichtsinns oder der Unerfahrenheit eines Anderen für ein Darlehen oder im Falle der Stundung einer Geldforderung sich oder einem Dritten Vermögensvortheile versprechen oder gewähren läßt, welche den üblichen Zinsfuß dergestalt überschreiten, daß nach den Umständen des Falles die Vermögensvortheile in auffälligem Mißverhältnisse zu der Leistung stehen, wird wegen Wuchers mit Gefängniß bis zu sechs Monaten und zugleich mit Geldstrafe bis zu dreitausend Mark bestraft. Auch kann auf Verlust der bürgerlichen Ehrenrechte erkannt werden. 80 Mai

§. 302b.

Wer sich oder einem Dritten die wucherlichen Vermögensvortheile (§. 302a) verschleiert oder wechselmäßig oder unter Verpfändung der Ehre, auf Ehrenwort, eidlich oder unter ähnlichen Versicherungen oder Betheuerungen versprechen läßt, wird mit Gefängniß bis zu Einem Jahre und zugleich mit Geldstrafe bis zu sechstausend Mark bestraft. Auch kann auf Verlust der bürgerlichen Ehrenrechte erkannt werden.

§. 302c.

Dieselben Strafen (§. 302a, §. 302b) treffen denjenigen, welcher mit Kenntniß des Sachverhalts eine Forderung der vorbezeichneten Art erwirbt und entweder dieselbe weiter veräußert oder die wucherlichen Vermögensvortheile geltend macht.

§. 302d.

Wer den Wucher gewerbs- oder gewohnheitsmäßig betreibt, wird mit Gefängniß nicht unter drei Monaten und zugleich mit Geldstrafe von einhundertfünfzig bis zu fünfzehntausend Mark bestraft. Auch ist auf Verlust der bürgerlichen Ehrenrechte zu erkennen.

30 Mai Art. 2. Der §. 360 Nr. 12 des Strafgesetzbuchs in der durch das Gesetz vom 26. Februar 1876 festgestellten Fassung wird durch nachstehende Bestimmung ersetzt:

§. 360 Nr. 12.

Wer als Pfandleiher oder Rückkaufshändler bei Ausübung seines Gewerbes den darüber erlassenen Anordnungen zuwiderhandelt, insbesondere den durch Landesgesetz oder Anordnung der zuständigen Behörde bestimmten Zinsfuß überschreitet.*)

Art. 3. Verträge, welche gegen die Vorschriften der §§. 302a, 302b des Strafgesetzbuchs verstoßen, sind gültig.

Sämmtliche von dem Schuldner oder für ihn geleisteten Vermögensvortheile (§. 302a) müssen zurückgewährt und vom Tage des Empfanges an verzinst werden. Hierfür sind diejenigen, welche sich des Wuchers schuldig gemacht haben, solidarisch verhaftet, der nach §. 302c des Strafgesetzbuchs Schuldige jedoch nur in Höhe des von ihm oder einem Rechtsnachfolger Empfangenen. Die Verpflichtung eines Dritten, welcher sich des Wuchers nicht schuldig gemacht hat, bestimmt sich nach den Vorschriften des bürgerlichen Rechts.

Das Recht der Rückforderung verjährt in fünf Jahren seit dem Tage, an welchem die Leistung erfolgt ist.

---

*) Hier ist aus § 360 des Strafgesetzbuchs zu ergänzen: „wird mit Geldstrafe bis zu 150 Mark oder mit Haft bestraft.“

Der Gläubiger ist berechtigt, das aus dem ungültigen Vertrage Geleistete zurückzufordern; für diesen Anspruch haftet die für die vertragsmäßige Forderung bestellte Sicherheit. Die weitergehenden Rechte eines Gläubigers, welchem nach den Bestimmungen des bürgerlichen Rechts die Ungültigkeit des Vertrages nicht entgegengesetzt werden kann, werden hierdurch nicht berührt. 80 Mai

Urkundlich rc.

Gegeben Berlin, den 24. Mai 1880.

Gesetz, betreffend die authentische Erklärung und die Gültigkeitsdauer des Gesetzes gegen die gemeingefährlichen Bestrebungen der Sozialdemokratie vom 21. Oktober 1878. Vom 31. Mai 1880.*)

(R.G.Bl. S. 117.)

Gesetz, betreffend die Konsulargerichtsbarkeit in Egypten. Vom 5. Juni 1880.)**

(R.G.Bl. S. 145.)

Gesetz, betreffend die Abänderung des Zolltarifs des deutschen Zollgebiets. Vom 6. Juni 1880.*)**

(R.G.Bl. S. 120.)

---

*) Einz.-Ausg. Bd. 2 (Strafgesetzbuch rc.) S. 210. — Vgl. unten Gesetz, betreffend die Verlängerung der Gültigkeitsdauer rc. vom 28. Mai 1884.

**) Einz.-Ausg. Bd. 21 (Konsulargesetzgebung) S. 280. — Dazu Verordnung vom 23. Dezember 1880.

***) Gesetz, betreffend den Zolltarif rc. vom 15. Juli 1879.

80 Juni Gesetz, betreffend die Konsulargerichtsbarkeit in Bosnien und in der Herzegowina. Vom 7. Juni 1880.*)
(R.G.Bl. S. 146.)

Gesetz,
betreffend die Abwehr und Unterdrückung von Viehseuchen.
Vom 23. Juni 1880.
(R.G.Bl. S. 153.)

§ 1. Das nachstehende Gesetz regelt das Verfahren zur Abwehr und Unterdrückung übertragbarer Seuchen der Hausthiere, mit Ausnahme der Rinderpest.

Als verdächtige Thiere gelten im Sinne dieses Gesetzes:

Thiere, an welchen sich Erscheinungen zeigen, die den Ausbruch einer übertragbaren Seuche befürchten lassen (der Seuche verdächtige Thiere);

Thiere, an welchen sich solche Erscheinungen zwar nicht zeigen, rücksichtlich deren jedoch die Vermuthung vorliegt, daß sie den Ansteckungsstoff aufgenommen haben (der Ansteckung verdächtige Thiere).

§ 2. Die Anordnung der Abwehr- und Unterdrückungsmaßregeln und die Leitung des Verfahrens liegt den Landesregierungen und deren Organen ob.

---

*) Einz.-Ausg. Bd. 21 (Konsulargesetzgebung) S. 285. — Dazu Verordnung vom 23. Dezember 1880.

Zur Leitung des Verfahrens können besondere Kommissare bestellt werden. 30 Juni

Die Mitwirkung der Thierärzte, welche vom Staate angestellt sind oder deren Anstellung vom Staate bestätigt ist (beamtete Thierärzte), richtet sich nach den Vorschriften dieses Gesetzes. An Stelle derselben können im Falle ihrer Behinderung oder aus sonstigen dringenden Gründen andere approbirte Thierärzte zugezogen werden. Die letzteren sind innerhalb des ihnen ertheilten Auftrages befugt und verpflichtet, diejenigen Amtsverrichtungen wahrzunehmen, welche in diesem Gesetze den beamteten Thierärzten übertragen sind.

Die näheren Bestimmungen über das Verfahren, über die Zuständigkeit der Behörden und Beamten und über die Bestreitung der durch das Verfahren entstehenden Kosten sind von den Einzelstaaten zu treffen.

§ 3. Rücksichtlich der Pferde und Proviantthiere, welche der Militärverwaltung angehören, bleiben die Maßregeln zur Ermittelung und Unterdrückung von Seuchen, soweit davon nur das Eigenthum dieser Verwaltung betroffen wird, den Militärbehörden überlassen.

Dieselben Befugnisse können den Vorständen der militärischen Remontedepots auch rücksichtlich der dazu gehörigen Rindvieh- und Schafbestände, sowie den Vorständen der landesherrlichen und Staatsgestüte rücksichtlich der in diesen Gestüten aufgestellten Pferde von den Landesregierungen übertragen werden.

80 Juni In den beiden Fällen (Absatz 1 und 2) finden die ferneren Bestimmungen dieses Gesetzes sinngemäße Anwendung.

Die Militärbehörden haben die Polizeibehörden der Garnison, der Kantonnements und des Marschortes von dem Auftreten eines Seuchenverdachts und von dem Ausbruche einer Seuche sofort zu benachrichtigen und von dem Verlaufe sowie dem Erlöschen der Seuche in Kenntniß zu setzen.

In gleicher Weise haben die Vorstände der bezeichneten Remontedepots und Gestüte die Polizeibehörde des Orts zu verständigen, wenn ihnen die Maßregeln zur Ermittelung und Unterdrückung von Seuchen übertragen worden sind.

§ 4. Dem Reichskanzler liegt ob, die Ausführung dieses Gesetzes und der auf Grund desselben erlassenen Anordnungen zu überwachen.

Tritt die Seuche in einer solchen Gegend des Reichsgebiets oder in solcher Ausdehnung auf, daß von den zu ergreifenden Maßregeln nothwendig die Gebiete mehrerer Bundesstaaten betroffen werden müssen, so hat der Reichskanzler oder ein von ihm bestellter Reichskommissar für Herstellung und Erhaltung der Einheit in den seitens der Landesbehörden zu treffenden oder getroffenen Maßregeln zu sorgen und zu diesem Behufe das Erforderliche anzuordnen, nöthigenfalls auch die Behörden der betheiligten Bundesstaaten unmittelbar mit Anweisungen zu versehen.

§ 5. Die Behörden der Bundesstaaten sind verpflichtet, sich bei Ausführung der Maßregeln zur Abwehr und Unterdrückung der Seuchen gegenseitig zu unterstützen. 80 Juni

I. Abwehr der Einschleppung aus dem Auslande.

a. Einfuhr- und Verkehrsbeschränkungen.

§ 6. Die Einfuhr von Thieren, welche an einer übertragbaren Seuche leiden, ist verboten.

§ 7. Wenn in dem Auslande eine übertragbare Seuche der Hausthiere in einem für den inländischen Viehbestand bedrohlichen Umfange herrscht oder ausbricht, so kann

1. die Einfuhr lebender oder todter Thiere aus dem von der Seuche heimgesuchten Auslande allgemein oder für bestimmte Grenzstrecken verboten oder solchen Beschränkungen unterworfen werden, welche die Gefahr einer Einschleppung ausschließen oder vermindern;
2. der Verkehr mit Thieren im Grenzbezirk solchen Bestimmungen unterworfen werden, welche geeignet sind, im Falle der Einschleppung einer Weiterverbreitung der Seuche vorzubeugen.

Die Einfuhr- und Verkehrsbeschränkungen sind, soweit erforderlich, auch auf die Einfuhr von thierischen Rohstoffen und von allen solchen Gegenständen auszudehnen, welche Träger des Ansteckungsstoffes sein können.

80 Juni Von dem Erlasse, der Aufhebung oder Veränderung einer Einfuhr- oder Verkehrsbeschränkung ist unverzüglich dem Reichskanzler Mittheilung zu machen.

Die verfügten Einfuhr- oder Verkehrsbeschränkungen sind ohne Verzug öffentlich bekannt zu machen.

b. Viehrevisionen.

§ 8. Gewinnt die Seuche in einem Nachbarlande eine bedrohliche Ausdehnung, so kann für die Grenzbezirke eine Revision des vorhandenen Viehbestandes und eine regelmäßige Kontrole über den Ab- und Zugang der durch die Seuche gefährdeten Thiere angeordnet werden.

II. Unterdrückung der Viehseuchen im Inlande.

1. Allgemeine Vorschriften.

a. Anzeigepflicht.

§ 9. Der Besitzer von Hausthieren ist verpflichtet, von dem Ausbruche einer der in §. 10 angeführten Seuchen unter seinem Viehstande und von allen verdächtigen Erscheinungen bei demselben, welche den Ausbruch einer solchen Krankheit befürchten lassen, sofort der Polizeibehörde Anzeige zu machen, auch das Thier von Orten, an welchen die Gefahr der Ansteckung fremder Thiere besteht, fern zu halten.

Die gleichen Pflichten liegen demjenigen ob, welcher in Vertretung des Besitzers der Wirthschaft vorsteht, ferner bezüglich der auf dem Transporte befindlichen Thiere dem Begleiter derselben und bezüglich der in fremdem Gewahrsam befindlichen Thiere dem Besitzer der betreffenden Gehöfte, Stallungen, Koppeln oder Weiden. 30 Juni

Zur sofortigen Anzeige sind auch die Thierärzte und alle diejenigen Personen verpflichtet, welche sich gewerbsmäßig mit der Ausübung der Thierheilkunde beschäftigen, ingleichen die Fleischbeschauer, sowie diejenigen, welche gewerbsmäßig mit der Beseitigung, Verwerthung oder Bearbeitung thierischer Kadaver oder thierischer Bestandtheile sich beschäftigen, wenn sie, bevor ein polizeiliches Einschreiten stattgefunden hat, von dem Ausbruche einer der nachbenannten Seuchen oder von Erscheinungen unter dem Viehstande, welche den Verdacht eines Seuchenausbruchs begründen, Kenntniß erhalten.

§ 10. Die Seuchen, auf welche sich die Anzeigepflicht (§. 9) erstreckt, sind folgende:

1. der Milzbrand;
2. die Tollwuth;
3. der Rotz (Wurm) der Pferde, Esel, Maulthiere und Maulesel;
4. die Maul- und Klauenseuche des Rindviehs, der Schafe, Ziegen und Schweine;
5. die Lungenseuche des Rindviehs;
6. die Pockenseuche der Schafe;
7. die Beschälseuche der Pferde und der Bläschenausschlag der Pferde und des Rindviehs;
8. die Räude der Pferde, Esel, Maulthiere, Maulesel und der Schafe.

Der Reichskanzler ist befugt, die Anzeigepflicht vorübergehend auch für andere Seuchen einzuführen.

80 Juni § 11. Die Landesregierungen sind ermächtigt, für solche Bezirke, in welchen sich der Milzbrand ständig zeigt, von der Anzeigepflicht (§. 9) insoweit zu entbinden, als die Seuche nur vereinzelt auftritt. In diesem Falle müssen die Schutzmaßregeln nach Maßgabe des Gesetzes und der Ausführungs-Instruktion (§. 30) allgemein vorgeschrieben werden.

b. Ermittelung der Seuchenausbrüche.

§ 12. Die Polizeibehörde hat auf die erfolgte Anzeige (§§. 9 und 10) oder wenn sie auf irgend einem andern Wege von dem Ausbruche einer Seuche oder dem Verdachte eines Seuchenausbruchs Kenntniß erhalten hat, sofort den beamteten Thierarzt behufs sachverständiger Ermittelung des Seuchenausbruchs zuzuziehen (vergl. jedoch §. 15). Der Thierarzt hat die Art, den Stand und die Ursachen der Krankheit zu erheben und sein Gutachten darüber abzugeben, ob durch den Befund der Ausbruch der Seuche festgestellt oder der Verdacht eines Seuchenausbruchs begründet ist.

In eiligen Fällen kann derselbe schon vor polizeilichem Einschreiten die sofortige vorläufige Einsperrung und Absonderung der erkrankten und verdächtigen Thiere, nöthigenfalls auch die Bewachung derselben anordnen. Die getroffenen vorläufigen Anordnungen sind dem Besitzer der Thiere oder dessen Vertreter entweder zu Protokoll oder durch schriftliche Verfügung zu eröffnen, auch ist davon der Polizeibehörde sofort Anzeige zu machen.

Auf Ersuchen des Thierarztes hat der Vorsteher des Seuchenorts die vorläufige Bewachung der erkrankten Thiere zu veranlassen. 30 Juni

§ 13. Wenn über den Ausbruch einer Seuche nach dem Gutachten des beamteten Thierarztes nur mittelst Zerlegung eines verdächtigen Thieres Gewißheit zu erlangen ist, so kann die Tödtung desselben von der Polizeibehörde angeordnet werden.

§ 14. Auf die gutachtliche Erklärung des beamteten Thierarztes, daß der Ausbruch der Seuche festgestellt sei, oder daß der begründete Verdacht eines Seuchenausbruchs vorliege, hat die Polizeibehörde die für den Fall der Seuchengefahr in diesem Gesetze und den zur Ausführung desselben erlassenen Verordnungen vorgesehenen, den Umständen nach erforderlichen Schutzmaßregeln zu treffen und für die Dauer der Gefahr wirksam durchzuführen. Hegt die Polizeibehörde Zweifel über die Erhebungen des beamteten Thierarztes, so kann dieselbe zwar die Einziehung eines thierärztlichen Obergutachtens bei der vorgesetzten Behörde beantragen, die Anordnung der erforderlichen Schutzmaßregeln darf jedoch hierdurch keinen Aufschub erleiden.

§ 15. Ist der Ausbruch der Maul- und Klauenseuche (§. 10 Ziffer 4) durch das Gutachten des beamteten Thierarztes festgestellt, so kann die Polizeibehörde auf die Anzeige neuer Seuchenausbrüche in dem Seuchenorte selbst oder in dessen Umgegend sofort die erforderlichen polizeilichen Schutzmaßregeln anordnen, ohne daß

30 Juni es einer nochmaligen Zuziehung des beamteten Thierarztes bedarf.

Auch ist in solchen Bezirken, in welchen sich der Milzbrand ständig zeigt (§. 11), die Zuziehung des beamteten Thierarztes nicht in jedem Falle dieser Seuche erforderlich.

§ 16. In allen Fällen, in welchen dem beamteten Thierarzte die Feststellung des Krankheitszustandes eines verdächtigen Thieres obliegt, ist es dem Besitzer desselben unbenommen, auch seinerseits einen approbirten Thierarzt zu diesen Untersuchungen zuzuziehen. Die Anordnung und die Ausführung der Schutzmaßregeln wird hierdurch nicht aufgehalten.

Die vorgesetzte Behörde hat jedoch im Falle erheblicher Meinungsverschiedenheit zwischen dem beamteten Thierarzte und dem von dem Besitzer zugezogenen approbirten Thierarzte über den Ausbruch oder Verdacht einer Seuche, oder wenn aus sonstigen Gründen erhebliche Zweifel über die Richtigkeit der Angaben des beamteten Thierarztes obwalten, sofort ein thierärztliches Obergutachten einzuziehen und dem entsprechend das Verfahren zu regeln.

§ 17. Alle Vieh- und Pferdemärkte sollen durch beamtete Thierärzte beaufsichtigt werden. Dieselbe Maßregel kann auch auf die von Unternehmern behufs öffentlichen Verkaufs in öffentlichen oder privaten Räumlichkeiten zusammengebrachten Viehbestände, auf die zu Zuchtzwecken öffentlich aufgestellten männlichen Zuchtthiere, auf öffentliche Thierschauen und auf die durch obrigkeitliche Anordnung veranlaßten Zusammenziehungen von Pferde- und Viehbeständen ausgedehnt werden. Der Thierarzt ist verpflichtet, alle von ihm auf dem Markte oder unter den vorbezeichneten Pferde- und Viehbeständen beobachteten Fälle übertragbarer Seuchen oder seuchenverdächtiger Erscheinungen sogleich zur Kenntniß der Polizeibehörde zu bringen und nach sofortiger Untersuchung des Falles die Anordnung der erforderlichen polizeilichen Schutzmaßregeln zu beantragen. 80 Juni

Liegt Gefahr im Verzuge, so ist der Thierarzt befugt, schon vor polizeilichem Einschreiten die Absonderung und Bewachung der erkrankten und der verdächtigen Thiere anzuordnen.

c. Schutzmaßregeln gegen Seuchengefahr.

§ 18. Im Falle der Seuchengefahr (§. 14) und für die Dauer derselben können, vorbehaltlich der in diesem Gesetze rücksichtlich einzelner Seuchen ertheilten besonderen Vorschriften, je nach Lage des Falles und nach der Größe der Gefahr, unter Berücksichtigung der betheiligten Verkehrsinteressen die nachfolgenden Schutzmaßregeln (§§. 19 bis 29) polizeilich angeordnet werden.

Beschwerden des Besitzers über die von der Polizeibehörde angeordneten Schutzmaßregeln haben keine aufschiebende Wirkung.

§ 19. 1. Die Absonderung, Bewachung oder polizeiliche Beobachtung der an der Seuche erkrankten und der verdächtigen Thiere.

80 Juni Der Besitzer eines der Absonderung oder polizeilichen Beobachtung unterworfenen Thieres ist verpflichtet, auf Erfordern solche Einrichtungen zu treffen, daß das Thier für die Dauer der Absonderung oder Beobachtung die für dasselbe bestimmte Räumlichkeit (Stall, Standort, Hof- oder Weideraum u. s. w.) nicht verlassen kann und außer aller Berührung und Gemeinschaft mit anderen Thieren bleibt.

§ 20. 2. Beschränkungen in der Art der Benutzung, der Verwerthung oder des Transports kranker oder verdächtiger Thiere, der von denselben stammenden Produkte oder solcher Gegenstände, welche mit kranken oder verdächtigen Thieren in Berührung gekommen oder sonst geeignet sind, die Seuche zu verschleppen.

Beschränkungen im Transport der der Seuchengefahr ausgesetzten und solcher Thiere, welche geeignet sind, die Seuche zu verschleppen.

§ 21. 3. Verbot des gemeinschaftlichen Weideganges von Thieren aus verschiedenen Stallungen und der Benutzung bestimmter Weideflächen, ferner der gemeinschaftlichen Benutzung von Brunnen, Tränken und Schwemmen und des Verkehrs mit seuchenkranken oder verdächtigen Thieren auf öffentlichen oder gemeinschaftlichen Straßen und Triften.

Verbot des freien Umherlaufens der Hunde.

§ 22. 4. Die Sperre des Stalles oder sonstigen Standortes seuchenkranker oder verdächtiger Thiere, des Gehöfts, des Orts, der Weide oder der Feldmark gegen den Verkehr mit Thieren und mit solchen Gegenständen, welche Träger des Ansteckungsstoffes sein können. 30 Juni

Die Sperre des Gehöfts, des Orts, der Weide oder der Feldmark darf erst dann verfügt werden, wenn der Ausbruch der Seuche durch das Gutachten des beamteten Thierarztes festgestellt ist.

Die Sperre eines Orts oder einer Feldmark ist nur dann zulässig, wenn die Seuche ihrer Beschaffenheit nach eine größere und allgemeinere Gefahr einschließt, und Thiere in größerer Zahl davon bereits befallen sind. Die Sperre kann auf einzelne Straßen oder Theile des Orts oder der Feldmark beschränkt werden.

Die polizeilich angeordnete Sperre eines Stalles oder sonstigen Standortes, eines Gehöfts oder einer Weide verpflichtet den Besitzer, diejenigen Einrichtungen zu treffen, welche zur wirksamen Durchführung der Sperre vorgeschrieben werden.

§ 23. 5. Die Impfung der der Seuchengefahr ausgesetzten Thiere, die thierärztliche Behandlung der Thiere, sowie Beschränkungen in der Befugniß zur Vornahme von Heilversuchen.

Die Impfung oder die thierärztliche Behandlung darf nur in den Fällen angeordnet werden, welche in diesem Gesetze ausdrücklich bezeichnet sind, und zwar nach Maßgabe der daselbst ertheilten näheren Vorschriften.

Die polizeilich angeordnete Impfung erfolgt unter Aufsicht des beamteten Thierarztes oder durch denselben.

§ 24. 6. Die Tödtung der an der Seuche erkrankten oder verdächtigen Thiere.

30 Juni Dieselbe darf nur in den Fällen angeordnet werden, welche in diesem Gesetze ausdrücklich vorgesehen sind.

Die Vorschrift unverzüglicher Tödtung der an einer Seuche erkrankten oder verdächtigen Thiere findet, wo sie in diesem Gesetze enthalten ist, keine Anwendung auf solche Thiere, welche einer der Staatsaufsicht unterworfenen höheren Lehranstalt übergeben sind, um dort für die Zwecke derselben verwendet zu werden.

§ 25. Werden Thiere, welche bestimmten Verkehrs- oder Nutzungsbeschränkungen oder der Absperrung unterworfen sind, in verbotwidriger Benutzung oder außerhalb der ihnen angewiesenen Räumlichkeit, oder an Orten, zu welchen ihr Zutritt verboten ist, betroffen, so kann die Polizeibehörde die sofortige Tödtung derselben anordnen.

§ 26. 7. Die unschädliche Beseitigung der Kadaver solcher Thiere, welche an der Seuche verendet, in Folge der Seuche oder in Folge des Verdachts getödtet sind, und solcher Theile des Kadavers kranker oder verdächtiger Thiere, welche zur Verschleppung der Seuche geeignet sind (Fleisch, Häute, Eingeweide, Hörner, Klauen u. s. w.), endlich der Streu, des Düngers oder anderer Abfälle kranker oder verdächtiger Thiere.

§ 27. 8. Die Unschädlichmachung (Desinfektion) der von den kranken oder verdächtigen Thieren benutzten Ställe und Standorte und die Unschädlichmachung oder unschädliche Beseitigung der mit denselben in Berührung gekommenen Geräthschaften und sonstigen Gegenstände, insbesondere auch der Kleidungsstücke solcher Personen, welche mit den kranken Thieren in Berührung gekommen sind. 80 Juni

Erforderlichenfalls kann auch die Desinfizirung der Personen, welche mit seuchenkranken Thieren in Berührung gekommen sind, angeordnet werden.

Die Durchführung dieser Maßregeln muß nach Anordnung des beamteten Thierarztes und unter polizeilicher Ueberwachung erfolgen.

§ 28. 9. Die Einstellung der Vieh- und Pferdemärkte, sowie der öffentlichen Thierschauen innerhalb des Seuchenortes oder dessen Umgegend oder der Ausschluß einzelner Viehgattungen von der Benutzung der Märkte.

§ 29. 10. Die thierärztliche Untersuchung der am Seuchenorte oder in dessen Umgegend vorhandenen, von der Seuche gefährdeten Thiere.

2. Besondere Vorschriften für einzelne Seuchen.

§ 30. Die näheren Vorschriften über die Anwendung und Ausführung der zulässigen Schutzmaßregeln (§§. 19 bis 29) auf die nachbenannten und alle übrigen einzelnen Seuchen werden von dem Bundesrath auf dem Wege der Instruktion erlassen.*)

Es sollen jedoch bei den hierunter benannten Seuchen, vorbehaltlich der weiter erforderlichen Schutzmaßregeln, nachfolgende besondere Vorschriften Platz greifen.

*) Centralbl. v. 1881 S. 36 ff.

30 Juni

a. Milzbrand.

§ 31. Thiere, welche am Milzbrande erkrankt oder dieser Seuche verdächtig sind, dürfen nicht geschlachtet werden.

§ 32. Die Vornahme blutiger Operationen an milzbrandkranken oder der Seuche verdächtigen Thieren ist nur approbirten Thierärzten gestattet.

Eine Oeffnung des Kadavers darf ohne polizeiliche Erlaubniß nur von approbirten Thierärzten vorgenommen werden.

§ 33. Die Kadaver gefallener oder getödteter milzbrandkranker oder der Seuche verdächtiger Thiere müssen sofort unschädlich beseitigt werden.

Die Abhäutung derselben ist verboten.

Die gleichen Vorschriften finden beim Ausbruche des Milzbrandes unter Wildständen auf die Kadaver des gefallenen oder getödteten Wildes Anwendung.

b. Tollwuth.

§ 34. Hunde oder sonstige Hausthiere, welche der Seuche verdächtig sind, müssen von dem Besitzer oder demjenigen, unter dessen Aufsicht sie stehen, sofort getödtet oder bis zu polizeilichem Einschreiten in einem sicheren Behältnisse eingesperrt werden.

§ 35. Vor polizeilichem Einschreiten dürfen bei wuthkranken oder der Seuche verdächtigen Thieren keinerlei Heilversuche angestellt werden.

§ 36. Das Schlachten wuthkranker oder der Seuche verdächtiger Thiere und jeder Verkauf oder Verbrauch einzelner Theile, der Milch oder sonstiger Erzeugnisse derselben ist verboten. 30 Juni

§ 37. Ist die Tollwuth an einem Hunde oder an einem anderen Hausthiere festgestellt, so ist die sofortige Tödtung des wuthkranken Thieres und aller derjenigen Hunde und Katzen anzuordnen, rücksichtlich welcher der Verdacht vorliegt, daß sie von dem wuthkranken Thiere gebissen sind.

Liegt rücksichtlich anderer Hausthiere der gleiche Verdacht vor, so müssen dieselben sofort der polizeilichen Beobachtung unterworfen werden.

Zeigen sich Spuren der Tollwuth an denselben, so ist die sofortige Tödtung auch dieser Thiere anzuordnen.

Ausnahmsweise kann die mindestens dreimonatliche Absperrung eines der Tollwuth verdächtigen Hundes gestattet werden, sofern dieselbe nach dem Ermessen der Polizeibehörde mit genügender Sicherheit durchzuführen ist, und der Besitzer des Hundes die daraus und aus der polizeilichen Ueberwachung erwachsenden Lasten trägt.

§ 38. Ist ein wuthkranker oder der Seuche verdächtiger Hund frei umhergelaufen, so muß für die Dauer der Gefahr die Festlegung aller in dem gefährdeten Bezirke vorhandenen Hunde polizeilich angeordnet werden. Der Festlegung ist das Führen der mit einem sichern Maulkorbe versehenen Hunde an der Leine gleich zu erachten. Wenn Hunde dieser Vorschrift zuwider frei

30 Juni umherlaufend betroffen werden, so kann deren sofortige Tödtung polizeilich angeordnet werden.

§ 39. Die Kadaver der gefallenen oder getödteten wuthkranken oder der Seuche verdächtigen Thiere müssen sofort unschädlich beseitigt werden.

Das Abhäuten derselben ist verboten.

c. Rotz (Wurm) der Pferde, Esel, Maulthiere und Maulesel.

§ 40. Sobald der Rotz (Wurm) bei Thieren festgestellt ist, muß die unverzügliche Tödtung derselben polizeilich angeordnet werden.

§ 41. Verdächtige Thiere unterliegen der Absonderung und polizeilichen Beobachtung mit den nach Lage des Falles erforderlichen Verkehrs- und Nutzungsbeschränkungen oder der Sperre (§§. 19 bis 22).

§ 42. Die Tödtung verdächtiger Thiere muß von der Polizeibehörde angeordnet werden,

wenn von dem beamteten Thierarzte der Ausbruch der Rotzkrankheit auf Grund der vorliegenden Anzeichen für wahrscheinlich erklärt wird, oder

wenn durch anderweite, den Vorschriften dieses Gesetzes entsprechende Maßregeln ein wirksamer Schutz gegen die Verbreitung der Seuche nach Lage des Falles nicht erzielt werden kann, oder

wenn der Besitzer die Tödtung beantragt, und die beschleunigte Unterdrückung der Seuche im öffentlichen Interesse erforderlich ist.

§ 43. Die Kadaver gefallener oder getödteter rotzkranker Thiere müssen sofort unschädlich beseitigt werden. 30 Juni

Das Abhäuten derselben ist verboten.

§ 44. Die Polizeibehörde hat von jedem ersten Seuchenverdacht und von jedem ersten Seuchenausbruche in einer Ortschaft, sowie von dem Verlaufe und von dem Erlöschen der Seuche dem Generalkommando desjenigen Armeekorps, in dessen Bezirk der Seuchenort liegt, sofort schriftlich Mittheilung zu machen. Befindet sich an dem Seuchenorte eine Garnison, so ist die Mittheilung dem Gouverneur, Kommandanten oder Garnisonältesten zu machen.

d. Lungenseuche des Rindviehs.

§ 45. Die Polizeibehörde hat die Tödtung der nach dem Gutachten des beamteten Thierarztes an der Lungenseuche erkrankten Thiere anzuordnen und kann auch die Tödtung verdächtiger Thiere anordnen.

e. Pockenseuche der Schafe.

§ 46. Ist die Pockenseuche in einer Schafheerde festgestellt, so muß die Impfung aller zur Zeit noch seuchenfreien Stücke der Herde angeordnet werden.

Auf den Antrag des Besitzers der Herde oder dessen Vertreters kann für die Vornahme der Impfung eine Frist gewährt werden, wenn nach dem Gutachten des beamteten Thierarztes die sofortige Impfung nicht zweckmäßig ist.

30 Juni Auch kann auf den Antrag des Besitzers oder dessen Vertreters von der Anwendung der Impfung ganz Abstand genommen werden, sofern Maßregeln getroffen sind, welche die Abschlachtung der noch seuchenfreien Stücke der Herde innerhalb 10 Tagen nach Feststellung des Seuchenausbruchs sichern.

§ 47. Gewinnt die Seuche eine größere Ausdehnung oder ist nach den örtlichen Verhältnissen die Gefahr einer Verschleppung der Seuche in die benachbarten Schafherden nicht auszuschließen, so kann die Impfung der von der Seuche bedrohten Herden und aller in demselben Orte befindlichen Schafe polizeilich angeordnet werden.

§ 48. Die geimpften Schafe sind rücksichtlich der polizeilichen Schutzmaßregeln den pockenkranken gleich zu behandeln.

§ 49. Außer in dem Falle polizeilicher Anordnung (§§. 46 und 47) darf eine Pockenimpfung der Schafe nicht vorgenommen werden.

f. Beschälseuche der Pferde und Bläschenausschlag der Pferde und des Rindviehs.

§ 50. Pferde, welche an der Beschälseuche, und Pferde oder Rindviehstücke, welche an dem Bläschenausschlage der Geschlechtstheile leiden, dürfen von dem Besitzer so lange nicht zur Begattung zugelassen werden, als nicht durch den beamteten Thierarzt die vollständige Heilung und Unverdächtigkeit der Thiere festgestellt ist.

§ 51. Tritt die Beschälseuche in einem Bezirke in größerer Ausdehnung auf, so kann die Zulassung der Pferde zur Begattung für die Dauer der Gefahr allgemein von einer vorgängigen Untersuchnng derselben durch den beamteten Thierarzt abhängig gemacht werden. 80 Juni

g. Räude der Pferde, Esel, Maulthiere, Maulesel und der Schafe.

§ 52. Wird die Räudekrankheit bei Pferden, Eseln, Maulthieren, Mauleseln (Sarcoptes- oder dermatocoptes Räude) oder Schafen (dermatocoptes Räude) festgestellt, so kann der Besitzer, wenn er nicht die Tödtung der räudekranken Thiere vorzieht, angehalten werden, dieselben sofort dem Heilverfahren eines approbirten Thierarztes zu unterwerfen.

3. Besondere Vorschriften für Schlachtviehhöfe und öffentliche Schlachthäuser.

§ 53. Auf die einer geregelten veterinärpolizeilichen Kontrole unterstellten Schlachtviehhöfe und öffentlichen Schlachthäuser und das daselbst aufgestellte Schlachtvieh finden die vorstehenden Bestimmungen dieses Gesetzes mit denjenigen Aenderungen Anwendung, welche sich aus den nachfolgenden besonderen Vorschriften ergeben.

§ 54. Wird unter dem daselbst aufgestellten Schlachtvieh der Ausbruch einer übertragbaren Seuche ermittelt, oder zeigen sich Erscheinungen bei demselben, welche

30 Juni nach dem Gutachten des beamteten Thierarztes den Ausbruch einer solchen Seuche befürchten lassen, so sind die erkrankten und alle verdächtigen Thiere sofort in polizeiliche Verwahrung zu nehmen und von jeder Berührung mit den übrigen auszuschließen.

§ 55. Soweit die Art der Krankheit es gestattet (vergl. §§. 31, 36, 43), kann der Besitzer des erkrankten oder verdächtigen Schlachtviehs oder dessen Vertreter angehalten werden, die sofortige Abschlachtung desselben unter Aufsicht des beamteten Thierarztes in den dazu bestimmten Räumen vorzunehmen.

Diese Maßregel kann in dringenden Fällen auf alles andere, in der betreffenden Räumlichkeit vorhandene, für die Seuche empfängliche Schlachtvieh ausgedehnt werden.

§ 56. Nach Feststellung des Seuchenausbruchs können Schlachtviehhöfe oder öffentliche Schlachthäuser für die Dauer der Seuchengefahr gegen den Abtrieb der für die Seuche empfänglichen Thiere abgesperrt werden.

Strengere Absperrungsmaßregeln dürfen nur in dringenden Fällen angewendet werden.

4. Entschädigung für getödtete Thiere.

§ 57. Für die auf polizeiliche Anordnung getödteten oder nach dieser Anordnung an der Seuche gefallenen Thiere muß vorbehaltlich der in diesem Gesetze bezeichneten Ausnahmen eine Entschädigung gewährt werden.

§ 58. Die Bestimmungen darüber:

1. von wem die Entschädigung zu gewähren und wie dieselbe aufzubringen ist,

2. wie die Entschädigung im einzelnen Falle zu ermitteln und festzustellen ist, 30 Juni

sind von den Einzelstaaten zu treffen.

Die in dieser Hinsicht in den Einzelstaaten bereits bestehenden Vorschriften bleiben unberührt. Insoweit solche Vorschriften nicht entgegenstehen, sind die Landesregierungen befugt, zu bestimmen, daß die Entschädigung für getödtete Pferde und Rinder bis zum Eintritt einer anderweiten landesverfassungsmäßigen Regelung durch Beiträge der Besitzer von Pferden und Rindvieh nach Maßgabe der über die Vertheilung und Erhebung der Beiträge von der Landesregierung zu treffenden näheren Anordnung aufgebracht werden.

In allen Fällen sollen jedoch die Vorschriften der §§. 59 bis 64 dieses Gesetzes dabei maßgebend sein.

§ 59. Als Entschädigung soll der gemeine Werth des Thieres gewährt werden, ohne Rücksicht auf den Minderwerth, welchen das Thier dadurch erleidet, daß es mit der Seuche behaftet ist. Bei den mit der Rotzkrankheit behafteten Thieren hat jedoch die Entschädigung $^3/_4$, bei dem mit der Lungenseuche behafteten Rindvieh $^4/_5$ des so berechneten Werths zu betragen.

Auf die zu leistende Entschädigung werden angerechnet:

1. die aus Privatverträgen zahlbare Versicherungssumme, und zwar bei Rotz zu drei Viertel, bei Lungenseuche zu vier Fünfteln, in allen anderen Fällen zum vollen Betrage;

30 Juni 2. der Werth derjenigen Theile des getödteten Thieres, welche dem Besitzer nach Maßgabe der polizeilichen Anordnungen zur Verfügung bleiben.

§ 60. Die zu leistende Entschädigung wird, sofern ein anderer Berechtigter nicht bekannt ist, demjenigen gezahlt, in dessen Gewahrsam oder Obhut sich das Thier zur Zeit der Tödtung befand.

Mit dieser Zahlung ist jeder Entschädigungsanspruch Dritter erloschen.

§ 61. Keine Entschädigung wird gewährt:

1. für Thiere, welche dem Reich, den Einzelstaaten oder zu den landesherrlichen Gestüten gehören;
2. für Thiere, welche, der Vorschrift des §. 6 zuwider, mit der Krankheit behaftet in das Reichsgebiet eingeführt sind;
3. für Thiere, bei welchen nach ihrer Einführung in das Reichsgebiet innerhalb 90 Tagen die Rotzkrankheit oder innerhalb 180 Tagen die Lungenseuche festgestellt wird, wenn nicht der Nachweis erbracht wird, daß die Ansteckung der Thiere erst nach Einführung derselben in das Reichsgebiet stattgefunden hat.

§ 62. Die Gewährung einer Entschädigung kann versagt werden:

1. für Thiere, welche mit einer ihrer Art oder dem Grade nach unheilbaren und unbedingt tödtlichen Krankheit, mit Ausnahme jedoch des Rotzes und der Lungenseuche, behaftet waren;

2. für das in Schlachtviehhöfen oder in öffentlichen Schlachthäusern aufgestellte, auf polizeiliche Anordnung geschlachtete oder getödtete Schlachtvieh; 30 Juni

3. für Hunde und Katzen, welche aus Anlaß der Tollwuth getödtet sind (§§. 34, 37 Absatz 1, 38).

§ 63. Der Anspruch auf Entschädigung fällt weg:

1. wenn der Besitzer der Thiere oder der Vorsteher der Wirthschaft, welcher die Thiere angehören, vorsätzlich oder fahrlässig, oder der Begleiter der auf dem Transporte befindlichen Thiere, oder bezüglich der in fremdem Gewahrsam befindlichen Thiere, der Besitzer des Gehöfts, der Stallung, Koppel oder Weide vorsätzlich, den Vorschriften der §§. 9 und 10 zuwider, die Anzeige vom Ausbruche der Seuche oder vom Seuchenverdacht unterläßt, oder länger als 24 Stunden nach erhaltener Kenntniß verzögert;

2. wenn der Besitzer eines der Thiere mit der Seuche behaftet gekauft oder durch ein anderes Rechtsgeschäft unter Lebenden erworben hat und von diesem kranken Zustande beim Erwerbe des Thieres Kenntniß hatte;

3. im Falle des §. 25, oder wenn dem Besitzer oder dessen Vertreter die Nichtbefolgung oder Uebertretung der polizeilich angeordneten Schutzmaßregeln zur Abwehr der Seuchengefahr zur Last fällt.

80 Juni

§ 64. Wenn zur Bestreitung der Entschädigungen Beiträge nach Maßgabe des vorhandenen Pferde- und Rindviehbestandes erhoben werden, dürfen diese Beiträge für Thiere, welche dem Reich, den Einzelstaaten oder zu den landesherrlichen Gestüten gehören, und im Falle des §. 62 Nr. 2 für das in Schlachtviehhöfen oder in öffentlichen Schlachthäusern aufgestellte Schlachtvieh nicht beansprucht werden.

III. Strafvorschriften.

§ 65. Mit Geldstrafe von 10 bis 150 Mark oder mit Haft nicht unter einer Woche wird, sofern nicht nach den bestehenden gesetzlichen Bestimmungen eine höhere Strafe verwirkt ist, bestraft:

1. wer der Vorschrift des §. 6 zuwider Thiere einführt, welche an einer übertragbaren Seuche leiden.

   Neben der Strafe ist auf Einziehung der verbotswidrig eingeführten Thiere zu erkennen, ohne Unterschied, ob sie dem Verurtheilten gehören oder nicht;

2. wer der Vorschrift der §§. 9 und 10 zuwider die Anzeige vom Ausbruch der Seuche oder vom Seuchenverdacht unterläßt, oder länger als 24 Stunden nach erhaltener Kenntniß verzögert, oder es unterläßt, die verdächtigen Thiere von Orten, an welchen die Gefahr der Ansteckung fremder Thiere besteht, fern zu halten;

3. wer den Vorschriften der §§. 31 bis 33 zuwider an Milzbrand erkrankte, oder der Krankheit verdächtige Thiere schlachtet, blutige Operationen an denselben vornimmt, oder die Kadaver derselben abhäutet oder vorschriftswidrig eine Oeffnung derselben vornimmt, oder es unterläßt, dieselben sofort unschädlich zu beseitigen; 80 Juni
4. wer den zum Schutze gegen die Tollwuth der Hausthiere in den §§. 34, 35, 36 und 39 ertheilten Vorschriften zuwiderhandelt;
3. wer den Vorschriften im §. 43 zuwider die Kadaver gefallener oder getödteter rotzkranker Thiere abhäutet, oder nicht sofort unschädlich beseitigt;
6. wer außer dem Falle polizeilicher Anordnung die Pockenimpfung eines Schafes vornimmt;
7. wer gegen die Vorschrift des §. 50 Pferde, welche an der Beschälseuche, Pferde oder Viehstücke, welche an dem Bläschenausschlage der Geschlechtstheile leiden, zur Begattung zuläßt.

§ 66. Mit Geldstrafe bis zu 150 Mark oder mit Haft wird, sofern nicht nach den bestehenden gesetzlichen Bestimmungen eine höhere Strafe verwirkt ist, bestraft:

1. wer den auf Grund des §. 7 dieses Gesetzes angeordneten Einfuhrbeschränkungen zuwiderhandelt.

Neben der Strafe ist auf Einziehung der verbotswidrig eingeführten Thiere oder Gegen=

80 Juni stände zu erkennen, ohne Unterschied, ob sie dem Verurtheilten gehören oder nicht;

2. wer den auf Grund des §. 8 dieses Gesetzes polizeilich angeordneten Kontrolmaßregeln zuwiderhandelt;
3. wer den in den Fällen des §. 12 Absatz 2 und des §. 17 Absatz 2 von dem Thierarzte getroffenen vorläufigen Anordnungen zuwiderhandelt;
4. wer den im Falle einer Seuchengefahr polizeilich angeordneten Schutzmaßregeln (§§. 19 bis 28, 38, 51) zuwiderhandelt.

§ 67. Sind in den Fällen der §§. 65, 66 die Zuwiderhandlungen in der Absicht begangen, sich oder einem Anderen einen Vermögensvortheil zu verschaffen oder einem Anderen Schaden zuzufügen, so tritt, sofern nicht nach den bestehenden gesetzlichen Bestimmungen eine höhere Strafe verwirkt ist, Geldstrafe nicht unter 50 bis zu 150 Mark oder Haft nicht unter drei Wochen ein.

IV. Schlußbestimmungen.

§ 68. Das Gesetz, betreffend die Beseitigung von Ansteckungsstoffen bei Viehbeförderungen auf Eisenbahnen, vom 25. Februar 1876 (Reichs-Gesetzbl. S. 163) wird durch das gegenwärtige Gesetz nicht berührt.

§ 69. Dieses Gesetz tritt mit dem 1. April 1881 in Kraft.

Urkundlich 2c.

Gegeben Bad Ems, den 23. Juni 1880.

Verordnung, betreffend die Klasseneintheilung der Militärbeamten des Reichsheeres und der Marine. Vom 29. Juni 1880. 80 Juni

(R.G.Bl. S. 169.)

Gesetz, betreffend die Abänderung des §. 32 der Gewerbeordnung. Vom 15. Juli 1880.*)

(R.G.Bl. S. 179.)

(Aufgegangen in der Reichs-Gewerbeordnung in ihrer neuen Fassung vom 1. Juli 1883.)

Verordnung, betreffend die Schiffsmeldungen bei den Konsulaten des Deutschen Reichs. Vom 28. Juli 1880.)**

(R.G.Bl. S. 183.)

Uebereinkunft des Weltpostvereins, betreffend den Austausch von Postpacketen ohne Werthangabe. Vom 3. November 1880.

(R.G.Bl. für 1881 S. 69.)

Bekanntmachung, betreffend Abänderung der Uebergangsabgabe für Branntwein und Einführung einer Steuerrückvergütung für solchen in Bayern. Vom 9. November 1880.

(R.G.Bl. S. 189.)

---

*) Einz.-Ausg. Bd. 6.

**) Einz.-Ausg. Bd. 19 (Seegesetzgebung) S. 263 und Bd. 21 (Konsulargesetzgebung) S. 264.

80 Nov. **Bekanntmachung, betreffend die Uebergangsabgabe und die Steuerrückvergütung für Branntwein in Baden. Vom 9. November 1880.**

(R.G.Bl. S. 190.)

(Abgeändert durch Bekanntmachung vom 28. Mai 1883.)

Verordnung, betreffend die Konsulargerichtsbarkeit in Bosnien und in der Herzegowina. Vom 23. Dezember 1880.*)

(R.G.Bl. S. 191.)

Verordnung, betreffend die Konsulargerichtsbarkeit in Egypten. Vom 23. Dezember 1880.)**

(R.G.Bl. S. 192.)

Verordnung, betreffend die Kaution des Rendanten der Büreaukasse bei dem Reichsamt des Innern. Vom 2. Februar 1881.

(R.G.Bl. S. 3.)

Bekanntmachung, betreffend diejenigen obersten Verwaltungsbehörden und höheren Verwaltungsbehörden im Deutschen Reich und in der Oesterreich-Ungarischen Monarchie, deren Urkunden einer Beglaubigung nicht bedürfen. Vom 2. Februar 1881.*)**

(R.G.Bl. S. 8.)

---

*) Einz.-Ausg. Bd. 21 (Konsulargesetzgebung) S. 285.

**) Ebenda S. 286.

***) Ein Nachtragsverzeichniß ist unterm 3. August 1881 ergangen.

Verordnung wegen Abänderung der Verordnung, betreffend die Tagegelder, die Fuhrkosten und die Umzugskosten der gesandtschaftlichen und Konsularbeamten.*) 81 Febr.
Vom 7. Februar 1881.
(R.G.Bl. S. 27.)

Verordnung, betreffend die Suspension des Artikels 10 der Verordnung vom 7. Januar 1880 zur Verhütung des Zusammenstoßens der Schiffe auf See. Vom 16. Februar 1881.)**
(R.G.Bl. S. 28.)

Verordnung, betreffend die Aenderung der Klasseneintheilung einzelner Orte. Vom 22. Februar 1881.*)**
(R.G.Bl. S. 35.)

Gesetz,
betreffend die Zuständigkeit des Reichsgerichts für Streitfragen zwischen dem Senat und der Bürgerschaft der freien und Hansestadt Hamburg.
Vom 14. März 1881.

(R.G.Bl. S. 37; ausgeg. am 24. März 1881.)

Das Reichsgericht entscheidet in den vereinigten Civilsenaten die ihm durch Artikel 71 Ziffer 1 und

---

*) Die abgeänderte Verordnung ist vom 23. April 1879.

**) Einz.-Ausg. Bd. 19 (Seegesetzgebung) S. 287.

***) Die durch diese Verordnung und die Verordnung vom 9. Mai 1882 theilweise abgeänderte Klasseneintheilung der Orte ist festgesetzt durch Gesetz vom 3. August 1878.

81 März Artikel 76 der Verfassung der freien und Hansestadt Hamburg vom 13. Oktober 1879 (Gesetz-Samml der freien und Hansestadt Hamburg 1879 S. 353) zugewiesenen Streitfragen zwischen dem Senat und der Bürgerschaft.

Urkundlich ꝛc.

Gegeben Berlin, den 14. März 1881.

Gesetz,
betreffend die Begründung der Revision in bürgerlichen Rechtsstreitigkeiten.

Vom 15. März 1881.

(R.G.Bl. S. 38; ausgeg. am 24. März 1881.)

§ 1. Den Landesgesetzen, deren Verletzung zufolge der §§. 7 bis 12 der Verordnung vom 28. September 1879 (Reichs-Gesetzbl. S. 299) die Revision in bürgerlichen Rechtsstreitigkeiten begründet, treten hinzu:

1. das Königlich württembergische Berggesetz vom 7. Oktober 1874 (Regierungsblatt für das Königreich Württemberg S. 265);
2. das Großherzoglich hessische Berggesetz vom 28. Januar 1876 (Regierungsblatt S. 73);
3. das Herzoglich braunschweigische Berggesetz vom 15. April 1876 (Gesetz- und Verordnungs-Samml. S. 109);
4. das Herzoglich sachsen-meiningensche Berggesetz vom 17. April 1868 (Sammlung der landesherrlichen Verordnungen S. 49);

5. das Herzoglich sachsen-altenburgische Berggesetz vom 18. April 1872 (Gesetz-Samml. S. 29); 31 März

6. das Herzoglich sachsen-koburg-gothaische Berggesetz für das Herzogthum Gotha vom 16. August 1868 (Gesetz-Samml. für das Herzogthum Gotha S. 975);

7. das Herzoglich anhaltische Berggesetz vom 30. April 1875 (Gesetz-Samml. Bd. 7 S. 167);

8. das Fürstlich waldeckische Gesetz, die Einführung des preußischen allgemeinen Berggesetzes vom 24. Juni 1865 betreffend, vom 1. Januar 1869 (Regierungsblätter S. 3);

9. das für das Fürstenthum Reuß jüngerer Linie erlassene Berggesetz vom 9. Oktober 1870 (Gesetz-Samml. Bd. XVI S. 199);

ferner:

10. die Großherzoglich oldenburgischen Gesetze für das Fürstenthum Lübeck, betreffend den Eigenthumserwerb an Grundstücken und deren dingliche Belastung, vom 28. Januar 1879, und betreffend die Grundbuchordnung, von demselben Tage (Gesetzbl. für das Fürstenthum Lübeck Bd. 17 S. 87, 107);

11. die Herzoglich sachsen-koburg-gothaischen Gesetze, betreffend den Eigenthumserwerb und die dingliche Belastung der Grundstücke, Bergwerke und

81 März selbständigen Gerechtigkeiten, vom 1. März 1877, und betreffend die Grundbuchordnung, von demselben Tage (Gesetzbl. für das Herzogthum Gotha S. 9, 23; Gesetzbl. für das Herzogthum Koburg S. 15, 35);

endlich:

12. die §§. 29, 30, 33, 40 und 46 des bremischen Einführungsgesetzes zum deutschen Handelsgesetzbuch vom 6. Juni 1864 (Gesetzbl. S. 43) und der §. 21 des bremischen Gesetzes, betreffend die Abänderung des vorgedachten Einführungsgesetzes, vom 4. Juni 1879 (Gesetzbl. S. 183).

§ 2. Die vorstehende Bestimmung findet in den zur Zeit des Inkrafttretens dieses Gesetzes anhängigen Sachen keine Anwendung.

Urkundlich 2c.

Gegeben Berlin, den 15. März 1881.

Verordnung, betreffend die anderweite Festsetzung der Kaution der Postagenten. Vom 6. April 1881.

(R.G.Bl. S. 91.)

(Aufgehoben durch Verordnung vom 18. April 1883.)

Gesetz, betreffend die Fürsorge für die Wittwen und Waisen der Reichsbeamten der Civilverwaltung. 81 Apr.

Vom 20. April 1881.*)

(R.G.Bl. S. 85.)

§ 1. Beamte der Civilverwaltung, welche Diensteinkommen oder Wartegeld aus der Reichskasse beziehen und welchen beim Eintritt der Voraussetzungen der Versetzung in den Ruhestand nach Erfüllung der erforderlichen Dienstzeit Pension aus der Reichskasse gebühren würde, sowie in den Ruhestand versetzte Beamte der Civilverwaltung, welche kraft gesetzlichen Anspruchs oder auf Grund des §. 39 des Reichsbeamtengesetzes vom 31. März 1873 (Reichs-Gesetzbl. S. 61) lebenslängliche Pension aus der Reichskasse beziehen, sind verpflichtet, Wittwen- und Waisengeldbeiträge zur Reichskasse zu entrichten.

Diese Verpflichtung erstreckt sich nicht auf solche Beamte, welche nur nebenamtlich im Reichsdienst angestellt sind.

§ 2. Von dem den Hinterbliebenen eines zur Entrichtung von Wittwen- und Waisengeldbeiträgen verpflichteten Beamten nach den §§. 7, 8, 31 und 69 des Reichsbeamtengesetzes vom 31. März 1873 gebührenden oder bewilligten Betrage des vierteljährlichen Gehalts oder Wartegelds beziehungsweise der einmonatlichen

---

*) Vgl. unten Verordnung, betr. die Fürsorge für die Wittwen und Waisen der Reichsbankbeamten, vom 8. Juni 1881.

81 Apr. Pension des Verstorbenen sind die Wittwen- und Waisengeldbeiträge gleichfalls zu entrichten.

§ 3. Die Wittwen- und Waisengeldbeiträge betragen jährlich 3 Prozent des pensionsfähigen Diensteinkommens, des Wartegeldes oder der Pension mit der Maßgabe, daß der die Jahressumme von 9000 Mark des pensionsfähigen Diensteinkommens oder Wartegeldes und von 5000 Mark der Pension übersteigende Betrag nicht beitragspflichtig ist.

§ 4. Die Wittwen- und Waisengeldbeiträge werden in denjenigen Theilbeträgen, in welchen das Diensteinkommen, das Wartegeld oder die Pension zahlbar ist, durch Einbehaltung eines entsprechenden Theiles dieser Bezüge erhoben.

Der einzubehaltende Theil ist weder der Pfändung unterworfen, noch bei der Ermittelung, ob und zu welchem Betrage die Bezüge der Pfändung unterliegen, zu berechnen.

§ 5. Die Verpflichtung zur Entrichtung der Wittwen- und Waisengeldbeiträge erlischt:

1. mit dem Tode des Beamten, vorbehaltlich der im §. 2 getroffenen Bestimmungen;
2. wenn der Beamte ohne Pension aus dem Dienste scheidet, oder mit Belassung eines Theiles derselben aus dem Dienste entlassen wird;
3. wenn der Beamte in den Ruhestand versetzt wird und ihm auf Grund des §. 39 des Reichsbeamtengesetzes vom 31. März 1873 eine Pension auf bestimmte Zeit bewilligt ist;

4. für den Beamten, welcher weder verheirathet ist, noch unverheirathete eheliche noch durch nachgefolgte Ehe legitimirte Kinder unter 18 Jahren besitzt, mit dem Zeitpunkte der Versetzung in den Ruhestand; 81 Apr.
5. für den pensionirten Beamten mit dem Ablauf desjenigen Monats, in welchem die unter Ziffer 4 bezeichnete Voraussetzung zutrifft. Durch eine nach der Pensionirung geschlossene Ehe oder durch das Vorhandensein von Kindern aus einer solchen wird das Erlöschen der Verpflichtung nicht gehindert.

§ 6. Die zur Zeit des Inkrafttretens dieses Gesetzes pensionirten Beamten, welche weder verheirathet sind, noch unverheirathete eheliche oder durch nachgefolgte Ehe legitimirte Kinder unter 18 Jahren besitzen, sind von Entrichtung der Wittwen- und Waisengeldbeiträge befreit. Eine nach der Pensionirung geschlossene Ehe sowie Kinder aus einer solchen kommen hierbei nicht in Betracht.

§ 7. Die Wittwe und die hinterbliebenen ehelichen oder durch nachgefolgte Ehe legitimirten Kinder eines zur Zeit seines Todes zur Entrichtung von Wittwen- und Waisengeldbeiträgen verpflichteten Beamten erhalten aus der Reichskasse Wittwen- und Waisengeld nach Maßgabe der nachfolgenden Bestimmungen.

§ 8. Das Wittwengeld besteht in dem dritten Theile derjenigen Pension, zu welcher der Verstorbene berechtigt gewesen ist oder berechtigt gewesen sein würde, wenn er am Todestage in den Ruhestand versetzt wäre.

81 Apr. Das Wittwengeld soll jedoch, vorbehaltlich der im §. 10 verordneten Beschränkung, mindestens 160 Mark betragen und 1 600 Mark nicht übersteigen.

§ 9. Das Waisengeld beträgt:

1. für Kinder, deren Mutter lebt und zur Zeit des Todes des Beamten zum Bezuge von Wittwengeld berechtigt war, ein Fünftel des Wittwengeldes für jedes Kind;
2. für Kinder, deren Mutter nicht mehr lebt oder zur Zeit des Todes des Beamten zum Bezuge von Wittwengeld nicht berechtigt war, ein Drittel des Wittwengeldes für jedes Kind.

§ 10. Wittwen- und Waisengeld dürfen weder einzeln noch zusammen den Betrag der Pension übersteigen, zu welcher der Verstorbene berechtigt gewesen ist oder berechtigt gewesen sein würde, wenn er am Todestage in den Ruhestand versetzt wäre.

Bei Anwendung dieser Beschränkung werden das Wittwen- und das Waisengeld verhältnißmäßig gekürzt.

§ 11. Bei dem Ausscheiden eines Wittwen- oder Waisengeldberechtigten erhöht sich das Wittwen- oder Waisengeld der verbleibenden Berechtigten von dem nächstfolgenden Monat an insoweit, als sie sich noch nicht im vollen Genuß der ihnen nach den §§. 8 bis 10 gebührenden Beträge befinden.

§ 12. War die Wittwe mehr als 15 Jahre jünger als der Verstorbene, so wird das nach Maßgabe der §§. 8 und 10 berechnete Wittwengeld für jedes angefangene Jahr des Altersunterschiedes über 15 bis einschließlich 25 Jahre um $^1/_{20}$ gekürzt.

Auf den nach §. 9 zu berechnenden Betrag des Waisengeldes sind diese Kürzungen des Wittwengeldes ohne Einfluß. 81 Apr.

§ 13. Keinen Anspruch auf Wittwengeld hat die Wittwe, wenn die Ehe mit dem verstorbenen Beamten innerhalb dreier Monate vor seinem Ableben geschlossen und die Eheschließung zu dem Zwecke erfolgt ist, um der Wittwe den Bezug des Wittwengeldes zu verschaffen.

Keinen Anspruch auf Wittwen- und Waisengeld haben die Wittwe und die hinterbliebenen Kinder eines pensionirten Beamten aus solcher Ehe, welche erst nach der Versetzung des Beamten in den Ruhestand geschlossen ist.

§ 14. Stirbt ein zur Entrichtung von Wittwen- und Waisengeldbeiträgen verpflichteter Beamter, welchem, wenn er am Todestage in den Ruhestand versetzt wäre, auf Grund des §. 39 des Reichsbeamtengesetzes vom 31. März 1873 eine Pension hätte bewilligt werden können, so kann der Wittwe und den Waisen desselben Wittwen- und Waisengeld durch den Reichskanzler bewilligt werden.

Stirbt ein zur Entrichtung von Wittwen- und Waisengeldbeiträgen verpflichteter Beamter, welchem nach §§. 50 und 52 des Reichsbeamtengesetzes vom 31. März 1873 im Falle seiner Versetzung in den Ruhestand die Anrechnung gewisser Zeiten auf die in Betracht kommende Dienstzeit hätte bewilligt werden können, so ist der Reichskanzler befugt, eine solche An-

81 Apr. rechnung auch bei Festsetzung des Wittwen- und Waisengeldes zuzulassen.

§ 15. Die Zahlung des Wittwen- und Waisengeldes beginnt mit dem Ablauf des Gnadenquartals oder des Gnadenmonats.

§ 16. Das Wittwen- und Waisengeld wird monatlich im voraus gezahlt. An wen die Zahlung gültig zu leisten ist, bestimmt die oberste Reichsbehörde, welche die Befugniß zu solcher Bestimmung auf die höhere Reichsbehörde übertragen kann.

Nicht abgehobene Theilbeträge des Wittwen- und Waisengeldes verjähren binnen vier Jahren, vom Tage ihrer Fälligkeit an gerechnet, zum Vortheil der Reichskasse.

§ 17. Das Wittwen- und Waisengeld kann mit rechtlicher Wirkung weder abgetreten, noch verpfändet oder sonst übertragen werden.

§ 18. Das Recht auf den Bezug des Wittwen- und Waisengeldes erlischt:

1. für jeden Berechtigten mit dem Ablauf des Monats, in welchem er sich verheirathet oder stirbt;
2. für jede Waise außerdem mit dem Ablauf des Monats, in welchem sie das 18. Lebensjahr vollendet.

§ 19. Das Recht auf den Bezug des Wittwen- und Waisengeldes ruht, wenn der Berechtigte das deutsche Indigenat verliert, bis zur etwaigen Wiedererlangung desselben.

§ 20. Mit den aus §. 14 sich ergebenden Maßgaben erfolgt die Bestimmung darüber, ob und welches Wittwen- und Waisengeld der Wittwe und den Waisen eines Beamten zusteht, durch die oberste Reichsbehörde, welche die Befugniß zu solcher Bestimmung auf die höhere Reichsbehörde übertragen kann. 81 Apr.

§ 21. Das den Hinterbliebenen eines Beamten zu bewilligende Wittwen- oder Waisengeld darf nicht hinter demjenigen Betrage zurückbleiben, welcher denselben nach den bis zum Inkrafttreten dieses Gesetzes für sie geltenden Bestimmungen aus der Reichskasse hätte gewährt werden müssen, wenn der Beamte vor diesem Zeitpunkte gestorben wäre.

§ 22. Beamte, welche nach den Bestimmungen dieses Gesetzes Wittwen- und Waisengeldbeiträge zu entrichten haben, sind nicht verpflichtet, einer Militär- oder Landesbeamten-Wittwenkasse oder der sonstigen Veranstaltung eines Bundesstaates zur Versorgung der Hinterbliebenen von Beamten beizutreten.

§ 23. Diejenigen nach §. 1 zur Entrichtung von Wittwen- und Waisengeldbeiträgen verpflichteten Beamten, welche Mitglieder einer der im §. 22 bezeichneten Landesanstalten und derselben nicht erst nach der Verkündung dieses Gesetzes beigetreten sind, bleiben, wenn sie binnen drei Monaten nach dem Inkrafttreten dieses Gesetzes durch eine schriftliche Erklärung für ihre etwaigen künftigen Hinterbliebenen auf das in den §§. 7 ff. bestimmte Wittwen- und Waisengeld verzichten, von Entrichtung der im §. 3 bestimmten Wittwen- und

81 Apr. Waisengeldbeiträge befreit. Andernfalls sind sie berechtigt, aus der Landesanstalt auszuscheiden.

§ 24. Diejenigen nach §. 1 zur Entrichtung von Wittwen- und Waisengeldbeiträgen verpflichteten Beamten, welche vor der Verkündung dieses Gesetzes und während sie im Dienste des Norddeutschen Bundes oder des Reichs befindlich waren, auf ihren Todesfall ihren Ehefrauen oder Kindern eine Leibrente oder ein Kapital oder ihren gesetzlichen Erben ein Kapital bei einer Privat-Versicherungsgesellschaft versichert haben, können, falls diese Versicherung zur Zeit des Inkrafttretens dieses Gesetzes noch besteht, und wenn sie binnen drei Monaten nach diesem Zeitpunkte durch eine schriftliche Erklärung für ihre etwaigen künftigen Hinterbliebenen auf das in den §§. 7 ff. bestimmte Wittwen und Waisengeld verzichten, durch die oberste Reichsbehörde oder die von derselben ermächtigte höhere Reichsbehörde von Entrichtung der Wittwen- und Waisengeldbeiträge befreit werden.

Die näheren Voraussetzungen, unter denen eine solche Befreiung zulässig, sowie die Bedingungen, von welchen dieselbe abhängig zu machen ist, bestimmt der Reichskanzler.

§ 25. Dieses Gesetz tritt mit dem 1. Juli 1881 in Kraft.

Urkundlich ꝛc.

Gegeben Berlin, den 20. April 1881.

Verordnung, betreffend die Festsetzung der Kautionen des Lootsenkommandeurs an der Jade und des Sekretariats-Assistenten bei dem Lootsenkommando dortselbst. Vom 10. Mai 1881. 81 Mai

(R.G.Bl. S. 95.)

Gesetz, betreffend die Küstenfrachtfahrt. Vom 22. Mai 1881.*)

(R.G.Bl. S. 97.)

Gesetz, betreffend die Oeffentlichkeit der Verhandlungen und die Geschäftssprache des Landesausschusses für Elsaß-Lothringen. Vom 23. Mai 1881.

(R.G.Bl. S. 98.)

Verordnung, betreffend die Umzugskosten des Personals des Marinelazareths zu Yokohama bei Versetzungen aus dem Inlande dorthin, beziehungsweise bei Rückversetzungen nach dem Inlande. Vom 24. Mai 1881.

(R.G.Bl. S. 101.)

---

*) Einz.-Ausg. Bd. 19 (Seegesetzgebung) S. 351. — Dazu Verordnung vom 29. Dezember 1881 und Bekanntmachung von demselben Tage.

31 Mai

Gesetz, betreffend die Besteuerung der Dienstwohnungen der Reichsbeamten.

Vom 31. Mai 1881.

(R.G.Bl. S. 99.)

§ 1. In Gemeinden, welche eine nach dem Miethwerth der Wohnungen veranlagte Steuer (Miethsteuer) erheben, darf für die Dienstwohnungen der Reichsbeamten der Miethwerth, von welchem die Steuer erhoben wird, nicht höher als mit fünfzehn vom Hundert des baaren Gehalts dieser Beamten bemessen werden.

§ 2. Bei Feststellung des baaren Gehalts bleiben diejenigen Beträge außer Ansatz, welche den Beamten zur Bestreitung von Repräsentations- oder Dienstaufwandskosten gewährt werden.

§ 3. Dies Gesetz tritt mit dem 1. Juli 1881 in Kraft.

Urkundlich 2c.

Gegeben Berlin, den 31. Mai 1881.

Verordnung, betreffend die Fürsorge für die Wittwen und Waisen der Reichsbankbeamten.

Vom 8. Juni 1881.

(R.G.Bl. S. 117.)

Die Bestimmungen des Gesetzes, betreffend die Fürsorge für die Wittwen und Waisen der Reichsbeamten der Civilverwaltung vom 20. April d. J. (Reichs-Gesetzbl. S. 85), finden auf die Reichsbankbeamten mit folgenden Maßgaben entsprechende Anwendung: 81 Juni

I. An Stelle der Reichskasse tritt überall die Kasse der Reichsbank.

II. Die Wittwen- und Waisengeldbeiträge werden bei der Reichsbank zu einem besonderen Fonds angesammelt und verwaltet. Insofern derselbe nicht zu den laufenden Zahlungen an Wittwen- und Waisengeld zu verwenden ist, erfolgt die zinsbare Anlegung in Schuldverschreibungen des Reichs oder deutscher Bundesstaaten nach Bestimmung des Reichsbank-Direktoriums.

III. Diese Verordnung tritt mit dem 1. Juli 1881 in Kraft.

Urkundlich ꝛc.

Gegeben Berlin, den 8. Juni 1881.

Bekanntmachung, betreffend die Uebergangsabgabe und die Steuerrückvergütung für Bier in Baden. Vom 10. Juni 1881.

(R.G.Bl. S. 116.)

---

81 Juni Vertrag zwischen dem Deutschen Reich und der Oesterreichisch-Ungarischen Monarchie wegen Ausdehnung des Vertrages vom 25. Februar 1880 über die Beglaubigung öffentlicher Urkunden (Reichs-Gesetzbl. S. 4) auf Bosnien und die Herzegowina. Vom 13. Juni 1881.

(R.G.Bl. S. 253.)

Gesetz, betreffend die Abänderung des Zolltarifs. Vom 19. Juni 1881.*)

(R.G.Bl. S. 119.)

Gesetz, betreffend die Abänderung des Zolltarifs. Vom 21. Juni 1881.*)

(R.G.Bl. S. 121.)

Gesetz, betreffend die Abänderung von Bestimmungen des Gerichtskostengesetzes und der Gebührenordnung für Gerichtsvollzieher. Vom 29. Juni 1881.**)

(R.G.Bl. S. 178.)

Gesetz, betreffend die Erhebung von Reichsstempelabgaben. Vom 1. Juli 1881.***)

(R.G.Bl. S. 185.)

---

*) Gesetz, betreffend den Zolltarif 2c., vom 15. Juli 1879.

**) Einz.-Ausg. Bd. 15 (Gerichtskostengesetz 2c.) S. 1.

***) Einz.-Ausg. Bd. 18. — Außerdem abgedruckt in Bd. 4 (Handelsgesetzbuch 2c.) S. 401.

Bekanntmachung, betreffend die Veränderung der Uebergangsabgabensätze für Bier, Branntwein und Malz in Württemberg. Vom 7. Juli 1881. 81 Juli

(R.G.Bl. S. 232.)

Bekanntmachung, betreffend die Abänderung der Vorschriften über die Verwendung der Wechselstempelmarken. Vom 16. Juli 1881.*)

(R.G.Bl. S. 245.)

Gesetz, betreffend die Abänderung der Gewerbeordnung. Vom 18. Juli 1881.

(R.G.Bl. S. 233.)

(Aufgegangen in der Reichsgewerbeordnung in ihrer neuen Fassung vom 1. Juli 1883.)**)

Gesetz, betreffend die Bezeichnung des Raumgehaltes der Schankgefäße. Vom 20. Juli 1881.*)**

(R.G.Bl. S. 249.)

Bekanntmachung, betreffend eine Abänderung des Verzeichnisses der gewerblichen Anlagen, welche einer besonderen Genehmigung bedürfen. Vom 26. Juli 1881.

(R.G.Bl. S. 251.)

(Aufgegangen in § 16 der Reichs-Gewerbeordnung in ihrer neuen Fassung vom 1. Juli 1883.)**)

---

*) Einz.-Ausg. Bd. 5 (Wechselordnung 2c.) Theil 2 S. 94.

**) Einz.-Ausg. Bd. 6.

***) Einz.-Ausg. Bd. 2 (Strafgesetzbuch 2c.) S. 217.

3\. Aug. Bekanntmachung, betreffend die in Bosnien und in der Herzegowina bestehenden obersten und höheren Verwaltungsbehörden und Gerichte, deren Urkunden nach Artikel 1 und 2 des Vertrages [mit Oesterreich-Ungarn vom 13. Juni 1881] einer Beglaubigung nicht bedürfen. Vom 3. August 1881.

(R.G.Bl. S. 255.)

Bekanntmachung, betreffend ein Nachtragsverzeichniß derjenigen höheren Verwaltungsbehörden im Deutschen Reich, deren Urkunden nach Artikel 4 des zwischen dem Deutschen Reich und der Oesterreich-Ungarischen Monarchie geschlossenen Vertrages vom 25. Februar 1880 (Reichs-Gesetzbl. 1881 S. 4 einer Beglaubigung nicht bedürfen. Vom 3. August 1881.

(R.G.Bl. S. 256.)

Internationale Reblaus-Konvention. Vom 3. November 1881.*)

(R.G.Bl. für 1882 S. 125.)

Bekanntmachung, betreffend die Ausgabe neuer Stempelmarken zur Entrichtung der Wechselstempelsteuer. Vom 22. November 1881.**)

(R.G.Bl. S. 271.)

Verordnung, betreffend die Berechtigung fremder Flaggen zur Ausübung der deutschen Küstenfrachtfahrt. Vom 29. Dezember 1881.***)

(R.G.Bl. S. 275.)

---

*) Vgl. unten Gesetz vom 3. Juli 1883

**) Einz.-Ausg. Bd. 5 (Wechselordnung 2c.) Theil 2 S. 98.

***) Einz.-Ausg. Bd. 19 (Seegesetzgebung) S. 353.

Bekanntmachung, betreffend die durch das Gesetz vom 22. Mai 1881 über die Küstenfrachtfahrt nicht berührten vertragsmäßigen Bestimmungen. Vom 29. Dezember 1881.*) 81 Dez.

(R.G.Bl. S. 276.)

Bekanntmachung, betreffend die Neubefestigung von Kiel.

Vom 8. Januar 1882.

(R.G.Bl. S. 3.)

Auf Grund des §. 35 des Gesetzes, betreffend die Beschränkungen des Grundeigenthums in der Umgebung von Festungen, vom 21. Dezember 1871 (Reichs-Gesetzbl. S. 467) wird bekannt gemacht, daß die Neubefestigung von Kiel nach der Landseite hin in Aussicht genommen ist.

Berlin, den 8. Januar 1882.

Der Reichskanzler.

Bekanntmachung, betreffend die Uebereinkunft mit den Niederlanden wegen gegenseitigen Schutzes der Waarenzeichen. Vom 19. Januar 1882.)**

(R.G.Bl. S. 5.)

---

*) Einz.-Ausg. Bd. 19 (Seegesetzgebung) S. 354.

**) Vgl. oben Bekanntmachung vom 11. Juli 1872.

82 Jan. **Bekanntmachung, betreffend die Uebereinkunft mit Rumänien wegen gegenseitigen Markenschutzes. Vom 27. Januar 1882.***)

(R.G.Bl. S. 7.)

Bekanntmachung, betreffend eine Abänderung des Verzeichnisses der gewerblichen Anlagen, welche einer besonderen Genehmigung bedürfen. Vom 31. Januar 1882.**)

(R.G.Bl. S. 10.)

Gesetz, betreffend die Ausführung des Anschlusses der freien und Hansestadt Hamburg an das deutsche Zollgebiet. Vom 16. Februar 1882.

(R.G.Bl. S. 39.)

Allerhöchster Erlaß, betreffend den Rang der Ober-Postdirektoren. Vom 22. Februar 1882.

(R.G.Bl. S. 42.)

Verordnung über das gewerbsmäßige Verkaufen und Feilhalten von Petroleum.

Vom 24. Februar 1882.

(R.G.Bl. S. 40.)

§ 1. Das gewerbsmäßige Verkaufen und Feilhalten von Petroleum, welches, unter einem Barometerstande

---

*) Vgl. oben Bekanntmachung vom 11. Juli 1872.

**) Obige Bekanntmachung theilt nur die Genehmigung des Reichstages zu der vom Bundesrath beschlossenen Abänderung vom 26. Juli 1881 mit.

von 760 Millimetern, schon bei einer Erwärmung auf weniger als 21 Grade des hunderttheiligen Thermometers entflammbare Dämpfe entweichen läßt, ist nur in solchen Gefäßen gestattet, welche an in die Augen fallender Stelle auf rothem Grunde in deutlichen Buchstaben die nicht verwischbare Inschrift „Feuergefährlich“ tragen. 82 Febr.

Wird derartiges Petroleum gewerbsmäßig zur Abgabe in Mengen von weniger als 50 Kilogramm feilgehalten oder in solchen geringeren Mengen verkauft, so muß die Inschrift in gleicher Weise noch die Worte: „Nur mit besonderen Vorsichtsmaßregeln zu Brennzwecken verwendbar“ enthalten.

§ 2. Die Untersuchung des Petroleums auf seine Entflammbarkeit im Sinne des §. 1 hat mittelst des Abelschen Petroleumprobers unter Beachtung der von dem Reichskanzler wegen Handhabung des Probers zu erlassenden näheren Vorschriften zu erfolgen.

Wird die Untersuchung unter einem anderen Barometerstande als 760 Millimeter vorgenommen, so ist derjenige Wärmegrad maßgebend, welcher nach einer vom Reichskanzler zu veröffentlichenden Umrechnungstabelle unter dem jeweiligen Barometerstande dem im §. 1 bezeichneten Wärmegrade entspricht.

§ 3. Diese Verordnung findet auf das Verkaufen und Feilhalten von Petroleum in den Apotheken zu Heilzwecken nicht Anwendung.

§ 4. Als Petroleum im Sinne dieser Verordnung gelten das Rohpetroleum und dessen Destillationsprodukte.

82 Febr. § 5. Diese Verordnung tritt mit dem 1. Januar 1883 in Kraft.

Urkundlich 2c.

Gegeben Berlin, den 24. Februar 1882.

Verordnung wegen Abänderung der Verordnung vom 16. August 1876, betreffend die Kautionen der bei der Militär- und der Marineverwaltung angestellten Beamten. Vom 30. März 1882.

(R.G.Bl. S. 43.)

Verordnung, betreffend die Verwendung giftiger Farben.

Vom 1. Mai 1882.

(R.G.Bl. S. 55.)

§ 1. Giftige Farben dürfen zur Herstellung von Nahrungs- und Genußmitteln, welche zum Verkaufe bestimmt sind, nicht verwendet werden.

Giftige Farben im Sinne dieser Verordnung sind alle diejenigen Farbstoffe und Zubereitungen, welche

Antimon (Spießglanz),

Arsenik,

Baryum, ausgenommen Schwerspath (schwefelsauren Baryt),

Blei,

Chrom, ausgenommen reines Chromoxyd,

Cadmium,

Kupfer, 82 Mai

Quecksilber, ausgenommen Zinnober,

Zink,

Zinn,

Gummigutti,

Pikrinsäure

enthalten.

§ 2.
§ 3. } (treten nicht in Kraft).*)

§ 4. Die Verwendung der mit Arsenik dargestellten Farben zur Herstellung von Tapeten, imgleichen der mit Arsenik dargestellten Kupferfarben und der solche Farben enthaltenden Stoffe zur Herstellung von Bekleidungsgegenständen ist verboten.

§ 5. Das gewerbsmäßige Verkaufen und Feilhalten von Nahrungs- und Genußmitteln, welche den Vorschriften der §§. 1, 2 zuwider hergestellt, aufbewahrt oder verpackt sind, sowie von Spielwaaren, Tapeten und Bekleidungsgegenständen, welche den Vorschriften der §§. 3, 4 zuwider hergestellt sind, ist verboten.

§ 6. Diese Verordnung tritt mit dem 1. April 1883 in Kraft.

Urkundlich &c.

Gegeben Berlin den 1. Mai 1882.

---

*) Infolge Verordnung vom 5. März 1883.

82 Mai **Verordnung, betreffend die Aenderung der Klasseneintheilung einzelner Orte. Vom 9. Mai 1882.*)**

(R.G.Bl. S. 57.)

Gesetz, betreffend die Abänderung des Zolltarifs vom 15. Juli 1879. Vom 23. Juni 1882.

(R.G.Bl. S. 59.)

Bekanntmachung, betreffend den Beitritt Belgiens zu der unterm 3. November 1881 abgeschlossenen internationalen Reblaus-Konvention. Vom 7. Juli 1882.

(R.G.Bl. S. 138.)

Bekanntmachung, betreffend die Ausgabe neuer gestempelter Wechselblankets. Vom 10. Juli 1882.)**

(R.G.Bl. S. 122.)

Bekanntmachung, betreffend eine Abänderung des Verzeichnisses der gewerblichen Anlagen, welche einer besonderen Genehmigung bedürfen. Vom 12. Juli 1882.*)**

(R.G.Bl. S. 123.)

---

*) Vgl. Gesetz vom 3. August 1878 und Verordnung vom 22. Februar 1881.

**) Einz.-Ausg. Bd. 5 (Wechselordnung 2c.) Theil 2 S. 100.

***) Aufgegangen in § 16 der Reichs-Gewerbeordnung in ihrer neuen Fassung vom 1. Juli 1883 (Einz.-Ausg. Bd. 6).

Bekanntmachung, betreffend den Beitritt Luxemburgs zu der unterm 3. November 1881 abgeschlossenen internationalen Reblaus-Konvention. Vom 15. September 1882. 82 Sept.

(R.G.Bl. S. 139.)

Bekanntmachung, betreffend eine Abänderung des Verzeichnisses der gewerblichen Anlagen, welche einer besonderen Genehmigung bedürfen. Vom 23. Dezember 1882.*)

(R.G.Bl. S. 141.)

Verordnung, betreffend den Verkehr mit Honigpräparaten. Vom 3. Januar 1883.

(R.G.Bl. S. 1.)

Verordnung, betreffend die Außerkraftsetzung der §§. 2 und 3 der Verordnung vom 1. Mai 1882 über die Verwendung giftiger Farben. Vom 5. März 1883.

(R.G.Bl. S. 3.)

Verordnung, betreffend die Kautionen der Beamten und Unterbeamten der Reichs-Post- und Telegraphenverwaltung und der Reichsdruckerei. Vom 18. April 1883.

(R.G.Bl. S. 35.)

---

*) Aufgegangen in § 16 der Reichs-Gewerbeordnung in ihrer neuen Fassung vom 1. Juli 1883 (Einz.-Ausg. Bd. 6).

83 Apr. **Bekanntmachung, betreffend eine Abänderung des Verzeichnisses der gewerblichen Anlagen, welche einer besonderen Genehmigung bedürfen. Vom 21. April 1883.*)**

(R.G.Bl. S. 33.)

Bekanntmachung, betreffend die Uebergangsabgabe und die Steuerrückvergütung für Branntwein in Baden. Vom 28. Mai 1883.

(R.G.Bl. S. 72.)

Gesetz, betreffend die Krankenversicherung der Arbeiter.) Vom 15. Juni 1883.**

(R.G.Bl. S. 73.)

Gesetz, betreffend Abänderung der Gewerbeordnung. Vom 1. Juli 1883.

(R.G.Bl. S. 159.)

Bekanntmachung, betreffend die Redaktion der Gewerbeordnung für das Deutsche Reich. Vom 1. Juli 1883.*)

(R.G.Bl. S. 177.)

---

*) Obige Bekanntmachung theilt nur die Genehmigung des Reichstages zu den vom Bundesrath beschlossenen Abänderungen vom 12. Juli 1882 und vom 23. Dezember 1882 mit.

**) Einz.-Ausg. Bd. 20.

83 Juli

Gesetz, betreffend die Abwehr und Unterdrückung der Reblauskrankheit.

Vom 3. Juli 1883.

(R.G.Bl. S. 149.)

§ 1. Alle Rebpflanzungen unterliegen der Beaufsichtigung und Untersuchung durch die von den Landesregierungen ermächtigten Organe. Die letzteren sind befugt, zum Zweck von Nachforschungen nach der Reblaus (Phylloxera vastatrix) die Entwurzelung einer entsprechenden Anzahl von Rebstöcken zu bewirken.

§ 2. Die Landesregierungen werden die Rebpflanzungen überwachen lassen.

Insbesondere sind diejenigen Rebschulen, in welchen Reben zum Verkaufe gezogen werden, einer regelmäßigen, mindestens alljährlichen Untersuchung zu unterwerfen. Die höheren Verwaltungsbehörden können Ausnahmen zu Gunsten derjenigen kleineren Rebschulen gestatten, in welchen ausschließlich in der Gegend übliche Rebsorten gezogen werden.

§ 3. Im Falle der Ermittelung des Insekts liegt den Landesregierungen ob, nach Möglichkeit Verfügungen zu treffen, welche eine Verbreitung desselben zu verhindern geeignet sind.

Zu diesem Behufe können die Landesregierungen namentlich

1. verbieten, daß Reben, Rebtheile, Weinpfähle (Rebstützen) oder Erzeugnisse des Weinstocks,

83 Juli

ferner auch, daß andere Pflanzen oder Pflanzentheile von dem betreffenden Grundstücke entfernt werden;

2. die Vernichtung der angesteckten oder dem Verdacht einer Ansteckung unterworfenen Rebpflanzungen und die Unschädlichmachung (Desinfektion) des Bodens anordnen;
3. die Benutzung des Grundstücks zur Kultur von Reben für einen bestimmten Zeitraum untersagen.

Die vorbezeichneten oder sonst erforderlichen Maßregeln können einzeln oder in Verbindung mit einander angeordnet werden; dieselben können auf Theile des Grundstücks beschränkt, aber auch auf mehrere Grundstücke und erforderlichenfalls auf größere Bezirke erstreckt werden.

§ 4. In den Weinbaugebieten des Reichs werden alle Gemarkungen (Ortsfluren), in welchen Weinbau betrieben wird, bestimmten Weinbaubezirken zugetheilt. Die Grenzen dieser Bezirke werden von den betheiligten Landesregierungen festgesetzt und durch den Reichskanzler im Centralblatt für das Deutsche Reich bekannt gemacht.

Die Versendung und die Einführung bewurzelter Reben in einen Weinbaubezirk ist untersagt.

Für den Verkehr zwischen den einzelnen Weinbaubezirken können mit Zustimmung des Reichskanzlers Ausnahmen von diesem Verbote von den Landes-Zentralbehörden zugelassen werden; auch können die höheren Verwaltungsbehörden der einzelnen Bundesstaaten Ausnahmen zu Gunsten desjenigen gestatten, welcher Rebpflanzungen in benachbarten Weinbaubezirken besitzt.

Innerhalb des einzelnen Weinbaubezirks ist der Verkehr mit bewurzelten Reben aus Rebschulen verboten, in welchen andere als in diesem Bezirke übliche Rebsorten gezogen werden oder innerhalb der letzten drei Jahre gezogen worden sind.

Weinbau im Sinne dieses Gesetzes ist die Pflanzung und Pflege der Rebe zum Zweck der Weinbereitung.

§ 5. Der Reichskanzler wird die Ausführung dieses Gesetzes und der auf Grund desselben erlassenen Anordnungen überwachen.

Tritt die Reblauskrankheit in einer solchen Gegend des Reichsgebiets oder in solcher Ausdehnung auf, daß von den zu ergreifenden Maßregeln die Gebiete mehrerer Bundesstaaten betroffen werden müssen, so hat der Reichskanzler oder ein von ihm bestellter Reichskommissar für Herstellung und Erhaltung der Einheit in den seitens der Landesbehörden zu treffenden oder getroffenen Maßregeln zu sorgen und das zu diesem Zweck Erforderliche anzuordnen, nöthigenfalls auch die Behörden der betheiligten Bundesstaaten unmittelbar mit Anweisung zu versehen.

§ 6. Von jedem Auftreten der Reblaus, sowie von jeder einen dringenden Verdacht des Vorhandenseins des Insekts begründenden Erscheinung innerhalb eines Bundesstaates wird die Regierung des letzteren,

83 Juli unter eingehender Darlegung aller in Betracht kommenden Verhältnisse, namentlich auch der ermittelten oder muthmaßlichen Ursache der Ansteckung, dem Reichskanzler stets unverweilt Mittheilung machen.

§ 7. Die Regierungen der Bundesstaaten, in welchen das Vorhandensein der Reblaus festgestellt ist, werden in einem dem Zweck entsprechenden Maßstabe eine Karte aufstellen und richtig erhalten, welche den Stand der Krankheit jederzeit ersichtlich macht.

Auf Grund der bezüglichen Mittheilungen wird der Reichskanzler eine das ganze Reichsgebiet umfassende Karte herstellen lassen und die Grenzen der als angesteckt oder wegen der Nähe von Ansteckungsherden als verdächtig zu betrachtenden Bodenflächen bestimmen.

Ebenso werden die Regierungen der Bundesstaaten dem Reichskanzler im Laufenden zu erhaltende Verzeichnisse derjenigen Gartenbau- oder botanischen Anlagen, Schulen und Gärten mittheilen, welche regelmäßigen Untersuchungen in angemessener Jahreszeit unterliegen und amtlich als den Anforderungen der internationalen Reblaus-Konvention entsprechend erklärt worden sind.

§ 8. Der Eigenthümer oder Nutzungsberechtigte eines Grundstücks, auf welchem die Reblaus auftritt oder Anzeichen für das Vorhandensein des Insekts sich finden, ist verpflichtet, hiervon der Ortspolizeibehörde unverzüglich Anzeige zu machen.

§ 9. Die Kosten der nach Maßgabe dieses Gesetzes auf obrigkeitliche Anordnung ausgeführten Vernichtung von Rebpflanzen und Unschädlichmachung des Bodens fallen demjenigen Bundesstaate zur Last, in dessen Gebiete die infizirte Rebpflanzung belegen ist. 83 Juli

§ 10. Derjenige, dessen Rebpflanzungen von den in den §§. 1 bis 3 bezeichneten Maßregeln betroffen worden, ist befugt, den Ersatz des Werthes der auf obrigkeitliche Anordnung vernichteten und des Minderwerthes der bei der Untersuchung beschädigten gesunden Reben zu verlangen.

Die Bestimmungen darüber:

1. von wem diese Entschädigung zu gewähren und wie dieselbe aufzubringen ist,
2. nach welchen Normen die Entschädigung zu ermitteln und festzustellen ist,

sind von den einzelnen Bundesstaaten zu treffen.

§ 11. Der Anspruch auf Entschädigung (§. 10) geht verloren, wenn der Eigenthümer oder Nutzungsberechtigte der im §. 8 ihm auferlegten Verpflichtung wissentlich oder aus einem vertretbaren Versehen nicht nachgekommen ist.

§ 12. Zuwiderhandlungen gegen die Vorschriften der §§. 4 und 8 dieses Gesetzes, gegen die auf Grund desselben erlassenen Anordnungen oder gegen die zur Verhütung der Verbreitung der Reblauskrankheit erlassenen Einfuhr- und Ausfuhrverbote werden mit Geldstrafe bis zu 150 Mark oder mit Haft bestraft.

§ 13. Durch dieses Gesetz werden die Bestimmungen des Gesetzes, Maßregeln gegen die Reblauskrankheit

83 Juli betreffend, vom 6. März 1875 (Reichs-Gesetzbl. S. 175) nicht berührt.

Urkundlich ꝛc.

Gegeben Bad Ems, den 3. Juli 1883.

Verordnung,
betreffend das Verbot der Einfuhr und der Ausfuhr von Pflanzen und sonstigen Gegenständen des Wein- und Gartenbaues.

Vom 4. Juli 1883.*)

(R.G.Bl. S. 153.)

§ 1. Die Einfuhr von ausgerissenen Weinstöcken, trockenem Rebholz, Kompost, Düngererde, gebrauchten Weinpfählen und Weinstützen über die Grenzen des Reichs und die Ausfuhr der genannten Gegenstände sowie die Ausfuhr von Rebblättern — als Verpackungsmaterial oder sonst — aus dem Reichsgebiet in die Gebiete der bei der internationalen Reblaus-Konvention betheiligten Staaten ist verboten.

Die Ausfuhr von Rebpflänzlingen, von Schnittlingen mit oder ohne Wurzeln, sowie von Rebholz aus dem Reichsgebiet in das Gebiet eines der bei der gedachten Konvention betheiligten Staaten ist verboten, falls nicht der betreffende Staat die Einfuhr ausdrücklich genehmigt hat.

§ 2. Die Einfuhr bewurzelter Gewächse, welche aus Gebieten der bei der internationalen Reblaus-Konvention nicht betheiligten Staaten stammen, über die Grenzen des Reichs ist verboten. 88 Juli

§ 3. Die Einfuhr von Tafeltrauben, Trauben der Weinlese, Trestern über die Grenzen des Reichs und die Ausfuhr dieser Gegenstände aus dem Reichsgebiet in die Gebiete der bei der internationalen Reblaus-Konvention betheiligten Staaten ist nur gestattet, wenn die genannten Erzeugnisse und zwar:

1. die Tafeltrauben in wohlverwahrten und dennoch leicht zu durchsuchenden Schachteln, Kisten oder Körben,
2. die Trauben der Weinlese eingestampft in gut verschlossenen Fässern, welche einen Raumgehalt von wenigstens fünf Hektoliter haben und derartig gereinigt sind, daß sie kein Theilchen von Erde oder Rebe an sich tragen,
3. die Trester in gut verschlossenen Kisten oder Fässern

sich befinden.

§ 4. Die Einfuhr aller zur Kategorie der Rebe nicht gehörigen Pflänzlinge, Sträucher und sonstigen Vegetabilien, welche aus Pflanzschulen, Gärten oder Gewächshäusern stammen, über die Grenzen des Reichs und die Ausfuhr der genannten Gegenstände aus dem Reichsgebiet in die Gebiete der bei der internationalen Reblaus-Konvention betheiligten Staaten ist nur unter den nachfolgenden Bedingungen gestattet:

83
Juli

1. die Einfuhr hat ausschließlich über die hierfür vom Reichskanzler zu bezeichnenden Zollämter stattzufinden;
2. die Ausfuhr hat ausschließlich über die zu diesem Behuf von einem jeden der betheiligten Staaten für sein Gebiet zu bezeichnenden Zollämter stattzufinden;
3. die in Rede stehenden Gegenstände müssen fest, jedoch dergestalt, daß sie die nöthigen Untersuchungen gestatten, verpackt, sowie mit einer Erklärung des Absenders und mit einer auf der Erklärung eines amtlichen Sachverständigen beruhenden Bescheinigung der zuständigen Behörde versehen sein, aus welcher hervorgeht:
   a) daß die Gegenstände von einer Bodenfläche (einer offenen oder umfriedigten Pflanzung) stammen, die von jedem Weinstock durch einen Zwischenraum von wenigstens zwanzig Meter oder durch ein anderes Hinderniß getrennt ist, welches nach dem Urtheil der zuständigen Behörde ein Zusammentreffen der Wurzeln ausschließt;
   b) daß jene Bodenfläche selbst keinen Weinstock enthält;
   c) daß auf derselben keine Niederlage von Reben sich befindet;
   d) daß, wenn auf derselben von der Reblaus befallene Weinstöcke sich befunden haben, eine gänzliche Ausrottung der letzteren, ferner

wiederholte Desinfektionen und drei Jahre lang Untersuchungen erfolgt sind, welche die vollständige Vernichtung des Insekts und der Wurzeln verbürgen. 83 Juli

Die obengedachte Erklärung des Absenders muß

I. bescheinigen, daß der Inhalt der Sendung vollständig aus seiner eigenen Gartenanlage stammt;

II. den letzten Bestimmungsort und die Adresse des Empfängers angeben;

III. ausdrücklich bestätigen, daß die Sendung Reben nicht enthält;

IV. angeben, ob die Sendung Pflanzen mit Erdballen enthält;

V. die Unterschrift des Absenders tragen.

§ 5. Der Reichskanzler ist ermächtigt:

1. von der Bestimmung im §. 2 Ausnahmen zu gestatten;

2. für den Verkehr in den Grenzbezirken

a) von den Bestimmungen im §. 1 und

b) von den im §. 3 hinsichtlich der Weinlesetrauben und Trestern getroffenen Bestimmungen

Ausnahmen zu gestatten, vorausgesetzt, daß die fraglichen Gegenstände nicht aus einer von der Reblaus heimgesuchten Gegend herrühren;

c) hinsichtlich der Einfuhr von Erzeugnissen des Gemüsebaues, welche zwischen infizirten Rebpflanzungen gewachsen sind, beschränkende Maßregeln zu treffen;

83 Juli 3. hinsichtlich der nicht zur Kategorie der Reben gehörigen Gewächse, der Blumen in Töpfen und der Tafeltrauben ohne Blätter oder Rebholz, welche von Reisenden als Handgepäck mitgebracht werden, Ausnahmen von den Bestimmungen der §§. 3 und 4 zu gestatten.

§ 6. Die den vorstehenden Bestimmungen oder den Vorschriften der Eingangs gedachten Verordnung vom 31. Oktober 1879 zuwider zur Einfuhr gelangenden Gegenstände sind nach dem Ort der Herkunft auf Kosten des Verpflichteten zurückzuschicken oder, nach Wahl des etwa anwesenden Empfängers, durch Feuer zu vernichten.

Diejenigen Gegenstände, auf welchen die zu Rathe gezogenen Sachverständigen die Reblaus oder verdächtige Anzeichen derselben finden, sind nebst dem Verpackungsmaterial sofort an Ort und Stelle durch Feuer zu vernichten. Solchenfalls ist behufs der Mittheilung an die Regierung des Ursprungslandes ein Protokoll aufzunehmen.

Urkundlich rc.

Gegeben Bad Ems, den 4. Juli 1883.

Gesetz, betreffend die Steuervergütung für Zucker.
Vom 7. Juli 1883.
(R.G.Bl. S. 157.)

Bekanntmachung, betreffend Abänderung der allgemeinen polizeilichen Bestimmungen über die Anlegung von Dampfkesseln, vom 29. Mai 1871 (Reichs-Gesetzbl. S. 122). Vom 18. Juli 1883.*) 83 Juli

(R.G.Bl. S. 245.)

Allerhöchster Erlaß, betreffend die Zahlungsanweisung der Vergütungen für die durch die Truppenübungen entstehenden Flurschäden. Vom 24. Juli 1883.

(R.G.Bl. S. 264.)

Gesetz, betreffend die Konsulargerichtsbarkeit in Tunis. Vom 27. Juli 1883.)**

(R.G.Bl. S. 263.)

Bekanntmachung, betreffend die Uebereinkunft mit Luxemburg wegen gegenseitigen Markenschutzes. Vom 2. August 1883.*)**

(R.G.Bl. S. 268.)

Bekanntmachung, betreffend die Uebereinkunft mit den Vereinigten Staaten von Venezuela wegen gegenseitigen Markenschutzes. Vom 8. Dezember 1883.

(R.G.Bl. S. 339.)

---

*) Einz.-Ausg. Bd. 6 (Reichs-Gewerbeordnung 2c.) S. 171.

**) Einz.-Ausg. Bd. 21 (Konsulargerichtsbarkeit) S. 287. — Dazu Verordnung vom 21. Januar 1884.

***) Vgl. Bekanntmachung vom 11. Juli 1872.

88 Dez. **Uebereinkunft zwischen Deutschland und Belgien, betreffend den Schutz an Werken der Literatur und Kunst.**
Vom 12. Dezember 1883.
(R.G.Bl. für 1884 S. 173.)

Bekanntmachung, betreffend die Veränderung des Uebergangsabgabensatzes für braunes Bier in Württemberg.
Vom 18. Dezember 1883.
(R.G.Bl. S. 341.)

Verordnung, betreffend die Gebührenfreiheit in dem Verfahren vor dem Reichsgericht.

Vom 24. Dezember 1883.

(R.G.Bl. für 1884 S. 1.)

§ 1. In dem Verfahren vor dem Reichsgericht sind von Zahlung der Gebühren befreit:

1. öffentliche Armen-, Kranken-, Arbeits- und Besserungsanstalten, ferner Waisenhäuser und andere milde Stiftungen, insofern solche nicht einzelne Familien oder bestimmte Personen betreffen; oder in bloßen Studienstipendien bestehen;
2. öffentliche Volksschulen;
3. öffentliche gelehrte Anstalten und Schulen, Kirchen, Pfarreien, Kaplaneien, Vikarien und Küstereien, jedoch nur insoweit, als die Einnahmen derselben die etatsmäßige Ausgabe, einschließlich der Besoldung oder des statt dieser überlassenen Nießbrauchs, nicht übersteigen, und dieses durch ein

Zeugniß der denselben vorgesetzten Staatsbehörden bescheinigt wird. Insoweit aber in Rechtsstreitigkeiten derselben solche Ansprüche, welche lediglich das zeitige Interesse derjenigen berühren, welchen die Nutzung des betreffenden Vermögens für ihre Person zusteht, zugleich mitverhandelt werden, haben letztere die auf ihren Theil verhältnißmäßig fallenden Gebühren zu tragen. 83 Dez.

§ 2. Gegenwärtige Verordnung tritt mit dem Tage ihrer Verkündung in Kraft. Die Befreiung erstreckt sich auf alle bis dahin noch nicht fälligen Gebühren.

Urkundlich rc.

Gegeben Berlin, den 24. Dezember 1883.

Bekanntmachung, betreffend die Uebersicht der Uebergangsabgaben und Ausfuhrvergütungen, welche von Staaten, wo innere Steuern auf die Hervorbringung oder Zubereitung gewisser Erzeugnisse gelegt sind, erhoben beziehungsweise bewilligt werden. Vom 29. Dezember 1883.

(R.G.Bl. für 1884 S. 3.)

Bekanntmachung, betreffend den Beitritt der Niederlande zu der unterm 3. November 1881 abgeschlossenen internationalen Reblaus-Konvention. Vom 2. Januar 1884.

(R.G.Bl. S. 7.)

Verordnung, betreffend die Konsulargerichtsbarkeit in der Regentschaft Tunis. Vom 21. Januar 1884.

(R.G.Bl. S. 9.)

---

84 März **Gesetz, betreffend die Stimmzettel für öffentliche Wahlen. Vom 12. März 1884.**
(R.G.Bl. S. 17.)

Gesetz, betreffend die Prisengerichtsbarkeit.

Vom 3. Mai 1884.

(R.G.Bl. S. 49.)

§ 1. Die Entscheidung über die Rechtmäßigkeit der in einem Kriege gemachten Prisen erfolgt durch besondere Behörden (Prisengerichte).

§ 2. Der Sitz der Prisengerichte, ihre Zusammensetzung, das Verfahren vor denselben, sowie die Verpflichtung anderer Behörden des Reichs oder der Bundesstaaten, in Prisensachen mitzuwirken, werden durch Kaiserliche Verordnung bestimmt.

Urkundlich ꝛc.

Gegeben Berlin, den 3. Mai 1884.

Gesetz, betreffend die Anfertigung und Verzollung von Zündhölzern. Vom 13. Mai 1884.
(R.G.Bl. S. 49.)

Bekanntmachung, betreffend den Verkehr mit Erzeugnissen und Geräthschaften des Weinbaues in den deutsch-französischen Grenzbezirken. Vom 24. Mai 1884.
(R.G.Bl. S. 51.)

Gesetz, betreffend die Verlängerung der Gültigkeitsdauer des Gesetzes gegen die gemeingefährlichen Bestrebungen der Sozialdemokratie vom 21. Oktober 1878.

84 Mai

Vom 28. Mai 1884.

(R.G.Bl. S. 53.)

Die Dauer der Geltung des Gesetzes gegen die gemeingefährlichen Bestrebungen der Sozialdemokratie vom 21. Oktober 1878 (Reichs-Gesetzbl. S. 351) wird unter Abänderung des §. 2 des Gesetzes vom 31. Mai 1880, betreffend die authentische Erklärung und die Gültigkeitsdauer des Gesetzes gegen die gemeingefährlichen Bestrebungen der Sozialdemokratie vom 21. Oktober 1878 (Reichs-Gesetzbl. S. 117), hierdurch bis zum 30. September 1886 verlängert.

Urkundlich ꝛc.

Gegeben Berlin, den 28. Mai 1884.

Gesetz, betreffend die Abänderung des Gesetzes über die eingeschriebenen Hülfskassen vom 7. April 1876.

Vom 1. Juni 1884.

(R.G.Bl. S. 54.)

(Art. 1—18 sind in der neuen Fassung des Gesetzes enthalten, welche auf S. 346 ff. zum Abdruck gelangt ist. Hier folgen nur die Uebergangsbestimmungen:)

84 Juni Art. 19. Die Statuten bestehender eingeschriebener Hülfskassen, welche den Vorschriften dieses Gesetzes nicht genügen, sind der erforderlichen Abänderung zu unterziehen.

Kassen, welche dieser Verpflichtung nicht bis zum 1. Januar 1885 genügen, sind von der höheren Verwaltungsbehörde unter Bestimmung einer mindestens sechswöchentlichen Frist dazu aufzufordern und können nach unbenutztem Ablauf dieser Frist geschlossen werden. Die Schließung erfolgt nach Maßgabe des §. 29.

Art. 20. Von bestehenden eingeschriebenen Hülfskassen, welche örtliche Verwaltungsstellen errichtet haben, ist die im §. 19d vorgeschriebene Anzeige binnen drei Monaten nach Inkrafttreten dieses Gesetzes zu erstatten.

Urkundlich 2c.

Gegeben Berlin, den 1. Juni 1884.

Gesetz gegen den verbrecherischen und gemeingefährlichen Gebrauch von Sprengstoffen.

Vom 9. Juni 1884.

(R.G.Bl. S. 61.)

§ 1. Die Herstellung, der Vertrieb und der Besitz von Sprengstoffen sowie die Einführung derselben aus dem Auslande ist unbeschadet der bestehenden sonstigen Beschränkungen nur mit polizeilicher Genehmigung zulässig.

Wer sich mit der Herstellung oder dem Vertriebe von Sprengstoffen befaßt, hat ein Register zu führen, aus welchem die Mengen der hergestellten, aus dem Auslande eingeführten oder sonst zum Zweck des Vertriebes angeschafften Sprengstoffe, sowie die Bezugsquellen und der Verbleib derselben ersichtlich sein müssen. Dieses Register ist der zuständigen Behörde auf Erfordern jederzeit vorzulegen. 84 Juni

Auf Sprengstoffe, welche vorzugsweise als Schießmittel gebraucht werden, finden vorbehaltlich abweichender landesrechtlicher Vorschriften die Bestimmungen des ersten und des zweiten Absatzes keine Anwendung. Die Bezeichnung dieser Stoffe erfolgt durch Beschluß des Bundesraths.

Insoweit Sprengstoffe zum eigenen Gebrauch durch Reichs- oder Landesbehörden von der zuständigen Verwaltung hergestellt, besessen, eingeführt oder vertrieben werden, bleiben die Vorschriften des ersten und zweiten Absatzes ebenfalls ausgeschlossen.

§ 2. Die Zentralbehörden der Bundesstaaten erlassen die zur Ausführung der Vorschriften in dem §. 1 Absatz 1 und 2, sowie in dem §. 15 erforderlichen näheren Anordnungen und bestimmen die Behörden, welche über die Gesuche um Gestattung der Herstellung, des Vertriebes, des Besitzes und der Einführung von Sprengstoffen Entscheidung zu treffen haben.

§ 3. Gegen die versagende Verfügung ist nur die Beschwerde an die Aufsichtsbehörde innerhalb 14 Tagen zulässig. Dieselbe hat keine aufschiebende Wirkung.

84 Juni § 4. Die Ertheilung der nach §. 1 Absatz 1 erforderlichen Erlaubniß erfolgt in widerruflicher Weise. Wegen der Beschwerde gegen die Zurücknahme gilt die Vorschrift des §. 3 des gegenwärtigen Gesetzes.

§ 5. Wer vorsätzlich durch Anwendung von Sprengstoffen Gefahr für das Eigenthum, die Gesundheit oder das Leben eines Anderen herbeiführt, wird mit Zuchthaus bestraft.

Ist durch die Handlung eine schwere Körperverletzung verursacht worden, so tritt Zuchthausstrafe nicht unter fünf Jahren, und wenn der Tod eines Menschen verursacht worden ist, Zuchthausstrafe nicht unter zehn Jahren oder lebenslängliche Zuchthausstrafe ein.

Ist durch die Handlung der Tod eines Menschen herbeigeführt worden und hat der Thäter einen solchen Erfolg voraussehen können, so ist auf Todesstrafe zu erkennen.

§ 6. Haben Mehrere die Ausführung einer oder mehrerer nach §. 5 zu ahndender strafbarer Handlungen verabredet oder sich zur fortgesetzten Begehung derartiger, wenn auch im einzelnen noch nicht bestimmter Handlungen verbunden, so werden dieselben, auch ohne daß der Entschluß der Verübung des Verbrechens durch Handlungen, welche einen Anfang der Ausführung enthalten, bethätigt worden ist, mit Zuchthaus nicht unter fünf Jahren bestraft.

§ 7. Wer Sprengstoffe herstellt, anschafft, bestellt, oder in seinem Besitze hat, in der Absicht, durch Anwendung derselben Gefahr für das Eigenthum, die

Gesundheit oder das Leben eines Anderen entweder selbst herbeizuführen oder andere Personen zur Begehung dieses Verbrechens in den Stand zu setzen, wird mit Zuchthaus bis zu zehn Jahren bestraft. 84 Juni

Der gleichen Strafe verfällt, wer Sprengstoffe, wissend, daß dieselben zur Begehung eines in dem §. 5 vorgesehenen Verbrechens bestimmt sind, an andere Personen überläßt.

§ 8. Wer Sprengstoffe herstellt, anschafft, bestellt, wissentlich in seinem Besitze hat oder an andere Personen überläßt unter Umständen, welche nicht erweisen, daß dies zu einem erlaubten Zweck geschieht, wird mit Zuchthausstrafe bis zu fünf Jahren oder mit Gefängniß nicht unter einem Jahre bestraft. Diese Bestimmung findet auf die gemäß §. 1 Absatz 3 vom Bundesrath bezeichneten Stoffe nicht Anwendung.

§ 9. Wer der Vorschrift in dem ersten Absatz des §. 1 zuwider es unternimmt, ohne polizeiliche Ermächtigung Sprengstoffe herzustellen, vom Auslande einzuführen, feilzuhalten, zu verkaufen oder sonst an Andere zu überlassen, oder wer im Besitze derartiger Stoffe betroffen wird, ohne polizeiliche Erlaubniß hierzu nachweisen zu können, ist mit Gefängniß von drei Monaten bis zu zwei Jahren zu bestrafen.

Gleicher Strafe verfällt, wer die Vorschriften des §. 1 Absatz 2, die von den Zentralbehörden in Gemäßheit des §. 2 getroffenen Anordnungen oder die bereits bestehenden oder noch zu erlassenden sonstigen polizei-

84 Juni lichen Bestimmungen über den Verkehr mit Sprengstoffen, auf welche §. 1 Absatz 1 Anwendung findet, übertritt.

§ 10. Wer öffentlich vor einer Menschenmenge oder wer durch Verbreitung oder öffentlichen Anschlag oder öffentliche Ausstellung von Schriften oder anderen Darstellungen, oder wer in Schriften oder anderen Darstellungen zur Begehung einer der in den §§. 5 und 6 bezeichneten strafbaren Handlungen oder zur Theilnahme an denselben auffordert, wird mit Zuchthaus bestraft.

Gleiche Strafe trifft denjenigen, welcher auf die vorbezeichnete Weise zur Begehung der im Absatz 1 gedachten strafbaren Handlungen insbesondere dadurch anreizt oder verleitet, daß er dieselben anpreist oder als etwas Rühmliches darstellt.

§ 11. In den Fällen der §§. 5, 6, 7, 8 und 10 kann auf Zulässigkeit von Polizeiaufsicht erkannt werden. In den Fällen der §§. 5, 6, 7, 8 und in dem Falle einer Anwendung der Strafvorschriften des §. 9 ist auf Einziehung der zur Zubereitung der Sprengstoffe gebrauchten oder bestimmten Gegenstände, sowie der im Besitze des Verurtheilten vorgefundenen Vorräthe von Sprengstoffen zu erkennen, ohne Unterschied, ob dieselben dem Verurtheilten gehören oder nicht.

§ 12. Die Bestimmungen im §. 4 Absatz 2 Nr. 1 des Strafgesetzbuchs für das Deutsche Reich finden auch auf die in den §§. 5, 6, 7, 8 und 10 dieses Gesetzes vorgesehenen Verbrechen Anwendung.

§ 13. Der in dem §. 139 des Strafgesetzbuchs für das Deutsche Reich angedrohten Strafe verfällt, wer von dem Vorhaben eines im §. 5 vorgesehenen Verbrechens oder von einer im §. 6 vorgesehenen Verabredung oder von dem Thatbestande eines im §. 7 des gegenwärtigen Gesetzes unter Strafe gestellten Verbrechens in glaubhafter Weise Kenntniß erhält und es unterläßt, der durch das Verbrechen bedrohten Person oder der Behörde rechtzeitig Anzeige zu machen. 84 Juni

§ 14. Die §§. 1, 2, 3, 4, 9 dieses Gesetzes treten drei Monate nach dessen Verkündigung, die übrigen Bestimmungen desselben mit dem Tage der Verkündigung in Kraft.

§ 15. Auf Personen, welche bei dem Inkrafttreten der §§. 1, 2, 3, 4, 9 dieses Gesetzes sich bereits im Besitze von Sprengstoffen befinden oder sich bis zu diesem Tage gewerbsmäßig mit der Herstellung oder mit dem Vertriebe von Sprengstoffen beschäftigt haben, finden die Vorschriften des §. 9 Absatz 1 erst zwei Wochen nach dem Inkrafttreten der gedachten Paragraphen, und wenn seitens dieser Personen innerhalb dieser Frist ein Gesuch um Ertheilung der nach §. 1 Absatz 1 erforderlichen polizeilichen Genehmigung bei der zuständigen Behörde eingereicht worden ist, erst eine Woche nach Behändigung des ablehnenden Bescheides letzter Instanz (§. 3) Anwendung.

Urkundlich 2c.

Gegeben Berlin, den 9. Juni 1884.

84 Juni Bekanntmachung, betreffend den Debit von Stempelmarken und gestempelten Blankets zur Entrichtung der Wechselstempelsteuer. Vom 9. Juni 1884.
(R.G.Bl. S. 68.)

Uebereinkunft zwischen Deutschland und Italien, betreffend den Schutz an Werken der Literatur und Kunst. Vom 20. Juni 1884.
(R.G.Bl. S. 193.)

Verordnung, betreffend die Vergütung für Dienstreisen der Marinebeamten zwischen Kiel und Friedrichsort. Vom 22. Juni 1884.
(R.G.Bl. S. 65.)

Unfallversicherungsgesetz. Vom 6. Juli 1884.*)
(R.G.Bl. S. 69.)

Gesetz, betreffend die Abänderung der Maaß- und Gewichtsordnung vom 17. August 1868.

Vom 11. Juli 1884.**)

(R.G.Bl. S. 115.)

§ 1. Die Artikel 1, 3, 6 und 14 der Maaß- und Gewichtsordnung vom 17. August 1868 werden durch die nachstehenden ersetzt:

---

*) Einz.-Ausg. Bd. 23.

**) Obiges Gesetz wurde publizirt, nachdem bereits die Maaß- und Gewichtsordnung in ihrer ursprünglichen Fassung auf S. 43—49 dieser Ausgabe abgedruckt war, weshalb eine entsprechende Abänderung des Gesetzestextes, wie z. B. beim Hülfskassengesetz (S. 346 ff.) nicht möglich war.

Art. 1. Die Grundlage des Maaßes und Gewichtes ist das Meter. 84 Juli

Das Meter ist die Einheit des Längenmaaßes. Aus demselben werden die Einheiten des Flächenmaaßes und des Körpermaaßes — Quadratmeter und Kubikmeter — gebildet.

Das Gewicht des in einem Würfel von einem Zehntel des Meter Seitenlänge enthaltenen destillirten Wassers im luftleeren Raume und bei der Temperatur von + 4 Grad des hunderttheiligen Thermometers bildet die Einheit des Gewichtes und heißt das Kilogramm.

Art. 3. Es gelten außer den im Artikel 1 aufgeführten Namen der Maaßeinheiten zur Bezeichnung von Theilen und Vielfachen derselben folgende Namen:

A. Längenmaaße.

Der tausendste Theil des Meter heißt das Millimeter.

Der hundertste Theil des Meter heißt das Centimeter.

Tausend Meter heißen das Kilometer.

B. Flächenmaaße.

Hundert Quadratmeter heißen das Ar.

Zehntausend Quadratmeter oder hundert Ar heißen das Hektar.

C. Körpermaaße.

Der tausendste Theil des Kubikmeter heißt das Liter.

Der zehnte Theil des Kubikmeter oder hundert Liter heißen das Hektoliter.

Zulässig ist auch die Bezeichnung von Flächen oder

84 Juli Räumen durch die Quadrate oder Würfel des Centimeter und des Millimeter.

Art. 6. Es gelten für Theile und Vielfache der im Artikel 1 genannten Gewichtseinheit folgende Namen:

Der tausendste Theil des Kilogramm heißt das Gramm.

Der tausendste Theil des Gramm heißt das Milligramm.

Tausend Kilogramm heißen die Tonne.

Art. 14. Zur Aichung und Stempelung sind zuzulassen:

diejenigen Längenmaaße, welche dem Meter oder seinen ganzen Vielfachen, oder seiner Hälfte, seinem fünften oder seinem zehnten Theile entsprechen;

diejenigen Körpermaaße, welche dem Kubikmeter, dem Hektoliter, dem halben Hektoliter oder den ganzen Vielfachen dieser Maaßgrößen, oder dem Liter, seinem Zwei-, Fünf-, Zehn- oder Zwanzigfachen, oder seiner Hälfte, seinem fünften, zehnten, zwanzigsten, fünzigsten oder hundertsten Theile entsprechen;

diejenigen Gewichte, welche dem Kilogramm, dem Gramm oder dem Milligramm oder dem Zwei-, Fünf-, Zehn-, Zwanzig- oder Fünfzigfachen dieser Größen, oder der Hälfte, dem fünften oder dem zehnten Theile des Kilogramm oder des Gramm entsprechen.

Zulässig ist ferner die Aichung und Stempelung des Viertel-Hektoliter, sowie des Viertel-Liter.

§ 2. Der Bundesrath wird bestimmen, bis zu welchen Terminen Maaße, Meßwerkzeuge und Gewichte, welche in Gemäßheit der bisherigen Vorschriften hergestellt sind, den vorstehenden Bestimmungen aber nicht entsprechen, auch ferner 84 Juli

a) zur Aichung und Stempelung zuzulassen,
b) zur Wiederholung der Aichung und Stempelung zuzulassen,
c) im öffentlichen Verkehr zu dulden sind.

Urkundlich ꝛc.

Gegeben Insel Mainau, den 11. Juli 1884.

Bekanntmachung, betreffend eine Abänderung des Verzeichnisses der gewerblichen Anlagen, welche einer besonderen Genehmigung bedürfen. Vom 12. Juli 1884.
(R.G.Bl. S. 118.)

Gesetz, betreffend den Reingewinn aus dem von dem großen Generalstabe verfaßten Werke: „Der deutsch-französische Krieg 1870/71". Vom 12. Juli 1884.
(R.G.Bl. S. 119.)

Gesetz
über den Feingehalt der Gold- und Silberwaaren.
Vom 16. Juli 1884.

(R.G.Bl. S. 120.)

§ 1. Gold- und Silberwaaren dürfen zu jedem Feingehalte angefertigt und feilgehalten werden. Die An-

84 Juli gabe des Feingehalts auf denselben ist nur nach Maßgabe der folgenden Bestimmungen gestattet.

§ 2. Auf goldenen Geräthen darf der Feingehalt nur in 585 oder mehr Tausendtheilen, auf silbernen Geräthen nur in 800 oder mehr Tausendtheilen angegeben werden.

Der wirkliche Feingehalt darf weder im Ganzen der Waare noch auch in deren einzelnen Bestandtheilen bei goldenen Geräthen mehr als fünf, bei silbernen Geräthen mehr als acht Tausendtheile unter dem angegebenen Feingehalte bleiben. Vorbehaltlich dieser Abweichung muß der Gegenstand im Ganzen und mit der Löthung eingeschmolzen den angegebenen Feingehalt haben.

§ 3. Die Angabe des Feingehalts auf goldenen und silbernen Geräthen geschieht durch ein Stempelzeichen, welches die Zahl der Tausendtheile und die Firma des Geschäfts, für welches die Stempelung bewirkt ist, kenntlich macht. Die Form des Stempelzeichens wird durch den Bundesrath bestimmt.

§ 4. Goldene und silberne Uhrgehäuse unterliegen den Bestimmungen der §§. 2 und 3.

§ 5. Schmucksachen von Gold und Silber dürfen in jedem Feingehalte gestempelt werden und ist in diesem Falle der letztere in Tausendtheilen anzugeben.

Die Fehlergrenze darf zehn Tausendtheile nicht überschreiten, wenn der Gegenstand im Ganzen eingeschmolzen wird.

Das vom Bundesrath gemäß §. 3 bestimmte Stempel- 84 Juli
zeichen darf auf Schmucksachen von Gold und Silber nicht angebracht werden.

§ 6. Aus dem Auslande eingeführte Gold- und Silberwaaren, deren Feingehalt durch eine diesem Gesetze nicht entsprechende Bezeichnung angegeben ist, dürfen nur dann feilgehalten werden, wenn sie außerdem mit einem Stempelzeichen nach Maßgabe dieses Gesetzes versehen sind.

§ 7. Für die Richtigkeit des angegebenen Feingehalts haftet der Verkäufer der Waare. Ist deren Stempelung im Inlande erfolgt, so haftet gleich dem Verkäufer der Inhaber des Geschäfts, für welches die Stempelung erfolgt ist.

§ 8. Auf Gold- und Silberwaaren, welche mit anderen metallischen Stoffen ausgefüllt sind, darf der Feingehalt nicht angegeben werden.

Dasselbe gilt von Gold- und Silberwaaren, mit welchen aus anderen Metallen bestehende Verstärkungsvorrichtungen metallisch verbunden sind.

Bei Ermittelung des Feingehalts bleiben alle von dem zu stempelnden Metalle verschiedenen, äußerlich als solche erkennbaren Metalle außer Betracht, welche:

1. zur Verzierung der Waare dienen;
2. zur Herstellung mechanischer Vorrichtungen erforderlich sind;
3. als Verstärkungsvorrichtungen ohne metallische Verbindung sich darstellen.

84 Juli

§ 9. Mit Geldstrafe bis zu eintausend Mark oder mit Gefängniß bis zu sechs Monaten wird bestraft:

1. wer Gold- oder Silberwaaren, welche nach diesem Gesetze mit einer Angabe des Feingehalts nicht versehen sein dürfen, mit einer solchen Angabe versieht;
2. wer Gold- oder Silberwaaren, welche nach diesem Gesetze mit einer Angabe des Feingehalts versehen sein dürfen, mit einer anderen, als der nach diesem Gesetze zulässigen Feingehaltsangabe versieht;
3. wer gold- oder silberähnliche Waaren mit einem durch dieses Gesetz vorgesehenen Stempelzeichen oder mit einem Stempelzeichen versieht, welches nach diesem Gesetze als Feingehaltsbezeichnung für Gold- und Silberwaaren nicht zulässig ist;
4. wer Waaren feilhält, welche mit einer gegen die Bestimmungen dieses Gesetzes verstoßenden Bezeichnung versehen sind.

Mit der Verurtheilung ist zugleich auf Vernichtung der gesetzwidrigen Bezeichnung oder, wenn diese in anderer Weise nicht möglich ist, auf Zerstörung der Waaren zu erkennen.

§. 10. Dieses Gesetz tritt am 1. Januar 1888 in Kraft. An demselben Tage treten alle landesrechtlichen Bestimmungen über den Feingehalt der Gold- und Silberwaaren außer Geltung.

Urkundlich ꝛc.

Gegeben Bad Gastein, den 16. Juli 1884.

Gesetz, betreffend die Kommanditgesellschaften auf Aktien und die Aktiengesellschaften. Vom 18. Juli 1884.*) 84 Juli

(R.G.Bl. S. 123.)

Bekanntmachung, betreffend den Verkehr mit Erzeugnissen und Geräthschaften des Weinbaues in den deutsch-schweizerischen Grenzbezirken. Vom 24. August 1884.

(R.G.Bl. S. 191.)

---

*) Einz.-Ausg. Bd. 24.

Register.

[Die in Klammern beigefügten Daten geben den Publikationstag des betreffenden Gesetzes zc. an, der vorgesetzte Buchstabe G., V., B., E., U. bedeutet: „Gesetz, Verordnung, Bekanntmachung, Allerhöchster Erlaß, Uebereinkunft“. Die hinter den Klammern stehenden Zahlen bezeichnen die Seitenzahl, und zwar ist durch einfachen oder fetten Druck der Zahl hervorgehoben, daß das betr. Gesetz zc. nur mit dem Titel angeführt oder vollständig abgedruckt ist. Die schräg gedruckten Seitenzahlen weisen darauf hin, daß das bez. Gesetz zc. in einer Einzel-Ausgabe der Guttentag'schen Sammlung abgedruckt ist; wo, findet sich in der bez. Anmerkung auf der bezeichneten Seite angegeben.]

A.

B.

C.

D.

E.

F.

G.

H.

J.

K.

L.

M.

N.

O.

P.

Q.

R.

S.

T.

U.

V.

W.

Z.

G. Pätz'sche Buchdruckerei (Otto Hauthal) in Naumburg a/S.

12) **Strafprozeßordnung nebst Gerichtsverfassungsgesetz für das Deutsche Reich.** Von Dr. A. Dochow, weil. ordentlichem Professor in Halle a. d. S. Dritte veränderte und vermehrte Auflage bearbeitet von A. Hellweg, Landrichter in Hannover. Cartonnirt 1 Mark 60 Pf.

13) **Konkursordnung mit Einführungsgesetz, Nebengesetzen und Ergänzungen.** Von R. Sydow, Landrichter in Halle a. d. S. Zweite vermehrte Auflage. Cartonnirt 80 Pf.

14) **Gerichtsverfassungsgesetz für das Deutsche Reich.** Von R. Sydow. Dritte Auflage. Cartonnirt 80 Pf

15) **Gerichtskostengesetz und Gebührenordnung für Gerichtsvollzieher nebst der Novelle** vom 29. Juni 1881. **Gebührenordnung für Zeugen und Sachverständige. Mit Kostentabellen.** Von R. Sydow, Landrichter in Halle a. d. S. Zweite vermehrte Auflage. Cartonnirt 80 Pf.

16) **Rechtsanwaltsordnung für das Deutsche Reich.** Von R. Sydow. Zweite vermehrte Auflage. Cartonnirt 50 Pf.

17) **Gebührenordnung für Rechtsanwälte.** Von R. Sydow. Zweite vermehrte Auflage. 50 Pf.

18) **Das Deutsche Reichsgesetz über die Reichsstempelabgaben** vom 1. Juli 1881. Von Gaupp, Regierungsrath und Stempelfiskal in Berlin. Zweite vermehrte Auflage Cartonnirt 1 Mark 20 Pf.

19) **Die Seegesetzgebung des Deutschen Reiches.** Von Dr. jur. W. E. Knitschky, Landgerichtsrath zu Rostock. Cartonnirt 3 Mark.

20) **Gesetz, betreffend die Krankenversicherung der Arbeiter.** Vom 15. Juni 1883 von E. von Woedtke, Regierungsrath. Mit einem Anhang, enthaltend die für Preußen erlassene Ausführungsanweisung vom 26. November 1883. Zweite Auflage. Cartonnirt 1 Mark 20 Pf.

21) **Die Konsulargesetzgebung des Deutschen Reiches** von Dr. Philipp Zorn, ordentl. Professor der Rechte zu Königsberg. Cartonnirt 4 Mark.

22) **Patentgesetz. Gesetz, betreffend das Urheberrecht an Mustern und Modellen. Gesetz über Markenschutz.** Nebst Ausführungsbestimmungen. Von T. Ph. Berger, Regierungsrath. Cartonnirt 80 Pf.

23) **Unfallversicherungsgesetz** vom 6. Juli 1884. Von E. von Woedtke, Regierungsrath, z. Z. im Königl. Preuß. Ministerium für Handel und Gewerbe. Cartonnirt 1 Mark.

24) **Reichsgesetz, betreffend die Kommandit-Gesellschaften auf Aktien und die Aktiengesellschaften.** Vom 18. Juli 1884. Von H. Keyßner, Kammergerichtsrath und Dr. B. Simon, Rechtsanwalt. Cartonnirt 1 Mark.

25) **Das Deutsche Reichsgesetz wegen Erhebung der Brausteuer** vom 31. Mai 1872. Von Bertho, Regierungsrath. Cartonnirt 1 Mark 60 Pf.

FSC
www.fsc.org
MIX
Papier | Fördert
gute Waldnutzung
FSC® C083411

Kolibri 360 GmbH
Ferdinand-Jühlke-Straße 7
99095 Erfurt, Deutschland
produktsicherheit@kolibri360.de